浙江文化研究工程（17WH20022ZD-2Z）成果

国家出版基金项目
NATIONAL PUBLICATION FOUNDATION

浙江文化研究工程成果文庫

浙學未刊稿叢編

第二輯

書志

◎徐立望 主編

國家圖書館出版社

圖書在版編目（CIP）數據

浙學未刊稿叢編．第二輯．書志 / 徐立望主編；周聿丹等撰．— 北京：國家圖書館出版社，2022.3

浙學未刊稿叢編（徐曉軍 李聖華主編）

ISBN 978-7-5013-7212-6

Ⅰ．①浙… Ⅱ．①徐… ②周… Ⅲ．①地方叢書—浙江 Ⅳ．① Z122.55

中國版本圖書館 CIP 數據核字（2020）第 257422 號

書　　名　浙學未刊稿叢編·第二輯·書志
著　　者　徐立望　主編　周聿丹等　撰
项目統筹　殷梦霞
責任編輯　張愛芳　黄　静　張慧霞　司領超　袁宏偉
封面設計　黄曉飛

出版發行　國家圖書館出版社（北京市西城區文津街 7 號　100034）
　　　　　（原書目文獻出版社　北京圖書館出版社）
　　　　　010-66114536　63802249　nlcpress@nlc.cn（郵購）
網　　址　http://www.nlcpress.com
排　　版　北京九章文化有限公司
印　　装　北京科信印刷有限公司
版次印次　2022 年 3 月第 1 版　2022 年 3 月第 1 次印刷

開　　本　787×1092（毫米）　1/16
印　　張　29
字　　數　406 千字
書　　號　ISBN 978-7-5013-7212-6
定　　價　128.00 圓

浙江省文化研究工程指導委員會

主　任：袁家軍

副主任：黄建發　朱國賢　劉　捷　彭佳學　陳奕君　劉小濤　成嶽冲　任少波

成　員：胡慶國　朱衛江　陳廣勝　來穎傑　盛世豪　徐明華　孟　剛　毛宏芳
尹學群　吴偉斌　褚子育　沈銘權　俞世裕　郭華巍　鮑洪俊　高世名
蔡袁强　蔣國俊　張　兵　盛閲春　凌志峰　湯飛帆　何中偉　李躍旗
胡海峰

《浙學未刊稿叢編》學術指導委員會

《浙學未刊稿叢編》編輯委員會

主　編：

徐曉軍（浙江圖書館）

李聖華（紹興文理學院）

副主編：

童聖江（浙江圖書館）

陳開勇（浙江師範大學）

杜惠芳（浙江圖書館）

應　暉（杭州圖書館）

廖曉飛（紹興圖書館）

莊立臻（寧波市天一閣博物館）

徐立望（浙江省社會科學院）

《浙江文化研究工程成果文庫》總序

有人將文化比作一條來自老祖宗而又流向未來的河，這是説文化的傳統，通過縱向傳承和橫向傳遞，生生不息地影響和引領著人們的生存與發展；有人説文化是人類的思想、智慧、信仰、情感和生活的載體、方式和方法，這是將文化作爲人們代代相傳的生活方式的整體。我們説，文化爲群體生活提供規範、方式與環境，文化通過傳承爲社會進步發揮基礎作用，文化會促進或制約經濟乃至整個社會的發展。文化的力量，已經深深熔鑄在民族的生命力、創造力和凝聚力之中。

在人類文化演化的進程中，各種文化都在其内部生成衆多的元素、層次與類型，由此決定了文化的多樣性與複雜性。

中國文化的博大精深，來源於其内部生成的多姿多彩；中國文化的歷久彌新，取決於其變遷過程中各種元素、層次、類型在内容和結構上通過碰撞、解構、融合而産生的革故鼎新的强大動力。

中國土地廣袤、疆域遼闊，不同區域間因自然環境、經濟環境、社會環境等諸多方面的差異，建構了不同的區域文化。區域文化如同百川歸海，共同匯聚成中國文化的大傳統，這種大傳統如同春風化雨，滲透於各種區域文化之中。在這個過程中，區域文化如同清溪山泉潺潺不息，在中國文化的共同價值取向下，以自己的獨特個性支撐著、引領著本地經濟社會的發展。

從區域文化入手，對一地文化的歷史與現狀展開全面、系統、扎實、有序的研究，一方面可以藉此梳理和弘揚當地的歷史傳統和文化資源，繁榮和豐富當代的先進文化建設活動，規劃和指導未來的文化發展藍圖，增强文化軟實力，爲全面建設小康社會、加快推進社會主義現代化提供思想保證、精神動力、智力支持和輿論力量；另一方面，這也是深入瞭解中國文化、研究中國文化、發展中國文化、創新中國文化的重要途徑之一。如今，區域文化研究日益受到各地重視，成爲我國文化研究走向深入的一個重要標誌。我們今天實施浙江文化研究工程，其目的和意義也在於此。

千百年來，浙江人民積澱和傳承了底蘊深厚的文化傳統。這種文化傳統的獨特性，正在於它令人驚歎的富於創造力的智慧和力量。

浙江文化中富於創造力的基因，早早地出現在其歷史的源頭。在浙江新石器時代最爲著名的跨湖橋、河姆渡、馬家浜和良渚的考古文化中，浙江先民們都以不同凡響的作爲，在中華民族的文明之源留下了創造和進步的印記。

浙江人民在與時俱進的歷史軌迹上一路走來，秉承富於創造力的文化傳統，這深深地融匯在一代代浙江人民的血液中，體現在浙江人民的行爲上，也在浙江歷史上衆多杰出人物身上得到充分展示。從大禹的因勢利導、敬業治水，到勾踐的卧薪嘗膽、勵精圖治；從錢氏的保境安民、納土歸宋，到胡則的爲官一任、造福一方；從岳飛、于謙的精忠報國、清白一生，到方孝孺、張蒼水的剛正不阿、以身殉國；從沈括的博學多識、精研深究，到竺可楨的科學救國、求是一生；無論是陳亮、葉適的經世致用，還是黄宗羲的工商皆本；無論是王充、王陽明的批判、自覺，還是龔自珍、蔡元培的開明、開放，等等，都展示了浙江深厚的文化底蘊，凝聚了浙江人民求真務實的創造精神。

代代相傳的文化創造的作爲和精神，從觀念、態度、行爲方式和價值取向上，孕育、形成和發展了淵源有自的浙江地域文化傳統和與時俱進的浙江文化精神，她滋育著浙江的生命力、催生著浙江的凝聚力、激發著浙江的創造力、培植著浙江的競争力，激勵著浙江人民永不自滿、永不停息，在各個不同的歷史時期不斷地超越自我、創業奮進。

悠久深厚、意韵豐富的浙江文化傳統，是歷史賜予我們的寶貴財富，也是我們開拓未來的豐富資源和不竭動力。黨的十六大以來推進浙江新發展的實踐，使我們越來越深刻地認識到，與國家實施改革開放大政方針相伴隨的浙江經濟社會持續快速健康發展的深層原因，就在於浙江深厚的文化底蘊和文化傳統與當今時代精神的有機結合，就在於發展先進生産力與發展先進文化的有機結合。今後一個時期浙江能否在全面建設小康社會、加快社會主義現代化建設進程中繼續走在前列，很大程度上取决於我們對文化力量的深刻認識、對發展先進文化的高度自覺和對加快建設文化大省的工作力度。我們應該看到，文化的力量最終可以轉化爲物質的力量，文化的軟實力最終可以轉化爲經濟的硬實力。文化要素是綜合競争力的核心要素，文化資源是經濟社會發展的重要資源，文化素質是領導者和勞動者的首要素質。因此，研究浙江文化的歷史與現狀，增强文化軟實力，爲浙江的現代化建設服務，是浙江人民的共同事業，也是浙江各級黨委、政府的重要使命和責任。

二〇〇五年七月召開的中共浙江省委十一届八次全會，作出《關於加快建設文化大省的决定》，提出要從增强先進文化凝聚力、解放和發展生産力、增强社會公共服務能力入手，大力實施文明素質工程、文化精品工程、文化研究工程、文化保護工程、文化産業促進工程、文化陣地工程、文化傳播工程、文化人才工程等『八項工程』，實施科教興國和人才强國戰略，加快建設教育、科技、衛生、體育等『四個强省』。作爲文化建設『八項工程』之一的文化研究工程，其任務就是系統研究浙江文化的歷史成就和當代發展，深入挖掘浙江文化底蘊、研究浙江現象、總結浙江經驗、指導浙江未來的發展。

浙江文化研究工程將重點研究『今、古、人、文』四個方面，即圍繞浙江當代發展問題研究、浙江歷史文化專題研究、浙江名人研究、浙江歷史文獻整理四大板塊，開展系統研究，出版系列叢書。在研究内容上，深入挖掘浙江文化底蘊，系統梳理和分析浙江歷史文化的内部結構、變化規律和地域特色，堅持和發展浙江精神；研究浙江文化與其他地域文化的異同，釐清浙江文化在中國文化中的地位和相互影響的關係；圍繞浙江生動的當代實踐，深入解讀浙江現象，總結浙江經驗，指導浙江發展。在研究力量上，通過課題組織、出版資助、重點研究基地建設、加强省内外大院名校合作、整合各地各部門力量等途徑，形成上下聯動、學界互動的整體合力。在成果運用上，注重研究成果的學術價值和應用價值，充分發揮其認識世界、傳承文明、創新理論、咨政育人、服務社會的重要作用。

我們希望通過實施浙江文化研究工程，努力用浙江歷史教育浙江人民、用浙江文化熏陶浙江人民、用浙江精神鼓舞浙江人民、用浙江經驗引領浙江人民，進一步激發浙江人民的無窮智慧和偉大創造能力，推動浙江實現又快又好發展。

今天，我們踏著來自歷史的河流，受著一方百姓的期許，理應負起使命，至誠奉獻，讓我們的文化綿延不絶，讓我們的創造生生不息。

二〇〇六年五月三十日於杭州

《浙江文化研究工程成果文庫》序言

袁家軍

浙江是中華文明的發祥地之一，歷史悠久、人文薈萃，素稱『文物之邦』『人文淵藪』，從河姆渡的陶灶炊煙到良渚的文明星火，從吳越爭霸的千古傳奇到宋韻文化的風雅氣度，從革命紅船的揚帆起航到建國初期的篳路藍縷，從改革開放的敢爲人先到新時代的變革創新，都留下了彌足珍貴的歷史文化財富。縱覽浙江發展的歷史，文化是軟實力、也是硬實力，是支撑力、也是變革力，爲浙江幹在實處、走在前列、勇立潮頭提供了獨特的精神激勵和智力支持。

二〇〇三年，習近平總書記在浙江工作時作出『八八戰略』重大決策部署，明確提出要進一步發揮浙江的人文優勢，積極推進科教興省、人才强省，加快建設文化大省。二〇〇五年七月，習近平同志主持召開省委十一届八次全會，親自擘畫加快建設文化大省的宏偉藍圖。在習近平同志的親自謀劃、親自布局下，浙江形成了文化建設『3+8+4』的總體框架思路，即全面把握增强先進文化的凝聚力、解放和發展文化生産力、提高社會公共服務力等『三個著力點』，啓動實施文明素質工程、文化精品工程、文化研究工程、文化保護工程、文化産業促進工程、文化陣地工程、文化傳播工程、文化人才工程等『八項工程』，加快建設教育、科技、衛生、體育等『四個强省』，構建起浙江文化建設的『四梁八柱』。這些年來，我們按照習近平總書記當年作出的戰略部署，堅持一張藍圖繪到底、一任接著一任幹，不斷推進以文鑄魂、以文育德、以文圖强、以文傳道、以文興業、以文惠民、以文塑韻，走出了一條具有中國特色、時代特徵、浙江特點的文化發展之路。

文化研究工程是浙江文化建設最具標志性的成果之一。隨著第一期和第二期文化研究工程的成功實施，産生了一批重點研究項目和重大研究成果，培育了一批具有浙江特色和全國影響的優勢學科，打造了一批高水平的學術團隊和在全國有影響力的學術名師、學科骨幹。二〇一五年結束的第一批浙江文化研究工程共立研究項目八百一十一項，出版學術著作千餘部。二〇一七年三月啓動的第二期浙江文化研究工程，已開展了五十二個系列研究，立重大課題六十五項、重點課題二百八十四項，出版學術著作一千多部。特别是形成了《宋畫全集》等中國歷代繪畫大系、《共和國命運的抉擇與思考——毛澤東在浙江的785個日日夜夜》等領袖與浙江研究系列、《紅船逐浪：浙江『站起來』的革命歷程與精神傳承》等『浙100年』研究系列，《浙江通史》《南宋史研究》等浙江歷史專題史研究系列，《良渚文化研究》等浙江史前文化研究系列，《儒學正脉——王守仁傳》等浙江歷史名人研究系列，《吕祖謙全集》等浙江文獻集成系列。可以説，浙江文化研究工程，賡續了浙江悠久深厚的文化血脉，挖掘了浙江深層次的文化基因，提升了浙江的文化軟實力，彰顯了浙江在海内外的學術影響力，爲浙江當代發展提供了堅實的理論支撑和智力支持，爲堅定文化自信提供了浙江素材。

當前，浙江已經踏上了實現第二個百年奮鬥目標的新征程，正在奮力打造『重要窗口』，争創社會主義現代化先行省，高質量發展建設共同富裕示範區。文化工作在浙江高質量發展建設共同富裕示範區中具有決定性作用，是關鍵變量；展現共同富裕美好社會的圖景，文化是最富魅力、最吸引人、最具辨識度的標識。我們要發揮文化鑄魂塑形賦能功能，爲高質量發展建設共同富裕示範區注入强大文化力量，特别是要堅持把深化文化研究工程作爲打造新時代文化高地的重要抓手，努力使其成爲研究闡釋習近平新時代中國特色社會主義思想的重要陣地、傳承創新浙江優秀傳統文化革命文化社會主義先進文化的重要平臺、構建中國特色哲學社會科學的重要載體、推廣展示浙江文化獨特魅力的重要窗口。

新時代浙江文化研究工程將延續『今、古、人、文』主題，重點突出當代發展研究、歷史文化研究、『新時代浙學』建構，努力把浙江的歷史與未來貫通起來，使浙學品牌更加彰顯、浙江文化形象更加鮮明、中國特色哲學社會科學的浙江元素更加豐富。新時代浙江文化研究工程將堅守『紅色根脉』，更加注重深入挖掘浙江紅色資源，持續深化『習近平新時代中國特色社會主義思想在浙江的探索與實踐』課題研究，努力讓浙江成爲踐行創新理論的標杆之地、傳播中華文明的思想之窗；擦亮以宋韻文化爲代表的浙江歷史文化金名片，從思想、制度、經濟、社會、百姓生活、文學藝術、建築、宗教等方面全方位立體化系統性研究闡述宋韻文化，努力讓千年宋韻更好地在新時代『流動』起來、『傳承』下去；科學解讀浙江歷史文化的豐富内涵和時代價值，更加注重學術成果的創造性轉化，探索拓展浙學成果推廣與普及的機制、形式、載體、平臺，努力讓浙學成果成爲有世界影響的東方思想標識；充分動員省内外高水平專家學者參與工程研究，堅持以項目引育高端社科人才，努力打造一支走在全國前列的哲學社會科學領軍人才隊伍；系統推進文化研究數智創新，努力提升社科研究的科學化水平，提供更多高質量文化成果供給。

偉大的時代，需要偉大作品、偉大精神、偉大力量。期待新時代浙江文化研究工程有更多的優秀成果問世，以浙江文化之窗更好地展現中華文化的生命力、影響力、凝聚力、創造力，爲忠實踐行『八八戰略』、奮力打造『重要窗口』，争創社會主義現代化先行省，高質量發展建設共同富裕示範區，提供强大思想保證、輿論支持、精神動力和文化條件。

《浙學未刊稿叢編》前言一

徐曉軍

浙學是淵源於古越、興盛於宋元明清而綿延於當代的學術傳統與人文精神傳統，是浙江寶貴的人文優勢。浙江歷史悠久、英才輩出、人文薈萃，爲我們留下了豐富的歷史文獻資源。這些歷史文獻是浙學的主要載體，亟須系統保護和整理、充分挖掘和揭示，『讓書寫在古籍里的文字都活起來』，這對於推動和繁榮浙學研究，展示浙江與時俱進的歷史軌迹，傳承富於創造的文化傳統，具有基礎的、積極的重要意義。

中華人民共和國成立以來，特別是改革開放四十年來，以《中華再造善本》《四庫全書存目叢書》《續修四庫全書》爲代表的一批文獻基礎項目的完成，以及浙江省内《重修金華叢書》《衢州文獻集成》等區域叢書出版，大量的中華典籍影印出版，宋、元、明、清刻本大多被影印出版。然而，省内外藏書機構還有相當數量的清至近代的稿抄校本未影印發布，社會利用仍存在很大障礙。據浙江省古籍普查報告統計，浙江近百家單位藏有稿本五千七百多部、抄本一萬七千多部，其中許多是普查中新發現的、未被各種目録著録，更未曾發布。向社會充分揭示這些祖輩留下的寶貴財産，仍然是古籍保護、整理的重要任務。二〇一二年，由浙江省文化廳等十二個廳局組成的浙江省古籍保護聯席會議，發布《浙江省『中華古籍保護計劃』實施方案》，提出實施『浙江未刊古籍影印工程』。二〇一七年七月，浙江省委、省政府發布《浙江省實施中華優秀傳統文化傳承發展工程工作方案》，提出『整理浙江館藏未刊本（手稿），選輯浙江歷代文人所撰或館藏稿本中主要内容涉及浙江而未出版刊行的文獻資料，發揮其重要的學術價值和藝術價值』。

二〇一五年，浙江省建立了《珍貴古籍名録》保護制度，入選國家和省級《珍貴古籍名録》古籍一千四百八十部（其中入選《國家珍貴古籍名録》八百七十一部）；通過古籍重點保護單位評選，百分之九十一的古籍處於達標庫房保護狀態；建立以浙江圖書館和寧波市天一閣博物館兩家國家級修復中心、四家省級修復中心和十八家修復站組成的浙江省古籍修復網絡；完成全省二百五十萬册古籍普查，建立全省三十三萬部古籍統一的信息數據庫。在浙江古籍保護體系基本建立以後，浙江古籍保護的工作重心就自然轉移到促推古籍的合理利用上來。二〇一六年，浙江省未刊古籍影印項目正式啓動，『兩浙文叢』（浙江未刊古籍整理研究）入選浙江省社科規劃優勢學科重大委託項目（項目號：17WH20022ZD）。二〇一七年八月，以『浙江文化研究工程』立項，開展未刊古籍整理工作。二〇一八年，浙江師範大學浙學傳承與地方治理現代化協同創新中心李聖華研究團隊加入項目組，浙江省哲學社會科學工作辦公室加强經費支持，并增設三個子課題。經綜合考慮，出版成果定名爲『浙學未刊稿叢編』（以下簡稱《叢編》）。

《叢編》主要收録範圍爲：浙籍人士著作以及外省人士有關浙學的撰述；一九五〇年後未刊印的稿抄本及價值較高的孤本印本。選目主要原則爲：一、國家和省級珍貴古籍優先選入原則，將第一批至第六批《國家珍貴古籍名録》中浙江圖書館藏未刊印過的稿抄本全部選入，解決珍貴古籍看書難的問題，完善珍貴古籍名録保護制度；二、優先選入《國家珍貴古籍名録》所收人物的其他著述，以方便學界研究，如祁彪佳三種稿本《祁忠敏公稿五種》五卷、《贍族約》不分卷、《贍族簿》附《贍村簿》不分卷，毛奇齡三種稿本《誥授奉直大夫都察院湖廣道監察御史何公墓碑銘》一卷、《何母陳宜人榮壽序》一卷、《越州西山以揆道禪師塔誌銘》一卷、《蕭山三江閘議》一卷；三、對入選的殘本，儘可能收集完整，如姚燮《復莊今樂府選》，存世稿本分藏於浙江圖書館（一百一十册）、寧波市天一閣博物館（五十六册）、國家圖書館（二册），此次都收集齊全。又如晚清外交官、學者德清傅雲龍的稿本《籑喜廬文初集》十八卷、《二集》十卷、《三集》四卷，浙江圖書館藏《初集》和《三集》，杭州圖書館藏《二集》，此次也完璧出版。

《叢編》共收録一百三十餘人著述約四百一十三部，計一千八百一十册，分五輯影印出版。其中稿本三百一十二部一千四百七十八册（分别占總收録量的百分之七十七點四二和百分之八十三點六），原創性著述三百四十三部一千一百三十四册（分别占收録總量的百分之八十五和百分之六十四點一）。爲了便於社會使用，配套編纂出版《浙學未刊稿叢編·書志》和《浙學未刊稿叢編·圖録》等成果。

《叢編》是浙江圖書館聯合十一家館藏單位，與浙江師範大學等單位合作編輯成書，前期選目工作始於二〇一三年，由浙江省社會科學院歷史所徐立望先生（時任浙江大學歷史系教授）和浙江圖書館吳志堅博士承擔，二〇一六年後，由童聖江、杜惠芳和童正倫等進行審核及底本複製，二〇一八年，項目組補充選目，最終確定全書收書目録，同時確定浙江圖書館周聿丹、杜惠芳、盧繼雯、周會會、曹海花，浙江大學徐立望，紹興王陽明研究會方俞明，紹興圖書館唐微，分别負責來集之、朱駿聲、管庭芬、王繼香、姚燮、平步青、陶方琦和陶濬宣等專集編輯工作。項目得到國家圖書館、中國科學院文獻情報中心、上海圖書館、雲南省圖書館、天津圖書館、浙江圖書館、浙江省博物館、浙江大學圖書館、浙江師範大學圖書館、寧波市天一閣博物館、西泠印社管委會、杭州圖書館、杭州博物館、温州市圖書館、紹興圖書館、嘉興市圖書館、餘姚市文物保護管理所、海寧市圖書館、嘉善縣圖書館等單位和紹興市王德軒先生的大力支持。項目又得到浙江省社科聯和國家古籍保護中心領導大力支持和關心，浙江師範大學黄靈庚教授、復旦大學吴格教授、浙江大學張涌泉教授、山東大學杜澤遜教授、國家圖書館張志清研究館員等專家爲項目提供了非常有價值的寶貴意見，國家圖書館出版社殷夢霞總編輯和張愛芳主任等爲項目成果的出版提供了專業支持，浙江圖書館原館長朱海閔女士、應長興先生對項目策劃和前期工作提供了强有力領導保障，在此一并表示衷心的感謝！

二〇二〇年五月二十日於浙江圖書館孤山館舍

《浙學未刊稿叢編》前言一

李聖華

浙學興於南宋，乃儒學的一次新變。崛起雖晚，却很快成爲傳統學術的重要源流，明代一度標建高幟，蔚爲『顯學』。作爲具有兩浙地域特色的『非地域性』學術，千餘年來，浙學對中華文化産生了廣泛深遠的影響。從生成上看，興於南宋，東萊之學、永康之學、永嘉之學爲其標誌，浙東乃其『祖庭』，故後世稱『浙東之學』。從淵源上看，近接北宋周程之學，遠接漢學，上溯孔孟。朱熹理學、陸九淵心學盛傳兩浙，與東萊之學、永嘉之學合流，并爲浙學源頭。從傳播上看，自南宋至明初，婺州爲中心，明中葉而後，中心移至紹興、寧波。然播傳不限兩浙，影響及於天下，無論東萊之學，還是陽明之學、梨洲之學，海内宗之。從特質上看，雖源出周程，但獨具特質：經史并重，乃至『經史不分』；重經世，强調實學事功；重文獻，并采漢、宋，博收廣蓄；綜會兼容，不避『博雜』。從流派上看，自南宋至晚近成一大學脉，學脉内又有學派之分，如東萊中原道統、永康事功、永嘉經制，又如北山、深寧、東發、陽明、蕺山、梨洲諸學派，各自在中國學術思想史上樹立里程碑。

晚近以來，西學興而舊學衰，學者習新黜故，積久而成傳統學術斷層。百餘年間，浙學血脉若斷若續。二十一世紀以來，賴吴光、黄靈庚、董平諸先生倡導，浙學研討復興。興復古學，道合日衆，我們進而倡議編纂《浙學文獻集成》，惜艱於施行。浙江圖書館從事《兩浙文叢》之役，首編擬作《兩浙未刊稿叢編》。浙江省社科聯邵清先生提議冠名『浙學』，乃删剔叢雜，輯存專門文獻，成《浙學未刊稿叢編》（以下簡稱《叢編》）。凡數百册，陸續影印刊行。兹編以專題文獻、專人文獻彙輯方式收録珍稀古籍，限於當前條件，所收範圍暫止於浙人著述，未盡合浙學廣大之義。其間作者或非浙學傳人，然著述涉言浙學，庶幾有裨於浙學發覆，仍録不遺。所收珍稀之本，如入寶山，觸手可珍。於宋、元、明浙學大家名家著述已影印或整理出版者，則力避重複，故收清人著述爲多。兹編爲浙學傳播，深入發掘浙學歷史源流、思想内藴、成就得失提供基礎文獻，雖不足稱浙學復興基石，然『椎輪爲大輅之始』，其價值自當可觀。

一、浙學淵源流變

關於浙學的源流，近人何炳松《浙東學派溯源》略及之。朱、陸、吕三家共爲浙學源頭，長期以來如何交叉融合？從金華一派到姚江一派，再到樸學浙派，發生了怎樣的變化？史學、經學如何互相影響，結果如何？浙學與樸學是一種怎樣的關係？諸如此類問題，皆有待探討。《叢編》爲深入發覆浙學源流提供了重要材料。

浙學源流的梳理，明清已有不少著述。專門之論，有明人陳雲渠撰《浙學譜》一卷、明末劉鱗長輯《浙學宗傳》不分卷、清人許汝稷輯《浙學傳是編》六卷、清末張廷琛撰《浙學淵源述要》不分卷。專論浙學一脉，有明人金賁亨撰《台學源流》七卷、董遵撰《金華淵源録》二卷，清人沈復粲輯《霞西過眼録》八卷。

其合浙學與宋元之學及明學、清學并論，有黄宗羲撰《明儒學案》及其發凡起例、黄百家與全祖望等纂輯補修《宋元學案》、徐世昌等纂輯《清儒學案》等。《宋元學案》《明儒學案》述浙學源流皆詳。《清儒學案》述《南雷學案》《楊園學案》《三魚學案》《西河學案》《竹垞學案》《鄞縣二萬學案》《餘山學案》《堇浦學案》《息園學案》《謝山學案》《抱經學案》《耕崖學案》《實齋學案》《南江學案》《錢塘二梁學案》《鶴泉學案》《秋農學案》《南陔學案》《鐵橋學案》《丹邨學案》《嘉興二錢學案》《柳東學案》《儆居學案》《定盦學案》《壬叔學案》《曲園學案》《越縵學案》《籀廎學案》諸學案，亦云富矣，惜構畫不成體系，源流終有未明。如《南雷學案》僅列梨洲甬上、越中弟子數人，遺查慎行等海昌門人；以爲杜煦、姜炳璋無可歸屬，列入《諸儒學案》；平步青爲一時名家，竟遺其人，實可别立『景蓀學案』；《謝山學案》末附王梓材，而遺并稱之馮雲濠；邵瑛、沈冰壺、黄璋、查揆等人皆有學，《清儒學案》未言及之。

其合浙學與儒學源流并論，有周汝登撰《聖學宗傳》十八卷、黄宗羲撰《理學録》不分卷、姜希轍撰《理學録》九卷、萬斯同撰《儒林宗派》十六卷等。

以上諸書，《浙學譜》《浙學傳是編》不傳；黄宗羲《理學録》傳世有稿本，姜希轍《理學録》傳世有清抄本，沈復粲《霞西過眼録》傳世有稿本，皆未刊，其他數種各有刻本。《宋元學案》除刻本、抄本外，更有稿本數種。《叢編》未能輯得黄宗羲《理學録》稿本，但收録姜希轍《理學録》、沈復粲《霞西過眼録》、黄璋等校補《宋元學案》。

《宋元學案》自清康熙間黄宗羲發凡起例，至道光二十六年（1846）何紹基刻成百卷，成書歷時一百七十餘年，黄宗羲、黄百家、全祖望、黄璋、黄徵乂、王梓材、馮雲濠等十餘人各有功績。所構畫宋元學術史體系，久爲學者問學津筏和學術史撰著依據。黄百家底稿、全祖望底稿大都散佚，黄璋等校補本久鑰藏室，今人習見爲何氏刻本百卷，即王梓材、馮雲濠校補本。黄宗羲、黄百家父子，黄璋、黄徵乂父子，全祖望及王、馮諸子各有何貢獻，纂修思想前後發生怎樣變化，其間得失如何？《叢編》所收《宋元學案》稿本二十册，爲認識這類問題提供了有力的材料。王、馮校補《學案》，多未見黄百家原稿，主要采用全祖望殁後散出底稿（大都藏於門人盧鎬家，部分殘稿藏於門人蔣學鏞家），即《宋元學案考略》所説『月船盧氏所藏底稿本』『樗菴蔣氏所藏底稿殘本』，間用黄璋父子校補本，即『餘姚黄氏校補本』[一]。今盧氏、蔣氏藏本罕傳，傳者有黄氏校補本《宋元儒學案》八十六卷，其中《宋儒學案》藏中國臺灣傅斯年圖書館，《元儒學案》藏國家圖書館。《宋元儒學案》抄自黄璋等校補稿本《宋元學案》。稿本有全祖望、黄璋、黄徵乂等人手迹，校補以全氏、黄璋爲主，徵乂批校多爲校訂及注明抄寫格式。今詳作考證，知第三本《關中學案》後半部爲全氏底稿，修補於黄百家原本録副上；第五本《道南學案》爲全氏底稿，百家原本録副；第七本《豫章學案》《延平學案》，黄百家、全祖望原未分二案，其《朱松傳》以前爲全氏底稿，《朱松傳》以後爲全氏底稿，百家原本録副；第七本接下《横浦學案》有兩本，前一種爲黄璋重抄，後一種爲全氏底稿，百家原本録副。第十本《潛菴學案》《雙峰學案》《四明朱門學案》爲全氏底稿，百家原本録副；第十三本《新安學案》《木鐘學案》《鶴山學案》爲全氏底稿，百家原本録副；第十四本《西山學案》爲全氏底稿，百家原本録副；第十九本《鳴道學案》爲全氏底稿。黄氏、全氏底稿，學界久覓不得，不意於此本得見。對讀黄氏校補本、道光刊本，用文獻還原之法，析骨還肉，可以辨析諸家在《宋元學案》成書中思想異同、貢獻得失。如黄百家未立《東萊學案》《深寧學案》《麗澤諸儒學案》；全祖望別立《東萊學案》《深寧學案》；《麗澤諸儒學案》，全氏底稿未見，王、馮采黄璋父子校補，析《東萊學案》部分内容，復自作增補，成《麗澤諸儒學案》。黄百家討論宋元之學，以朱、陸爲綱，全祖望重拈朱、陸、吕并立以變化之，從黄璋到王、馮，大抵用全氏構畫體系，而皆修改未盡。

黄宗羲、姜希轍爲劉宗周高弟子，各撰《理學録》，堪稱《宋元學案》《明儒學案》之嚆矢。黄氏《理學録》，學界久以爲散佚。今人彭國翔先生披閲古籍，發現稿本尚存。是書共録濂溪學派、康節學派、河南學派、關中學派、浙學派、道南學派、湖南學派、金華學派、輔氏學派、江右學派、北方學派、明初學派、河東學派、崇仁學派、白沙學派、甘泉學派等十六學派。專立『浙學派』之目，開篇爲袁溉，注云『程氏門人，已見』。其後録門人薛季宣及後傳五十一人：薛季宣、陳傅良、蔡幼學、曹叔遠、吕大亨、章用中、陳端己、陳説、林淵叔、沈昌、洪霖、朱黼、胡時、周行己、鄭伯熊、吴表臣、葉適、周南、孫之宏、林居安、趙汝鐸、王植、丁希亮、滕宬、孟猷、孟導、厲詳、邵持正、陳昂、趙汝讜、陳耆卿、吴子良、舒岳祥、陳亮、喻偘、喻南强、陳頤、錢廓、郎景明、方坦、陳檜、金濂、凌堅、何大猷、劉範、胡括、章椿、徐碩、劉淵、孫貫、吴思齊。河南學派注云『程氏門人』，録二程門人五十二人，楊時、吕大均、吕大臨、吕希哲、袁溉皆在内[二]。書頗可貴，惜難徵集，本編未收。黄氏《理學録》至甘泉學派止，姜氏《理學録》則始於陽明學派。第一册收陽明及門人錢德洪諸人文録、語録。第二册爲《東林學派》《蕺山學派》。《東林學派》前有《東林學派表》，始歐陽德，下爲歐陽氏傳人李春芳、萬虞愷、王宗沐、何祥、張棨、薛應旂，接爲薛門再傳顧憲成、顧允成、薛敷教，再爲顧憲成門人高攀龍。歐陽德前標『王氏門人』，顧憲成前標『薛氏門人，陽明三傳』，高攀龍前標『顧氏門人，陽明四傳』。按所述，東林學派係出陽明。萬斯同《儒林宗派》卷十五『王氏學派』，述歐陽德一支，下接胡直、薛應旂、何祥、貢安國、沈寵、王宗沐、敖銑、卓邦清；後接薛氏門人薛敷教、顧憲成、顧允成，胡直門人鄒元標；再接顧憲成門人丁元薦、史孟麟，鄒元標門人馮應京[三]。所述與姜多合，然未列高攀龍。《明儒學案》立《東林學派》，首標顧、高。顧憲成傳言及其曾問學於薛應旂，應旂授以《考亭淵源録》，曰：『洙泗以下，姚江以上，萃於是矣。』[四]傳又言『先生深慮近世學者，樂趨便易，冒認自然』，『而於陽明無善無惡一語，辨難不遺餘力，以爲壞天下教法，自斯言始』，『今錯會陽明之立論』，『當時之議陽明者，以此爲大節目，豈知與陽明絶無干涉。嗚呼！天泉證道，龍谿之累陽明多矣』[五]。蓋以爲東林已逸出，故不標陽明後派。由此可見，黄、姜見解不盡合，萬氏之見與乃師亦不同。後世論東林學派，多不歸於陽明後學。就淵源論，東林雖爲陽明别調，亦可稱浙學流亞。《蕺山學派》前有《蕺山學派表》，首列唐樞，下接唐樞傳人許孚遠、錢鎮，再接許孚遠傳人劉宗周、馮從吾。唐樞下標『甘泉門人』，許孚遠前標『唐氏門人，甘泉再傳』，劉宗周前標『許氏門人，甘泉三傳』。《明儒學案》卷六十二《蕺山學案》未專强調『甘泉三傳』。《儒林宗派》卷十五述『王氏門人』，末附劉宗周與『劉氏學派』。『劉氏學派』列吴麟徵、葉廷秀、王毓蓍、祝淵、祁彪佳、何弘仁、傅日炯、劉汋、陳確、章正宸、金鉉、惲日初十二人。王梓材增注本按云：『日初下，當有闕文。』[六]第三册爲『錢緒山學派』『龍溪學派』『鄒氏學派』『劉氏學派』，《明儒學案》分列錢弘緒、王畿入『浙中王學』，鄒守益、劉文敏入『江右王學』[七]。第四册爲『白沙學派』『甘泉學派』，《明儒學案》分歸入《白沙學案》《甘泉學案》。姜氏《理學録》六派前各有學派表，述師承統緒。《明儒學案》所述師承則略，於姜氏所載傳人有未言及者。《儒林宗傳》卷十四歸甘泉一派入『陳氏學派』，湛若水傳唐樞，唐樞傳許孚遠，許孚遠傳馮從吾、劉宗周，卷十五别立『劉氏學派』，所述統緒大抵與姜合。卷十五『王氏學派』，與姜氏所列學派表復多相合，然不標『錢緒山學派』『龍溪學派』『鄒氏學派』『劉氏學派』『東林學派』之名。

黄、姜皆蕺山親炙弟子，交往甚密，萬斯同爲梨洲高足、蕺山再傳，三人論學脉各有側重，乃有此異。諸家之論正可參看，以辨浙學源流。沈復粲《霞西過眼録》八卷，抄撮史部諸書，專録姚江一派，編次叢雜，價值遜於《宋元學案》《理學録》，然用力爬梳搜羅，亦可備鑒觀浙學源流。

二、關於『由經入史』

何炳松論浙學興衰，概括爲『由經入史』『由史入文』八字，云：『初闢浙東史學之蠶叢者，實以程頤爲先導』，『傳其學者多爲浙東人。故程氏雖非浙人，而浙學實淵源於程氏。浙東人之傳程學者有永嘉周行己、鄭伯熊，及金華之吕祖謙、陳亮等，實創浙東永嘉、金華兩派之史學，即朱熹所目爲「功利之學」者也』，『唯浙學之初興也蓋由經入史，及其衰也又往往由史入文。故浙東史學自南宋以至明初，即因經史文之轉變而日就衰落。此爲浙東史學發展之第一個時期』，『迨明代末年，浙東紹興又有劉宗周其人者出』，『其學説一以慎獨爲宗，實遠紹程氏之無妄，遂開浙東史學中興之新局』，『其門人黄宗羲承其衣鉢而加以發揮，遂蔚成清代寧波萬斯同、全祖望及紹興邵廷采、章學誠等之兩大史學系。前者有學術史之創作，後者有新通史之主張』，『此爲浙東史學發展之第二個時期』，『唯浙東史學第一期之初盛也，其途徑乃由經而史，及其衰也，乃由史而文。第二期演化之經過亦復如是』[八]。『由經入史』，指由治經而好史；『由史入文』，指由治史而好文。『由史入文』未造成明清浙學之衰，何炳松判斷可疑，但所説浙學之興乃在『由經入史』，則爲確論。不過，浙學學者『經史不分』，不欲使二者相割裂，『史』也終未置於『經』上。且史學一脉發展流變遠較何氏所説複雜，非僅所謂第一時期、第二時期所能概括。

浙學之史學成就，有目共睹，《叢編》收明清稿抄本，也呈現了明清浙學經史繁榮的情況及『經史不分』的特質。

浙學史上號通儒者，首推吕祖謙，次爲王應麟、宋濂、黄宗羲。就經學言，學者長於治《易》《春秋》，《詩》《禮》之學稍可觀，《尚書》罕見專家。因傳朱學，又多擅《四書》學，如北山四先生等。《叢編》收録經解，未如史著富有，亦自不少。如《易》學著作：黄璋《周易象述》不分卷，朱駿聲《易學三種》(《易鄭氏爻辰廣義》《易經傳互卦卮言》《易章句異同》)、《易消息升降圖》、《學易札記》、《六十四卦經解》，陶方琦《鄭易小學》，黄式三《易傳通解初稿》，柯汝霖《平湖柯春塘先生易説》。《春秋》學著作：董守諭《春秋簡秀集》、朱駿聲《春秋左傳識小録》《春秋闕文考》《春秋平識》《春秋三家異文覈》《春秋亂賊考》、陶方琦《春秋左氏古經漢義補證》、王紹蘭《春秋説》。《詩》學著作：沈近思《學詩隅見録》、沈冰壺《沈氏詩醒八箋》、姚燮《詩問稿》、陶方琦《韓詩遺説補》。《禮》學著作：王紹蘭《周人禮説》《儀禮圖》等。此外，經説尚有黄以恭《愛經居經説》，《四書》學著述有方桑如《四書考典》。以上大都清人之作。當然，這并不意味宋、元、明浙學經解少，乃《叢編》專收『未刊稿抄本』使然。總體以觀，清人經解一方面承續浙學『經史不分』傳統，另一方面深受清代樸學風氣影響，并以小學考據見長。

《叢編》收史著數量，卷帙遠超過經解。由於立意『未刊』，僅收稿抄本，故吕祖謙《大事記》《十七史詳節》、王益之《西漢年紀》、黄震《古今紀要》、王應麟《通鑑地理通釋》、胡三省《資治通鑑音注》《通鑑釋文辯誤》、王禕《大事記續編》、黄宗羲《明儒學案》等經典之作，因有刻本，甚乃宋元珍槧，不復采録。黄宗羲史著多種，整理本《黄宗羲全集》已收，《叢編》不重複收録。清初浙學三部史學名著，即張岱《石匱書》、談遷《國榷》、萬斯同《明史》，未刻行。《石匱書》存稿本（殘）、清抄本（殘）。《國榷》傳清初抄本（殘）、清抄本、清胡蕉窗抄本（殘）等。萬氏《明史》存清抄本四百十六卷，又有清抄本《明史紀傳》三百十三卷（殘），稿本《明史列傳稿》二十二卷，清抄本《明史列傳稿》二百六十七卷。今以《石匱書》《明史稿》已影印，《國榷》已整理，捨而弗録。《叢編》所收稀見文獻，史部諸類幾盡涵蓋，而傳記最多，其次爲政書、地理、金石考、雜史。收録情況如下：

紀傳之史，如杭世駿《金史補》、平步青《宋史叙録》。編年之史，如沈德符《歷代正閏考》。紀事本末，如陶濬宣《通鑑長編紀事本末補佚》。雜史，如朱駿聲《秦漢郡國考》《孔子紀年》、陶濬宣《官階古稱考》《國朝掌故瑣記》。史表，如俞汝言《崇禎大臣年表》。史鈔，如沈赤然《後漢搴英》、傅以禮《史鈔》。史評，如孫德祖《讀鑑述聞》、馬青《史繩》。譜牒，如向洪上等修《向氏家乘》、孫峻《孫氏家乘》。政書，如平步青《星軺便覽》《國朝館選爵里謚法考》、傅以禮《明謚考》《明謚考略》。詔令奏議，如何焆《兩漢制詔》、閔鶚元《奏稿》、王文韶《退圃老人直督丙申奏議》《直督奏議》、林啓《奏議公文遺稿》、吴慶坻《奏稿録要》。地理類，如鄭元慶《湖録》、沈復粲《大善寺志稿》、孫峻《天竺續志備稿》《六和塔志》、許良謨《花溪志補遺》、祝定國《花溪備忘録》、丁丙《杭城坊巷志》、金明全《紹興風俗志》、杭世駿《武林覽勝記》、陶濬宣《東湖記》、管庭芬《越遊小録》。金石考，如吴東發《金石文跋尾》《吴侃叔吉金跋》、管庭芬《錢譜》、傅雲龍《養喜廬訪金石録》、洪頤煊《倦舫碑目》、陶濬宣《金石隨筆》《稷山所見金石目》。目録，如管庭芬《海昌經籍志略》、陶濬宣《國朝史學叢書目録》。

傳記又以總傳、日記、年譜、職官類爲多。如屠本畯《三史統》、項聖謨《歷代畫家姓氏考》、萬言《明女史》、沈冰壺《勝國遺獻諸人傳》《勝國傳略》《本朝諸公傳》、朱駿聲《吴中朱氏史傳》、平步青《國朝文録小傳》《燃藜餘照》《唐文粹補小傳》《南書房入直諸臣考略》、陶濬宣《國朝紹興詩録小傳》、傅以禮《明史續編》《傅氏先世事實編》、沈景修《禾郡項氏事略》、吴慶坻《辛亥殉難記》、平步青《國子監進士題名碑録》《唐科目考》《五代宋元科目考》、孫德祖《兩朝會狀録》、王繼香《王孝子事略》、查慎行《壬申紀遊》、姚祖同《南歸紀程》《金陵行紀》、管庭芬《日譜》、平步青《南輶紀程》、陶濬宣《海州病中日記》《入剡日記》、王繼香《日記》、沈景修《蒙廬日記》、吴慶坻《使滇紀程》《入蜀紀程》、平步青《西漢宰相考》《東漢宰相考》《五代宰相考》《宋宰輔考》《明宰輔考》《明列輔起家考》《復社姓氏録》《殘明百官簿》、葉嘉棆《葉文定公年譜》、孫衣言《葉文定公年譜》、韓系同《毛西河先生年譜殘稿》、陶方琦《許君年表稿》、嚴烺《自撰年譜》、朱蘭《黄梨洲先生年譜稿》《補讀室自訂年譜》《舜水先生年譜稿》、黄雲眉《南江先生年譜初稿》。

以上史著，稿本居多。《歷代正閏考》《明女史》《湖録》《崇禎大臣年表》《金史補》《武林覽勝記》等皆知名於世。鄭元慶《湖録》一百二十卷，大都散佚，《叢編》收初稿本五卷殘帙，計一百十六葉，另題跋六葉。元慶字子餘，號芷畦，歸安人。沉酣載籍，肆力著述。應聘纂修《湖州府志》，書成未刻。自嘆數十年心力，不忍弃之，遂别成《湖録》[九]，當時僅刻傳二卷。覽者服其精博，全祖望《鄭芷畦窆石志》稱其『苕中文獻之職志』[一〇]。乾隆初年，胡承謀修《湖州府志》，援以爲據。周中孚《鄭堂讀書記》卷三十二云：『其原稿即爲胡《志》所取材，止有初稿在吾鄉楊拙因處，并原稿爲胡氏取去。』[一一]《［雍正］浙江通志》、阮元《兩浙金石志》、陶元藻《全浙詩話》、丁丙《善本書室藏書志》、陸心源《三續疑年録》《吳興金石記》及汪曰楨《湖蠶述》，頗徵述《湖録》。杭世駿《武林覽勝記》未刻，吳慶坻《蕉廊脞録》卷五云：『堇浦先生著《武林覽勝記》四十二卷，無刻本。友石山房高氏藏鈔本，題「仁和杭世駿大宗輯，東里盧文弨召弓校」。』[一二]《叢編》所收即此本。《兩浙經籍志》稱是書『乃攟拾浙中舊志，增益舊聞，而補采搜討之功，獨爲詳備』，『今存此一書，猶見當時典章文物也』。[一三]世駿研治諸史，著《史記考證》七卷、《後漢書百官志》五卷、《漢爵考》一卷、《漢書蒙拾》三卷、《後漢書蒙拾》二卷、《三國志補注》六卷、《晉書補傳贊》一卷、《諸史然疑》一卷等。《叢編》收其《金史補》不分卷，民國二十六年影抄本，封題『影録仁和瞿氏清吟閣原鈔稿本』，共九册。《中國古籍總目》未著録此本。是書與厲鶚《遼史拾遺》二十四卷，皆效劉昭、裴松之注史之法，補正史之闕，爲研治宋、金、遼三史需備舊籍。

有清一代，浙學史學大盛，乃清代史學最重要的一支。其統緒有自，研治明史頗爲顯著，近源可追溯至明末私撰史著風氣，真正發軔則是張岱作《石匱書》，談遷撰《國榷》，查繼佐作《罪惟録》，黄宗羲與門人萬斯同、邵廷采等爲存明史，撰著私史。浙學傳人接緒黄、萬，推轂探研明史之盛。《叢編》所收乏宏製，但可觀者不少。如俞汝言《崇禎大臣年表》、萬言《明女史》、沈冰壺《勝國遺獻諸人傳》《勝國傳略》、傅以禮《明史續編》、平步青校補《殘明百官簿》等，可見浙派史學旨趣所在。俞汝言爲明遺民，其《崇禎大臣年表》稿本一卷，記一朝殿閣、部院大臣，末附弘光南都即位大臣表。《自序》云：『論者以明而過察，信任不專，以致群臣畏罪，相爲欺蔽。然不思人臣委身事主，惟所任使，位卑職輕，則曰非我任也。及都右職，則曰委任不專也。又曰好疑用察，救過不暇也。是則無一之可爲歟？迨至君呼籲而求助，臣邅迴而不前，壞不可支，歸之氣數』，『爲是説者，是左聖明，長奸佞，設辭以助惡也。即無論其他，五十輔臣中，力排衆議、任相十年者有之，起自外僚、特簡政地者有之，奪情召用、出入將相者有之，釋褐三載、即首端揆者有之。任非不專也，察非過用也，而效忠殫職，何鮮聞也？』反思明亡之由、崇禎政亂之故，駁斥時人將亡明歸於崇禎『明而過察，信任不專』。崇禎亡國，實録未作。俞氏此作存史，簡明而確，便於觀覽，可與《國榷》及民間私撰《崇禎實録》《崇禎長編》相發明。浙學傳人好談明史事，自清初迄晚近胥然。乾嘉間，山陰沈冰壺字玉心，號梅史，熟精於史，尤諳明人物軼事，與同時全祖望等人關注前明舊史，致力存一代文獻。《叢編》收其《勝國遺獻諸人傳》不分卷，黄璋抄本，即《勝國傳略》卷六録出單行者。傳録蔣德璟、張鏡心、李清、姜埰、姜垓、徐復儀、王正中、董守諭、劉汋、柴紹炳、侯玄汸、侯玄涵、傅山、來集之、吴繁昌、吴謙牧、蔣平階、李世熊、梁以樟、林古度、閻爾梅、王弘撰、杜濬、張杉、徐柏齡、李標、范路、來蕃、葉名振、萬泰、徐鼎、陳恭尹、屈大均、文點等五十一人，各有史評。末附清人王復禮、陳廷會、孫治、毛先舒四人傳。其書表彰奇節忠直，所謂『勝國遺獻諸人傳』，即『明遺民傳』，類於黄宗羲、邵廷采記東南遺民，非簡單抄撮舊籍。且多捃摭兩浙遺民，有裨明季史乘。今人謝正光、范金民二先生編纂《明遺民録彙輯》，收邵廷采《明遺民所知傳》、黄容《明遺民録》、佚名《皇明遺民傳》、陳去病《明遺民録》、孫鏡菴《明遺民録》、陳伯陶《勝朝粵東遺民録》、秦光玉《明季滇南遺民録》等七種[一四]，頗具史料價值。今天看來，尚可補葺。沈冰壺《勝國遺獻諸人傳》、侯登岸《勝國遺民録》、張其淦《明代千遺民詩詠》等皆可補録。由於文獻難徵，南明史研治不易，其中甚難的一點即南明職官考録。平步青校補《殘明百官簿》四卷，值得稱道。是書輯者未詳，平氏以卷第殘損、波磔脱落，校而補之，卷一爲《弘光百官簿》，卷二爲《魯監國百官簿》，卷三爲《唐王百官簿》，卷四爲《桂王百官簿》。全祖望嘗見《庚寅桂林百官簿》，考之知寧士仕嶺外者三人：鄞縣余鵾起、任斗墟，奉化陳純來。《題庚寅桂林百官簿》嘆其事難考，鵾起事迹『近始得其始末』[一一五]。由此可覘《殘明百官簿》價值。傅以禮輯《明史續編》，從家譜、別集、總集、方志中爬梳大量明季人物傳記，偶收請疏、墓志銘、墓表等，以補《明史》所未詳，亦可見浙派重文獻之傳統。

《叢編》收清人日記稿抄本十餘種、清人撰年譜近十種。日記別有紀年價值，年譜對學術史研究大有補益。年譜之作興於宋，盛於明清。浙學傳人喜作學者年譜，如吕祖儉爲吕祖謙撰《年譜》，喬行簡爲宗澤作《忠簡公年譜》，袁燮爲陸九淵作《象山陸先生年譜》，錢德洪爲王陽明作《陽明先生年譜》，盧演爲方孝孺作《方正學先生年譜》。《叢編》所收略可見浙學這一風氣。

三、樸學之浙派

中國傳統經學有漢學、宋學之分，略言之，漢學重考據訓詁，宋學重性理詮釋。至於清代，學者各有取徑、師承、好尚，尚漢學者有之，好宋學者有之，兼采漢、宋者有之，更有不分漢、宋者。這與清代詩壇分野相類，或宗唐，或宗宋，或兼學唐、宋，或不分唐、宋。清代學風屢生變革，皮錫瑞《經學歷史》述曰：『國朝經學凡三變。國初，漢學方萌芽，皆以宋學爲根柢，不分門户，各取所長，是爲漢、宋兼采之學。乾隆以後，許、鄭之學大明，治宋學者已尟，説經皆主實證，不空談義理，是爲專門漢學。嘉道以後，又由許、鄭之學導源而上，《易》宗虞氏以求孟義，《書》宗伏生、歐陽、夏侯，《詩》宗魯、齊、韓三家，《春秋》宗《公》《穀》二傳。漢十四博士今文説，自魏、晉淪亡千餘年，至今日而復明。實能述伏、董之遺文，尋武、宣之絶軌，是爲西漢今文之學。學愈進而愈古，義愈推而愈高，屢遷而返其初，一變而至於道，學者不特知漢、宋之别，且皆知今、古文之分，門徑大開，榛蕪盡闢。』[一六]總括大抵可信。清儒取捨好尚不同，有清學術遂區分諸派。清初，黄宗羲講學東南，讀書窮經，兼好治史，并采漢、宋，是爲梨洲一派；孫奇逢講學於北，著《理學宗傳》，主於宋學，是爲夏峰一派。南黄北孫，爲一時顯學。此外，顧炎武、汪琬、徐乾學等傳吴中學統，兼采漢、宋；李顒、李因篤等傳關中學統，主於宋學；閻若璩倡導漢學，重於考據。自乾隆以後，漢、宋之争熾，有吴派、皖派之分，又有今文、古文之訟。學者論清學，喜談吴派、皖派，輕於拈説浙派，即使談之，亦多將其歸爲史學一派。事實上，浙學亦清學一大源頭，浙派堪與吴派、皖派相鼎立。

關於吴、皖之分，學者所論多矣。章炳麟云：『其成學著系統者，自乾隆朝始。一自吴，一自皖南。吴始惠棟，其學好博而尊聞；皖南始戴震，綜形名，任裁斷。此其所異也。』[一七]梁啓超有『惠、戴兩家中分乾嘉學派』之説[一八]，謂：『但漢學派中也可以分出兩個支派，一曰吴派，二曰皖派。吴派以惠定宇（棟）爲中心，以信古爲標幟，我們叫他做「純漢學」。皖派以戴東原（震）爲中心，以求是爲標幟，我們叫他做「考證學」。』[一九]錢穆談論稍異：『今考惠學淵源與戴學不同者，戴學從尊宋述朱起脚，而惠學則自反宋復古而來』，『徽學以地僻風淳，大體仍襲東林遺緒，初志尚在闡宋，尚在述朱，并不如吴學高瞻遠矚，劃分漢、宋，若冀、越之不同道也』。又謂『東原論學之尊漢抑宋，則實有聞於蘇州惠氏之風而起也』，贊同王鳴盛所説『惠君之治經求其古，戴君求其是，究之舍古亦無以爲是』，以爲惠、戴非異趨，吴、皖非分幟[二〇]。今人陳祖武先生進而指出吴、皖分派不盡合理，治乾嘉學術，但按地域劃分學派還可商量，不宜以吴、皖兩派或惠、戴二家來概括整個乾嘉學派，其時南北學者争奇鬥艷，『互爲師友，相得益彰，其間本無派別之可言。强分門户，或吴或皖，實有違歷史實際』[一一]。筆者基本贊同這一説法，乾嘉非僅有吴派、皖派，强分門户，有違實際。梁啓超也承認所舉派別『不過從個人學風上，以地域略事區分。其實各派共同之點甚多，許多著名學者，也不能説他們專屬哪一派』[一二]。不過筆者仍略有不同之議：緣師承取法、學術旨趣之異，學者各成一隊，門户亦客觀存在，不必盡黜之。皖派、吴派以地域命名，但皖派非皖人之學，吴派非吴人之説，均超越地域所限，與浙學非浙人之學同理，不必諱疾忌醫。

章、梁論吴、皖之學，也關注到浙學一脉。章炳麟《訄書・清儒》曰：『然自明末有浙東之學，萬斯大、斯同兄弟皆鄞人，師事餘姚黄宗羲，稱説《禮經》，雜陳漢、宋，而斯同獨尊史法。其後餘姚邵晉涵、鄞全祖望繼之，尤善言明末遺事。會稽章學誠爲《文史》《校讎》諸通義，以復歆、固之學，其卓約過《史通》。而説禮者羈縻不絶，定海黄式三傳浙東學，始與皖南交通。其子以周作《禮書通故》，三代度制大定。唯浙江上下諸學説，亦至是完集云。』從史學、《禮》學總述清代浙東之學。梁啓超《中國近三百年學術史》云：『此外尚有揚州一派，領袖人物是焦里堂（循）、汪容甫（中）。他們研究的範圍，比較的廣博。有浙東一派，領袖人物是全謝山（祖望）、章實齋（學誠），他們最大的貢獻在史學。』[一三]章氏不言學派，梁氏明言之，以吴、皖爲主流，以揚、浙爲支流。章氏并談經史，梁氏獨拈一史。

學者關注皖、吴，無可非議，但不應輕視浙派成就和影響。應該説，浙學亦乾嘉之學近源，浙派爲清代樸學重要一支。梁啓超以爲乾嘉『自成一種學風』，稱之『科學的古典學派』[一四]，學者習用説法是清代樸學。清初漢、宋兼采，爲樸學發軔。嘉道而後，沿許、鄭之學導源而上，爲樸學變化。就發軔言，黄宗羲、顧炎武、徐乾學、汪琬、閻若璩、萬斯同皆重要人物。錢穆不贊同近人率推顧炎武爲『漢學開山』：『而亭林漫游河、淮，於江左文史夙習，滌弃若盡，要其辨經學、理學，分漢、宋疆界，則終亦不能遠異於其鄉先生之緒論耳。近人既推亭林爲漢學開山，以其力斥陽明良知之説，遂謂清初漢學之興，全出明末王學反動，夫豈盡然？』[二五]『其語要非亭林所樂聞也。』[二六]駁斥夸大清初漢學，不贊同梁啓超等人以顧炎武爲『漢學開山』。清初學者研習漢學，與乾嘉學者立意、路徑頗異，簡單將顧炎武認作『漢學開山』，未妥。不過研治漢學乃清初學風轉變一大關捩，學者兼采漢、宋或漢、宋不分，是學術史客觀存在，追溯乾嘉之學近源，可推至黄宗羲、萬斯同、顧炎武、汪琬、徐乾學、閻若璩等人。

黄、萬之學源出姚江一脉而自爲變化，閻若璩則自稱梨洲私淑弟子。梁啓超稱『大抵清代經學之祖推炎武，其史學之祖當推宗羲』，還指出宗羲『又好治天算，著書八種。全祖望謂「梅文鼎本《周髀》言天文，世驚爲不傳之秘，而不知宗羲實開之」。其《律吕新義》，開樂律研究之緒。其《易學象數論》，與胡渭《易圖明辨》互相發明』，『故閻、胡之學，皆受宗羲影響。其他學亦稱是』[二七]。樸學發軔，不離吴越。浙學盛於兩浙，并傳吴中。黄、顧商證學問，各有助益。惠棟標榜專門之漢學，自稱四世漢學，實則惠氏家學源出汪琬等吴中學者。以淵源論，樸學與浙學大有關係。統觀南宋之學，諸儒未嘗專詮義理而不事訓詁考據。吕學與朱學一大不同，即吕學兼采漢學、北宋之學，重於訓詁、文獻。『東萊文獻』『經史不分』，奠立浙學基調。陽明一派崛起，浙學新變，訓詁考據非所長，爲談説性理所掩。至梨洲一派，風氣一變，讀書重於經解，經史側於文獻，遥接東萊之緒，兼事義理、考據。非僅浙派繼之，吴、皖二派究未逾於此外。漢、宋之争日熾，惠、戴傳人各標門户，方東樹作《漢學商兑》爲宋學護法，江藩作《國朝漢學師承記》爲漢學護法。有調和漢、宋者，更有跳出漢、宋而標『清學』者，龔自珍即其人。《與江子屏箋》云：『大著曰《國朝漢學師承記》，名目有十不安焉。改爲《國朝經學師承記》，敢貢其説』，『實事求是，千古同之』，『非漢人所能專』，『本朝自有學，非漢學。有漢人稍開門徑而近加邃密者，有漢人未開之門徑，謂之漢學，不甚甘心』，『瑣碎餖飣，不可謂非學，不得謂漢學』，『漢人與漢人不同，家各一經，經各一師，孰爲漢學乎』，『若以漢與宋爲對峙，尤非大方之言。漢人何嘗不談性道』，『宋人何嘗不談名物訓詁』，『本朝别有絶特之士，涵泳白文，創獲於經，非漢非宋，亦惟其是』，『國初之學，與乾隆初年以來之學不同。國初人即不專立漢學門户，大旨欠區别』[二八]。龔氏立論即『漢宋不分』，非兼采漢、宋。其既厭弃藉漢、宋立門户，又不喜將清儒之學比爲漢、宋附庸，故昌言『清學』。按所説，乾嘉專立漢學門户，并不比清初學者高明。這一觀點與其傳承浙學不無關聯。浙學『經史不分』，并重義理、考據，乃至『漢宋不分』。龔氏跳出漢、宋門户之訟，重新審視古今之變，發抒己見，欲重開兼容并蓄、經史不分、經世致用之學[二九]。錢穆推尊龔氏開風氣之功，以爲清儒因政治威劫鮮談政治，乾嘉經學一趨於訓詁考索，嘉、道以還乃稍稍發爲政論，『而定菴則爲開風氣之一人』[三〇]。又謂：『常州之學，起於莊氏，立於劉、宋，而變於龔、魏，然言夫常學之精神，則必以龔氏爲眉目焉。何者？常州言學，既主微言大義，而通於天道、人事，則其歸必轉而趨於論政。否則何治乎《春秋》？何貴乎《公羊》？亦何異於章句訓詁之考索？故以言夫常州學之精神，其極必趨於輕古經而重時政，則定菴其眉目也。』[三一]復謂：『然則定菴之爲學，其先主治史通今，其卒不免於治經媚古；其治經也，其先主大義通治道，其卒又不免耗於瑣而抱其小焉。自浙東之《六經》皆史，一轉而爲常州《公羊》之大義微言；又自常州之大義微言，再折而卒深契乎金壇、高郵之小學訓詁，此則定菴之學也。以定菴之才，遇定菴之時，而遂以成其爲定菴之學。』[三二]其説頗具隻眼，惜忘龔氏乃浙學傳人，融貫諸家，變化常州之學，亦自有故，且治經非爲媚古，蓋以『經史不分』也。

抛開純粹門户諍訟不論，乾嘉時期吴派、皖派、浙派可稱三足鼎立，揚州一派聲勢稍遜。浙學之興貫穿清學終始。清學始興，黄宗羲啓其端緒，清學之告一段落，章炳麟爲重要人物，被梁啓超推爲清學正統派『殿軍』。樸學浙派源出梨洲一派，又爲吴、皖二派風氣鼓動，在嘉道後也因時發生相應的變化。

今以樸學浙派專指乾嘉樸學興起後，浙學發生新變一脉。代表人物爲全祖望、章學誠、邵晉涵、杭世駿、厲鶚、盧文弨、齊召南、嚴可均、姚文田、龔自珍、俞樾、李慈銘、朱一新、洪頤煊、黄式三、黄以周、孫詒讓、章炳麟等。重要人物有董秉純、盧鎬、蔣學鏞、沈冰壺、吴騫、陳鱣、黄璋、黄徵乂、馮登府、吴東發、王梓材、馮雲濠、管庭芬、姚燮、戚學標、平步青、陶方琦、陶濬宣、沈曾植、張作楠、王紹蘭、朱蘭、孫衣言、丁丙、孫鳴鏘、傅以禮、王棻、龔橙等。其中全祖望、章學誠、邵晉涵爲開啓風氣者，儼然宗主。浙派雖以浙人爲主，但非僅浙人之學，一時霑溉甚廣。

浙學凡經數變，浙派之興爲清代浙學的一次重要變化。其在經學、史學、小學、金石學、校勘學、輯佚學等方面都取得很高的成就。梁啓超《清代學術概論》談樸學成就，舉隅屢及浙學傳人。『經史考證』方面，例舉孫詒讓《周禮正義》、邵晉涵《爾雅正義》；其研究之書，例舉金鶚《求古録禮説》、黄以周《禮書通故》。清儒以小學爲治經途徑，蔚爲大觀，俞樾《古書疑義舉例》稱精鑿，章炳麟《小學答問》多新解。音韻學爲小學附庸，清代特盛，例舉姚文田《説文聲系》、嚴可均《説文聲類》、章炳麟《國故論衡》。典章制度一科，號爲絶學，例舉洪頤煊《禮經宫室答問》，又謂晚清黄以周《禮書通故》『最博贍精審，蓋清代禮學之後勁矣』。史學方面，黄宗羲、萬斯同以一代文獻自任，乾隆以後，傳此派者，全祖望最著。考證之學及於史，有洪頤煊《諸史考異》；專考證一史，有梁玉繩《史記志疑》《漢書人表考》、杭世駿《三國志補注》。自萬斯同力言表志重要，著《歷代史表》，此後表志專書可觀者多，例舉齊召南《歷代帝王年表》，考證古史又舉錢儀吉《補晉兵志》。其專研究史法，有章學誠《文史通義》，價值可比劉知幾《史通》。私撰之史，萬斯同《明史稿》『最稱巨制』。學術史，則以《宋元學案》爲著。『水地與天算』方面，清代地理學偏於考古一途，著者有全祖望《水經注校正》、趙一清《水經注釋》，齊召南《水道提綱》《漢志水道疏證》，以水道治地理。外國地理，丁謙博爲考證，成書二十餘種。天文算學，例舉張作楠、李善蘭，作楠有《翠微山房算學叢書》，善蘭有《則古昔齋算學》。『金石學、校勘學和輯佚學』方面，金石學甚盛，例舉洪頤煊《平津館讀碑記》、嚴可均《鐵橋金石跋》，『考證精徹』。梨洲一派以金石研究文史義例，宗羲著《金石要例》，其後梁玉繩、馮登府各有續作（梁玉繩有《誌銘廣例》二卷，馮登府有《金石綜例》四卷）。『自金文學興，而小學起一革命』，例舉孫詒讓《古籀拾遺》，以爲與莊述祖《説文古籀疏證》并著。『最近復有龜甲文之學』，例舉孫詒讓《名原》。清儒校勘學成專門之學，成績可紀者，例舉盧文弨校《逸周書》《春秋繁露》，全祖望校《水經注》，孫詒讓校《墨子》，梁玉繩校《吕氏春秋》，嚴可均校《慎子》《商君書》，洪頤煊校《竹書紀年》《穆天子傳》，丁謙校《穆天子傳》，浙派人物占據所列諸家三分之一。研究諸子學，例舉俞樾《諸子平議》、洪頤煊《管子義證》、孫詒讓《墨子閒詁》[三三]。梁氏分類以述，例舉著者，雖甚簡略，大體不誤，浙派成就由此可概見。惜梁氏側重吴、皖二派，述及浙派往往『側鋒』出之，可爲一憾。

《叢編》所收稿抄本以清人著述爲多，清人又以樸學浙派之作爲多。其作者爲《清儒學案》采入者亦自不少。如陶方琦、陶濬宣、王繼香、朱一新，《清儒學案》卷一百八十五列入『越縵學案』；杭世駿，《清儒學案》卷六十五立『堇浦學案』，厲鶚以交游附焉；王紹蘭，《清儒學案》卷一百十六立『南陔學案』；錢儀吉，《清儒學案》卷一百四十三立『嘉興二錢學案』，管庭芬附焉；黄式三，《清儒學案》卷一百五十三立『儆居學案』，黄以恭附焉；吴東發、洪頤煊，《清儒學案》列入阮元『儀徵學案』；吴慶坻，《清儒學案》卷一百九十列入王先謙『葵園學案』；俞汝言，《清儒學案》卷二百一列入『諸儒學案七』；杜煦，《清儒學案》卷二百二列入『諸儒學案八』。《清儒學案》所未及言者，平步青可立『景蓀學案』；葉嘉棆傳盧鎬之學，可入『謝山學案』；龔橙可附龔自珍『定盦學案』。邵瑛、沈冰壺、查揆、黄璋等人，可載入諸案，或附入諸儒學案。

浙派經史考證之書，以孫詒讓《周禮正義》、邵晉涵《爾雅正義》、黄以周《禮書通故》等名著刻本、整理本已多，兹編僅收罕見者，如黄璋、沈冰壺、姚燮、王紹蘭、陶方琦、黄式三、柯汝霖、黄以恭著述，已臚列於前。《説文》成就，朱駿聲甚著，其《説文通訓定聲》乃常見之書，兹編不録，而收《説文段注拈誤》一卷。又收邵瑛《説文經訓偶箋》《説文解字羣經正字》、姚覲元校補《説文解字考異》、李宗蓮《説文經字録》、汪厚昌《説文引經録》。其以訓詁家會通群書，俞樾《古書疑義舉例》、章炳麟《小學答問》已廣傳，兹收洪頤煊《平津筆記》。文字學專門之作，收平步青《古字發微》、陶方琦《埤蒼考異》《廣倉》等。音韻學之作，收陶方琦《説文古讀考》、朱一新《同音集釋要》《浙垣同音千字文》，其價值則遜於姚文田《説文聲系》、嚴可均《説文聲類》。

史學爲浙派大宗，以全祖望、邵晉涵、章學誠諸家著述習見，兹編不録，亦未收洪頤煊《諸史考異》、梁玉繩《史記志疑》《漢書人表考》、杭世駿《三國志補注》、齊召南《歷代帝王年表》。其專考證一史，收杭世駿《金史補》、王紹蘭《袁宏後漢紀補證》。學術史，如梁啓超所説，以《宋元學案》爲最著，《叢編》收黄璋等校補稿本。

水地與天算之學，乃浙派所長。《叢編》收録不多，全祖望《水經注校正》、趙一清《水經注釋》、齊召南《水道提綱》、洪頤煊《漢志水道疏證》等不收録。張作楠《翠微山房算學叢書》，以《重修金華叢書》已采録，此編不重複收録。

金石學之書，兹編收録稍富。梁氏所舉洪頤煊《平津館讀碑記》、嚴可均《鐵橋金石跋》，未收。如梁氏所説『自金文學興，而小學起一革命』。《叢編》所收龔橙《古金石文字叢著》，最可爲代表。

清儒校勘學，浙派功績亦著。兹編收陶方琦《淮南許高二注異同考》《淮南許注異同詁續補》《淮南參正殘草》、陶濬宣《校讎之學》。朱一新批校《漢書》《魏書》，《重修金華叢書》已收，不重複收録。梁氏例舉盧文弨校《逸周書》、全祖望校《水經注》、孫詒讓校《墨子》、梁玉繩校《吕氏春秋》、嚴可均校《慎子》《商君書》、洪頤煊校《竹書紀年》《穆天子傳》，以及俞樾《諸子平議》、洪頤煊《管子義證》、孫詒讓《墨子閒詁》，以其多有印本、整理本，不收録。

《叢編》彙輯浙派文獻，初具規模，且於數家著述搜羅較賅備，如朱駿聲、平步青、陶方琦、陶濬宣著述，接近竭澤而漁。儘管梁啓超例舉諸名作罕録，但此編絶非「邊角料」。除杭世駿著述外，他如王紹蘭、陶方琦、黄式三、龔橙之作，皆不當輕覷。陶方琦從學李慈銘，通經學，邃於訓詁，所著《鄭易小學》《韓詩遺説補》《爾雅漢學證義》《淮南許高二注異同考》《淮南許注異同詁》及《續補》俱可稱道。龔橙爲龔自珍長子，湛深經術、精小學，纂著《古金石文字叢著》，收《器銘文録》《六典理董許書》《古俗一覽象義》《秦漢金石録文》《秦漢金石篆隸記誤》《漢隸記誤》《漢石録文補遺》《魏晉南北隋唐石刻録文》《漢碑用經傳異字》《石刻字録》《金石文字録》《石刻文録》《金石文録識餘》《詩三百五篇》《六經傳記逸詩周書韻表》《鄭典》《論語諸子韻》諸書，由金石而入小學，考證多有發明。略可遺憾的是，本編以徵訪不易，浙派著述尚多可補輯，如齊召南、戚學標、張廷琛、喻長霖、王棻、王舟瑶諸家稿抄本，可進而采録。

皮錫瑞《經學歷史》謂輯佚書、精校勘、通小學爲「國朝經師有功於後學者有三事」[三四]。舉隅諸家，浙派人物僅列盧文弨精校勘，嚴可均通小學。綜觀之，浙派輯佚、校勘、小學三方面的成就足媲美吴、皖二派。還應看到浙派自成風氣：一是循「經史不分」之統，「《六經》皆史」，經史互證，史學成就卓著。二是重訓詁考證，同時不廢性理詮釋。正由主於「漢宋不分」，不喜參與漢、宋門户之争。三是重用實，考證史實，明於治亂，既爲學問一途，又存治世之意。錢穆嘆説：「蓋亭林論學，本懸二的：一曰明道，一曰救世」，「後儒乃打歸一路，專守其『經學即理學』之議，以經術爲明道，餘力所匯，則及博聞。至於研治道，講救世，則時異世易，繼響無人，而終於消沉焉。若論亭林本意，則顯然以講治道救世爲主。故後之學亭林者，忘其『行己』之教，而師其『博文」之訓，已爲得半而失半。又於其所以爲博文者，弃其研治道、論救世，而專趨於講經術、務博聞，則半之中又失其半焉』[三五]。乾嘉學者一趨於訓詁考索，有着社會政治的因素。浙派不離此大勢，但由治史而通於世用，故與吴派、皖派有所不同。章學誠《文史通義·浙東學術》云：『或問：「事功、氣節果可與著述相提并論乎？」曰：「史學所以經世，固非空言著述也。且如《六經》同出於孔子，先儒以爲其功莫大於《春秋》，正以切合當時人事耳。後之言著述者，捨今而求古，捨人事而言性天，則吾不得而知之矣。學者不知斯義，不足言史學也。」』『求古』尊漢，『言性天』尊宋，章氏以爲若『捨今』『捨人事』，皆有未當。錢穆《中國近三百年學術史》第九章《章實齋》列『經學與史學』條目，評云：『實齋《文史通義》倡「《六經》皆史」之説，蓋所以救當時經學家以訓詁考覈求道之流弊。』[三六]四是遥接東萊、深寧，近承黄、萬，重視文獻搜輯、網羅、編輯。五是綜會博采，往往一人兼長諸學，經學訓詁、史學考據、小學音韻、金石文字、校勘輯佚、天文曆算，多所涉獵，平步青等皆是，不似吴派、皖派多專門之家。

當然，樸學浙派存在較明顯的地域性，以兩浙爲中心，傳播未如陽明學派、蕺山學派廣泛。自清初始，浙西之學興，浙東爲主流的格局已發生變化。至浙派興起，浙東、浙西并盛，成就相埒。

在學術史上，樸學浙派未受到足够重視。江藩《國朝漢學師承記》僅論及盧文弨、邵晉涵，謂盧文弨『官京師，與東原交善，始潛心漢學，精於讎校。歸田後二十餘年，勤事丹鉛，垂老不衰』[三七]，以爲盧氏爲戴震所轉，『潛心漢學』，竟忘其傳浙學一脉。而戴震在浙講學，受浙學影響也頗深。謂邵晉涵聞錢大昕談宋史，乃撰《南都事畧》，『以續王偁之書，詞簡事增，正史不及也』。後稍言及『君少從山陰劉文蔚豹君、童君二樹游，習聞蕺山、南雷之説。於明季黨禍緣起，奄寺亂政，及唐、魯二王本末，從容談論，往往出於正史之外。自君謝世，而南江之文獻亡矣』[三八]。晉涵傳浙東史學一脉，江藩未審之。章炳麟、梁啓超、錢穆對浙派的認識雖未全面，但無疑遠超江藩。

四、關於『由史入文』

黄宗羲《理學録》列十六學派，浙學派與金華學派、明初學派相并立。黄百家纂輯《宋元學案》，立《金華學案》，全祖望改題《北山四先生學案》。黄百家《金華學案》以宋濂爲金華嫡傳，案語云：『金華之學，自白雲一輩而下，多流而爲文人。夫文與道不相離，文顯而道薄耳。雖然，道之不亡也，猶幸有斯。』[三九]所謂自許謙而下『多流而爲文人』，後世學者多襲其説。何炳松論浙學興衰，以南宋至明初爲第一期，明末至清中葉爲第二期，於其前後衰落之由總曰『由史入文』。事實上，『由史入文』未造成浙學之衰。何氏又説：『金華本支則曾因由史入文，現中衰之象；至明初宋濂、王禕、方孝孺諸人出，一時乃爲之復振。』[四〇]由於偏重史學，論金華一脉衰而復振，竟忘宋濂、王禕、方孝孺皆文章名家，被後世推許爲『明文正宗』。

浙東文章興於南宋，與浙學并起。理學家好薄文章爲『小道』，詩爲『小技』，壯夫不爲。浙學初興，吕祖謙、陳亮、葉適未鄙弃詩文，吕祖謙好三蘇，有《標注三蘇文選》五十九卷，又編《皇朝文鑑》一百五十卷、《古文關鍵》二卷。陳亮編有《歐陽先生文粹》二十卷、《蘇門六君子文粹》七十卷，態度與邵雍不同。三人頗工文章，陳亮更擅詩詞。宋末元初，王應麟、黄震、胡三省、舒岳祥俱能文，舒岳祥更工詩。南宋學者開啓浙學尚文風氣，此爲浙東文派初興。總體以觀，浙學傳人工文者多，擅詩詞者少。『四先生』傳朱、吕學脉，詩文詞非其所長。如金履祥好詩文，難稱名家。元中葉至明初，黄溍、柳貫、吴萊、楊維楨、宋濂、王禕、蘇伯衡、劉基、戴良、貝瓊、方孝孺爲名家，浙東文派再興。宋濂爲明開國文臣之首，與門人方孝孺并稱『宋方』。其時以文鳴世者多，能詩者猶少，僅楊維楨、劉基、戴良、貝瓊等數人號名家。陽明傳人衆多，不乏能文工詩輩，此爲浙東文派三興。當然，陽明一派詩大都不脱理學之氣。明末清初，兩浙詩文大盛，浙西詞派崛興，稱浙東文派四興。黄宗羲爲文章祭酒，朱彝尊爲詞壇領袖，查慎行爲詩壇大家。乾嘉間，全祖望、厲鶚、杭世駿爲一代文學之士，繼有龔自珍領袖文壇。此爲浙東文派五興。

陽明學派、梨洲學派、樸學浙派之興，足見學者好文未造成浙學之衰。好文對浙學變革還是産生一定的影響，黄百家所説『文顯而道薄』有其道理，但不必誇大之。且在浙學傳人看來，文不離學之根本。宋濂作《文原》，王禕作《文訓》，蘇伯衡作《空同子瞽説》，述明文章本原《六經》，經史并重。如《文訓》稱文必『主之以氣』『一本於道』[四一]。至於詩，則以爲關乎世運，乃追踪風雅，提出詩爲『文之精』，欲合詩、文、道爲一。蘇伯衡《雁山樵唱詩集序》云：『言之精者之謂文，詩又文之精者也。』[四二]胡翰《缶鳴集序》云：『物生而形具矣，形具而聲發矣。因其聲而名之，則有言矣。因其言而名之，則有文矣。故文者，言之精也，而詩又文之精者。』[四三]劉基《蘇平仲文集序》云：『文以理爲主，而以氣攄之。理不明，爲虚文；氣不足，則理無所駕。文之盛衰，實關時之泰否。是故先王以詩觀民風，而知其國之興廢，豈苟然哉！文與詩，同生於人心，體製雖殊，而其造意出辭，規矩繩墨，固無異也。』[四四]所謂『文之精』，重於詩文同源。宋濂《題許先生古詩後序》稱詩文『本出於一原』，『沿及後世，其道愈降，至有儒者、詩人之分』[四五]，不滿於詩人自别於儒者，儒者自别於詩人。學者又强調『文章正宗』。如宋濂門人鄭柏編《文章正原》，方孝孺門人王稌纂《續文章正宗》，黄宗羲纂輯《明文案》，選録《明文授讀》，皆重『文章正宗』。黄氏《明文案序下》論明文正宗始自宋濂、方孝孺，繼爲楊士奇、解縉，而後李東陽、吴寬、王鏊雄起南北，王陽明、羅玘追配前賢，歸有光、唐順之、王慎中稱大纛，趙貞吉、趙時春不愧作者，郭正域、葉向高、焦竑、王錫爵不失矩矱，婁堅、唐時升、錢謙益、顧大韶、張大復能拾歸有光『墜緒』。復古四子、公安三袁、竟陵鍾譚不在其列。《明文案序上》提出『明文三盛』：一盛於明初，宋、方等爲表率，無意功名，埋身讀書；再盛於嘉靖，歸、唐、王振頽起衰，不爲擬古及科舉功名牢籠；三盛於崇禎，婁、唐、錢等爲表率，『通經學古』[四六]。世人關注陽明心學及事功，疏於談説文章，即使論之，多歸於『末技』。黄宗羲不然，并推陽明學問與文章。《李杲堂文鈔序》云：『余嘗謂文非學者所務，學者固未有不能文者。今見其脱略門面，與歐、曾、《史》《漢》不相似，便謂之不文，此正不可與於斯文者也。濂溪、洛下、紫陽、象山、江門、姚江諸君子之文，方可與歐、曾、《史》《漢》并垂天壤耳。蓋不以文爲學，而後其文始至焉。當何、李爲詞章之學，姚江與之更唱叠和，既而弃去。何、李而下，嘆惜其不成，即知之者亦謂其不欲以文人自命耳，豈知姚江之深于爲文者乎？使其逐何、李而學，充其所至，不過如何、李之文而止。今姚江之文果何如，豈何、李之所敢望耶？』[四七]以學衡文，黄氏得出『餘姚之醇正，南城之精煉，掩絶前作』的結論。於南宋以後文章，其歷推朱熹、陸九淵、吕祖謙、真德秀、黄榦、王柏、何基、金履祥、姚燧、虞集、黄溍、柳貫、吴師道、宋濂、王禕、方孝孺、王陽明，學統一望即知。與宋濂一樣，宗羲力斥學者、文人相割裂之説，海昌講學告誡門人：『夫一儒也，裂而爲文苑，爲儒林，爲理學，爲心學』，其弊甚重，學者當求『歸一』[四八]。

《叢編》收明别集甚少，不足概觀明代浙學學者之文學成就。清代大家之集又避出版重複，故所收亦不足觀清代浙學學者之文學成就。雖然如此，猶可據以見其文學好尚與創作風氣，且以多收珍稀之本，别具認識價值。如第一輯收陳選《恭愍公遺稿》清抄本、豐坊《南禺外史詩》稿本、屠勳《太保東湖屠公遺稿》清抄本、王石如《兀壺集》稿本二種、吴農祥《梧園詩文集》稿本、孫在豐《孫閣部詩集》稿本、祝定國《南山堂近草》稿本、趙昱《小山乙稿》稿本、杭世駿《全韻梅花詩》稿本、陳兆崙《陳太僕詩草》稿本、羅繼章《惜陰書屋詩草》稿本、沈冰壺《古調自彈集》清抄本、金德輿《金鄂巖詩稿》稿本、曹大經《襟上酒痕集》稿本、《么絃獨語》稿本、《唧薑集》稿本、《後咏懷》稿本、查揆《菽原堂初集》稿本、《菽原堂詩》稿本、《江行小集》稿本、王樹英《古槐書屋詩文稿》稿本、王衍梅《笠舫詩文集》稿本、杜煦《蘇甘廊手翰》稿本、《蘇甘廊先生詩稿》稿本、《蘇甘廊詞集》稿本、錢儀吉《衎石齋遺牘》稿本、《旅逸續稾》清抄本、《定廬集》清抄本、章鋆《章鋆詩文稿》稿本、吴仰賢《小匏庵詩草》稿本、鮑存曉《痴蟲吟稿》稿本、嚴辰《達叟文稿》稿本、楊象濟《白鶴峰詩屋初稿》稿本、《欲寡過齋存稿》稿本、陶在銘《寄槃詩稿》稿本、戴穗孫《春到廬詩鈔》稿本，都屬首次公布印行。第二輯至第五輯重在網羅諸家著述，合而編之。如第二輯收來集之《來集之先生詩話稿》《倘湖手稿》《倘湖遺稿》，朱駿聲《臨嘯閣文集補遺》《臨嘯閣詞》《庚午女史百詠》，皆稿本。平步青、陶方琦、陶濬宣、王繼香之集，網羅幾於殆盡。這些珍稀之集，也是撰著《兩浙詩史》《兩浙文史》《兩浙詞史》的基本材料，可藉以發覆作者文心、詩境、詞藝，補文學史載述所未備，并與浙學經史之學相發明。以下試舉數例以觀：

臨海陳選以精《小學》著聞，金賁亨撰《台學源流》，自宋徐中行迄明陳選，凡得三十八人，有明傳及郭樌、方孝孺、陳選三人，稱『三先生』[四九]。陳選字士賢，號克菴，與父員韜并從陳璲學。明天順四年（1460）成進士。授監察御史，巡按江西，貪殘吏屏斥殆盡。時人語曰：『前有韓雍，後有陳選。』督學南畿，患士習浮詩，範以古禮。纍遷廣東左布政使，以剛直忤市舶中官韋眷，誣奏朋比貪墨。被徵，病歿於道。正德中，謚恭愍。著有《小學集注》六卷、《孝經集注》一卷、《冠祭禮儀》一卷。海瑞《題尊鄉録贊》云：『克菴之學，屹爲儒宗。』詩文有《丹崖集》，未刻傳。《叢編》收浙江圖書館藏清初抄本《恭愍公遺稿》不分卷。臨海博物館又藏清光緒十八年（1892）張廷琛輯抄本《陳恭愍公遺集》一卷、《外集》一卷。《[民國]台州府志》著録《丹崖集》：『舊省、府、縣志俱不著録，蓋佚已久。今天台張廷琛搜其詩文，輯爲《陳恭愍公遺集》一卷，冠以《明史》本傳，又附録表、記、序、跋、論、贊，爲《外集》一卷。』張廷琛《叙》云：『第念藏書鮮渺，遺集之篇數既稀，集外之搜羅未備，將毋貽疎漏之譏乎！然考當日羅東川太守最好先生文，僅僅以三稿見示；張楊園先生寄凌渝安書，屬訪求《陳恭愍集》而無從，則此編亦正無容見少也。詩文雖不及《遜志集》之富，而先生秉性之剛正，持己之端方，事君之忠懿，教人之精詳，愛民之慈惠，以及安貧樂道之實，陟明黜幽之公，亦大畧可見矣。』《遺集》一卷收文九篇，詩十五首。所輯多録自方志、宗譜及《三台詩録》。廷琛用力雖勤，惜未見清初抄本《遺稿》，故得詩僅隻鱗片羽。《遺稿》爲劉承幹舊藏，存《自省》《寫真有作》《姑蘇校文示諸生》《詠古》等一百三十八題一百五十六首。詩後佚名《跋》：『右稿以公卒於官，多亡失者。今所輯或以人所記憶，或以别集互見。其家藏者往往雜以他作，雖加删校，猶疑未盡，觀者幸得之。』張廷琛輯本《除夕》《遊金鰲山》二詩不見於《遺稿》。《遺稿》較《遺集》多出一百四十餘首。《遺稿》收文七篇，題作《克菴遺稿》。《遺集》輯文十一篇，對勘二集，《遺稿》所收《結黨害民疏》爲《遺集》所無，《遺集》所收《請止狻猊入貢疏》《陳氏宗譜序》《逸像自贊》《對鏡》《修譜諭》不見於《遺稿》。合二集，存陳選文十二篇。《遺集》不足論定陳選詩，《遺稿》則可矣。合二集，又略可論定其文。盛明多士，陳選與羅倫、張元楨、吳寬、黄孔昭、謝鐸相率砥礪名節，時稱『硬漢子』。幼受陳璲『文必關於世教』之教，《小學集注自序》云：『夫爲學而不嚴諸己，不踐其事，誦説雖多，辭章雖工，皆空文也，於吾身何益哉，於國家天下何補哉，於聖人之道何所似哉！』謝鐸《廣東左布政使陳君墓誌銘》云：『君學博而深於經，詞章非其所好。』陳選自謙不善爲文，然所作善養氣，明道言志，遠勝虚飾空文。其詩亦然。如《註小學有感》：『早年弄筆作虛文，赢得虚名悟却身。底事如今不知悔，又傳文筆誤他人。』《對鏡》：『方圓長短各形模，鼓鑄元從一大爐。但使行藏皆順理，謾從色相話榮枯。』《三台詩録》云：『克菴深心理境，爲文明白純正，而七古壯激排宕，造句奇特，出入杜蘇。安必直白迂腐，然後爲儒者之詩耶！』

鄞縣豐坊與臨海王宗沐俱浙學中人，詩文染習復古。豐坊字存禮，號南禺。舉鄉試第一，明嘉靖二年

（1523）成進士。授禮部主事，從父豐熙争大禮，下獄。後出爲南京吏部考功主事，謫通州同知，免歸。博學工文，摛詞藻麗，并擅書法。詩文生前未經編次，多散佚。《［雍正］浙江通志》著録《南禺集》二卷，《［雍正］寧波府志》著録《萬卷樓集》《南禺摘稿》，皆不標卷數。今傳世有二本，一爲萬曆四十五年刻《萬卷樓遺集》六卷，一爲浙江圖書館藏《南禺外史詩》手稿一卷。刻本前二卷爲文，後四卷爲賦、諸體詩，按體編排。《南禺外史詩》存詩二十五首，前二首詩題殘闕，以下爲五律《宿清道觀》《春晚感懷二首》《登清凉山絶頂》《夏日即事》《納凉》《山菴》《月下有懷》《湖遊》，七律《觀音閣餞公次次韻》《辟支洞次公次韻》《續夢中句》《焦山》《元夕鎮海樓》《雲居喜雨》《夢吕純陽聯句》《松花》《陳道復粉團花墨戲》《度育王嶺》《碧沚納凉》《紫陽菴》《星宿閣》《城隍廟》《肅愍墓》《僧樓避暑》。末爲豐坊嘉靖二十七年長至日跋：『約山董子可遠，前少宰中峯先生冢嗣也，美質好學，自齠齔已識其偉器，别來二十五年矣。兹過會稽，因留款叙，而以此卷索書。爲録舊作如右，固詞札陋劣，皆由衷之言，可爲知己者道爾。』《宿清道觀》《觀音閣餞公次次韻》《陳道復粉團花墨戲》《肅愍墓》等四首，俱見《萬卷樓遺集》卷五，分題作《蓬萊軒》《餞高侯於觀音閣，次宗伯昭韻》《陳道復畫粉團花》《謁于公少保祠》，字句時異。其他諸詩，未見《萬卷樓遺集》收録。蓋温陵蔡獻臣選録《萬卷樓遺集》，屠本畯校之，未見此手卷。豐坊録舊作贈友，擇其得意者，手書有自選之意。其嘗輯李夢陽《空同精華集》三卷，又從陽明門人季本遊，與唐順之諸子交好，詩情於才氣，既染習復古，復得陽明一派沾熏，雖不獨自成家，但論明詩不當遺之。

有明一代，浙西多才子，浙東多學者。浙西學者好詩，浙東學者尚文。清代不盡然，浙東學者尚文如故，而能詩者衆；浙西學者好詩不減，而長於詞，且學問不下浙東。兩浙學者傳承浙學，因其『土風』，各禀其氣，同枝而才情有異。清初朱彝尊、查慎行號詩壇大家，朱彝尊又儼然一時詞宗，浙西詞派延綿二百餘年，彬彬稱盛。查慎行師事黃宗羲，爲梨洲高弟子，論詩『不分唐宋』，自成『初白體』。同時浙西文士知名者不少，《叢編》所收毛奇齡、吴農祥皆其人。吴農祥字慶伯，號星叟，又號大滌山樵，錢塘諸生。薦試博學鴻儒，大學士馮溥延之館舍，與陳維崧、毛奇齡、吴任臣、王嗣槐、徐林鴻并稱『佳山堂六子』。博鴻不第，入李之芳幕府。黃士珣《北隅掌録》稱其著作五百六卷，藏蕭山王小穀家。同治間，丁丙從三元坊包氏得集二十九册。《叢編》所收浙圖藏《梧園詩文集》，即丁丙舊藏。農祥文章最優，詞勝於詩。詩作甚富，袁枚《隨園詩話》卷十六云：『古人詩集之多，以香山、放翁爲最。本朝則未有多如吾鄉吴慶伯先生者，所著古今體詩一百三十四卷，他文稱是，現藏吴氏瓶花齋。』[五〇]蓋貪多而不精，與朱彝尊同病。朱氏詩稱大家，農祥遠不及，時有可觀。如五律《問庭梅》二首，其一云：『昨夜東風裏，枝枝到地生。爲嫌經尾礫，不敢問簷楹。壁上留花影，窗中悟雪聲。冰絲與水色，爲爾一含情。』[五一]海寧查慎行、查嗣瑮、查容、查昇皆能詩，查氏後人頗傳慎行家法，查揆即其一。查揆字伯葵，號梅史，海寧人。清嘉慶九年（1804）舉人，纍官灤州知州。通經史。《叢編》收其稿本《菽原堂初集》一卷、《菽原堂詩》一卷、《江行小集》一卷。所作有初白餘風，如《慨予》四首，其一云：『慨予家中落，蓬蒿三徑生。愁多銷意氣，貧亦損才名。賦罷病梨樹，餐餘秋菊英。窮年聊落感，不獨爲商聲。』[五二]《吕城次頻伽韻》：『擊汰吴波并兩船，風流二老白漚然。心如隄水多縈帶，詩逼禪機欲竪拳。烏鵲依枝猶永夜，白衣摇艣定何年。江湖一種閑懷抱，除却窮愁我亦仙。』[五三]其《和淵明飲酒二十首》《兔牀先生墓家初白老人蘆塘放鴨圖屬題，即用橘社集自題原韻四首》，憑吊查繼佐故居所作《黃泥潭訪家伊璜先生故居，同胡秋白元杲作》《是日感舊》，及與郭麐唱和詩，俱可誦讀。沈濤《匏廬詩話》云：『梅史《落葉》詩云：「低頭一笑渾相識，見汝春風緑上時。」此意爲前人所未道。』[五四]吴衡照曰：『梅史得初白之雄健而加警，得樊榭之清峭而加動，是謂能轉法華，不爲法華轉者。』[五五]查慎行身後，浙學傳人厲鶚、龔自珍詩號大家，皆浙西産。杭世駿與厲鶚同時，詩亦不俗，與全祖望并不愧名家。《叢編》收世駿《全韻梅花詩》一卷，已見刻本《道古堂全集》之《外詩》，但此本係手稿，末題：『全韻詩成，書奉玉几詞丈郢正。堇浦杭世駿脱稿。』全韻詩録爲單册，可見舊貌，且書法精美，與詩境相發。元、明作者百韻梅花詩纍纍，幾已極其窮工。《全韻梅花詩》猶能獨出心裁，如上平十灰韻一首：『豐姿綽約絶塵埃，世眼誰憐閬苑才。莫道東風渾美意，不催花謝祇催開。』下平三肴韻一首：『爲訪名花出近郊，攜笻踏遍水雲坳。眼前冰雪都知己，莫祇東風説舊交。』境韻横生，不讓前人。

學術『流而爲文人』，『由史入文』，未致浙學之衰。元末以後學者好文辭，乃風尚變化，不關涉浙學興衰。綜觀浙學文學一脉，因時而變，非盡株守一端，其變化終不離於學問本根。以文章言，名家輩出，重浙學統緒，乾嘉而後變化始著。以詩言，重風雅之遺、詩文合道，自宋至明末，理學氣甚濃，入清以後，因朱、查之倡，詩風一變，遂成清詩浙派。以詞言，始有陳亮稱大家，後數百年鮮杰出作者，迄於清初，朱彝尊爲首『浙西六家』崛起詞壇，開清詞浙派。

《叢編》所收稿抄本内容豐富，不啻浙學百科圖景呈現，既有巨大的學術與文獻價值，又有很高的文物與藝術價值，同時也是古代歷史、學術、文化、社會研究的重要資料。稿抄本作爲書法史文獻，藝術價值顯而易見，這裏略及其文獻整理價值。兹編所收相當數量的稿抄本，乃真正意義上的孤本，未曾刊印，即使有印本，也多散佚。如陳選《恭愍公遺稿》、祁彪佳《祁忠敏公稿五種》、姜希轍《理學録》、吴農祥《梧園詩文集》、查慎行《壬申紀遊》、萬言《明女史》等。浙學著述不亡，實多賴之。在古籍整理中，孤本是唯一可據底本，具有不可替代性。即使偶有其他寫本或印本，《叢編》所收者也是整理校勘不可或缺的資料。他本或未盡良善，仍當以《叢編》收者爲底本。他本或可爲底本，《叢編》收者往往是主要校本。《叢編》還爲整理名家全集或全書提供了豐富的資料，尤其是第二輯、第三輯，徵輯一家著述，儘量網羅全面，可藉此整理平步青、陶方琦、陶濬宣、王繼香等人全書。第四輯專收姚燮輯《復莊今樂府選》，部帙繁富，可作專門整理。這些文獻大都散藏各地圖書館，資料分散，珍貴難獲，合璧不易，《叢編》力求完善，以成專題。若利用此次專題彙輯進行整理，難成之事轉爲易成。

浙學東之高閣時也已久，如今傳承浙學非易事，需要一個漸進過程。就當前來説，浙學研究還處在起步階段，有必要展開廣泛深入的研究。茲編纂輯不易，賴諸同仁竭力從事數年，方有成效。是編列入『浙江文化研究工程』第二期，得到邵清先生和浙江省社科聯的大力支持，黄靈庚先生復多贊襄之功。筆者得與其事，幸莫大焉。千里之行，始於足下，唯冀茲編能推轂浙學復興。至於補輯續編，則俟來日，然亦將有望矣。

二〇二〇年五月校定

【注釋】

［一］（清）黄宗羲、黄百家撰，（清）全祖望等補編《宋元學案》，中華書局，1986年，第15—20頁。

［二］參見彭國翔《黄宗羲佚著〈理學録〉考論》，《中共寧波市委黨校學報》2011年第4期。

［三］（清）萬斯同《萬斯同全集》第五册，方祖猷主編，寧波出版社，2013年，第169頁。

［四］（清）黄宗羲《明儒學案》卷五十八，沈芝盈點校，中華書局，1985年，第1376頁。

［五］（清）黄宗羲《明儒學案》卷五十八，第1379頁。朱熹撰有《伊洛淵源録》。《四庫全書總目》著録明宋端儀撰、薛應旂重修《考亭淵源録》二十四卷。

[六]（清）萬斯同《萬斯同全集》第五册，寧波出版社，2013年，第173—174頁。

[七]《錢緒山學案》，《明儒學案》歸錢弘緒入卷十一《浙中一》。《龍溪學派》，《明儒學案》歸王畿入卷十二《浙中二》。

[八]何炳松《浙東學派溯源·自序》，上海古籍出版社，2012年，第3頁。

[九]（清）翁方綱《補録鄭芷畦窆石志》，《復初齋文集》卷十四，清李彦章校刻本。

[一〇]（清）全祖望《鮚埼亭集》卷十九，《全祖望集彙校集注》，朱鑄禹彙校集注，上海古籍出版社，2000年，第239—240頁。

[一一]（清）周中孚《鄭堂讀書記》，民國《吳興叢書》本。

[一二]（清）吳慶坻《蕉廊脞録》，民國《求恕齋叢書》本。

[一三]（清）杭世駿《武林覽勝記》集前題識，清抄本。

[一四]謝正光、范金民編《明遺民録彙輯》，南京大學出版社，1995年。

[一五]（清）全祖望《鮚埼亭集外編》卷二十九，《全祖望集彙校集注》，第1346頁。

[一六]（清）皮錫瑞《經學歷史》，中華書局，2008年，第341頁。

[一七]章炳麟《訄書·清儒》，清光緒三年重訂本。

[一八]梁啓超《中國近三百年學術史》卷十三《清代學者整理舊學之總成績（一）》，中國書店，1985年。

[一九]梁啓超《中國近三百年學術史》卷三《清代學術變遷與政治的影響（中）》，第22頁。

[二〇]錢穆《中國近三百年學術史》第八章《戴東原》，《錢賓四先生全集》第十六册，聯經出版事業股份有限公司，1998年，第403—408頁。

[二一]陳祖武《關於乾嘉學派的幾點思考》，《清儒學術拾零》，湖南人民出版社，1999年，第167—169頁。

［二二］梁啓超《中國近三百年學術史》卷三《清代學術變遷與政治的影響（中）》，第22頁。

［二三］梁啓超《中國近三百年學術史》卷三《清代學術變遷與政治的影響（中）》，第22頁。

［二四］梁啓超《中國近三百年學術史》卷三《清代學術變遷與政治的影響（中）》，第22頁。

［二五］錢穆《中國近三百年學術史》第四章《顧亭林》，《錢賓四先生全集》第十六册，第171頁。

［二六］錢穆《中國近三百年學術史》第四章《顧亭林》，《錢賓四先生全集》第十六册，第179頁。

［二七］梁啓超《清代學術概論》，上海古籍出版社，1998年，第17頁。

［二八］參見錢穆《中國近三百年學術史》第十一章《龔定菴》，《錢賓四先生全集》第十七册，1998年第695頁。

［二九］（清）龔自珍有《賓賓》之説，謂：『孔子述《六經》，則本之史也。史也，獻也，逸民也，皆於周爲賓也，異名而同實者也。』見錢穆《中國近三百年學術史》第十章《龔定菴》，《錢賓四先生全集》第十七册，第704—705頁。

［三〇］錢穆《中國近三百年學術史》十一章《龔定菴》，《錢賓四先生全集》第十七册，第691頁。

［三一］錢穆《中國近三百年學術史》十一章《龔定菴》，《錢賓四先生全集》第十七册，第689頁。

［三二］錢穆《中國近三百年學術史》十一章《龔定菴》，《錢賓四先生全集》第十七册，第714頁。

［三三］梁啓超《清代學術概論》，第55—61頁。

［三四］（清）皮錫瑞《經學歷史》，第330—331頁。

［三五］錢穆《中國近三百年學術史》第四章《顧亭林》，《錢賓四先生全集》第十七册，第177—178頁。

［三六］錢穆《中國近三百年學術史》第九章《章實齋》，《錢賓四先生全集》第十七册，第499頁。

［三七］（清）江藩《國朝漢學師承記》，中華書局，1983年，第91頁。

［三八］（清）江藩《國朝漢學師承記》，第95—96頁，稿本。

［三九］（清）黄璋等校補《宋元學案》第十七册。
［四〇］何炳松《浙東學派溯源·自序》，第3頁。
［四一］（明）王禕《王忠文公集》卷十九，明刻本。
［四二］（明）蘇伯衡《蘇平仲文集》卷五，明正統七年刻本。
［四三］（明）胡翰《胡仲子集》卷四，明洪武十四年王懋温刻、明重修本。
［四四］（明）劉基《太師誠意伯劉文成公集》卷五，明刻本。
［四五］（明）宋濂《宋學士先生文集》卷十三，明天順五年刻本。
［四六］（清）黄宗羲《黄宗羲全集》第十册，平慧善校點，浙江古籍出版社，1993年，第18—20頁。
［四七］（清）黄宗羲《黄宗羲全集》第十册，第26—27頁。
［四八］（清）黄宗羲《留别海昌同學序》，《黄宗羲全集》第十册，第627—628頁。
［四九］（明）金賁亨《台學源流》，清金文煒刻、光緒八年陳樹桐補修本。
［五〇］（清）袁枚《隨園詩話》，清乾隆間刻本。
［五一］（清）吳農祥《梧園詩文集》第二十三册《星叟心蘇集》，稿本。
［五二］（清）查揆《菽原堂初集》，稿本。
［五三］（清）查揆《江行小集》，稿本。
［五四］（清）潘衍桐編《兩浙輶軒續録》卷二十二，清光緒間刻本。
［五五］（清）潘衍桐編《兩浙輶軒續録》卷二十二。

凡例

一、本書志爲《浙學未刊稿叢編·第二輯》（以下簡稱《叢編》）所撰，書名、次第等與之相一致。

二、本書志著録内容有：

（一）著者小傳：學界已有較爲充分研究者略述之，未有研究或研究不充分者稍詳述之。側重介紹撰者與《叢編》所收書相關聯之内容，以便讀者閲讀參照。

（二）題名、卷數、著者、版本、册數、行款。

（三）稿抄本内容構成：描述稿抄本的主要内容及其編排布置情況，按照《四庫全書總目》之分類確定其内容性質，并進行述評。

（四）鈐印：一些稿抄本鈐印極夥，書志有所選擇。選擇著録的原則是：優先著録原作者的，次抄寫整理者，次收藏者。若已著録前者，則後者之印一般不再著録；對於收藏者或閲鑒者，擇名家著録。若無鈐印從略。圖書館等公立機構之印一概不予著録。

（五）《叢編》所收稿抄本現藏地。

三、古人書籍，其中尤其是稿抄本，由於遞經修補，形態極其複雜。書衣、書名葉、扉葉或者顛倒錯亂，或者新舊粘貼爲一。書志一律針對現今所見之本予以描述。儘管從紙色、筆迹可明顯見出原封與新封之別，但一律不作區分。

四、古人用字，正俗混雜，稿抄本尤盛。引用時一般徑録原文，不作改動。然極個别地方，稍事更革。非引用者，一律使用通行正字。

五、原文脱漏，用『□』表示。

六、古籍篇名一般遵循今日古籍著録規則，不加標點，然對於一些題名較長、文意曲折且需要其中信息以爲考據佐證者，適當施加標點，以便利用。

七、書志引用古籍居多，由於無法注明具體葉碼，加之地方志和一些别集在内容安排上層次極其複雜，倘若僅僅注明卷次，讀者很難檢核原文，故一概著録到所引篇章名。

目録

《管庭芬專集》書志　蘆繼雯 撰

《姚燮專集》書志　曹海花　撰

《平步青專集》書志　徐立望　撰

目録

《陶方琦專集》書志　唐微　撰

陶方琦小傳……二七七
漢孳室遺著七種七卷　（清）陶方琦撰　（清）姚振宗整理　清光緒會稽徐氏鑄學齋抄本……二八三
鄭易小學一卷　（清）陶方琦撰　稿本……二八四
韓詩遺説補一卷　（清）陶方琦撰　清抄本……二八六
爾雅漢學證義二卷　（清）陶方琦撰　（清）姚振宗輯　稿本　清陶濬宣校　孫同康簽校……二八七
埤倉輯本二卷考異一卷　（三國魏）張揖撰　（清）陶方琦輯　附廣倉輯文一卷考異一卷　（南朝梁）樊恭撰
（清）陶方琦輯　民國二十八年（1939）武林葉氏抄本……二八九
許君年表稾一卷附淮南參正殘草一卷説文古讀攷一卷又一卷　（清）陶方琦撰　（清）姚振宗校補　稿本……二九〇
淮南許高注二家異同考二卷　（清）陶方琦撰　（清）譚獻等校勘　稿本……二九二
淮南許高二注異同攷二卷　（清）陶方琦撰　稿本　存一卷（卷上）……二九三
淮南許注異同詁補遺一卷續補一卷　（清）陶方琦撰　稿本……二九五
雜抄一卷　（清）陶方琦撰　稿本……二九六
六朝剽華二卷　（清）陶方琦撰　稿本　陶馨遠題記　存一卷（卷上）……二九七
陶湘麋學使詩文遺稿不分卷　（清）陶方琦撰　清同治十年（1871）稿本　陳慶均題記……二九八
湘麋館遺墨粹存一卷　（清）陶方琦撰　稿本　清樊增祥點評……二九九
漢廬初稿四卷　（清）陶方琦撰　稿本　清陶在新等題記……三〇〇
琳青書館詩藁二卷　（清）陶方琦撰　稿本　清陶濬宣題識……三〇二

《陶濬宣專集》書志　方俞明　陳開勇　童聖江　周聿丹　撰

《王繼香專集》書志

周會會　撰

《來集之專集》書志

周聿丹　撰

來集之小傳

來集之（1604—1682），初名偉才，又名鎔，字元成，號倘湖，浙江蕭山（今屬浙江杭州濱江區）人。自幼勤學，博通經史，擅詩詞、古文及戲曲。明崇禎八年（1635），特科以各科廩生列高等者選取，集之舉第一。崇禎十三年進士，授安慶府推官，纍官太常寺少卿、兵科左給事中。明亡，來集之照舊供職於魯王，以兵部給事中監軍長河。清康熙十七年（1678），被推薦應博學鴻儒科，隱居拒仕，『髡髮匿湖濱，以著書自娛，購古今載籍弃其中，日與客論文及古今興喪得失，兼近代掌故與夫身之所聞見者，燃薪繼景，娓娓不能已。四方請教者踵趾相錯，共稱爲倘湖先生』（毛奇齡《故明中憲大夫太常寺少卿兵科給事中來君墓碑銘》）。倘湖先生之名源於集之兄弟讀書之所，其《倘湖自叙》曰：『冠山之陰有溪焉，流潴爲倘湖。先君築室於山之麓，命余與季弟於此中究學問，習經世事。』毛奇齡曾有《題〈倘湖讀書圖〉爲來十五集之給諫初度》曰：『倘湖先生讀書處，幾疊湖山繞春樹。綵檝初爲錦浒游，隱囊高踞繩床暮。皖江司讞曾守城，登陴注易退賊兵。還歸青瑣頓辭去，封章十七留筐篋。湖山盤盤築書塢，臨湖幾度清明雨。避柳朝開彭澤樽，紅衫夜伴香山舞。前年居我此湖北，檜槳蘭舟蕩鸂鶒。月明水静語有聲，日上罔寒炙成色。先生晨夕湖水濱，披圖恍對滄洲春。羡君原有藍田筆，寫出山中唱和人。』可概其生平所爲。

集之一生著述甚多，毛奇齡《故明中憲大夫太常寺少卿兵科給事中來君墓碑銘》載：『所著書目，備載《明史・經籍志》。其在經曰《讀易隅通》、曰《易圖親見》、曰《卦義一得》、曰《春秋志在》、曰《四傳權衡》，在籍曰《倘湖文案》、曰《南行偶筆》、曰《南行載筆》、曰《倘湖近刻》、曰《倘湖詩餘》，在雜著曰《樵書初編》、曰《樵書二編》、曰《茗餘録》。』另有『兩紗』『三疊』，『史志皆不載，以雜劇故也』。來集之自作之《倘湖先生自志墓銘》則曰『其行世者，大易三種：曰《讀易隅通》、曰《易圖親見》、曰《卦義一得》；春秋二種：曰《春秋志在》、曰《四傳權衡》；詩文詞賦，半屬應酬所行，世有《南行偶筆》《載筆》《倘湖近刻》《倘湖樵書》及雜劇之『兩紗』、《秋風三疊》而已。其餘藏敝匣中，俟後人之删，其泛蔓者，詳次而存之耳』。

現存來集之文獻，經部有《讀易隅通》《易圖親見》《卦義一得》《春秋志在》《四傳權衡》，子部有《倘湖樵書》《樵叟備忘雜識》，集部有《倘湖手稿》《倘湖詩》《南行偶筆》《南行載筆》《倘湖遺稿》《來集之先生詩話稿》等，另有《紅紗塗抹試官》《禿碧紗炎凉秀士》（合稱『兩紗』）和《藍采和長安鬧劇》《阮步兵陵廨帝紅》《鐵氏女花院全貞》（稱『秋風三疊』）等雜劇，爲後世所重。

樵叟備忘雜識五卷　（清）來集之輯　稿本

十四册。金鑲玉裝。每半葉九行，行二十字，白口，烏絲欄，左右雙邊。封面無字。版心上鎸『手録』，下鎸『倘湖小築』。卷端題『樵叟備忘雜識』，書口中間手題『天』『地』『玄』『黄』『宇』及葉碼，以千字文計卷，共五卷。

是書爲著者讀書筆記，分門别類，摘録而成，略有按語，并有粘簽。

册一至五爲天卷，葉碼從一至一百六十四，册一首葉殘缺不全，正文所録多爲逸聞軼事，文末皆注明出處，選自《獨異志》《湧幢小品》《朝野紀略》等。如『後周獨孤信三女爲后，各生周隋唐一朝天子，長生周武帝，次生隋煬帝，次生唐高祖』『漢昌邑王賀即位二十七日，積惡凡一千四百二十七條，爲霍光所廢』等，均采之《獨異志》。偶有集之批注，如摘録田汝成《行記》『水神英佑侯俗稱蕭老官，蕭氏世家開封，宋咸淳間蘭芳者』，『以神通顯於鄉』，批曰『《湖海搜奇》云：蕭公，清江市里人也』。又『沈奇《續耳談》云：蕭公撫州人，爲人坦率，惟以利濟爲心，亦不知其所參修也』，集之注曰『此事當以田汝成所記爲確』。

册六至八爲地卷，從葉三至葉九十四，缺葉一至二，所録内容以明朝詩話爲主，考其人，述其事，録其詩。如『仁和姜南《蓉塘詩話》云：景泰間臨川聶大年用薦起爲仁和訓導，通詩書二經，博涉群書，篤意古文及唐人詩，書法李北海，藩、臬諸公與一時達官顯人過杭者，皆禮重之，其名傳于遐邇。癸酉，歲值大比，兩廣、湖湘、山西、雲南皆以校文來聘，大年以老而廢學，就辭以疾，兼以詩聞之云：「名藩校藝遺徵書，使者頻煩走傳車。老大難遵太行路，平生厭食武昌魚。五羊城古仙游遠，八桂霜寒木落疏。寄與青雲舊知己，莫因辭賦薦相如。」卒就雲南之聘。景泰八年，徵詣翰林修史，竟以疾卒于京邸。初，大年嘗言：「王抑庵冢宰，求錢塘戴文進畫，十年不得。何如移十年求畫之心以求天下之才，則野無遺賢矣。」此言頗聞於抑庵。大年病不起，以詩投抑庵云：「鏡中白髮難饒我，湖上青山欲待誰？」抑庵見詩曰：「彼欲吾志其墓。」人以是知抑庵之德不可及。』

册九至十爲玄卷，從葉一至葉七十四，此卷内容較爲蕪雜。先録各種异象，如『梁武帝永明二年五白雀見會稽永興縣』，又『嘉靖五年射陽湖有二龍見』。後録釋氏詩，如記法師守仁，字一初，號夢觀，少從楊鐵崖游，明洪武二十四年（1391）示寂於天禧寺，録夢觀《寄鐵崖先生詩》二首，『蓬萊宫闕五雲東，龍虎山川錦幛中。盡説黄金延郭隗，誰知白璧起申公。春秋衮鉞諸侯懼，南北車書萬國。却望鈞天才咫尺，一琴凉月寫松風』。最後爲進士録，如『唐狀元，張説，永昌中賢良方正第一。元稹，河南人舉制科第一』。

册十一至十二爲黄卷，從葉一至葉五十八，其中葉五十二至五十八殘缺不全，此卷按類列小標題，所録皆爲神仙志怪等，分『各錫年命』『北史國語』『聲卜』『身後名』『八仙』『博雅』『大斗』『怪』『真夢』『禮賢』『鬼域鬼國』『鬼責有形實可據』。

册十三至十四爲宇卷，從葉一至葉六十八，各篇有小標題，如『寂歷山』『孔明贊』『來國』『魚』『鼻息如雷』『百衲琴』『西南風雨』『後唐小周后』等，所録未注出處，字迹較前四卷潦草，修改批注亦有不少。

現藏杭州圖書館。入選第三批《國家珍貴古籍名録》，名録編號〇八五六六。

倘湖樵書不分卷 （清）來集之輯　稿本

三册。框高十八點五厘米，寬十四厘米。每半葉九行，行字數不等，白口，烏絲欄，左右雙邊。封面題簽『來集之倘湖樵書原稿』。版心上鎸『手録』，下鎸『倘湖小築』，書口爲手書補録。書口題篇名及葉碼。

全書共九十九葉。册一爲葉一至三十五，首葉缺，葉二殘，葉三至四缺上半葉，葉四至葉九則爲『精誠所至』篇，葉十起分别爲『君子國君子營』『鐘異』『一言成敗』『瞽目復明』『瞳珠復生』『再世爲姻』諸篇。册二爲葉三十六至六十九，含『兵』『待秀才之異禮』『凡物之能人言者』『士有蟲名』『禽而以蟲名』『醫術之奇』『金玉銅錢能飛』『風力』諸篇。册三爲葉七十至九十九，含『鬼能進疏告狀』『飛各異用』『將威將度』『草木靈異』『雌雄不相離』『亭名』『地動日食』『蛙鳴之異』『爲將奢貪』諸篇。

是書已有清康熙二十二年（1683）來氏倘湖小築刻本，爲初集六卷續集六卷，共十二卷。將本稿與刻本比對，稿本葉二至三内容，如『蘇談云：韓永熙公雍坐鎮兩廣，時峒蠻方熾公深追之，斬大藤峽，嶺表悉安。梧州，兩廣中界也』，刻本中未見。稿本從葉四起至卷末爲刻本卷四内容，然并不盡同，稿本『士有蟲名』條内容，刻本并無收入，稿本『飛各異用』條，刻本作『物有異飛』。稿本筆迹不一，書眉及每篇後多有著者增改之處，如『君子國君子營』篇末增添引《一統志》『台州有君子堂，在静鎮堂前』内容，書眉批『修真録云：君子國有鳳凰嶺，出大狗一』，刻本均已將批注内容列入正文。然稿本亦有不少删減、批語，與刻本内容有所出入，如『鐘異』條前有『補鐘異』，録《釋氏通鑑》内容，刻本中并未收入此條，成書過程可見一斑。

本稿較《樵叟備忘雜識》，體例大致相同，而更具完善、成熟，分門别類，按類列篇，偶加自評，爲後世學者廣爲引用。書中記録明代諸事對於明代歷史的研究有很重要的史料價值。《四庫全書總目》雖數次提及此書雜蕪，稱其『細大不捐，蕪雜特甚，亦多有迂僻可笑者』。然明清史研究著名學者謝國楨則認爲此書『記明末清初朝野遺聞，如清初東南之遷海濱居民及順治丁酉科場獄等事，足徵史事之資』（《江浙訪書記》，生活·讀書·新知三聯書店，2008 年）。

現藏浙江圖書館。入選第六批《國家珍貴古籍名録》，名録編號一二六九四。

倘湖遺稿不分卷　（清）來集之撰　稿本　存八册（册三至七、九至十一）

八册。框高二十一厘米，寬十五厘米。半葉九行，每行二十五字，白口，四周雙邊，無界行。封面無字。版心下鎸『倘湖小築』字樣，書口題篇名及不連續葉碼。每册首有目録。此書據館藏著録原有十一册，存八册：册三至七、九至十一。

册三爲賀序、碑記、墓誌銘、小傳。與浙江圖書館藏《倘湖遺稿》比對，賀序如《監司沈静瀾公祖平寇紀績序》《郡司李張勆亭德政録序》等篇均重複，唯有《山陰景昭侯父母德政詩叙》《吴中韜署篆德政録叙》《署縣文德暉德政録序》《贈翁二華序》《柴桑道士小序》《贈徐望子吴游序》《送石叟翁遠游序》《王學之北游贈言》諸篇，浙江圖書館稿本未見。其中《監司沈静瀾公祖平寇紀績序》《郡司李張勆亭德政録序》《梁二父母榮陞施州衛幕序》三篇，亦收録於浙江圖書館藏《倘湖手稿》《倘湖遺稿》中。碑記有《蕭山僱役原案碑序》《寧紹分司康侯劉公德政碑》《重修越王廟碑記》《顯義禪院碑記》等。墓誌銘有《雄縣中丞王先洲先生暨元配敕封孺人李太夫人合葬墓誌銘》《台州府儒學教授太衡何公墓誌銘》等。傳有《倘湖自序》《大學士路然公傳》《方伯馬湖先生傳略》等。

其自傳篇《倘湖自序》，記述集之生平，然縱觀全文，與浙江圖書館稿本來汝誠補録之《倘湖自叙》截然不同，《倘湖自叙》首句『余生於甲辰，憶余從先生游，爲己未歲，時年已十有六矣』，而此稿《倘湖自序》首句爲『先君初命予名曰偉材，既而以童試屢蹶，改名曰鎔，後又遷就今名集之焉』。比對《蕭山來氏家譜》［民國十一年（1922）會宗堂木活字印本，國家圖書館藏］所録之《倘湖先生自志墓銘》內容大致相同，稍有出入，如此稿《倘湖自序》云：『丁卯年二十四歲，先君子棄不肖去，哀傷之至』，家譜所録之《倘湖先生自志墓銘》則作『丁卯年二十四歲，先君子築室倘湖之濱，課予兄弟二人，不幸竟棄不肖去，哀傷之至』，可見從手稿到刻入家譜，中間亦有增添修改。

册四爲他人著述之序七十七篇，亦不少與浙江圖書館稿本重複，如《雪公禪師語録序》《雪庵禪師語録序》《方濳夫易經時論序》等。浙江圖書館稿本未見者有：《經史序》《十三經注疏序》《王甲菴易經自得序》《易經會解序》《毛與三周易補義序》《易盪序》《王甲菴春秋自得序》《録禮經序》《沈朗倩莊徵序》《何芝障徵泰書序》《未曾有集序》《王畏公柳齋諸草序》《林君言文集序》《臨海令趙來玉琴餘集序》《式如兄戊申消雨編弁言》《書式如兄雜稿後》《題式如兄霸王掘始王塚賦後》《式如兄永思録序》《九天勸善使紀事序》《茗餘碎録序》《自序》《讀三國志趙雲傳》《滹沱冰渡》《劉寄奴草》《書陳龍川集後》《星沙記略序》《范祖生審克篇序》《寅社序》《水心社序》《程氏族譜序》《劉氏族譜序》《蘭溪趙氏宗譜序》《包氏族譜序》《題梵林道兄所作吴正始書》《詩餘譜序》《王以清填詞序》《羽族通譜》《鳳將鸐鳵賦》諸篇。其中《王甲菴春秋自得序》《羽族通譜》二篇亦見浙江圖書館藏《倘湖手稿》中，而《雪公禪師語録序》《足宜彙禪師語録序》等在浙江圖書館藏《倘湖手稿》《倘湖遺稿》中均有出現。

册五爲五言律，其中《新烟》《新水》《新燕》《新草》《新鶯》《新柳》《新蝶》《新月》八首詩，浙江圖書館藏《倘湖手稿》中亦有收入，稱『八新詩』。《贈沈某雙壽四首》《贈薛載園水部四首》《悼二兒八首》《悼二媳八首》諸詩亦見浙江圖書館藏《倘湖手稿》中。

册六爲七律下，《贈董克千》《贈章侶雲》《贈楊旨音》《贈張上瑞》《贈昭叔》《贈趙介菴父母》《贈周舜臣雙壽》《中秋》《贈人月禪師》諸詩亦見浙江圖書館藏《倘湖手稿》中。

册七爲擬古樂府，含《補蝗謡》《太平樂章》《聖德昌》《東省捷》《穀價平》《采花謡》《禽言》《布穀四章》《歸去好二章》《揚州曲八章（有小序）》《商山歌（有小序）》《鴻鵠志（有小序）》《垓下歌（有小序）》《鴻門高（有小序）》《新豐行（有小序）》十五篇。

册九至十爲壽文，册九爲往來諸士之壽序，如《賀郡伯施長翁初度序》《紀玄圃太公祖初度序》《商老叔七袠壽序》等。册十則爲諸士之夫人母親壽序，如《壽王親母華太孺人五袠序》《賀司李張劬亭元配可夫人帨辰序》《壽邑侯黄太夫人序》等。

册十一爲祭文，如《祭路然大學士文》《祭澤蘭兄文》《公祭韓晉暘文》等。

現藏杭州圖書館。入選第四批《國家珍貴古籍名録》，名録編號〇〇九七八；第一批《浙江省珍貴古籍名録》，名録編號〇〇一六三。

倘湖手稿□□卷（清）來集之撰　稿本　存十四卷（卷一至十、十九至二十二）

十四册。綫裝，開本高二十八點二厘米，寬十八點四厘米。無封面題字、無序。行款版式不一。有多種稿紙，其中有版心上印『手録』、下印『倘湖小築』，文中多有删添修改。册一末有佚名跋曰『民國二十三年甲戌裝裱原稿十一本，分訂二十二本』，各册前又補各卷目録，目録稿紙字迹均與正文不同，當爲後人所編。

册一爲第一编，收明崇禎十五年（1642）壬午書札。《復楊太尊》《復同門汪如之（己卯舉人）》《復同年貢生汪必隆》《復鄉官陳九錫》《復鄉試武弁孟振邦》《復同榜王彭年吴道觀》《復同袍王廷生（庚午舉人）》《復小營總朱國輔》《報定海令張牧夫》《復張春元與公》《復傅康侯》《復汪如之年翁》《寄羅都閫》《寄桐城張年翁》《寄陶岸生》《寄曹木上》《寄賀王子鴻》《寄賀樂顧弟》《答同年王又公》《再與阮圓海掌科》《致夏無奇年翁》《葛同果同年》《候同門林殿颺行人》《書與阮掌科》《書與孫魯山大理》《書與門生汪雨若》《致夏韓雲老師》《書與門生汪未齋》《復鄭按臺》《與望江令表》《上漕院沈》《復王幼公》《復上安廬道尊》《寄楊張兩老師書》《新正上鄭十師按臺》《上漕儲方道尊》《與蕪湖令夏》《又（與蕪湖令夏）》《復楊太尊》諸篇。其中亦有崇禎十六年書札，即《新正上鄭十師按臺》題『崇禎十六年癸未正月』，《又（與蕪湖令夏）》題後有『癸未二日初三』數字。

册二爲第二编，收崇禎十六年癸未書札。《上黄撫臺》《與尤介藩書》《上徐竹孫舊撫臺》《書與郭副總》《回汪年伯》《上鄭按臺》《復江院楊》《上撫臺黄位翁》《上浙江左按臺》《上王學使》《二月初七日上學院徐心水》《復潘太翁池州》《復汪如之門兄》《回貴池書》《復徐青海先生》《復湯惕菴同年》《張瑜公春元》《致陶岸生》《桐城縣回書》《復王中郎》《與寧國府唐》《上徐學臺》《上安廬道張》《上按臺鄭十師》《再上鄭按臺》《上鄭按臺》《上撫臺》《復楊正可》《復太平理刑胡》。書札内容多涉及當時時事，明末社會現狀瞭然可見，如《上浙江左按臺》記『曉日和風，一世皆蒙披拂，兩浙粗幸偷安，莫不歌舞明德，流布長邇，集之待罪類卿，略無寸長，自到任迄今，旦暮言城守之事，月落烏啼霜天角，曉與江闕粉堞震』，《回貴池書》記『十二月十七，春色方新……皖中烽火逼近，十二日□破太湖，令人寒心，不特防守之勞勞已也』。當時浙皖兩地社會之動蕩局面，由此可見。

册三爲第三编，收順治十年癸巳（1653）詞曲。内容含《玉樓春傳奇第十齣》《偕韓父母閱西江塘》《燕臺春·贈孫枚先年兄南征紀略》《又贈林君言》《又送山東韓亦韓公子》《醜奴兒近》《臨江仙·過鑑湖作》《唐多令・題畫二首》《又題十八羅漢圖》《三宜和尚寓之山夢祁忠愍先生見過因追弔十律先生因殉難于寓山之池中者也感步原韻》《新荷葉・詠錦邊蓮》《天香・五月二十九日泊舟蠡城命酌》《又勗聖源姪》《新荷葉（歧生姪園池種錦邊蓮忽開一朵紅白相半亦異瑞也爲之再賦一闋）》《水龍吟十章》《金縷曲十章・哀江南》《天香・贈李庚生銀台》《南歌子・賀新婚》《西湖采蓮詞二首》《西游竹枝詞》《應天長十章（赤城霞一章、姚江忠烈九章）》《鵲橋仙・七夕雨二首》《念奴嬌・詠浙江潮》《又贈夏梅梁》《又詠浙潮》《南歌子・冬日賀新婚》《大江乘・壽杭嚴道同譜呂正聲》《又贈樂顧禮七弟》諸篇。間有他文，如《承德郎兵部武庫清吏司主事集公先生暨配贈安人郭氏墓志銘》《沈母徐太孺人八十初度序》《重建五洩禪寺募疏》《賀郡伯施長翁初度壽序》《賀同社彬宇朱老伯翁五衮初度序》《越州三子施詩選序》《宗僧豁然結菴募疏》。時值清初，改朝換代之際，作者對明亡之憤懣痛惜之情，油然可見，如《水龍吟十章》言『痛燕京之失陷也』，《醜奴兒近》則記時間爲『癸巳六月苦雨』。

册四爲第四編，收順治十一年甲午詩文及宫詞。其中部分詩文，杭州圖書館藏《倘湖遺稿》及浙江圖書館藏《倘湖遺稿》中均有記載，如《監司沈静瀾公祖平寇紀績序》《梁二父母榮陞施州衛幕序》《何静子讀書堂藏書序》等篇。其他書未見者有《滿庭芳》《皖城題畫》《桐城彌陀橋募疏引》《即景》《甲午皖中新春贈翁生生》《皖中新春（七言絶句十首七言律一首）》《江寧寓中》《贈陳預初親翁》《贈峨山上人》《蕪關贈程少月》《贈楊時書雍曹子翼》《清明時書扇》《賀新進生》《賀單明軒太翁八旬齊眉又大賓之慶》《賀韓季侯》《贈惟寧令張大集》《贈蕭尺木》《新進生》《韓榮宗父母初度序》《禱雨祝文》《奉賀□日鑄太翁七十初度壽序》《贈賀沈清遠五十初度》《題丁大聲仍園小樓》《王子鴻雙壽》《贈徐徽之》《壽徐州虞太夫人六衮》《魯聞子新稿序》《西江月・沈静瀾公祖平寇志略》《賀明宇太翁及汪孺人八衮雙壽兼再正賓筵序》《鶤生侄孫計偕北上祈福于文昌父》《又祈福關帝君文》《嚴州朱太孺人八衮悦辰序》《丁酉古詩十五首》《鷲峰寺東偏小房顔魯公讀書處》《洪武年間宫詞》《永樂年間宫詞》《建文年間宮詞》《弘光年間宮詞》《補洪武宮詞》《秦淮竹枝詞》《觀象臺儀器移置江寧府中》《黄平子新登秋榜》《泊舟虎邱與施偉長話舊天忽驟雨》《張令音四袠初度》《錦升兄七袠初度壽序》《無異》《望太湖諸山》《補正德年間宮詞》諸篇。

冊五爲第五編，收順治十五年戊戌詩文。有《贈我平弟北上》《春日率筆書箋紙於西陵徐文駿書館》《游禹陵作》《俞母吕夫人五十貞壽序》《題清風高節圖》《題玉春堂春色圖》《題萍宗所畫雪蕉爲張天月》《宗社告張神文》《女鬼聽經劇序》《爲樂顧弟作婚啓》《訪任來章於山居即景有作》《方茂華五袠弧辰小引》《過黄灣表兄家作》《壽邑令黄太夫人序》《高母錢夫人七十悦辰序》《王子彝兄遠歸畢姻》《同社告關帝君文》《郡太尊紀玄圃公祖初度壽序》《德水和尚》《三宜和尚》《縣中公書》《百世芳序》《四樂》《壽夏年伯母徐太夫人九袠小引并詩》《再爲楊旨音賀三宜和尚》《中秋》《路廣心父母且謡篇序》《賀民起姪六袠》《舊憶（共十二處每處五言絶句二首）》《莊聲鶴全集序》《誥封孺人黄母胡太夫人祭文》《吴静腑七旬初度》《長山李秀楊封翁及何宜人七十雙壽序》《又詩二首》《吕鼎寶六袠初度序》《蔡利見詩序》《南行載筆自序》《蕭尺木書至》《伯蓮叔七旬》《賀李次暉新婚》《李錦秋公祖賚捧北上》《汪雨若見過》《汪雨若吴憲于程修束吴德胄同至湘湖拜先大夫荒隴》《公衡弟新婚》《題静密庵幡》《寄徐文孺年兄司李廬州》《送韓重生年兄往廬州探徐文孺年兄》《李商梅詩集序》《黄母某太君挽詩》《族兄心寰先生傳略》《恩選賢侄青蘆先生像讚》諸篇。

冊六爲第六編，收順治十六年己亥詩文。其中《湘湖即事十二律》《奉賀邑侯趙父母初度壽序》《壽式如兄》《序寒山陳夫子年譜》《次王子雲韻贈鏡凡宗禪師》《嚴橘國近詩序》《偶題》諸篇，杭州圖書館藏《倘湖遺稿》及浙江圖書館藏《倘湖遺稿》中均有記載。他書未見者有《與邵子元書》《吴穆之山水壽意》《叔母郎太夫人七袠悦辰序》《題吴德胄兄引綸圖》《題單孔侯小像》《迎新父母啓》《又小啓》《剡溪普安寺置僧田碑記》《子魚弟爲陝游煩□爲我覔章草分韻佳本并宋仲温遺墨》《送子魚驛大弟陝游》《王乾如五旬初度小引》《朱拱北太翁暨配孫太君合葬墓誌銘》《次秘雪岩父母禱晴志喜詩韻》《雨中夜泊斷橋聞笛》《擬花萼樓賜脯應制》《雨中夜泊斷橋聞笛又二首》《贈吕鱗潛》《沈敬叔親翁七袠弧辰賀序》《過江淹舊居》《題楚中趙公瑶》《贈一漚鍊師》《陳祕俟雁字詩序》《公祭韓晉楊年親翁文》《戴母陳太孺人七袠壽序》《坐西陵茶亭》《茶亭菴讀雲來和尚語録》《回賈巡撫書》《書贈鏡凡》《贈新婚小星》《壽王健亭父母》《重建祠山大帝廟募疏》《題劉海戲蟾圖》《陳冰夏選文序》《爲僧募月米小引》《又詩》《庚子商老叔七袠壽序》《梓潼文昌帝君祝詞》《贈趙聖傳》《蔡大我社兄舉子》《德水禪師講經越王城山》諸篇。

册七爲第七編，收順治十七年庚子詩文。有《何母王太夫人乞言小引》《贈趙介菴父母》《醫僧越凡》《題董玄宰畫》《嚴徐二子唱和詩序》《際盛社祭關真君文》《紀玄圃太公祖初度序》《陳母胡孺人守貞篇》《趙聖傳六十雙壽序》《爲習生叔祖寫讀書四樂》《鼎玉姪七袠初度壽序》《又詩》《瑶山篇爲何母王太孺人賀》《題煮雪軒》《讀書知爲治之道論》《書丁大聲屏上》《賀史二爲公祖賢母王太夫人德壽詩》《贈俞濟若序》《賀嫂氏謝太孺人七袠壽序》《送韓重生年兄北行》《安雅堂詩序》《贈錢象儒》《贈沈子慎》《俞君揚七十》《題陳陞之小像》《倪在我姑夫同姑氏雙遺像讚》《賀新婚》《賀中恬王先生壽辰序》《賀韓翁夏老夫子元配曹老夫人六十壽序》《題張湛生小像》《劉母童太夫人八袠悦辰序》《西興爲宋荔裳道尊碑》《張神祝詞》《伯高賢侄五袠初度壽序》《陳夫人壽辰》《胡天木太尊壽序》《又詩》《題畫》《賀王老親母華太孺人五袠序》《寄詢汪雨若》《送吳獻于之江右》《立夏武林寓中偶題》《周母王太孺人壽序》《虎林寓中逢立夏日》《王母沈太夫人八袠悦辰序》《書伯言岳父扇頭》《贈胡偕平文宗》《傅爾宜移居兼長公新婚》《宿靈隱寺賦得鐘聲暗度空江水》《贈周滄峙封翁》《榷使水部王楚先公祖初度壽序》《祭劉母童太君文》《城居雜詠廿四首》諸篇。

册八爲第八編，上編收順治十八年辛丑詩文，下編諸作係康熙十三年（1674）之稿。上編有《寄念趙瑞芝將軍》《寄宗弟魯山》《贈章侶雲公祖》《賀慕泉汪太翁七十壽序》《徐拱垣七十壽辰序》《率意書扇》《贈陳晉侯父母》《吟賀具德和尚靈隱大殿初創》《寄韻微法師》《族孫避寇城中閏七月合卺》《賀誥壽滕太夫人八衮壽辰序》《西陵渡》《次韻答林君言》《三山歌爲林東里年伯壽》《壽吕山公五十》《贈宋荔裳公祖》《壽周母范太夫人八衮》《關帝君像讚》《贈吴李母》《何母王夫人傳略》《趙揚吾親臺七十壽序》《鏡凡上人五衮壽序》《俞又玄》《九天勸善使紀事》《贈張上瑞居士》諸篇。目録題『本編下半編諸作係康熙十三年之稿，按年排次，應列於第十六編之後，特此注明』。其他稿本未見者，有《賀趙大宗公郎中武探花》《壽戚瑞兄朱夫人五旬》《賀史母張太夫人七衮榮壽序》《祭汪玉華尊太文》《題秉鑑美人圖》《文昌社祝文》《社祭始祖平山府君文》《葉親翁處聘啓》《題畫》《祭十七弟文》《題魚籃觀音》《蔣文甫先生七十壽序》《嬸氏許太君五衮榮壽序》《祭嫂氏誥壽孫太淑人文》《祭儲贈張夫人文》《贈姜弱老》《楊雲士種菊盛開有贈》《冠山禱雨疏文》《八月宿邑城聞析聲感作》《倪徽之孝廉之太翁舉賓筵》《贈青化寺僧雪菴》《贈程天若》《挽齊士虎》《聶怡菴明府》《陳母章太夫人像讚》諸篇。

册九爲第九編，首爲康熙二十年之稿，後録順治十八年辛丑詩文。康熙二十年稿他書未見者有《職方錢我惶公逸詩序》《沈夫人施女刲股救親身殞詩》《庚申冬日祝史新如親翁六衮》《文昌社祝文》《宗子伯高大姪七衮榮壽序》《朱貞侯親家會親作柱聯》《祝方田伯年臺五衮榮壽》《周紹龍尊太八衮榮壽序》《太醫院吏目承溪公傳》《陳生甫姊丈傳略》《贈胡絹菴年臺》《祝王草堂社兄尊翁》《題寒拾展卷圖》《通族公祭仲旋姪文》。順治十八年稿他書未見者有《順治辛丑贈念生禪師》《張母石太孺人壽序》《送張雲生親翁北上》《題鏡凡禪弟壽圖小引》《題天頒鳳誥圖》《補重七夕詩》《贈王蒼岑道尊》《顧母朱太孺人壽序》《陸惠迪親翁柱聯》《單孔侯家對聯》《蔡姓柱聯》《家中柱聯》《一元姪七衮壽序》《康熙壬寅贈孫景明北上》《又絶句》《題張楚生小像松竹圖》《江沙放馬行》

《西陵茶亭題扇》《張季雨表兄七袠初度序》《吳母葉太夫人》《賀黄大衡六旬雙壽》《南行偶筆自叙》《來母孫太夫人七袠序》《賀嫂氏孫太夫人七袠壽序》《道林山捨田免徭碑記》《賀段老公祖初度壽序》《賀上賓心吾葛親翁七袠序》《賀張劬亭四尊》《壽白母陳太夫人》《賀武庠》《黨念先公祖》《祭南關郭獻丹夫人文》《贈皖城李育九》《陸母劉太夫人六袠序》《徐熙宇親翁壽序》《許寤生親翁八袠壽序》《親翁李□□六十壽序》《侍御與京姪五袠初度序》《程南麓先生家慶圖讚》《壽文石禪師》。

冊十爲第十編，録康熙二年癸卯詩文。内含《郡太尊公祖胡天木先生德政碑記》《題韓荆石七袠壽意》《賀戴聖可新婚》《自壽》《俞虎文尊翁六十壽序》《贈魏雲生》《贈章集公六十》《補祝姨氏孫太夫人》《補祝與京侍御姪》《賀韓子奇入武庠》《又二絶》《贈十六弟》《蘇母李太夫人七袠悦辰》《題晉三姪孫所畫小幅》《題壽圖》《又壽章集公詩》《賀新婚》《贈楊旨音》《贈周舜臣先生雙壽》《贈臨可王公》《朱彬予親翁六旬初度》《親翁朱彬予先生六袠壽序》《贈翊垣詞兄》《曆法》《道樞大師塔銘》《顯義禪院碑記》《子貢欲玄餼羊論》《關鼎玉親翁五十壽序》《爲紫垣姪藴生姪孫兩孝廉祈福文》《奉賀仰吾毛太翁八十壽序》《婚啓》《賀王蒼嵐公祖》《賀瑞陽弟六十序》。

冊十一爲第十九編，録康熙十六年丁巳詩文。内含《贈周寧一》《奉祝張親母楊太夫人壽詩》《王節菴社兄像贊》《贈推官王芳侯像贊》《叔章尊舅山東畢姻》《文昌關君贊》《豫初親翁像贊》《砌路募疏》《張鳳池贈言》《幻寧菴重興置産碑記》《贈徐顯侯尊舅》《霧峰村施宅家譜序》《清明節告祭始祖紹興知府平山府君文》《姪女丁太君六袠壽序》《題畫》《許丹衷暨配三孺人像贊》《關真君像贊》《祭繹四孺人徐夫人文》《砌路募疏》《爲三男病臯禱東嶽廟疏文》《劉公祖榮壽賀序》《滑母李太君七袠》《瞿復曾親翁八袠榮壽序》《樂三兄像贊》《尼符長兄像贊》《岳陽翁像贊》《王甥賓臣暨元配葉孺人贊》《七夕爲朱啓臣三十誕辰》《汝興姪暨配陶孺人雙壽序》《傳賓國翁八袠榮壽小序》《雪公禪師語録序》《董繡章先生傳》《祭吳太親母單太君文》《又》《贈姚非菴父母》《贈姚四世兄》《王母家妹氏太君榮壽》《贈王爾榮》《柴承吾暨配兩施太君贊》《莫予姪洎配謝孺人像贊》《重修柳塘菴募疏》《程旦升近藝序》《倪養源尊太八袠榮壽序》《西江月題畫》《葉先之姊丈新婚兼北上補選》《粲翁姊丈像贊》《贈汪越木江山學師》《贈四明周殷滌》《贈高母林太君》《贈蔣道兄聯》《壽朱親母王太夫人序》《又七律》《江上觀漁歌》《戊午王枚臣詩稿序》《賀錢震人昆季聯登賢書》《賀丁禮若》《中郎王親翁像贊》《泰期叔祭文》《告張神祝文》《告梓潼文昌帝君文》《樵書初編自序》《即空禪師詩稿序》《蔣母俞太君六袠悦辰序》《上兵使許元公》《志雪堂詩》。

册十二爲第二十編，録康熙十七年戊午詩文。内含《挽何彝重》《挽何孟堅》《題送子觀音像》《卜雲生別傳》《足宜禪師語録序》《大柱國即元宰趙孝祖臺愛翁先生榮壽序》《又賀詩》《奉贈皋臺張俊公公祖》《贈四明三府段玉川公祖》《樵書二編自序》《新開博學鴻詞制科道臺以予名列薦牘徵書下縣遂堅辭之》《邯鄲才人嫁爲厮養卒婦》《贈周文伯》《胡匡山小傳》《蔡天德杏園試草序》《祝王親母嚴太君七十壽》《葉修卜親翁北游日載詩序》《恭祝大柱臺即清華邑父母非菴先生榮壽序》《九和姪孫暨配蔡孺人像贊》《羽族通譜》《范祖生審克篇序》《本族公祭郎太夫人文》《未曾有集序》《祭周文伯尊太文》《讚于野先生像》《于野公元配何太君像》《伯聲姪像讚》《伯聲姪元配洪太孺人像》《子承姪行樂圖》《斐然完大姪暨配王孺人讚》《承直郎户部湖廣清吏司主事孫念劬公墓誌銘》《毛與三周易補義序》《題水墨牡丹》《壽人六袠初度》諸篇。

册十三爲第二十一編，録康熙十八年己未詩文。内容含《樵書題辭二則》《劉謙齋先生世孝列傳》《文昌社祀帝君文》《韓錫符先生七袠榮壽序》《小重山　送公衡弟北上》《山陰景昭侯父母德政詩叙》《又德政五言十律》《又七言二律》《贈沈年臺雙壽》《又二首》《法曲獻仙音　壽王母胡太君》《史曙寅社兄像贊》《史懋符行樂圖贊》《韓玉書近詩序》《史新如親翁六袠榮壽序》《李孟發詩序》《賀戴》《寄贈周天驤二父母》《孟孔木社兄行樂小像贊》

《贈薛載園水部》《贈薛行齋世兄山陽令》《祭許道尊太夫人文》《文學雒會公傳》《貢士式如公傳》《文學風季兄傳》《文學餘量伯傳》《靖安知縣尚吾公傳》《沙縣知縣存石公傳》《孝廉樂顧公傳》《文學霽初公傳》《貢生蒙生公傳》《六合知縣集公公傳》《貢生習生公傳》《楚府長吏龍巖公傳》《壽姚非菴父母》《貢士青蘆公傳》《大埔知縣華陽公傳》《楚府通判白一共傳》《泰州同知威遠公傳》《蕭山縣重建政事堂記》《何芝障徵泰母序》《文學錦升公傳》《文學泰期公傳》《文學顔叔公傳》《文學盛夫君傳》《續家乘序》《來氏家譜序》《新盤公養碩公季方公臣事公傳》《賀張允吉新婚》《蘇潭張氏族譜序》《張季雨表兄像讚》《何太衡像讚》《方伯馬湖公傳後》《大學士路然公傳後》《江西泰和縣教諭白湖公傳》。

册十四爲第二十二編，録康熙十九年庚申詩文。内容有《白湖公傳後》《恩封奉直大夫龕山公傳》《又補路然公傳後》《宗子果符兄傳》《貢士起岩公傳》《題蘇堤春曉圖》《題南屏晚鐘圖》《題三潭印月圖》《題柳浪聞鶯圖》《題平湖秋月圖》《題兩峰插雲圖》《題斷橋殘雪圖》《題花港觀魚圖》《題補天堂》《題徐子聲尊叔》《台州府儒學教授太衡何公墓誌銘》《題清江獨釣圖》《題畫意》《偶題》《又詩》《倪徽之年台像讚》《倪心益太翁像贊》《列女傳》《王學之北游贈言》《胡母王太君八袠壽序》《婚啓》《序貢起巖公傳》《小重山送王學之北上》《又調送王端公北上》《韓二昌像讚》《三月十五日社告文昌帝君文》《上巳蘭亭雅集公同人啓》《文昌祝詞》《吳以重五袠》《贈雲間楊統元八十五翁》《楊統元訪名山益友小引》《包氏族譜序》《程母吳太君傳》《何母王太君榮壽》《中秋賀宋茂才夫妻壽》《丁柳之吳楚雜詠詩》《八新詩》《十宫詞》《瀟湘八景詩》《沈秀之親翁六袠壽》《送石叟翁遠游序》《再壽姚非菴父母》《新鶯》《新蝶》《新水》《新烟》《再壽姚非菴父母》《賀王巢雲道臺》《殷萊叔八教洎配丁太君像讚》《寄贈吳新來年兄》《恭進冷真人啓》《劉氏族譜序》《爲楊統元題古樟道院》《寄贈長沙倅心水姪孫》《祝四明胡卓菴先生》《星沙記略序》《書族中貢士傳後》《題陶小備小影》諸篇。其中《張季雨表兄像讚》《何太衡像讚》《蘇潭張氏族譜序》三篇後標明『重出』，而《奉祝大儲封沈天符先生六袠榮壽》則作於庚申正月六日。

此稿雖與杭州圖書館藏《倘湖遺稿》及浙江圖書館藏《倘湖遺稿》偶有重複，但其内容豐富，涵蓋了著者創作之各種詩文，且與其他手稿不同，内容按年代成編，有明顯之創作時間綫，是著者著述紀年之有利證據，亦可爲考查著者之生平活動提供詳實之材料。此書爲著者信筆而書所成，字迹潦草，當最初之手稿。〔乾隆〕《蕭山縣志》卷二十四稱《倘湖公遺稿》有二十四卷，或即此書。

現藏浙江圖書館。入選第二批《浙江省珍貴古籍名録》，名録編號三二二一。

倘湖遺稿不分卷　（清）來集之撰　寫樣稿本

六册。每半葉九行，行二十字，白口，單黑魚尾，四周雙邊，紅格稿紙。版心上印『慎儉堂全編』，下印『倘湖小築』。

此書係來集之撰，正文内容皆爲各種序文，字迹端正，宋体謄抄，間有朱筆校改。是稿前有曾孫來汝誠所作《菊潭氏識》，曰：『余高祖倘湖公，勳業冠時，文章蓋世，父老傳閲久耳熟焉，傳至曾元舉業者尠，文集遺稿多屬他人，欲一覘口澤，竟不得，心竊悲之，甲戌夏自北南旋，得《南行偶筆》《載筆》二集，乙亥夏，又得《遺稾》一本，内有硃筆改正，係公手訂，喜不自勝……爰誌之以示珍藏之意云。』後題『乙亥夏得是集後，别採高祖原序，謹録以附』，補録部分『弦』缺筆、『淡』避諱、『淳』字不諱，可見此乙亥當爲清嘉慶二十年（1815）。識語後爲來汝誠所補録來集之詩詞，收録《五旬自壽調寄鵲橋仙》《前調詞演戲》《前調辭畫屏》《六十自壽托友贈》《七十自壽調寄鵲橋仙》《暮春偶成七十自壽》《八十自壽》七首。

正文書口下題『序』及連續葉碼，共二百葉。此書收録之序，於浙江圖書館館藏《倘湖手稿》和杭州圖書館館藏《倘湖遺稿》中多有出現，他稿未見者，另有《菊詩選序》《程修來近稿序》《序商老叔落花詩》《吴中韜大夫德政序》《毛御先詩序》《贈何彜仲北行》《阮睿卿詩稿序》《詩餘譜序》《周次修詩叙》《王綿國先生集句詩序》《王海觀詩集序》《李懷岵隨筆稿序》《蔡元白詩餘序》《何彜仲詩序》《趙丹山詩稿序》《贈同社徐望子吴游序》《風季兄詩佚藁序》《序汝德姪詠物詩》《琵琶曲序》《一瓣香序》《丁大聲詩序》《賀大生文稿序》《吴漢符文稿序》《松風賦》《牛重華詩序》《黎耆爾詩序》《紀仲霽詩序》《王文叔詩稿序》《二三場彤庭啓事序》《澤蘭兄從祀鄉賢名宦録序》《式如兄自訂制業序》《柳毅傳書傳奇序》《趙棠溪二尹蕭編序》《重訂文靖公詩集序》《洪萬特詩稿序》《白湖先生詩稿序》《王自牧詩集序》《詩遯序》《王子集杜詩序》《陳伯新詩稿序》《丁小兀詩序》《楊古度詩删序》《旦翁張公祖榮任廬州刺史賀序》《擊鐵集序》《管尊王倡和詩序》《鶴釵夢傳奇序》《黄天苞詩序》《序樓啓瞻詩》《王鴻資詩稿序》《錢鏡崖物態笑吟詩序》《王畏公柳齋諸草序》《一三侄春秋序》《謝無可成仁集序》《張亦彭詩稿序》《我平弟詩餘序》《程日升近藝序》諸篇。其中《〈鶴釵夢〉傳奇序》《〈柳毅傳書〉傳奇序》等，在現存文獻資料中極爲罕見，對於來集之戲曲理論研究有重要的史料價值，亦對學者研究明代雜劇創作有重要的參考作用。

正文末别紙附《倘湖自叙》，詳述生平經歷。又録集之詩文數篇，如《捕蝗謡（擬古樂府）》《題百鳥朝鳳皇圖（七古）》《越唫》《春吟》《清明後作（六言）》《冬日栖山有感（行香子）》《上兵使許元公》《祭臣事叔文》《茗餘碎録序》《鵬天自序》《際盛社祝關帝》《告梓潼文昌帝君文》《告張神文》《七條沙》《壽許太君五十序》諸篇。

現藏浙江圖書館。入選第二批《浙江省珍貴古籍名録》，名録編號三三一三。

倘湖詩二卷　（清）來集之撰　清康熙十四年（1675）倘湖小築刻本

一册。框高十八點五厘米，寬十四點二厘米。每半葉九行，行十八字，白口，四周單邊。

全書所録均爲七言絶句，前有來集之自題《近詩七言絶自序》，云：『世軸更换，偷活草間，石田茅屋，耕牧自養，無用之人』，『無事生事，輒有題詠，不效詩史，感觸時事，不學詩魔，走入醋甕，短章細吟』，若雲高隱，亦真志節之士也。

卷一《游仙詩》一百首，爲悼念亡妻而作，卷二爲月令詩，含詠月令、補月令、花月令詩。毛奇齡《明中憲大夫太常寺少卿倘湖來公墓碑銘》、來鴻瑨《明太常寺少卿兵科左給事中倘湖公傳》及來集之《倘湖先生自志墓銘》中均提及《倘湖近詩》，書名與本書略有不同。然近人鄧之誠《清詩紀事初編》（上海古籍出版社，2016年）中，雖亦記『來集之《倘湖近詩》二卷』，而言『此集皆七言絶句，曰月令詩，詠月令，補月令，花月令；曰游仙詞一卷，則悼亡之作』，文中所引序言以及體例皆與此書同，所記《倘湖近詩》應即爲此書。

現藏國家圖書館。

來集之先生詩話稿不分卷　（清）來集之撰　稿本

四册。金鑲玉裝，框高十八點五厘米，寬十四點八厘米。每半葉九行，行字數不等，白口，四周單邊。版心上印『手録』，下印『倘湖小築』。扉頁題『來集之先生詩話稿』。全書有明顯水漬。無序跋，書口題連續葉碼，全書共一百十七葉。

來氏此書收録明末清初與其同時代名士之詩，間有《宮詞》。

册一録有陳函煇、錢謙益、陸奮飛、余鵾翔、劉城、釋讀胤、李長蘅、周鼒、方以智、單恂、卜舜年、王思任、張明弼、薛岡、方孔炤、徐招隱、陳繼儒、姜曰廣、袁中道、黄景昉、鄭之玄、姚希孟、李吳滋、倪元璐、沈承、董其昌、馬之駿、程嘉燧、葛一龍、范穆其、沈德符、陳弘緒、尹伸、魏浣初、潘一桂、釋通潤、陳子龍、黄道周、顧夢游、吳偉業、金堡、李雯、宋徵輿、方其義、林曙、朱陵、顧起元、胡梅、唐時升、譚元春、董斯張、周安期、王揆、陳治安、熊文舉、李蔚長、魏象樞、郭汾、徐徽、丁克振、陳允衡、姜庭幹諸名士詩。

册二録王鐸、黎元寬、張縉彦、吳偉業、柳寅東、王時敏、陳子龍、鄒武金、馬如京、黄周星、李令皙、方文、王元曦、方拱乾、謝弘儀、徐穎、齊維蕃、丁克振、秦琅、毛先舒、來蕃、白胤謙、趙進美、黄浮耀、陸琨庭、張如蘭、林之蕃、黄文煥、吳不官、張霍、黄虞稷、陳冠、羅文璧、楊臣諍、李如涝、徐升伯、徐士俊、王晫、陳菁、曹端本、曹胤昌、陳瑚、史大成、宗元鼎、梁清標、曹溶諸名士詩。

册三録李霨、宋琬、施閏章、張惣、釋石谿、王遠庭、王士禛、沈希潁、嚴沆、佟國器、吳綺、董斯張、沈紹芳、吳偉業、魏學濂、方咸亨、張譙明、郭汾、陳允衡、黎元寬、張文光、曹溶、曹荃、梁清標、王崇簡、陳子龍、徐徵麟、成克鞏、黎元寬、張縉彦、陳震生、薛岡、林茗、梁化鳳、尤侗、巢震林、鄒武金、黄周星、李令皙、彭又賓、王元曦、董以寧、鄒祗謨、蔣玉章、張夏、楊猶龍、張能鱗、丁耀元、吳穎、丁克振、馮雲驤、陸圻、毛奇齡、錢德震諸名士詩。

册四録曹勳、熊文舉、曹溶、陳之遴、顧宸、顧煜、高衍、顧開雍、劉肇國、蔣超、袁凱、時太初、釋次圭、程同金、丁岳、郝經、周啓、揭軓、易恒、張紳、堵景濂、張能鱗、王熙、萬代尚、陳肇曾、諸震坤、查繼佐、梁以樟、林木道、吳潁、齊維藩、黄觀、范國禄、王士禛、馮雲驤、陸圻、毛先舒、徐緘、毛奇齡、曹爾堪、陳謙、王鐸、龔鼒、尤侗、巢震林、董以寧、鄒祇謨、蔣玉章、張夏諸名士之詩。

其中有二十九處標明重出者。詩後偶録王思任、黄心甫、魏惟度等士人之評，如陳函煇《鶴臺歌序》後録『王季重云：碣没複出。始知杜預痴情，未可便哂。爲鶴解嘲，詞嚴義正。遼海歸來。又當墮羊公之淚矣』。薛岡《留別張隆甫》詩後録『黄心甫曰：無可奈何中，作不朽佳話，亦酸心，亦快心』。佟國器《宋荔裳過飲僻園，賦詩見贈次原韻》詩後録『魏惟度曰：中丞僻園在古長幹，山水花木甲白下。四方結駟來游，日無停晷，宋荔裳原唱：和者甚多，惟中丞此作情愫逼真，非日坐園中，大有會心者，不能道，詩傳而僻園不朽矣』。雖作詳評者甚少，然所載亦爲備詩評所用。

亦有不少自批評語，如卜舜年《春晴山居》：『水滿失灘沙，雲開曳彩霞。晴來旋曬藥，雨後急收茶。鶯坐一身柳，蜂歸兩股花。人言無事得，多事最山家。』陳弘緒《園居》詩：『除却園丁到，蓬門久不開。鳥憐新霽色，人傍亂紅堆。樓小山全繞，簾垂燕數回。偶因尋稚筍，衝破石邊苔。』二首詩後有來集之自題曰：『此二詩真得隱逸山人之趣！』

書中所録之詩詞，有收入各家文集中刊刻出版，如毛奇齡之《擬艷詩》。本稿云：『東井匏瓜在，西鄰棗樹完。苦心經蘖塢，無力渡桑幹。黄鵠思雄少，清溪得路難。左家徒織素，班氏自愁紈。莞蒻承床細，芙蓉隱露溥。食禾根可共，結膝履嘗單。黄行江邊杏，烏頭樹裏寒。南塘春窈窕，北斗夜闌幹。弱水離思苦，清河別淚彈。强秦如得返，辛苦望燕丹。』毛奇齡之《西河文集》中載《擬艷詩》作『東井匏瓜爛，西鄰棗樹完。苦心經蘖塢，無力度桑幹。黄鵠翻雲遠，清溪得路難。秦家愁織錦，班氏怨裁紈。莞蒻承床薄，芙蓉掩鏡殘。食禾根可共，結膝履嘗單。白帽門前杏，烏頭樹裏寒。嶢關如得返，辛苦望燕丹』。中間有异者頗多，對於研究明末清初詩人的詩詞創作、心路歷程都有極大的價值。

書中所録亦有未成集者，如郭汾《亂後至吳門同游諸子》：『行乞悲吳洛，多無舊識存。空名墟井灶，浩氣俠兒孫。去或雲游侶，居皆盡杜門。擁樽浮月處，但聽馬撕昏。』尤侗《長安竹枝詞》『北門學士玉爲妝，常醉春江錦瑟傍。娶得塞姬相伴宿，鸚哥番語教鴛鴦。痘種相沿入貴家，六宫彈指暗咨嗟。春風不到燕都地，不許民間唱買花』等，他書鮮有記載。是書在很大程度上保留了明末清初一部分名士之詩作，其文獻資料價值彌足珍貴。

現藏浙江圖書館。入選第六批《國家珍貴古籍名録》，名録編號一二八七二。

《朱駿聲專集》書志

李聖華　杜惠芳　吴志堅　合撰

朱駿聲小傳

朱駿聲（1788—1858），字豐芑，號允倩，清吳縣（今江蘇蘇州）人。九歲，《十三經》以次讀竣，兼讀古文，學爲時文。清嘉慶六年（1801），年十四問業於任兆麟、莊學和。明年，補府學生。錢大昕主紫陽書院講席，奇其才，曰：『吾衣鉢之傳，將在子矣！』期以通材大儒（朱孔彰《允倩府君行述》）。先後肄業於紫陽書院、正誼書院。嘉慶二十三年舉鄉試。會試屢不第，歷主吳江、青溪、嵊縣、蕭山書院講席，復就館濟南、揚州等地。江蘇巡撫張師誠曾聘掌書記。道光十六年（1836），選授黟縣訓導，明年抵任。咸豐元年（1851），以截取知縣入都，進呈《説文通訓定聲》，優詔褒嘉，賞國子監博士銜。仍回黟縣任。六年，升揚州府學教授，未赴。七年，以疾劇告病，隱於黟縣石村，自號石隱山人。八年十月病歿，年七十一。事具程朝儀、朱師轍訂補《石隱山人自訂年譜》、朱孔彰《皇清敕授文林郎國子監博士銜揀選知縣揚州府學教授允倩府君行述》。《清史稿》有傳。生平著述宏富，大小著作逾一百二十種。生前已刊《説文通訓定聲》十八卷、《東韻》一卷、《説雅》一卷、《古今韻準》一卷、《儀禮經注一隅》二卷、《夏小正補傳》二卷、《小爾雅約注》一卷、《離騷補注》一卷等數種。子孔彰與孫師轍編校遺書，刊行二十餘種。駿聲以經小學著聞於世，《説文通訓定聲》尤爲世推尊，與段玉裁、桂馥、王筠并稱有清《説文》四大家。朱孔彰《行述》云：『而生平著書，於轉注、叚借二義發明尤多，蓋獨以六書貫串羣籍，發凡起例，觸類旁通，卓然自成一家之言。論者又謂府君學問、詞章兼而有之，以比朱檢討彝尊云。』蓋駿聲起於吴派、皖派之後，學兼二派，有意爲一世通儒，主於貫通，重於求是，以六書貫串群籍，尚考據而不廢宋詮。其學不離於浙西博雅之統，而以經小學、考據見長。不喜墨守一説，拘求義例，於浙東之學并有兼采，復留心時事，不一趨於考索，故卓然大家。

六十四卦經解不分卷 （清）朱駿聲集注 稿本

一册。每半葉行字數不等，無版框、界格。間寫以烏絲欄紙，每半葉十一行，行二十四字，白口，雙魚尾，左右雙邊。是書又名《古易會通》《周易匯通》，未刻行。朱孔彰《説文通訓定聲跋》載駿聲『手自勘定，未及版行者』，首列《六十四卦經解》八卷。《清史稿·藝文志》、朱師轍《石隱山人自訂年譜題識》《先大父豐芑博士遺著書目》皆著録《六十四卦經解》八卷。此爲《六十四卦經解》初稿本，自《坎》始，至《未濟》終，前後皆有缺。朱師轍封題『六十四卦經解艸稿（又名《周易匯通》）』，又記曰：『師轍按：此稿雖殘缺，可作參校《六十四卦經解》之用。』

按《石隱山人自訂年譜》：清道光七年（1827）三月，駿聲就館揚州謝氏，教弟子謝增。明年仍館揚州，著《六十四卦經解》。此本塗乙增删，朱墨縱横。烏絲欄紙寫録稍工，疑爲謄抄補綴。初稿體例未完，八卷稿本猶多增删，蓋歷久乃成。對勘八卷稿本，其前後改易之況，一一可明。如師轍所言，此本殘缺不完，可爲參校之用。

歷代《易》注，幾於汗牛充棟。大抵自秦漢以來，區爲二途，曰義理之學，曰象數之學。駿聲治《易》，著書六種，用力幾與治《説文》等。其以小學解《易》，不拘於義理、象數，不膠於一説，多自得之意。其説《易》大旨，朱孔彰《行述》載：『謂孟、京之卦氣、五行，荀、虞之納甲、消息，馬、鄭之互體、爻辰，輔嗣之空虛清悟，各有所得，亦各有所失。至争言玄理，反踈訓典，墨守宗尚，拘求義例，尤後儒説《易》之通病。惟觀其會通，不膠一説，先釋其文，次求其理，至一卦之中取象襍出，一爻之内上下不蒙，不必强經以就我周公之言，不必拘羲文之義而義貫孔子之説，不必泥文周之旨而旨通。因著《六十四卦經解》八卷。』朱師轍《六十四卦經解跋》述云：『至清毛奇齡、黄宗羲、弟宗炎、胡渭、張惠言，於《圖》《書》皆有辯論，而以胡、張爲精。又焦循以洞淵九容比例説《易》，王伯申謂其精鋭鑿破渾沌，先大父豐芑博士則謂其勞而寡功。蓋先大父深於經小學，兼通百氏，尤邃於《易》，且精天算，故能中其失』，『綜核漢、宋以來各家之《易》説，而論其短長，附見於注中。訓詁必窮其原，廣引古籍藴義、歷史事實，以證明人事』，『蓋其用力於《易》，與《説文通訓定聲》相等，實《易》空前之書，最便讀者。又於鄭玄爻辰，古今占易徵驗，并附載焉。至於天文算術之實求，陰陽術數之隱賾，地理方域之攷證，卦辭古韻之增訂，固爲先大父之專擅，尤能貫通，非他家所可企及』，『學《易》者得此一編，可以無須旁求，已可得其奥要矣』。

現藏浙江圖書館。

易鄭氏爻辰廣義一卷易經傳互卦巵言一卷易章句異同一卷易消息升降圖一卷　（清）朱駿聲撰　稿本

《易鄭氏爻辰廣義》《易經傳互卦巵言》《易章句異同》《易消息升降圖》四書合裝一册。朱師轍封題『易學三種：易鄭氏爻辰廣義，易經傳互卦巵言，易章句異同』。『易經傳互卦巵言』七字係補入，是册實收『易學四種』，封題無《易消息升降圖》。

《易鄭氏爻辰廣義》一卷，烏絲欄，每半葉十一行，行二十四字，白口，雙魚尾，左右雙邊。卷端首行上題『易鄭氏爻辰廣義』，不署撰者名氏。是書又名《易鄭氏爻辰補義》，未刊。朱孔彰《説文通訓定聲跋》稱『其稿本尚存，未經勘定者』有《鄭氏爻辰廣義》二卷。《行述》載《爻辰補義》二卷。《清史稿・藝文志》、朱師轍《石隱山人自訂年譜題識》《先大父豐芑博士遺著書目》皆著録《易鄭氏爻辰廣義》二卷。此本未見明顯分卷之迹，雖塗乙改删，抄寫亦工整，非初稿本明矣。今未見二卷本。此本外，浙江圖書館又藏有晚近抄本二種。漢儒説《易》，漢初重於義理，其後參於陰陽術數，孟喜、焦延壽、京房等益重占驗，趨於陰陽灾變。鄭玄説《易》則主爻辰，重象數。鄭《注》亡於唐宋之際。宋咸淳間，王應麟輯《周易鄭康成注》一卷，清儒推尊鄭《注》，競相輯考，惠棟增補《鄭氏周易》三卷，孫堂纂《鄭氏易注》一卷，臧庸纂《鄭康成易注》二卷、丁杰纂《周易鄭注後定》十二卷、張惠言纂《周易鄭氏注》三卷、陳春纂《周易鄭注》十二卷。駿聲説《易》不拘一家，以爲孟喜、京房卦氣、五行之説，荀爽、虞翻納甲、消息之説，馬融、鄭玄互體、爻辰之説，以及王弼之論，各有得失。主於貫通，以爲當『先釋其文，次求其理』，不必强求。雖推重鄭玄，而不膠於其爻辰之説。鄭氏爻辰説《易》，見於唐人《詩》《禮》正義者僅十餘條，駿聲因博徵《漢志》《三統術》等，仿其意補之。如：『《泰》九二，寅（卯）〇析木之間漢津，故象馮河。』『九三，辰（辰）〇角下平道二星，進賢一星，其下天門二星，於食有福之義。』又如：『《同人》初九子〇危上蓋屋二星，人五星，同人于門也（《隨》初節初同）。』駿聲通天文曆算，輯補亡佚，兼事考訂。如末一條：『《説卦》震爲大塗。〇國中三道曰塗，震上値房心，塗而大者，取房有三塗焉（《朱漢上易》引鄭注）。按：震在卯。（今按：周初曆，房在辰，不在卯）』其《書後》云：『然則溯周公繫爻之時，至康成注《易》之時，相距一千三百餘年，恒星歲差已去十九度有奇。公之時，女不次元枵之舍，危不居娵訾之辰，推之他宫皆然，不必取象如鄭所云也。雖然，孔子曰觀鳥獸之文，陸績謂朱鳥白虎，蒼龍玄武，經緯之文，仰以觀天，間亦符合，亦足見易理之無不通焉。康成所著爻辰説《易》，其書已亡，見於唐人正義者，寥寥數則。茲據《漢志》《三統術》，倣其意補之，名曰《廣義》。雖穿鑿傅會，頗多繆戾，聊存以備一家之言。他日尚當推周初之恒星宮度，繪圖讎校，汰其不合於古，而益以義與古合者，以蘄通貫。茲適以他事未暇云。」是書雖未盡善，然可與王應麟《周易鄭康成注》一卷、惠棟增補《鄭氏周易》三卷、戴棠《鄭氏爻辰補》六卷、謝家禾《周易鄭氏爻辰》一卷諸書相發明。

《易經傳互卦卮言》一卷，烏絲欄，每半葉十一行，行二十四字，白口，雙魚尾，左右雙邊。卷端首行上題原作『易彖爻象互卦卮言』，改題『易經傳互卦卮言』，不署撰者名氏。是書未刊。朱孔彰《說文通訓定聲跋》稱『其稿本尚存，未經勘定者』有《易經傳互卦卮言》一卷。《行述》云：『又述經傳互卦，爲《互卦卮言》二卷。』《清史稿·藝文志》、朱師轍《石隱山人自訂年譜題識》《先大父豐芑博士遺著書目》皆著録《易經傳互卦卮言》一卷。此本朱墨筆塗乙校改，抄寫亦工整，非初稿本明矣。此本外，浙江圖書館又藏有晚近抄本二種。鄭玄爻辰說《易》，不免附會。王弼謂互卦、卦變皆無足取，棄象不論，駿聲不能苟同，然亦不盡信前儒互卦、卦變之說。其推究互卦之法，作爲此書。《書後》云：『易有四象，所以告也』，『爲道也屢遷，變動不居，周流六虛，上下無常。剛柔相易，不可爲典要，惟變所適』，『若夫雜物撰德，辨是與非，則非其中爻不備。有天道焉』，『有人道焉，有地道焉。剛柔雜居，而吉凶可見矣。由是觀之，易無體也。以言者尚其辭，以動者尚其變，以制器者尚其象，以卜筮者尚其占，孟、京之卦氣、五行，荀、虞之納甲、消息，馬、鄭之互體、爻辰，輔嗣之空虛清悟，皆易理也。周公之言，未必皆羲文之義而義貫；孔子之意，未必泥文周之旨而旨通。夫八卦變六十四，世應之法也。六卦生六十四，爻之之例也。四卦統六十卦，卦氣之說也。反對五十六卦，兩象相易五十六卦，旁通六十四卦，兩象自反四十八卦，六子肖體三十卦，義或有取，均不可廢。後學墨守宗尚，入主出奴，膠其柱而鼓瑟，則皆失之。偶述經傳互卦若干條，雖穿鑿支離，卮言無當，或亦章句之一助云』。

《易章句異同》一卷，烏絲欄，每半葉十一行，行二十四字，小字雙行，白口，雙魚尾，左右雙邊。卷端首行上題『易章句異同』，不署撰者名氏。是書未刊。朱孔彰《説文通訓定聲跋》稱『其稿本尚存，未經勘定者』有《易章句異同》一卷。《行述》云：『又爲《章句異同彙參》一卷。』《清史稿·藝文志》、朱師轍《石隱山人自訂年譜題識》《先大父豐芑博士遺著書目》皆著録《易章句異同》一卷。此本朱墨筆校改，抄寫亦工整，殆非初稿本。此本外，浙江圖書館又藏有晚近抄本二種。清經學家有功於學者三事，曰輯佚書、精校勘、通小學（皮錫瑞《經學歷史》），駿聲皆擅之。其雖輯佚書，所長更在精校勘、通小學。即校勘言，撰有《易章句異同》《詩序異同彙參》《大戴禮校正》等書二十餘種。是書博徵典籍，條列《易》章句異文。《書後》云：『章句有異同，或師承之派别，或見解之區分，或字畫之傳訛，或音聲之近似，後儒聚訟紛如，迄何所適？要在信而好古者，彙衆説而折衷之，以求至當不易之理，固不必矜奇好怪，亦不容墨守墟拘也。蒙謂如「夕惕若夤」「即麓无虞」「喪羊于埸」「矢得勿恤」「婦喪共笄」「坤化成物」「原始及終」「野容誨淫」「何以守位曰人」「其于稼也爲阪生」「震爲駹」「離爲幹卦」「蒙稚而著」之類，皆當確遵漢魏，不宜褎裒囁嚅，顧俗之駭且怪者。間有鄙見所及，附識於後，以就正有道。』先是嘉興李富孫撰《易經異文釋》六卷，同時績溪胡紹勳有《周易異文疏證》。李氏之書刻行，胡氏之書燬於兵火。其於《易》異文皆有釋證，而駿聲是書衹辨異文，或有意詳作考核而未暇也。

《易消息升降圖》一卷，烏絲欄，每半葉十一行，行字數不等，白口，雙魚尾，左右雙邊。卷端不題書名及撰者名氏。是書未刊。朱孔彰《説文通訓定聲跋》稱『其稿本尚存，未經勘定者』有《易消息升降圖》二卷。《行述》云：『參虞氏消息意，爲《圖》一卷。』《清史稿·藝文志》、朱師轍《石隱山人自訂年譜題識》《先大父豐芑博士遺著書目》皆著録《易消息升降圖》二卷。此本校改增删較同册他書爲多，亦多抄寫工整之葉，知非初稿本。駿聲作《六十四卦經解》，謂『虞氏納甲，愚亦不取』，以爲荀爽、虞翻之納甲、消息，言易理有得有失。《卦變説》又云：『卦變之説，亦起於後儒』，『言人人殊，固難晝一，即虞仲翔消息升降之説，亦多所附會，更有所謂特變者，兩象易者，以通其窮，究於古聖人作《易》之旨，未必有當也』，『愚故作兩圖，一散卦統歸于八純卦所生，所謂因而重之也；一散卦分屬于六子、十辟所生，所謂引而伸之也。舊圖無六子生他卦者，愚不謂然』（《傳經室文集》稿本）。是書申虞翻之説，而爲圖解。卷端首列虞氏納甲之説，繼列《六十四卦消息圖》，其下爲《六十四卦成既濟圖》三幅、《旁通惟變所適成既濟圖》、『旁通之卦六十四』、『六子肖體之卦三十』、『六十四卦消息』、『六十四卦消息升降』等，時作辯證。如『六十四卦消息升降』，按云：『右與虞氏消息異。因虞例不能一致，意有未安，故爲此説。按：《觀》亦《坎》二之上，《臨》亦《坎》初之五，《大壯》亦《离》二之上，《遯》亦《离》初之五。今屬乾坤消息卦。大氐乾坤生六子，六子生二陽二陰之卦。乾坤合泰否，泰否生三陽三陰之卦。一陽一陰之卦，則自乾坤來也。』卷末録《明董守諭卦變考略自叙》。董氏《自叙》『讀《易》不知卦變，猶日晤吚不知六書也。以《易》變喻變之不知變，不若以六書自喻之可達於變也』，『四曰變在轉注。書有互體別聲之轉注，卦亦有互體別母之轉變』云云，殆爲駿聲所賞。

現藏浙江圖書館。入選第五批《國家珍貴古籍名録》，名録編號一一四八〇。

學易劄記不分卷 （清）朱駿聲撰　稿本

一册。前十一葉及後數十葉，寫以烏絲欄紙，每半葉十一行，行二十四字，白口，雙魚尾，左右雙邊；第十二葉以下數十葉，每半葉十一行，行二十四字，無版框、界格。

封題『學易劄記』。卷端首行題『學易劄記』，不署撰者名氏。是書未刊。朱孔彰《説文通訓定聲跋》稱『其稿本尚存，未經勘定者』有《學易札記》四卷。《清史稿·藝文志》、朱師轍《石隱山人自訂年譜題識》《先大父豐芑博士遺著書目》皆著録《學易札記》四卷。

此爲駿聲手稿，未見分卷之迹。查葉面塗乙之況，知爲修改稿本，非初稿本。夾葉、校簽皆出自師轍之手。夾葉書一九五五年《學易劄記跋》：『右《學易劄記》三卷，先祖豐芑博士所撰。先祖邃於經小學，所著《説文通訓定聲》，尤爲羣經之淵海，小學之津梁，實爲空前傑作。而羣經之中，尤深於《易》，共有著作六種：（一）《六十四卦經解》八卷，又名《周易匯通》，以漢易爲主，而兼采宋人説，精深博通，最爲巨著。（二）《易鄭氏爻辰廣義》一卷，乃補鄭玄爻辰之説。（三）《易經互卦卮言》一卷，古易有互卦之法，今已不能詳，故補之。（四）《易消息升降圖》一卷，乃申虞翻之説，而爲之圖解。（五）《易章句異同》一卷，乃校各家本異字異義，而折衷之，解釋簡明，別具卓見。（六）《學易劄記》四卷，乃評論古今著名《易》家，而判其得失，與發明其隱義者。今所印行，即《學易劄記》之前三卷。其末一卷，圖既孔多，塗改難辨，尚待攷覈，再行録出續刊。』爲刊行大父遺著，師轍奔告不已，然是書終未印行。其擬刊三卷，蓋以末一卷圖爲多，校印不易，尚俟徐圖之。

是書記治《易》所得，論古今《易》家得失，發明隱義。朱孔彰《行述》云：『嘗覽古今説《易》百數十家，提要鈎玄，爲《學易札記》四卷。』稿本『未經勘定』，嫌於編次雜亂。其記研《易》心得，如：『説《易》先須分別《彖》詞中有卦象，有占詞，每爻中有爻象，有占詞，不可牽混亂講。』『孔子惟于《乾》《坤》《泰》《否》四卦言陰陽，餘皆云剛柔而已。』『孫奕《示兒編》言《雜卦》「明夷，誅也」，乃「昧」字之譌，極有理。』『中爻互卦之説，愚謂無理。重卦必六畫而後成，四畫不可命也，然間有巧合者。』『焦里堂循《雕菰樓易學》一書，以九章之正負、比例爲易意，以六書之假借、轉注爲易詞，雖其間不無心得，而傅會難通者，十居八九。吾嘗其用心之勤，而惜其立言之固。此所謂有詞而無理者。』『朱子看《易》，太看得淺了。《易》雖卜筮之書，却有文義。仲翔讀《易》，太看得死了。《易》雖是聖人著作，却不同後儒著書，有一定凡例。若鄭則近怪，焦《易林》則近戲矣。干令升以《易》爲周家日記，亦非。』『虞氏陰爻稱動，陽爻稱發，統稱變。愚謂陰當稱息，陽當稱消。』『解《易》，訓詁一，指歸二，消息三，援證四，爻辰五，占筮六。』大都具有精見。書中所列諸條及圖示，時見於《易鄭氏爻辰廣義》《易經互卦巵言》《易章句異同》《易消息升降圖》諸書。所涉虞翻條目衆多，頗采録《易消息升降圖》。如《本卦發揮變化成既濟圖》《旁通惟變所適成既濟圖》《虞仲翔六十四卦消息》《六十四卦消息升降圖》等圖，已見於《易消息升降圖》一卷，《劄記》所收更爲完善。

駿聲深於經小學，治《易》用力幾與《説文通訓定聲》相等，著書六種，貫通古今，不愧爲有清名家。師轍《六十四卦經解跋》稱其邃於《易》，『非他家所可企及』，非虚美也。

現藏浙江圖書館。入選第五批《國家珍貴古籍名録》，名録編號一一四八四。

尚書古注便讀不分卷　（清）朱駿聲撰　稿本

一册。烏絲欄。每半葉八行，行二十字，小字雙行同，白口，單魚尾，四周雙邊。版心上印『説文通訓定聲』六字。朱師轍封題『尚書古注便讀手稿』。卷端不題撰者名氏。無序跋。

朱孔彰《説文通訓定聲跋》稱駿聲『手自勘定，未及版行者』有《尚書古注便讀》四卷。《清史稿·藝文志》著録《尚書古注便讀》四卷。朱師轍《石隱山人自訂年譜題識》著録《尚書學》四卷（『即《尚書古注便讀》』），校改作《尚書今古文證釋》四卷。《先大父豐芑博士遺著書目》著録《書》類二種，其一爲《尚書今古文證釋》四卷［『一名《尚書古注便讀》』。民國二十四年（1935）成都華西大學排印，仍用《古注便讀》名。北京大學《國故》印《尚書學》一卷未畢，即此書』」。是書蓋有三名，初名《尚書古注便讀》，後更名《尚書學》，又名《尚書今古文證釋》。

是書撰於清道光十三年（1833），咸豐六年（1856）朱鏡蓉擬刊行，爲之參校，以洪、楊起義未果。《石隱山人自訂年譜》「道光十三年」條：『七月，至山東省城，應金鄉令崔（駿）之聘。』條末附朱師轍按語：『《書經古注便讀》成於此年。民國丁卯夏，偶檢舊籍，得先大父遺墨一紙，有「友梅宗兄擬爲參校梓行」之語。按：友梅，朱鏡蓉先生字也，即爲先大父刊《説文通訓定聲》者。初疑爲《説文通訓》後識語，何以刊本無之？復核年月不符，遍檢遺著，見《書經古注便讀》卷首題有「古黟朱鏡蓉參校」，知爲此書識語。後因兵亂，書卒未刊，遺稿今尚保存，正不知付梓何年耳。茲坿録識語於下：「余積年來著書九十餘種，無力盡刊，置之篋衍。此書道光癸巳在濟南脱稿者，忽忽二十四稔矣。日暮途遠，人間何世，自等敝帚之享，已無選梨之望。今得博雅好古之士友梅宗兄見許其可傳，爲之參校，毅然梓而行之，非其幸歟！余老矣，得一知己，可以不恨。所尤幸者，於流離顛沛之中，乃獲此賞心樂事也。咸豐六年二月，石隱朱駿聲識。」』

此爲初稿本，未分卷。其析分四卷，是否在朱鏡蓉參校之時，未可知也。今未訪見四卷稿本，不知尚存否。傳世又有浙江圖書館藏民國間紅格抄本、民國二十四年成都華西大學排印本，皆四卷，題作《尚書古注便讀》。民國抄本即排印之底本，書前録駿聲述《尚書》二則、《凡例》七條及駿聲《尚書古注便讀跋》、師轍民國二十四年七月《題識》。《凡例》云：『一、篇第仍依今本，不以古目爲叙。一、晚書不注，但著其引用出處。一、注中某某也，某也，上某爲叚借，下某爲本字之訓。如尚，上也，高也，言尚字借爲上字，上字之訓則高也。餘仿此。此依《毛詩傳》「調，朝也」「壞，瘣也」之例。一、注中某某也，猶某也。所云猶者，乃轉注之誼。如既，汔也，猶盡也，汔之本訓爲水涸，其引申之誼則爲盡也。稽，計也，猶考覈也，計之本訓爲會算，其引申之誼則爲考覈也。一、地名山水，必注本朝在何省何縣，以覈其實。一、古注不專從鄭，雖宋人説弗廢，實事求是，頗有折衷。一、逸篇之句，有見於古書所引者，零章斷字，既無全文，或難索解，亦復畧諸。』

此本自《湯誓》『今爾有衆』條始，至《微子》『自靖，人自獻於先王，我不顧行遯』條止，前後皆缺。塗乙補綴滿卷，雖未見《凡例》，然大抵如民國抄本《凡例》所示，篇次依於今本；重於辨求假借、轉注，字之本義，引申之義，注釋依於《毛詩傳》『調，朝也』『壞，瘣也』之例，古注不專從鄭氏，宋人之説亦甄録焉，『實事求是，頗有折衷』。是書辨明真僞，通訓詁之原，鉤玄擷要，頗有見解，甚便於學者。朱孔彰《行述》云：『《尚書》則謂今文僅存二十八篇，其載天時、人事、山川、草木、禮樂、刑政，書雖殘而事猶備，學者苟深窺淵奥，豈徒《七觀》《四要》而已，爲《尚書古注便讀》四卷。其僞古文，則注引用出處，視梅致齋《考異》、王西莊《後案》尤加詳焉。』師轍《題識》云：『《尚書》家弦户誦者，蔡沈《集傳》，未能明真僞之本，通訓詁之原。注疏既尊崇僞孔，諸家多偏重辨僞，欲求原流明晰，繁簡適當，便於學子研讀者，渺不可得。乃博采漢訓，間及宋説，鉤玄擷要，溯本窮原，天文徵諸實算，輿地證以今時，僞書不加注釋，攷文詳其出典。於是三十篇之今文，明通可誦，廿五篇之僞書，出處能尋。故斯編既具韻門，復便誦習，以視諸家之書繁博難讀，何如也？孔子曰：博學而反約之。先大父斯編，合於尼山此旨矣。』

現藏浙江圖書館。

周書集訓校釋補一卷附周書闕文補一卷　（清）朱駿聲撰　清朱孔彰抄本

一册。朱絲欄。每半葉九行，行二十五字，白口，單魚尾，四周雙邊。無序跋。卷端不題書名及撰者姓氏。

《周書集訓校釋補》計四葉，自題云：『大著《周書集訓校釋》，必傳之業。讀竟，輒增校數事，條録請益，幸復教之。』附《周書闕文補》四葉，朱孔彰《題識》云：『《周書闕文補》，先君子手書簡端，不署名，未知所校何本，抑即先君子擬筆，疑弗能憭也，謹抄附閲。如曏經涉覽，乞示補者姓氏。』是書校補朱右曾撰《周書集訓校釋》，乃孔彰抄録駿聲批校成編，亦駿聲所撰『簡端記』之一。朱師轍《石隱山人自訂年譜題識》著録作《逸周書集訓校釋增校》一卷（『即《逸周書簡端記》』）。《先大父豐芑博士遺著書目》作《逸周書集訓校釋增校》一卷附《周書闕文補》一卷（『即《逸周書簡端記》，《國粹學報》印本』）。

朱右曾字尊魯，號亮甫，清嘉定（今屬上海）人。清道光十八年（1838）進士，選庶吉士，授編修。道光二十三年任徽州知府。咸豐三年（1853）十二月任遵義知府，以失職罷。著有《詩地理徵》七卷、《汲冢周書存真》二卷、《逸周書集訓校釋》十卷、《逸文》一卷。《逸周書集訓校釋》有清道光二十六年刻本，即張之洞《書目答問》所言『自刻本』。駿聲師承嘉定錢大昕，右曾亦傳錢氏之學，早相知。駿聲任黟縣訓導，右曾官徽州知府，在皖往來論學。右曾刊《逸周書集訓校釋》十卷、《逸文》一卷，贈駿聲一部，駿聲手批於上。朱孔彰《經史答問序》云：『少從嘉定錢竹汀宫詹游，故往往述其語。又與朱先生右曾友善，先生所著《逸周書集訓》，先君亦與商訂。』今浙江圖書館所藏《逸周書集訓校釋》一部，即駿聲批校本。牌記曰：『道光丙午歲栞，周書集訓校釋，歸硯齋藏板。』《校釋》卷一首葉次行下有駿聲朱筆記曰：『戊申十二月，朱駿聲校。』戊申，道光二十八年。各卷眉端有駿聲朱墨筆批校。

《周書集訓校釋》道光刊本多有缺文，駿聲批校本眉端朱筆補字，墨筆考釋。如卷一《度訓》『□爵以明等極』，眉端朱筆補一『列』字，墨筆批云：『按：當作觕。』『正以內□，□□自邇』，眉端朱筆補『成』『既成』三字。『□微補在□，□分微在明』，眉端朱筆補『敬』『慎』『順』三字。『若不□力』，眉端朱筆補『以』字。此本録作：

『《度訓》：「矜爵以明等極」，「政以内成，既成自邇」，「敬微補在慎，順分微在明」，「若不以力」。』明嘉靖間刻本《逸周書》亦多闕字，以上數字皆缺。

現藏浙江圖書館。

毛詩異文一卷坿申公詩　（清）朱駿聲述　清朱孔彰抄本　朱師轍批校

一册。朱絲欄。每半葉九行，行二十五字，小字雙行，兩字占一格，白口，單魚尾，四周雙邊。封題『毛詩異文，詩説坿』。卷端首行上題『毛詩異文』，下題『元和朱駿聲述』。無序跋。

册中收《毛詩異文》一卷，實僅三葉，其下爲駿聲手録《申公詩説》。按《毛詩異文·補遺》末條『素衣朱綃』下有『彰按：《魯詩》，《儀禮·士昏禮》注引《魯詩》作「綃」』之語，此爲朱孔彰抄本。其初稿本尚未訪見，不知存否。《申公詩説》前録《申培本傳》，即《漢書·申公傳》。版框外題曰：『《子貢詩傳》《申公詩説》，皆出於鄞人豐坊字道生僞譔。』《詩説》卷端題曰：『漢大中大夫魯申培著。』眉端偶有批校，如：『僖公城楚丘以備戎，太史克美之，賦也。』條眉端批云：『似《定之方中篇》移此，如《魯風》也。』今未詳此爲駿聲語，抑或孔彰語。《詩説》後摘抄《毛詩序》《韓詩序》《新序》《説苑》《白虎通》諸書詩序之説及鄭玄、揚雄、王應麟、吕祖謙等人之論數十條。

駿聲承乾嘉之緒，研討『五經』，究於佚文之辨、異文校勘、小學考據。異文校勘，有《易章句異同》一卷、《春秋三傳異文》一卷、《毛詩異文》一卷，大抵標列異同，至於考辨，則别爲《春秋三家異文覈》等書。是書取《經典釋文》《韓詩外傳》《説文解字》《爾雅》《廣韻》《左傳》《荀子》《鄭箋》諸書，臚列《毛詩》異文，各條下注明出處。如『參差荇菜（《釋文》）』，『江之羕矣（《説文》）』，『夙夜在公（《尉氏令鄭君碑》）』，『祕彼泉水（《韓詩》）』。宋王應麟輯《韓魯齊三家詩攷》六卷，又有《詩攷》一卷。《韓魯齊三家詩攷》卷四爲《詩異字異義》，《詩攷》則附綴《詩異字異義》。明陳士元撰《五經異文》十一卷，考訂文字異同，大抵以《説文解字》《經典釋文》爲主。周應賓撰《九經考異》十二卷，其《五經》考異『以陳士元《五經異文》爲藍本，稍拓充之，而舛漏彌甚』（《四庫全書總目》該書提要）。駿聲專注《毛詩》異文，旁搜廣討，然檢列諸條大都已見於清范家相《三家詩拾遺》。如第一條『參差荇菜（《釋文》）』，《三家詩拾遺》卷一作『參差荇菜（《説文》）』；第二條『葛之覃兮；是艾是濩（《釋文》）』，《三家詩拾遺》卷一作『葛之覃兮；是艾是濩（并《釋文》）』；第三條『我姑酌彼光觵；陟彼碻矣（《釋文》）』，《三家詩拾遺》卷一云：『我夃酌彼金罍（《説文》）』，『陟彼岨矣（《説文》），碻矣（《釋文》）』。第四條『南有科木（《韓詩》）』，《三家詩拾遺》卷一云：『南有樛木，科木（《韓詩》《釋文》）。』且范氏拾綴異文，較駿聲賅備。《四庫全書》收《三家詩拾遺》十卷，提要云：『王應麟於咸淳之末，始掇拾殘賸，輯爲《詩考》三卷。然創始難工，多所掛漏』，『家相是編，因王氏之書重加裒益，而少變其體例。首爲《古文考異》，次爲《古逸詩》，次以三百篇爲綱，而三家佚説一一并見』，『惟其以《三家詩拾遺》爲名，則《古文考異》不盡三家之文者，自宜附録；其《逸詩》不繫於三家者，自宜芟除。乃一例收入，未免失於貪多。且冠於篇端，使開卷即名實相乖，尤非體例』。《三家詩拾遺》傳世有清嘉慶十五年（1810）刻本等。駿聲輯《毛詩異文》，蓋未睹其書。

此本有朱師轍批校，補録三條於眉端：『孚有梅（師轍按：《孟子》趙岐注引）』；『麀鹿翊翊（師轍按：見原本《玉篇》）』；『譩厥哲婦（師轍案：見原本《玉篇》）』。《石隱山人自訂年譜題識》著録駿聲《詩》學著述三種：《詩集傳改錯》四卷（『即《詩傳箋補》』）、《詩序異同彙參》四卷（今按：師轍又塗改作一卷）、《詩地理今釋》四卷。《先大父豐芑博士遺著書目》列『《詩》類三種』，著録不異，未載及是書。

現藏浙江圖書館。

詩序異同彙參一卷 （清）朱駿聲撰 稿本

一册。每半葉十二至十六行，行字不等，無版框、界格。

朱師轍封題『詩序異同彙參四卷，襍記』。『詩序』下原有『攷證』二字，删去。『襍記』下，師轍補題『燈謎』二字。卷端不署撰者名氏。無序跋。朱孔彰《説文通訓定聲跋》稱『其稿本尚存，未經勘定者』有《詩序異同彙參》四卷。朱師轍《石隱山人自訂年譜題識》著録《詩序異同彙參》四卷，又塗改作一卷。《先大父豐芑博士遺著書目》著録《詩序異同彙參》一卷，注云：『未刊。』

此爲初稿本，今未訪見其他傳本。是書首列《二南》《十五國風》，次列《小雅》八十篇，繼列《大雅》三十一篇及《周頌》《魯頌》《商頌》，丹黄滿卷。卷端前一葉，録《春秋繁露》《墨子》《韓詩》《禮記》《左傳》《史記》《孔叢子》《國語注》等所載詩序之説。正集自《周南》十一篇起，羅列各家之説。如首條《關雎》録一説、二説、三説。其一説列三家：《子夏序》『后妃之德也』云云；《子貢傳》『文王之妃姒氏思得淑女以供内職』；《申培詩説》『太姒思得淑女，以充嬪御之職，而供祭祀、賓客之事』，下注：『《序傳》同。』又朱筆注云：『但録首叙，未録後叙。』墨筆注云：『《詩傳》《詩説》，嘉靖中出鄞人豐道生坊家，是僞本。』二説列《朱子集傳》諸家之説，三説列《韓詩外傳》諸家之説。其下各條，不復標一説、二説等，徑列諸説。惠棟吴派經學，好博而尊聞，與皖派戴震綜形名、任裁斷有所異也（章炳麟《訄書·清儒》）。惠棟治經，重於求古，戴震重於求是，然二家非不相通。駿聲并重求古、求是，不喜一味尊漢抑宋。其治《詩》，經文有異同，諸説有不合，可明辨正誤者則辨之，不可者則存異，定所適從而已。詩序諸説紛雜，争訟由來久矣。是書捃摭諸説，不違於『必求一是』。

是書與《軒岐至理》初稿本及雜稿等合裝一册。册端題云：『《井田貢税法》，别録；《詩序異同》，别録；《李廣傳》一，别録；末數頁，别録。』

現藏浙江圖書館。

學禮瑣録一卷讀史剳記一卷 （清）朱駿聲撰　稿本

一册。藍絲欄。每半葉十二行，行字數不等，白口，四周雙邊。

卷端首行題『學禮瑣録』，不署撰者名氏。駿聲治《禮》，有《禮經注一隅》二卷、《三代禮損益考》一卷、《大戴禮校正》二卷、《井田貢税法》一卷、《夏小正補傳》一卷，皆見於朱師轍《石隱山人自訂年譜題識》《先大父豐芑博士遺著書目》。此學《禮》剳記，不見於著録。

是書記讀《禮記》所得，節略字詞、語句，各爲條目，隨作注解。如：『「醜夷」，同類平等人也』；『「撰杖屨」，撰，持也』；『「爲酒食以召鄉黨僚友」，召，仍告字之訛』；『「笑不至矧」，矧，齒本也』；『「簫」，弓梢末也』；『「天下爲家」，爲，遇按：當讀去聲，方與下三句貫，言在下者。下文「大人」與「天下」對』。大都刺取前人之説，以爲簡明之注，間有發明。如《禮記·内則》『在父母、舅姑之所』，『不有敬事，不敢袒裼，不涉不撅』，《禮記疏》鄭注：『撅，揭衣也。』孔穎達疏：『注：撅，揭衣也。正義曰：言於尊所，不因涉水，不敢揭衣。』郭嵩燾《禮記質疑》卷十二『不有敬事，不敢袒裼，不涉不撅』條云：『「不涉不撅」，即《曲禮》「暑不褰裳」，意在父母、舅姑前爲尤謹也。』自鄭、孔以來，學者釋『撅』及『涉』，鮮有異辭。駿聲云：『「不涉不撅」，愚按：涉，所謂揭裳也。撅，則顛蹪之意。』可備一説。其説可存疑者，如：『「卹勿」，如搔摩也。愚按：當依「策彗卹」句、「勿驅」句爲順。』按：《禮記・曲禮上》：『國中以策彗卹勿驅塵不出軌。』鄭玄注：『入國不馳。彗，竹帚。卹勿，搔摩也。』孔穎達疏：『注：卹勿，搔摩也。入國不馳，故不用鞭策，但取竹帚帶葉者爲杖，形如掃帚，故云策彗云。卹勿者，以策微近馬體，不欲令疾也。但僕搔摩之時，其形狀卹勿然。』『卹勿』之釋，後世多沿之。吴澄不以爲然，《禮記纂言》卷一下云：『澄曰：彗，帚也。此作虛字用，猶云掃也。非是取竹之帶葉形如埽帚者，别爲策彗，以代常時所用之策也。卹，與恤同音，依注讀爲蘇没切，猶云拂也。彗卹，謂埽拂之，或云如彗帚之卹拂也。卹字句絶。勿讀如字。驅謂以策策馬，令疾行也。勿驅二字爲句。以策彗卹而勿驅者，言車行國中，宜徐不宜疾，但以馬策埽拂馬背，勿鞭箠之。兩轅中間相去之度爲軌，馬行不疾，則車塵不遠，故不出軌也。』駿聲引鄭注而取吴説，云：『當依「策彗卹」句、「勿驅」句爲順。』清人郭嵩燾嘗辨吴説之非，而主鄭注。《禮記質疑》卷一云：『鄭注：彗，竹帚。孔疏：不用鞭策，取竹帚帶葉者爲杖，故云策彗。嵩燾案：《説文》：彗，埽竹也。用以埽者，竹之梢也。朱子經説疑謂策之彗若今時鞭末韋帶是也，似不當别取竹帚爲策。經意謂舉策而垂其彗，以搔摩馬背，不振而揚之。《説文》：勿，州里所建旗，象其柄，有三游。勿本以趣民而下所建旗則止，故又引申爲禁止。卹有撫卹之意，言以策彗搔馬背，若撫摩之。勿字多借爲没字，故鄭注作没音。《爾雅・釋詁》「蠠没」，郭注：「猶黽勉也。」《漢書》劉向疏作「密勿」。鄭注《周易》，「亹亹，猶没没也」。其注《祭義》云：「勿勿，猶勉勉也。」經言卹勿，與蠠勿義略近。吴氏澄以「彗卹」句，「勿驅」二字句，云：「彗卹者，謂埽拂之。」然經言「驅之，五步而立」，則猶在路門内。「車驅而騶」，則猶在大門内。馳、驅二字自别。《説文》：馳，大驅也。《廣韻》：馳，疾驅也。走馬謂之馳，策馬謂之驅。以策彗卹勿，即所以驅也。國中不得言勿驅明矣。此自當以鄭注爲正。』所説甚辨，似較可信。

《讀史劄記》一卷，與《學禮瑣録》合裝一册。藍絲欄。每半葉十二行，行字數不等，白口，四周雙邊。卷端首葉眉端補題『讀史劄記』，不署撰者名氏。與《學禮瑣録》皆不見朱師轍《石隱山人自訂年譜題識》《先大父豐芑博士遺著書目》著録。

是書隨録讀《史記》《漢書》《後漢書》《三國志》《晉書》《宋書》《南齊書》《魏書》《北齊書》《新唐書》《繹史》《古今類傳》諸史所得，兼記讀《説文》《爾雅》《爾雅疏》《尚書》《禮記》《左傳》《列子》《朱子語類》《宋詩紀事》諸書之得，雜合一編，蓋初稿也，未釐别叢雜，條分部析。『北齊武成帝天統三年五月，大風晝晦』條眉端記曰：『維嘉慶廿三年四月九日丙子酉初三刻，京師有暴風，從東南來，塵霾四塞，室中然燭，始辨色。天子下罪己求言之詔，臣伏在草莽，微無言責，恭閱邸抄，不勝杞人之恐。』據知是稿撰於清嘉慶二十三年（1818）前。讀史諸條，或爲訓解，或作考據，或作史評。如讀《漢書》第一條：『《前漢書》張耳、陳餘贊責其勢利之交。愚謂二人皆不失爲賢也，皆忠于趙者也。然耳代趙耳，少愧耳。』第二條：『《陳平傳》：「大王資侮人。」愚按：資，呰也。師古解以「天性」，終强。』第四條：『《前漢·灌仲孺傳》：「嬰愧爲資使賓客請。」愚按：資，藉也。以前之過夫而强與俱，夫藉嬰而往也。當資字句。』第七條：『《丙吉傳》：守丞誰如。愚按：猶言何人耳。《漢書》凡不能舉其名者，皆記以何人。』其考辨評説多如是。是書挾小學、考據之長，所言不必皆確而無疑，然頗可鑒觀。

現藏浙江圖書館。

春秋平議一卷春秋三家異文覈一卷春秋亂賊考一卷附讀韓非子札記一卷　（清）朱駿聲撰　稿本

《春秋平議》《春秋三家異文覈》《春秋亂賊考》裝爲一册，附《讀韓非子札記》。駿聲封題『春秋平議、春秋三家異文覈、春秋亂賊考，附讀韓非子札記』。朱師轍重爲封題『春秋平議、春秋異文覈、春秋亂賊考，附讀韓非子札記』。

《春秋平議》一卷，朱絲欄。每半葉十行，行二十一至二十五字不等，白口，單魚尾，四周雙邊。卷端首行上題『春秋平議』，下題『元和朱駿聲著』。傳世有浙江圖書館藏初稿本、清稿本，又有清光緒間李盛鐸刻《木犀軒叢書》本、民國二十五年（1936）華西大學排印本，皆一卷。朱孔彰《行述》、孫詒讓《朱博士事略》、朱師轍《石隱山人自訂年譜題識》《先大父豐芑博士遺著書目》則稱三卷。蓋書中標分『達膏肓』『攻墨守』『治廢疾』三目，因有此異説。是書卷端有駿聲自題：『《左》《公》《穀》各有是非，杜、何、范不無偏袒，出奴入主，吾誰適從？作《平議》。』書中條辨《三傳》之説，兼及何休等人之論，析其疑滯。如『隱七年，滕侯卒』條：『左氏云：不書名，未同盟也。按：不赴，則何以書？不名，則何以赴？此類實闕文也。滕至魯僖十九年，嬰齊之名始見於經，宣公之謚始見於傳，距此已七十五年。又閲二十六年，而昭公又見於傳，則此滕侯之後，世次且闕，何况於名？舊史已闕，何關於例？左氏之著，凡例多有牴牾，未可盡信也。』『宣五年，公至自齊』條：『左氏云：書過也。按：此尋常記載，所謂據事直書，善惡自見者。』質疑傳注，啓扉學者，不無功焉。李盛鐸刻《春秋平議》，《序》云：『惟《平議》一書，能持《左》《公》《穀》之平，正杜、何、范之失，實《讀春秋》者不可少之書也。』朱孔彰《行述》云：『至論《春秋》，則謂孔子筆削，亦志在儆亂臣賊子而已，其他或據事直書，或仍舊史闕文，本無關義例。《三傳》以例求之，故各説其説，而終不能通。宋人以臆測之，故自説其説，而更不可訓。府君則析其疑滯，破其拘墟，爲《平議》三卷、《亂賊考》一卷。』清初俞汝言撰《春秋平義》十二卷，較駿聲《平議》爲詳，相類條目可相參證，然汝言引舊文爲多，鮮自立論（《四庫全書總目》該書提要），未如駿聲善於志疑也。

《春秋三家異文覈》一卷，朱絲欄。每半葉十行，行二十二至二十六字不等，白口，單魚尾，四周雙邊。卷端首行上題『春秋三家異文覈』，下題『元和朱駿聲著』。駿聲以爲《春秋三傳》『各有師承，文字互淆，必求一是，「以思無益，不如學也」』，先是輯《春秋三傳異文》一卷，不知李調元已有《春秋三傳比》二卷。繼而考訂異同，辨文字歧異之由，以小學解經，成《春秋三家異文覈》一卷。二者一爲輯録異文，一爲考覈異文，實二書也。是書浙江圖書館藏有初稿本、清稿本各一種，又有刊本兩種：其一爲民國二十五年華西大學排印本。其一爲清光緒間貴池劉世珩校刊《聚學軒叢書》本。世珩《跋》云：『《春秋》五家，今存者三，師法遞承，傳誦小異。漢隸至唐，遷變多矣。不特《公羊》多齊語，以齊語傳魯經，齟齬者多也。近世説經家以小學解經，往往而合，南閣《説文》，去古未遠，然其所引經語，與今本多不合。於是同音叚借之説起，而雙聲者亦例得叚借。此元和朱豐芑先生《春秋三家異文覈》所由作也。』是書初稿本條目未全，增補録於後，編排雜亂。此爲清稿本，重作釐訂，糾誤補闕。《三傳》異文考釋，清儒多有撰著，如李富孫《春秋三傳異文釋》十二卷、焦廷琥有《三傳經文辨異》四卷等。駿聲以小學解經，辨《三傳》文字異同，定所適從，可與李、焦之書相參酌。

《春秋亂賊考》一卷，朱絲欄。每半葉十行，行二十二至二十六字不等，白口，單魚尾，四周雙邊。卷端首行上題『春秋亂賊考』，下題『元和朱駿聲著』。是書傳世有浙江圖書館藏初稿本、清稿本二種，又有《聚學軒叢書》本及浙江圖書館藏抄本一種。朱孔彰《行述》、朱師轍《石隱山人自訂年譜題識》《先大父豐芑博士遺著書目》皆著録《春秋亂賊考》一卷。駿聲《春秋三書序》謂孔子筆削《春秋》，『亦於亂臣賊子加之意而已』，又謂孔子志在『儆亂臣賊子』，故『先尊王』『嚴妃匹』，并加意於『啓亂臣之漸者』『階賊子之禍者』。《序》云：

『經傳之記亂賊者，百有餘條，臚列排比，而知其闕文之所在，命曰《春秋亂賊考》。』是書撮録經傳所記亂賊，分條臚列，略加按語。如：『《左傳》桓五年，陳佗弑太免而代之。○庶叔父簒逆。按：經書春正月甲戌、己丑，陳侯鮑卒。甲戌下，己丑上，必有五父謀逆之事，而舊史文闕耳。《三傳》之説，皆未盡然。明年，經書蔡人殺陳佗可見也。』『《左傳》桓十七年，鄭高渠彌弑昭公而立公子亹，十八年齊殺子亹，祭仲逆子儀立之。○臣弑君，而經不書。』春秋逆亂之況，一覽可見。其後附『諸侯無王，啓亂賊之漸，附考於後』，計十三條。駿聲自題云：『後儒乃欲於月日、名字、爵號、氏族一二字異同爲褒貶，何也？按：如晉弑其君州蒲，闕欒書字；黑肱以濫來奔，闕邾字。原無疑義，必曲爲立説，反誣聖經矣。惟臣出君，概以君自出爲文者，君之國，君實有之，不予臣爲主之意。且魯昭時事，固不能無所忌諱也。故襄二十年《左傳》：衛甯惠子謂其子悼子曰：「吾得罪于君」，「名藏在諸侯之策，曰：『孫林父、甯殖出其君。』」而四十年經，但書衛侯出奔齊，此改舊史以就夫子之新義者。至襄七年，鄭髡頑之不書弑，以瘧疾赴故。昭元年，楚麇之不書弑，以本有疾故。哀十年，齊陽生之不書弑，以赴於師故。事非顯然衆著，聖人亦不以傳聞爲銕案也。若魯之内諱，則又臣子之義，不在此例。杜預乃謂諸侯自取奔亡之禍，所以責其君。顧棟高本之，謂臣弑君，子弑父，非一朝一夕之故，聖人作《春秋》，所以戒人君知其漸而豫爲之防。是孔子成《春秋》而暴君頑父懼，非亂臣賊子懼也，夫豈其然？作《亂賊考》。』

附《讀韓非子札記》一卷，朱絲欄。每半葉十行，行二十一至二十五字不等，白口，單魚尾，四周雙邊。卷端不題撰者名氏。無序目。浙江圖書館又藏有《讀韓非子札記》一卷初稿本。此爲清稿本，共四十八條，内容較初稿本爲富有。初稿本考辨未細，頗存疑而未訂之義。此本頗有增訂改易。改易如初稿本『卅五《外儲説右下》云』條，此本删作：『《外儲説右下》傳三：「禹傳天下於益，啓與友黨攻益，而奪之天下。」亦《竹書》所本。』初稿本『五十一《忠孝》云』條，此本前半析出附於『《説疑》四十四』條末：『與《忠孝》五十一所云「堯自以爲明而不能畜舜，舜自以爲賢而不能戴堯，湯武自以爲義而弑其君長」，同爲《竹書》所本。』後半自爲一條：『《忠孝》五十一云：「瞽瞍爲舜父而舜放之，象爲舜弟而殺之。放父殺弟，不可謂仁。」皆不經之言。』增踵而詳者，如初稿第一條：『卷一《難言》三云：「田明辜射，宓子賤。」』存疑而未訂之義，此本詳論之：『《難言》弟三：「伊尹説湯」，「七十説而不受，身執鼎俎爲庖宰，昵近習親，而湯乃僅知其賢而用之。」即《孟子》所言「割烹要湯」也。下文傳説轉鬻，又田明辜射、宓子賤，俱不見他書。又云：「宰予不免於田常。」按：宰予當是子我，齊闞止字也。《史記》亦承其誤，因宰子同聲，予我同義，故致訛耳。』新增條目，如第一條撮述《韓非子》『全篇皆韻』，例舉所得頗詳。

現藏浙江圖書館。

春秋平議一卷春秋三家異文覈一卷春秋亂賊考一卷春秋左傳識小録不分卷　（清）朱駿聲撰　稿本

《春秋平議》《春秋三家異文覈》《春秋亂賊考》《春秋左傳識小録》四書合裝爲一册。《春秋平議》一卷，朱絲欄。每半葉經文大字占兩行，小字二十行，行字不等，白口，單魚尾，四周雙邊。卷端不題撰者名氏。首葉眉端題『春秋平議』。魯紀年如『隱元』『隱七』『桓四』等，書於各條眉端。《春秋平議》清稿本，前已收録，此爲初稿本。《平議》初稿，多塗乙補綴。如『桓六，實來』條初作：『不復其國也。按：實，州公名。《公羊》作寔。不復其國曰實來，則復其國者曰虚來乎？』駿聲手作改易，『按：實，州公名』移於條末；『《公羊》作寔』改作『《公》《穀》作寔，亦訓是』；『不復其國曰實來』下增『寔來』二字，『則復其國者曰虚來』下增『非來』二字。清稿本此條作：『桓六年，實來。左氏云：不復其國也。《公》《穀》作寔，亦訓是。若不復其國，曰實來寔來，則復其國者，曰虛來非來乎？按：實，州公名。』此本具見《平議》初成之貌及駿聲删改之迹，可備校勘之用。

《春秋三家異文覈》一卷，朱絲欄。每半葉十行，行二十一至三十一字不等，白口，單魚尾，四周雙邊。卷端首行題『春秋三家異文覈』，不署撰者名氏。先是駿聲輯《春秋三傳異文》一卷，繼事考訂，辨異文之由，成《春秋三家異文覈》一卷。其清稿本，前已收録，此爲初稿本，删改勾乙，文字與清稿本及聚學軒本不無顯異。前二條爲『隱二，「紀裂繻來逆女」』條、『隱三，「君氏卒」』條，清稿本、聚學軒本同，文字略有小異。此本接下爲『隱六，「鄭人來渝平」』條，清稿本、聚學軒本多出『隱五年，「公矢魚于棠」』一條。此本『桓二，「杞侯來朝」』條，下接『桓十五，「公會齊侯于艾」』條，清稿本、聚學軒本多出『桓十二年，「公會宋公於虛」』一條。『隱五年，「公矢魚于棠」』條、『桓十二年，「公會宋公于虛」』條實不缺，駿聲手標『十五葉』録之，乃增補文字初稿。其葉眉端又書『隱三年，「君氏卒」』條，反復删改，復勾删之。

《春秋亂賊考》一卷，朱絲欄。每半葉十行，行字不等，白口，單魚尾，四周雙邊。經文書大字，小字雙行記其案語。卷端不題撰者名氏。首葉眉端題『經傳亂賊考』。是書前已收清稿本，此爲初稿本，頗删改塗乙。卷端首行曰『孔子成《春秋》而亂臣賊子懼』，小字注云：『襄公二十九年，閽弑吴子餘祭。按：越俘之忠於越者，不在亂賊之例。又，莊公二十四年，曹羈出奔陳。按：曹僖公大夫也。《韓非子難言》與比干剖心，傳説轉鬻，夷吾束縛同論若賢臣。』眉端又注云：『按：曹羈，《公羊》謂賢大夫，杜預謂世子，賈逵謂曹君，《韓非子》同《公羊》。』殆即《自題》也。撮録『春秋亂賊』諸條末，附『駿按』一則，葉眉又補『故襄二十年《左傳》至「此改舊史以就夫子之新義者」』一段文字。清稿本合此案語與卷端《自題》之注，以爲《自題》一則，記於卷端。清稿本於『春秋亂賊』諸條後，附『啓亂臣之漸者』十三條，題作『諸侯無王，啓亂賊之漸，附考於後』。此本亦附十三條，題作『王者之迹熄』，注云：『諸侯無王，啓亂賊之漸，故附於後。』

《春秋左傳識小録》不分卷，朱絲欄。每半葉十行，行二十至二十七字不等，白口，單魚尾，四周雙邊。卷端首行上題『左傳識小録』，下題『元和朱駿聲輯』。『左傳識小録』下有『四百五十條』小字注，圈抹删除。是書有清稿本，前已收録，此爲初稿本。清稿本書前有《春秋左傳識小録援引姓氏》，列三十餘家。此本亦然，然不標『援引姓氏』之目，且其間不無小異。書中塗抹增删，朱墨縱橫。如隱公三年『憾而能眕者鮮矣』條係增補，按語書於眉端，云：『按：《説文》：眕，目有所恨而止也。因字從目，故曰目有所恨，恨即憾也。專以《左傳》此句爲説。其實眕當訓視，其訓重訓止者，讀眕爲鎮也。鎮有安定不動之意。《爾雅》：眕，重也。即《廣雅》之鎮重也。古多借眕爲鎮，又借診爲眕，借眕爲診，故許書診、眕二字，亦不甚分明。』清稿本據以謄録，僅改『訓重訓止』爲『訓止訓重』。此本具見駿聲初撰之況，有裨於校勘也。

現藏浙江圖書館。

春秋左傳識小録不分卷　（清）朱駿聲撰　稿本

一册。朱絲欄。每半葉十行，行二十一至二十七字不等，白口，單魚尾，四周雙邊。

是書封題『春秋左傳識小録』。卷端首行上題『春秋左傳識小録』，下題『元和朱駿聲輯』。書前有《春秋左傳識小録援引姓氏》。是書與《春秋經傳旁通》并稱『左傳二書』。朱孔彰《行述》云：『又輯百家精注，爲《左傳識小録》三卷。』朱師轍《石隱山人自訂年譜題識》《先大父豐芑博士遺著書目》皆著録《春秋左傳識小録》二卷。此爲清稿本，不分卷。浙江圖書館又藏有初稿本一種、抄本二種。初稿本不分卷。抄本一爲一卷本，封題『左傳識小録』，又題『前半已刊行，此本未刊』；一爲二卷本，朱師轍封題『左傳識小録』。卷上卷端首行上題『春秋左傳識小録』，下題『元和朱駿聲輯』，卷下首葉首行爲師轍手增，上題『春秋左傳識小録卷下』，下題『元和朱駿聲輯』，卷下自『（成元）作丘甲』條始，此前諸條皆歸入卷上。是書曾刊行，有清光緒八年（1882）刻《朱氏羣書》本二卷，僅收『（昭元）穀之飛亦爲蠱』前諸條，『（昭元）十一月己酉』以下一百六十六條俱未刻。

駿聲治《春秋》，撰著亦富。朱師轍《石隱山人自訂年譜題識》著録《春秋平議》三卷、《春秋三家異文覈》一卷、《春秋亂賊考》一卷、《春秋左傳識小録》二卷、《春秋經傳旁通目》十卷、《春秋列女表》一卷、《春秋闕文考》一卷、《春秋地名職官人名考略》二卷、《春秋國名今釋》一卷。其《春秋地名辨異摘》一卷、《春秋人名辨異》一卷、《春秋職官考略》一卷，見於稿本《豐芑先生遺稿七種》，師轍題作『春秋地名職官人名考略三卷』。三書分摘録清人程廷祚《春秋職官考略》三卷、《春秋地名辨異》三卷、《左傳人名辨異》三卷，略事考訂。程氏之書合題《春秋識小録》。駿聲是書與摘録程氏之書不同，專事於左傳考證，亦取『識小録』之名，標題『左傳』，以示與程氏之書有別也。

駿聲挾小學之長治《左傳》，或補前人注疏，或疏通經傳，考據多所啓迪。如《左傳·隱公元年》：『三月，公及邾儀父盟于蔑。』杜預注：『邾，今魯國鄒縣也。蔑，姑蔑，魯地。魯國卞縣南有姑城。』惠棟《左傳補注》卷一云：『蔑本姑蔑。定十二年傳：費人北，國人追之，敗諸姑蔑是也。隱公名息姑，而當時史官爲之諱』，『古文云魯隱公及邾莊公盟于姑蔑。魏史不爲魯諱，則此經爲隱諱明矣』。駿聲『（隱元）盟于蔑』條辨云：『惠棟云史避隱公諱，不書姑蔑，即定十二傳之姑蔑也。按：地在今山東兖州府泗水縣東南。《公》《穀》蔑作眛，一聲之轉。隱公名息姑，二名不偏諱。此如邾婁即邾，於越即越。長言之曰姑蔑，短言之曰蔑耳。僖公名申，五年書申生，七年書申侯。莊公名同，十六年、廿七年書同盟于幽，皆臨文不諱。』《左傳·隱公元年》：『莊公寤生，驚姜氏，故名曰寤生，遂惡之。』杜預注：『寤寐而莊公已生，故驚而惡之。』孔穎達疏：『莊公寤生，驚姜氏，故名曰寤生，遂惡之。』正義曰：『謂武姜寐時生莊公，至寤始覺其生，故杜云寐寤而莊公已生。』宋人林堯叟辨云：『杜氏謂「寐寤而莊公已生」，非也。如此當喜，何得復驚而惡之。《史記》云「寤生，生之難」是也。此當爲難生，故武姜困而後寤，武姜因寤而驚，以其事名莊公。』明人陸粲《左傳注》卷一《杜氏集解》云：『《史記》：「寤生，生之難。」或説云：難産困而後寤也。又，應劭《風俗通》云「兒墮地，能開目視者爲寤生」，與杜義乖。録之，示不絶異説耳。』駿聲『（隱元）莊公寤生』條辨云：『杜預解寤寐而已生。按：是易産，宜愛之，又何驚焉？顧炎武引《風俗通》「兒墮地能開目視者爲寤生」。按：兒生目皆開，與禽獸不同，曷足異？駿謂寤讀爲啎，逆也。逆産如手足先見之類，必仍送進門，令其徐轉而順生。許慎《説文》：𠫓，不順。子忽出，從倒子。倒子者，順生也，不順乃順也。《史記·鄭世家》曰「生太子寤生，生之難」，正是逆意。』此條釋惑辨疑，尤有見解，爲後人所采。他如『（哀廿四）是躗言也』條：『杜解：「躗，過也。」按：《説文》口部引作噧言，其實當引在言部讗下。古本借噧爲讗，許故於噧下引耳。讗，譀也。譀，誇也。服云：躗，言僞不信也。義相近。』『（哀廿七）降禮』條：『杜解：「禮不備，言公多妄。」陸粲曰：「過于卑屈。」其説較杜爲長。』皆有可觀。

是書徵引甚廣，所辨亦博。前列《援引姓氏》詳列徵引前説姓氏，自漢賈逵《左氏長義》至清薛承宣《讀左小記》，凡三十餘家，附記云：『外漢陳元長孫《左氏同異》，延篤叔堅《左氏傳注》，董遇季直《左氏章句》，范升辯卿、李育、許淑惠卿《左氏傳注解》，唐陸淳《春秋集傳纂例》，宋趙汸子常《左傳補注》，國朝劉逢禄《左氏春秋考證》，毛奇齡大可《春秋毛氏傳》諸書，或所未見，或見而不録。』

現藏浙江圖書館。

春秋闕文考一卷春秋三傳異文一卷 （清）朱駿聲撰 稿本

《春秋闕文考》《春秋三傳異文》二書合裝一册。朱師轍封題僅曰『春秋闕文考』。《春秋闕文考》一卷，無版框、界格。每半葉小字十一行，大字占兩格，行字不等。卷端不題書名、撰者名氏，而有自題云：『《春秋》闕文，大率孔子既脩之後，傳寫脱誤者居多。其原史葢闕，因而不革者數事而已。』是書未刊，此爲手稿，間有删改，而抄寫工整，知非初稿本。浙江圖書館又藏有民國間抄本一卷，與《春秋三傳異文》一卷合裝一册。朱孔彰《行述》云：『又謂《春秋》一萬八千字，李燾云：今闕一千二百四十八字，知《春秋》既修之後，一千八百餘條中，傳寫殘闕亦復不少，特循文尚可解，不盡如「夏五」之難通。如晉弒其君州蒲，闕欒書字，黑肱以濫來奔，闕邾字，原無疑義，必曲爲立説，反誣聖經矣。且孔子曰：「吾猶及史之闕文。」後儒乃欲于日月、名字、爵號、氏族一二字異同爲襃貶，何其固也，著《闕文考》一卷。』朱師轍《石隱山人自訂年譜題識》《先大父豐芑博士遺著書目》皆著録《春秋闕文考》一卷。

是書搜輯《春秋》闕文，按類編録。其類曰『時月日闕』（附『時月日誤』），曰『國爵名氏』（附『國爵名氏誤』），曰『事闕』，曰『字闕』。四類末附『補遺』十餘條。駿聲嘗校三《傳》異文，覈其異同，審《春秋》闕字；考三《傳》所載，核《春秋》闕記；細閲《春秋》及注疏未詳備者，訂其闕文。既詳校異文，熟讀《春秋三傳》，遂記其疑義，撮録成編，間爲論斷。元人鄭玉撰有《春秋經傳闕疑》四十五卷，《四庫全書總目》著録浙江鮑士恭家藏本，其書提要云：『經有殘闕則考諸傳以補其遺，傳有舛誤，則稽於經以證其謬。大抵平心静氣，得聖人之意者爲多。』鄭玉於《春秋》經闕文已參諸《傳》補之。世論孔子删定《春秋》，書與不書，寓微言大意。學者討論《春秋》襃貶之意，穿鑿遂多。清人袁熹嘗撰《春秋闕如編》八卷，書未成，僅及『成公八年』而止，《四庫全書總目》該書提要稱其『末附《讀春秋》數條，論即位或書或不書，四時或備或不備，有史所本無，有傳寫脱佚，非聖人增減於其間，亦足破穿鑿之説。近代説《春秋》者，當以此書爲最』。顧棟高作《春秋大事表》，列《闕文》之目，乃至一字褒貶，皆指爲闕文。皮錫瑞《經學通論》有『論《春秋》一字褒貶，不得指爲闕文』條，云：『錫瑞案：以《春秋》爲一字褒貶，《公》《穀》之古義也。以爲有貶無褒，孫復之新説也。以爲褒貶俱無，後世習左氏者之塹言也。鄭樵并《三傳》皆不信，故於三説皆不取。其不取後二説是也，不取前一説非也。《春秋》一字之褒，一字之貶，兩漢諸儒及晉范寧皆明言之。左氏孤行，學者不信《公》《穀》，於是《春秋》或曰或不曰，四時或具或不具，或州或國，或氏或人，或名或字，或子之類，人皆不得其解。聖人豈故爲是參差，以貽後世疑惑乎？《春秋》文成數萬，其旨數千，非字字有褒貶之義，安得有數千之旨？若如杜預、孔穎達説，其不具者概爲闕文，則斷爛朝報之譏，誠不免矣。顧氏於《春秋》用功深，《大事表》一書，實出宋章冲、程公説之上，惟其《春秋》之説，專主左氏，惑於杜、孔之説，故以鄭氏爲是。其《春秋闕文表》，於一字褒貶之處，皆以爲偶闕，且謂此皆《公》《穀》倡之，而後來諸儒如孔氏穎達、啖氏助、趙氏匡、陸氏淳、孫氏復、劉氏敞，亦既辨之矣，而復大熾於宋之中葉者，蓋亦有故焉。自諸儒攻擊《三傳》，王介甫遂目《春秋》爲斷爛朝報，不立學官。文定反之，矯枉過正，遂舉聖經之斷闕不全者，皆以爲精義所存，復理《公》《穀》之故説。而吕氏東萊、葉氏少藴、張氏元德諸儒，俱從之。由是《春秋》稍明於唐以後者，復晦昧於宋之南渡，豈非勢之相激使然哉？夫蔑棄聖人之經，與過崇聖人之經，其用心不同，而其未得乎聖人垂世立教之心則一也。案：顧氏之説非是，斷爛朝報之説起，而《春秋》廢，正由説《春秋》者闕文太多之故。南宋諸儒力反其説，如胡文定者，其穿鑿或出《公》《穀》之外，誠未免求之過深。然文定之深文不可信，而《公》《穀》之故説則可信。文定反斷爛朝報之説，顧氏以爲矯枉過正。顧氏反文定一字褒貶之説，以聖經爲斷闕不全，則仍是斷爛朝報之説矣，獨不爲矯枉過正乎？《春秋》經惟「夏五」「伯于陽」實是闕文，其餘後世以爲闕者，皆有説以處之，并非斷闕不全。』《春秋》何爲闕文，歷來爭論紛紜。駿聲作《春秋闕文考》，欲詳經中『闕文』，取前人之説，辨其可辨，間志所疑，不以穿鑿爲能事。如『字闕』所附辨誤有云：『莊六，齊人來歸衛俘。《公》《穀》作寶，《左傳》亦曰寶。或云：《商書》：「俘厥寶玉。」不必改左氏經也。駿按：籀文寶字有保字居中，保、俘形近，故誤耳。』是書穿鑿不免，然於經學不爲無裨。

《春秋三傳異文》一卷，每半葉六行，行字不等，無版框、界格。無序跋。卷端上題『春秋三傳異文』，不署撰者名氏。是書後頗有增訂，成《春秋三家異文覈》一卷。此爲手稿，間有朱墨筆改易，抄寫工整，知非初稿本。浙江圖書館又藏有民國間抄本《春秋三傳異文》一卷，與《春秋闕文考》一卷合裝一册。朱師轍《石隱山人自訂年譜題識》《先大父豐芑博士遺著書目》僅著録《春秋三家異文覈》一卷。顧棟高撰《春秋大事表》五十卷，以《春秋》列國諸事，皆而爲表，其中列《三傳異同》《闕文》之目。清同治間張之萬刻《欽定春秋左傳讀本》三十卷，附《春秋三傳異文考》一卷。顧宗瑋撰有《三傳異同》一卷。李調元則輯《春秋三傳比》二卷（清函海本）。調元之書，與駿聲此本體例相近，條目亦大抵同。調元於駿聲爲前輩學者，其書先成，駿聲猶輯《春秋三傳異文》，殆未見之也。

現藏浙江圖書館。

四書塙解四卷　（清）朱駿聲撰　稿本

一册。朱絲欄。每半葉八行，行二十字，小字雙行同，白口，單魚尾，四周雙邊。版心上印『説文通訓定聲』

六字。封題『四書塙解』。

卷一卷端首行上題『四書塙解（朱子《集注》，晚年定本）』，删改作『四書塙解卷一』，下題『元和朱駿聲紀録』，次行題『《大學集注》定本（從《朱子遺書》録出）』。卷二卷端首行上題『《中庸集注》定本（從《朱子遺書》録出）』，未抹删，旁增『四書塙解卷二』，下題『元和朱駿聲紀録』。卷三卷端首行上題『四書塙解卷三』，下題『元和朱駿聲紀録』，次行題『《論語集注》定本（從《朱子遺書》録出）』。卷四卷端首行上題『四書塙解』，下題『元和朱駿聲紀録』，次行題『《孟子集注》定本（從《朱子遺書》録出）』。書後有駿聲題識一則，係初稿。書前《自序》一篇，即題識謄清稿。朱孔彰《行述》云：『編録家藏遺書，有《四書塙解》《論孟紀年》各二卷。』《説文通訓定聲跋》稱『其稿本尚存，未經勘定者』有《四書塙解》二卷。朱師轍《石隱山人自訂年譜題識》著録《四書塙解》二卷、《四子書簡端記》四卷（『未刊』），《先大父豐芑博士遺著書目》著録《四書確解》二卷（『未刊』）、《四書懸解》四卷（『即《四子書簡端記》，未刊』）。《懸解》《塙解》非一書，《塙解》未刊，有二卷本、四卷本之别。

此爲稿本四卷。駿聲取家藏明抄《朱子遺書》之《四書集注》，校録其與今本異同者，以爲一編。如卷二《中庸集注》『衽金革（節）』條：『厭，讀爲猒。衽，衣衽也，故凡在旁曰衽。○北方風氣剛勁，好勇鬥很。○餘同今本。』『郊社之禮（節）』條：『示，讀爲寘。○寘諸掌，猶《孟子》言運諸掌上也。○餘同今本。』『《詩》曰：「衣錦尚絅。」（節）』條：『衣，去聲。尚，讀爲上。絅，讀爲褧。惡，去聲。著，讀爲睹。闇，讀爲暗。章，讀爲彰。的，當作旳。文，讀爲彣。温，讀爲㮯，完木未析也。○皆作衣錦褧衣，謂檾衣也。○餘同今本。』考覈明抄及今本異同，以爲明抄誼訓精當，實爲最後定本。《自序》云：『文公著作，莫精于《四書》，而《學》《庸》尤爲心力所薈萃。然平生屢經删改，至晚年始審定。而今所頒在學官者，非其最後愜心盡善之本。予家藏《遺書》四十八卷，明人所精抄，而《四書注》與今頗有異同，覈其誼訓之精當，實爲最後定本，學士宜擇善而從者也。

爰就其注之互異者，録出以公之世。其《大學》之次叙，《中庸》之分節，皆與注疏本不殊。世有洽聞卓識有志之士，宜服膺此本。設有達官通儒，獻之明廷，一正前朝功令之失，則此書之幸，亦文公之幸。」

現藏浙江圖書館。

六書叚借經徵四卷 （清）朱駿聲撰 稿本

一册。每半葉大字八行，經文單行，小字雙行十七字，無版框、界格。書前有《自序》，首行上題『六書叚借經徵』，下題『元和朱駿聲紀録』。

各卷端不題撰者名氏。卷一首葉首行上題『六書叚借經徵之一』，次行上題『大學』；卷二首葉首行上題『六書叚借經徵之二』，次行上題『中庸』；卷三首葉首行上題『六書叚借經徵之三』，次行上題『論語』；卷四首葉首行上題『六書叚借經徵之四』，次行上題『孟子』。朱孔彰《説文通訓定聲跋》稱『其稿本尚存，未經勘定者』有《六書叚借經徵》四卷。《行述》云：『專論叚借，爲《叚借經徵》四卷。』《清史稿·藝文志》著録《六書叚借經徵》四卷。朱師轍《先大父豐芑博士遺著書目》著録《六書叚借經徵》四卷（『楊氏《大亭山館叢書》刊本。又，先君另刊於金陵，板已毁』）。是書今傳本有四，此稿本外，另有清朱孔彰紅格抄本殘卷、清光緒十八年朱氏金陵刻本、楊氏《大亭山館叢書》刻本，皆四卷。

是書略仿陸德明《經典釋文》之例，專論《四書》叚借，《大學》《中庸》《論語》《孟子》各爲一卷，但取其中叚借、轉注之字，申明其義。《自序》云：『叚借者，六書之用。叚借因乎聲，不審古音，末由憭也。上古字少，故有叚借。秦火而後，經師口授，傳寫失真，乃多尨襍，典籍中十居二三。學者僮而習之，至老而不識其字者比比矣。唐宋諸儒解經者，輒望文生義，以借字作正字，遂至傅會遷就，繆於古訓。此讀書一大蔽也。余嘗于諷誦時刺取其字爲叢記，久之成帙，因編次録焉。』『依陸氏《釋文》之例，《十三經》應以《易》《書》《詩》《三禮》《春秋三傳》《孝經》《論》《孟》《爾雅》爲叙。因弟子束髮授經多從《四子書》始，故《學》《庸》《論》《孟》列于諸經之前。』孔彰《六書叚借經徵跋》云：『右《六書叚借經徵》四卷，先博士所著。但取《四子書》中叚借轉注之字，反覆申明其義，使學者僮而習之，即明古訓。凡舊説異同，觸類旁通，引俗今而進於疋古，一以貫之矣。其例畧仿《經典釋文》，然元朗不精許義，凡後出之字，叔重所不録者，未能深抉其隱。而是編則發明無遺，融會周、秦、漢諸書，説字壹歸於疋正，此其所以精覈也。』

是書考據堪稱精覈，於《説文》所未録之字，《經典釋文》所未深抉之義，發明尤多。如卷一《大學》『而違之俾不通』之『俾』字，釋云：『「俾，益也。从人卑聲。」此與埤、朇、裨字畧同。一曰門侍人也。莊述祖曰：門侍人。是門持人之譌。手部掓下云。俾，持也。按古自有門侍人之訓。許君侍人給使令者，轉注爲凡使令之詞。故經傳皆訓使，益之訓，當以朇爲正字，俾爲叚借字。』卷三《論語》『思而不學則殆』之『殆』字，釋云：『「殆，危也。从歺台聲。」按：借爲怠，从心台聲，惰也。謂思而無益，必至於怠。』《經典釋文》『則殆』僅云：『音待，依義當作怠。』《説文通訓定聲》嘗引是書，如：『《詩·公劉》：「干戈戚揚。」《傳》：「鉞也。」《孟子》注因之。按：《傳》借鉞爲越。《易》：「夬揚于王庭。」鄭注：「越也。」越，猶舉也。説詳余《六書叚借經徵》。』後人讀書不明本義，望文傅會。是書深抉隱義，足多正誤。孫詒讓《朱博士事略》頗推尊之。

現藏浙江圖書館。

孔子紀年不分卷 （清）朱駿聲撰 稿本

一册。每半葉行字數不等，無版框、界格。無序跋。卷端不題撰者名氏。封題『孔子紀年（有孟子事）』。駿聲又有《孟子紀年》不分卷。朱師轍《石隱山人自訂年譜題識》云：『《論語紀年》一卷、《孟子紀年》一卷（二書疑即《孔孟紀年》）。』是書又名《論語紀年》，與《孟子紀年》合稱《孔孟紀年》。《傳經室文集》稿本收《孔孟紀年》，即重訂《孔子紀年》《孟子紀年》所考孔、孟事迹爲一篇。

是書考尋事實，大抵以《論語》爲主，分爲七類，曰『世系』，曰『紀年』，曰『論斷』，曰『垂訓』，曰『垂範』，曰『弟子問答』，曰『門人雜記』。《世系》而外，其餘各類編排依《論語》章節爲條目。如『紀年』一類『三十五歲』條：『三十五歲（敬王元年，昭廿三），無違章（細玩論葬祭語氣，當在僖子卒時。然據《史記》《家語》，則樊須未生）；太廟（朱注：在魯。恐不當有鄹人之子之稱。況助祭時，更無每事問之理。故斷以爲適周時觀后稷廟）；束脩（當是適周返魯，得三千弟子時語）；不憤。』『三十六歲』條：『聞韶章（或謂昭廿五年，魯亂適齊）；謂韶；君君（或謂昭廿五年）；石門（當是在齊遣子路反魯視家）。』又如『門人雜記』一類，首列三省章、慎終章、啓手章、孟敬、以能、託六、陽膚、宏毅、會友、出位、堂堂、吾聞、孟莊、參乎章，按云：『以上記曾子（孔子四十七歲，生于魯）。』繼列務本章、禮和章、信近章，按云：『以上記有子（孔子三十七歲，生于魯。〇《史記》作孔子四十四歲生）。』依《論語》章句以爲條目，以紀事迹年月，故又名《論語紀年》。

此爲初稿本，條目雜亂，分合未定，考訂亦僅粗有梗概。檢駿聲《孔孟紀年》成篇，有云：『敬王二年，魯昭公之二十四年，適周。見老聃、萇宏，因歷郊社，觀明堂，入后稷太廟。歸而弟子稍益進，孟僖子屬其子説與何忌學禮。明年，魯亂之齊，因高昭子以通于景公。時景公三十一年，孔子三十五歲也。處齊三年，聞舜《韶》樂。』與是書所記孔子三十五歲、三十六歲之事已多不相合。今未訪見其清稿本，未悉是否後有增詳。朱師轍則撰有《孔孟編年補注》四卷。

宋元而後，學者考訂孔子及門人弟子事迹，以爲編年、年譜、傳略之作夥矣。宋胡仔有《孔子編年》五卷，元程復心有《孔子論語年譜》一卷，明陳際泰有《先聖歷聘紀年》一卷，夏洪基有《孔子年譜綱目》一卷、《孔門弟子傳畧》二卷，沈繼震、張次仲有《孔子年譜》一卷附録一卷，清姜兆錫有《至聖年表正訛》一卷、《至聖像記》一卷，楊方晃有《至聖先師孔子年譜》三卷首一卷末一卷，杜詔等輯《孔子年譜》一卷，江永撰、黄定宜輯注《孔子年譜輯注》一卷，李灼、黄晟輯《至聖編年世紀》二十四卷，周鳴翥輯《孔子紀年備考》二卷，鄭環編《孔子年譜》一卷等，皆在駿聲作《孔子紀年》之前，或有刻本，或未刻傳。駿聲僅參酌宋濂《孔子生卒歲月辨》、吕元善《聖門志》、鄭環《孔子世家考》等，搜葺未備，殆未定之書也。今引其考證孔子事迹，當以《孔孟紀年》一篇爲準。

現藏浙江圖書館。

孟子紀年不分卷　（清）朱駿聲撰　稿本

一册。每半葉行字數不等，無版框、界格。無序跋，卷端不題撰者名氏。封題『孟子紀年』。裝册前二十七葉、後五十四葉皆凌亂雜稿，中間爲《孟子紀年》，僅五葉。是書與《孔子紀年》合稱《孔孟紀年》。《傳經室文集》稿本收《孔孟紀年》，即重訂《孔子紀年》《孟子紀年》所考孔、孟事迹爲一篇。

是書第一葉按周紀年述孟子事迹，列周慎靚王元年至五年條、周赧王元年至十年條，共十五條，大抵載史事，所涉孟子之事甚略，僅首末各一條，首條云：『慎靚王元年，孟子五十三歲。至魏（孟子歷聘，前後不過十五年耳）。』末一條有云：『孟子是年六十七歲，退歸，遂不仕。』其餘四葉，列表述孟子五十二歲至六十三歲事迹：『五十二歲，以前居鄒。鄒與魯鬨』；『五十三歲，游梁（《孟子見梁惠王章》）』；『五十四歲，游齊（孟子見梁襄王；不仁哉，梁惠王也；周霄問曰；自范之齊；王子墊問；齊桓晉文之事；夫子當路于齊二章）』；『五十五歲，居齊（莊暴見孟子；文王之囿；交鄰國有道；見孟子雪宮；人皆謂我毀明堂；王之臣；所謂故國者；湯放桀；爲巨室；夫子當路于齊，夫子加齊之卿相）』；『五十六歲，葬母于魯，居鄒（孟子爲卿於齊；樂正子從于子敖之齊；公行子有子之喪；公孫衍、張儀）』；『五十七歲，居鄒（任人有問屋廬子；曹交問曰）』；『五十八歲，游齊（孟子止于嬴；孟子之平陸；孟子將朝王；儲子曰王使人瞷夫子；孟子居鄒；君之視臣如手足；齊饑；齊宣王問卿；孟子謂蚳鼃；匡章曰陳仲子；匡章通國皆稱不孝；仲子不義與之齊國；齊宣王欲短喪；無惑乎王；浩生不害；盆成括；牛山之木）』；『五十九歲，去齊歸鄒（沈同以其私問；齊人代燕勝之；齊人伐燕取之；燕人畔；孟子致爲臣而歸；男女授受不親；先名實者；孟子去齊以下四章；宋小國也）』；『六十歲，游宋（前日於齊；宋牼將之楚；戴盈之曰；孟子謂戴不勝；孟子謂宋句踐；滕文公爲世子；墨者夷之；徐子曰仲尼）』；『六十一歲，居鄒（魯欲吏樂正子爲政）』；『六十二歲，游魯（魯平公將出；魯欲使慎子爲將軍；今之事君者）』；『六十三歲，游周（白圭兩章；滕定公薨）』。各條下附時事若干則。是書考證未詳，殆未成之書。今未訪見謄清稿，未悉是否後有增詳。朱師轍著述則有《孔孟編年補注》四卷。駿聲《孔孟紀年》一篇紀孟子事迹首尾完整，始曰『孟子，魯公族孟孫之後，居于騶。父名激，字公宜。母仉氏，魏公子仉暋女也。孟子生於周烈王四年四月二日己未』云云，終曰『卒於周赧王二十六年五月十五日戊申，時年八十有四。是日日長至。鄒人痛之，廢節賀禮』。其後更有『小史氏曰』之合論。其文紀孟子五十三至六十三歲事迹云，可與此本相參看。今引駿聲考證孟子事迹，仍當以《孔孟紀年》一篇爲準。

元人程復心有《孟子年譜》一卷，陳寶泉編《孟子時事考徵》四卷，曹之升編《孟子年譜》二卷，皆在駿聲作《孟子紀年》之前，疑駿聲未見陳、曹之書。趙大浣編《孟子年譜》一卷、管同編《孟子年譜》、狄子奇編《孟子編年》四卷等，則與是書先後出。《中國古籍總目》著録孔子、孟子年譜、編年、年表、編略、考略數十種，而遺駿聲二書。

現藏浙江圖書館。

説文通訓續補遺不分卷　（清）朱駿聲撰　（清）朱孔彰輯　稿本

一册。每半葉行字數不等，無版框、界格。朱孔彰封題『説文通訓續補遺』。

是書爲孔彰手録駿聲《説文通訓定聲》佚論，以補《説文通訓定聲補遺》所缺，故題曰『續補遺』。無序跋。書末録《沈文肅公别傳》一篇，與是書非相關也。是書按部分編，各部首葉首行上題『説文通訓續補遺』，下原題『子孔彰謹編』，孔彰手改作『男孔彰謹記』。孔彰《説文通訓定聲跋》《行述》及朱師轍《石隱山人自訂年譜題識》、孫詒讓《朱博士事略》皆未著録是書。師轍列《説文通訓定聲續補遺》一卷入《先君仲我協修遺著書目》，蓋以《續補遺》爲孔彰所編也。傳本亦僅見此一種。

駿聲精研《説文》，清道光末刊《説文通訓定聲》十八卷，附《柬韻》一卷、《説雅》一卷、《古今韻準》一卷。清光緒八年（1882）臨嘯閣刻《朱氏羣書》，收《説文通訓定聲補遺》不分卷。朱孔彰《説文通訓定聲跋》稱駿聲『手自勘定，未及版行者』有《通訓定聲補遺》二卷。《行述》云：『《説文通訓》已成，又有《補遺》二卷。』孫詒讓據以節成《朱博士事略》，云：『《説文通訓》已成，又有《補遺》三卷。』今未詳『三卷』所指。

孔彰《説文通訓補遺跋》云：『先君子所著《説文通訓定聲》一書，生平心力所萃，栞版後，嘗自校勘，晚年復補訂八百餘條，書於簡端。茲藉友好佽助，續刻遺書，小子謹録補訂之。文注明在某葉某行某字下，仍依「豐部」第一至「壯部」第十八别次一編，俾習先君子説者庶易檢校云。』是書遵於《補遺》之例，仍依豐部第一至壯部第十八别次一編。如『坤部』第二條：『「叚借」爲爤。《墨子・非攻中》：「腑冷不反者。」畢氏沅云：腑，即腐字。冷、爤音相近（三十七葉五行，冷注「令聲」下）。』《補遺》拾綴之餘，所佚不多，故是書甚簡，『升部』『臨部』各僅二條，『豫部』『屯部』『壯部』條目稍富，『豫部』爲十七條，『屯部』爲十二條，『壯部』爲十條。

清咸豐元年（1851），駿聲進呈《説文通訓定聲》，《奏呈》云：『而讀書貴先識字，識字然後能通經，通經然後能致用。若不明六書，則字無由識；不知古韻，則六書亦無由通。專輯此書，以苴《説文》轉注、假借之隱略，以稽羣經子史用字之通融。題曰「説文」，表所宗也；曰「通訓」，發明轉注、假借之例也；曰「定聲」，證《廣韻》、今韻之非古而導其源也。』《説文通訓定聲》發明創例，爲世稱道。羅惇衍《説文通訓定聲序》云：『蒞取許君《説文》九千餘文，類而區之，以聲爲經，以形爲緯，而訓詁加詳焉，分爲十八部』，『學博于斯學，洵薈萃衆説，而得其精。且舉轉注之法，獨剏義例，根據確鑿，實發前人所未發，其生平之心得在是矣』。《説文通訓定聲》刊行，駿聲勤自校讎，補訂逾八百條。是書與《通訓定聲補遺》具見大家學者善自改過，精進不已，亦是讀《説文通訓定聲》，研討《説文》及六書之一助。

現藏浙江圖書館。

小學識餘五卷説文段注拈誤一卷　（清）朱駿聲撰　稿本

此爲駿聲手稿，與《説文段注拈誤》手稿一卷合裝一册，朱師轍封題『朱允倩博士遺稿』。每半葉十行，行二十四字，無版框、界格。

卷端别紙附題『先大父允倩博士手稿，小學識餘，孫師轍敬題』『民國乙亥孟秋遼陽吳氏影印』；書前補《小學識餘目録》；各卷端首行上題『小學識餘卷某』，下題『元和朱駿聲筆記』，皆出師轍之手。師轍校訂是書，以爲影印之用，民國二十四年（1935）遼陽吳伊賢《稷香館叢書》本即據以印行。朱孔彰《説文通訓定聲跋》稱駿聲『手自勘定，未及版行者』有《小學識餘》四卷。師轍《石隱山人自訂年譜題識》《先大父豐芑博士遺著書目》及《[同治]蘇州府志》卷一百三十七《藝文二》、《清史稿·藝文志》皆著録《小學識餘》四卷。五卷之本，乃師轍重爲析分。《先大父豐芑博士遺著書目》載民國二十四年影印手稿本，即五卷本，與所著録《小學識餘》四卷不盡相合。

按師轍補目，此本卷一爲字學襍説四十條，《説文》未録之字、漢魏人注書有音讀者六十七條，叚借經史舉例一百七十三條；卷二爲音韻襍識五十條，《四子書》韻語；卷三爲《禮記》經訓，《易經》經訓；《四子書》；《國語》《三傳》（師轍注：『此專言聲訓，與下條不同。』）《爾雅》，《國語》《三傳》，聲讀襍説，《書》韻；卷四爲《四子書》韻語（《大學》《中庸》），《論語》韻，《孟子》韻，句中韻；卷五爲古音疑，語詈本字，説解有正篆無之字，兩誼相反之字，偏旁不可移置之字，《説文》重出之字（師轍注：『此爲初稿』），合音叚借之字，《説文》正篆可移置爲重文之字，形聲多兼會意之字，《説文》重出之字，徐鼎臣補《説文》之十九字，張次立補《説文》之字。駿聲稱《説文》自二徐以後，至於本朝段玉裁、錢坫、嚴可均、桂馥諸家，推衍已極精密，然六書中轉注、叚借之義究未有確詁，因獨剏義例，撰著《說文通訓定聲》。《小學識餘》與《六書叚借經徵》諸書事事考據，亦大抵闡發此創論。如是書卷一『造字之叚借』條：『造字之叚借，如會从曾，即增；㔾从匕，即比』，『叚借，如來爲行來，烏爲烏呼，朋爲朋攩，子爲人偁，韋爲皮韋，西爲東西，此至今無正字者。洒爲灑埽，疋爲大雅，丂爲巧，臤爲賢，𣥠爲魯衛，哥爲歌，詖爲頗，咢爲䚄，爰爲車轅，毄爲討，此其後有正字者。孜爲好，莫爲蓉，聖爲疾，圛爲驛，枯爲木名，此本有正字而偶借他字者。至今世以憂爲㥑，以祖爲但之類，則效尤而至昧其本義者』。『弇、奄二字不同義』條：『弇、奄二字不同義，音亦敚別。《說文》革、黑、水、手、女五部，皆有从奄、从弇各字，義訓亦異。今俗通用。』又如『叚借經史舉例』有云：『經史之字，大半叚借，隨舉皆是也。如：在明明悳（德借）；元亨利正（貞借）；允恭克攘（讓借）；屮又流之（左右借）；傲不可長（敖借）；爲𣥠夫人（魯借）；辨匚正位（方借）；賓禮辤許（辭借）。《史記》《漢書》、諸子百家皆然。讀書者不可不識字。』其書足以羽翼《說文通訓定聲》。書末別紙附師轍手《跋》：『右《小學識餘》五卷，先大父允倩博士手稿也。先大父《說文通訓定聲》一書，博大精深，久爲海内學子所欽崇，世多傳本。其羽翼《通訓定聲》者，尚有《說解商》一種，約十萬言，於許書疑義，辨證精詳，惜遺稿散佚，良堪喟歎。幸《小學識餘》手稿尚存，於字誼聲韻，條論精覈，多爲心得，足以發敚開塞，睿知啓蒙，津逮後學，厥功匪細。稿臧篋衍，方俟梓行，遼陽吴君伊賢雅嗜鄉學，搜輯桂未谷、王石臞諸家手稿，影印《稷香館叢書》行世，商諸師轍，諮求先稿。爰取斯編及《說文段注拈誤》畀之，想薄海師儒嗜讀先大父之書者，當亦聞而歆慶也。民國廿四年七月，孫師轍謹識。』

《說文段注拈誤》一卷，清朱駿聲撰，稿本。每半葉十行，行二十四字，無版框、界格。此爲駿聲手稿，與《小學識餘》手稿五卷合裝一册。

卷端別紙附師轍題『先大父允倩博士遺稿，說文段注拈誤，孫師轍敬題』，『民國乙亥孟秋遼陽吴氏影印』。

又有師轍增題一行：『説文段注拈誤，元和朱允倩先生遺著。』師轍手訂是書與《小學識餘》，以爲影印之用，民國二十四年遼陽吳伊賢《稷香館叢書》影印本即據以印行。是書又名《經韻樓説文注商》。朱孔彰《説文通訓定聲跋》稱『其稿本尚存，未經勘定者』，有《經韻樓説文注商》一卷。師轍《先大父豐芑博士遺著書目》著録《經韻樓説文注商》一卷（『糾正段氏之謬。吳伊賢影印手稿，題《説文段注拈誤》』）。《［同治］蘇州府志》、《清史稿·藝文志》及孫詒讓《朱博士事略》未載及是書。

朱孔彰《行述》謂駿聲研究《説文》，『功深且久，尤爲心力所薈萃』，既撰《説文通訓定聲》，發明轉注、叚借之義，『又許書有未安者，閒參己意，爲《説解商》十卷』。《説解商》十卷已佚。是書專糾《説文》段注之誤，故名『拈誤』。卷端有駿聲自題：『治《説文》者，精密無過段氏玉裁，而千慮一失，時亦有焉。特爲拈出，非敢譏彈其書。蓋尺璧之珍，不欲其有敚刮也。』段玉裁受學於戴震，爲經小學大家。其於經文舛誤，經義聚訟難决者，剖析源流，辨析精微，一一貫通。所撰《説文解字注》三十卷有清嘉慶閒經韻樓刻本。段注雖精覈，猶不免白璧微瑕。徐承慶撰《説文解字注匡謬》八卷，鈕樹玉撰《段氏説文注訂》八卷，王紹蘭有《説文段注訂補》十四卷，馮桂芬有《説文解字段注考正》十五卷。駿聲是書稍簡，辨所知而已。如《説文解字注》卷九篇上：『頁，頭也。从百从儿。古文𩠐首如此。（按：此十二字蓋後人所改竄，非許氏原文。原文當云：「頁，古文𩠐𦣻字如此，从百从儿。」共十一字。𩠐字見下文𦣻部。𩠐者，小篆。依常例，當於𩠐下出頁，解云：古文𩠐。而以如是立文，則从頁之九十三文無所附，故别出頁爲部首。正如儿即古文奇字人，亣即籀文大而皆必别出之爲部首云，兒古文奇字人也云，亣籀文大，改古文也，皆不必再釋儿字、亣字、頁字之義。後人乃於儿下贅之云仁人也，頁下贅之云頭也，而倒亂其文，皆由不知許氏立言之變例故爾。頁部不廁𦣻部後而列前者，蒙八篇从儿之字爲次也。

小篆百，古文作[illegible]。小篆𦣻，古文作覔。今隸則百用古文，𦣻用稽字，而百、覔、𦣻皆不行矣。从百、儿爲覔。首、𦣻同音，康體切，十五部，今音轉爲胡結切。）』駿聲《拈誤》云：『九上頁字，段以爲𦣻之古文，非也。許葢謂古𦣻首之首如此作。悳字从頁，頁亦聲。顔字、頣字、頮字，籀文从首。頂字，或體从首，髮字，古文作頿，从頁，皆其明證。百、頁、首，一字而分三部者，以各有所从字也。若果𦣻之古文則首部之𦣻，豈有不出頁下作重文者？此可一言决矣。段于頭下曰：首以𦣻爲最重，故字多从頁，殊爲曲説。顫下又曰：頭不定，故从頁。意欲以證頁之爲𦣻，所謂詞費也。夫頡之直項，頣之視人，頞之舉頭，頣之岳岳，⿱敖頁之頭高，又何説乎？』其又有小字注：『又按：古文道从頁，作⿺辶頁，見汗簡，亦首、頁同字之一證也。汗簡行部，道又作衜。』『又按：百，小篆𦣻，籀文，今作古文誤。』又如《説文解字注》卷一篇下：『薙，除艸也。《明堂月令》曰：「季夏燒薙。」从艸雉聲，他計切。（案：《周禮》，雉氏掌殺草。雉，或作夷。古雉音同夷，故鄭云字从類，類謂聲類也。大鄭从夷，後鄭从雉，而讀爲鬀。作薙者乃俗字，猶稻人芟夷字，俗作芟荑也。《月令》「燒薙」，蓋亦本作燒雉。許君《説文》本無薙字，淺人所羼入也。）』駿聲辯云：『一下「薙」字，段謂當删，非也。《周禮》雉氏，是叚借字。』訂正段注之譌，亦《説文通訓定聲》羽翼之書也。此本與《小學識餘》手稿略有小異，《小學識餘》手稿業已『手自勘定』，此本則『未經勘定』。

現藏浙江圖書館。

五釋五卷附陳鱣釋禮一卷 （清）朱駿聲撰 稿本 存五卷（古字釋義一卷、釋廟一卷、釋車一卷、釋帛一卷、附陳鱣釋禮一卷）

一册。每半葉五至六行，行二十字，無版框、界格。朱師轍封題『五釋［釋詞，四葉；釋廟，四葉；釋車，十三葉，又六葉（初稿）；釋帛（殘），一葉；釋宮（殘），三葉（師轍按：《釋宮》即《釋廟》之初稿）；古字釋義（六開）。（石公按：《釋車》兩篇内有一篇是初稿，《釋帛》《釋宮》兩篇皆殘稿也」』，又題『傳經室遺稿，坿陳仲魚先生釋禮四葉』。舊裝封題曰：『朱允倩先生文，古字釋義，釋車，釋廟，釋帛，坿陳鱣釋禮』，師轍於『釋帛』下增『釋詞』『釋宮』之名。此本依次收《古字釋義》，每半葉五行；《釋廟》，每半葉六行；《釋車》，每半葉六行；《釋車》初稿（共六葉），每半葉六行；《釋帛》，每半葉六行，殘缺，僅一葉；《釋宮》，每半葉六行，即《釋廟》初稿；陳鱣《釋禮》，每半葉六行。其後附師轍手書《釋詞目録》一葉、《華西學報》第四期排印本《五釋》。師轍封題『五釋』，稿本實缺《釋詞》一卷。《華西學報》排印本目録曰：釋車、釋廟、釋詞、古字釋義、釋帛，附陳鱣釋禮。

《古字釋義》重詁本義，釋『冬』『從』『眉』『饑』等百餘字。如：『隄，定土也。雞，愛鳥也。不食，謂之齋。合土，謂之臺。小土爲塵。』《釋廟》卷端自題曰：『廟寢宮室之制，古今不同，非目想心稽，瞭如指掌，不能讀《三禮》也。作《釋廟》。』釋廟制，主於釋名，非考其源流。如：『廟門曰閎（屋五間，中一屋爲門，廣二丈一尺）。門東西四堂曰塾（内二塾北向，外二塾南向）。自門至堂階之途曰庭，庭曰唐（朝則曰陳，深二十有一丈六尺）。』《釋車》爲清稿本，其初稿本亦傳。卷端自題曰：『一器而工聚焉者，車爲多。吉光、奚仲而後，規制遞增，稱號攸異。作《釋車》。』釋車制，亦主釋名。如：『車中受物處謂之輿，大車謂之箱，箱謂之軿』，『輿底四面材前後左右，通謂之軫。軫謂之收。收謂之軳。軳謂之輡（輎同）』，『公車謂之軞（旄同）。使車謂之軺（輶同）。衣車謂之葱靈。衣車載重謂之輜』。中間三葉，詳述『車度』。《釋帛》僅存一葉，排印本據以編入《五釋》。《五釋》博采《周禮》《説文解字》《漢書》《楚辭》《廣雅》《玉篇》《禮記》《急就篇》《淮南子》《詩經》《史記》《方言》《釋名》《左傳》《尚書》《後漢書》《列子》諸書，釋字詞義，釋廟、車、帛之名，有前人釋注所不能及者。師轍《五釋跋》云：『夫車、廟之制，爲讀《禮》者所難瞭。先大父綜而釋之，若輪人、輿人之指示車制，宗伯守祧之道謁太廟，心目朗然，疑義冰釋。而《釋詞》《古字釋義》二篇，使人識造字之朔，亦小學之道徑也，《釋詞》尤足補高郵王氏之缺，蓋王氏窮其流，而先大父溯其原。師轍閒嘗補箋，刊以行世。』

現藏浙江圖書館。

釋詞補箋二卷　（清）朱駿聲撰　朱師轍補箋　稿本

一册。朱絲欄。每半葉十四行，行二十二字。朱師轍封題『釋詞補箋二卷』。各卷端首行題『釋詞補箋某篇』，次行題『元和朱允倩先生遺著，孫師轍補箋』。上篇爲師轍門人羅桂海寫録，下篇爲師轍手録。書末有師轍手《跋》：『此稿民國乙亥、丙子刊於《華西大學學報》第三、四期。抗倭時，原稿遺失。勝利後，來粤中山大學教授，己丑春，屬門人羅桂海爲録上卷。時右手戰不能作書，暑假改以左手寫字，補抄下卷，一月而畢。時己丑六月十八日，朱師轍識。』乙亥、丙子，爲民國二十四、二十五年。己丑，民國三十八年。上篇首録師轍民國二十三年（1934）四月題識：『經傳中語詞字，太半皆通叚。學子讀書，習於故常，多不知其本義。先大父采通用語詞、許書所有字，仿《爾雅》之例，專詁本義，成《釋詞》一篇，使人知語詞之朔，與王引之《經傳釋詞》例異。

蓋王氏窮其流，而先大父溯其原也。文既簡要，甚便學子諷誦。惟初學難憭，暇日無事，爲之補箋。爰取《説文解字》，徵諸《通訓定聲》，以詳其原。復采王書曁吴昌瑩《經詞衍釋》，略擷其要，劉淇《助字辨略》，亦間采録。以明其流，引端見緒，溝通其説，以授子弟，俾知語詞原流、通叚之故，或亦小學之一助歟！」

師轍嘗合《古字釋義》一卷、《釋廟》一卷、《釋車》一卷、《釋帛》一卷、《釋詞》一卷爲《五釋》。今駿聲《五釋》手稿缺《釋詞》一卷，僅附師轍補録《釋詞目録》。師轍校訂《五釋》，刊於《華西大學學報》第四期，中有《釋詞》一卷，釋『每』『莫』『必』等一百四十四字，甚簡略。如：『草盛上出曰每。日在茻中曰莫。分别之極曰必。止而相比次曰此。日正直曰是。』師轍《五釋》稱《釋詞》『使人識造字之朔，亦小學之道徑也』，『尤足補高郵王氏之缺』。

駿聲《釋詞》重於探求本義，而非窮其流源，故體例與王引之《經傳釋詞》有異。師轍補注，大都以駿聲一字之釋爲一條，詳作考據。如『覆手曰反』條：『《説文》：「反，覆也。從又厂，象形。古文作𠬠。」先大父云：「厂聲，古文作又，一指事，與寸同意。厂聲，爪象形，爲已覆之掌，反謂覆其掌也。《孟子》曰：由反手也。」叚借爲返。《儀禮》：「主人受眂反之。」注：「還也。」《吕覽·察微》：「舉兵反攻之。」注：「更也。」《辨略》：「《漢書·董仲舒傳》：《春秋》深探其本而反自貴者始。此反字猶如還也。」』『厂聲』至『叚借爲返』，見於《説文通訓定聲》。『《辨略》』以下，見於劉淇《助字辨略》卷三。又如『男子美稱曰甫』條：『《説文》：「甫，男子美稱也。從用、父，父亦聲。」《爾雅》：「甫，我也。」叚借爲父。《周禮·小宗伯》：「甫，竁亦如之。」注：「始也。」又爲橆。《爾雅》：「甫，大也。」《後漢·班彪傳》：「豐甫草以毓獸。」引薛君章句：「博也。」《辨略》：「按：始也，才也，纔也。《漢書·成許后傳》：今吏甫受詔讀記。師古云：甫，始也」，「《蜀志·秦宓傳》：甫欲鑿石索玉。甫欲者，方欲如何？而猶未如何也。」』徵引《説文通訓定聲》《助字辨略》等書以爲補注。

現藏浙江圖書館。

秦漢郡國考不分卷名人占籍今釋不分卷　（清）朱駿聲撰　稿本

《秦漢郡國考》《名人占籍今釋》二書合裝爲一册。封題『秦漢郡國考、名人占籍今釋』。《秦漢郡國考》不分卷，朱絲欄。每半葉十行，行字不等，白口，單魚尾，四周雙邊。卷端不題撰者名氏。無序跋。是書未刊。朱孔彰《説文通訓定聲跋》稱駿聲『手自勘定，未及版行者』有《秦漢郡國考》四卷。朱師轍《石隱山人自訂年譜題識》《先大父豐芑博士遺著書目》皆著録《秦漢郡國考》四卷。此本未標分卷，秦三十六郡、西漢郡國、東漢郡國、三國諸郡、西晉諸郡、東晉諸郡，各自成篇，未詳四卷當作何分。浙江圖書館館目著録作一卷，今姑作不分卷。

《漢書・地理志》紀天下郡縣本末及山川、風俗。《後漢書・郡國志》紀東漢以來郡縣改異及《春秋》《三史》會同征伐地名。清初崑山葉澐撰《歷代郡國考略》三卷。錢大昕有《秦三十六郡考》《漢百三郡國考》《後漢郡國令長考》，前二者實各一篇，清嘉慶十一年（1806）刻入《潛研堂文集》卷十六，後者有清道光二十五年（1845）錢師璟刻本。大昕撰《秦三十六郡考》《漢百三郡國考》僅記秦三十六郡、漢百三郡國之名，未詳述各郡國建置始末及古今地理。駿聲師事錢氏，乃增踵綴葺，補所未詳言。是書首列『秦分天下三十六郡』，依次考内史及上郡、漢中、九原、北地、會稽、閩中、長沙等三十六郡建置及古今地理，附南海、象郡、桂林，共四十條。如『南郡卅五』條：『孫吴置荆州南郡。晉武曰南平郡。秦漢間，陳勝起兵於湖北黄州府，稱楚王。衡山王吴芮立於黄州府。今湖北荆州一府、宜昌一府、施南一府，安陸府之荆門州、當陽州，漢陽府之沔陽州，襄陽府之襄陽、宜城、南漳，湖南澧州之安鄉，四川夔州府之巫山、建始。』『南海』條云：『漢初屬南越趙佗，武復開其地。後漢獻徙交州，治此。吳孫權改置廣州。〇漢武分置交趾郡，本安陽王國。今廣東廣州一府、惠州一府、潮州一府、嘉應一州，肇慶府之四會、廣寧、開平、鶴山，廣西梧州府之懷集，貴州興義府之永豐州，福建漳州府之漳浦、詔安。』四十條後附列隋唐間群雄所據各府。次列西漢郡國建置及古今地理，爲京兆尹、右扶風、左馮翊、西河、武都、天水、武威、張掖、中山、信都、河間、廣平、蒼梧、合浦等六十四。再次列東漢郡國建置及古今地理，爲馮翊、新平、西城、西平、南安、漢陽、陰平、南鄉、任城、樂陵、利城、吳郡等二十八。繼次列三國諸郡建置及古今地理，爲廣魏、朝歌、淮南、汝陰、安豐、新都、鄱陽、廬陵、臨川、安成、臨海、吳興、東陽、漢嘉、涪陵、南廣、漢陽、朱提、雲南、建寧、興古、陽平、廣平、平陽、武昌、上庸、蘄春、建平、衡陽、湘東、天門、昭陵、營陽、廣州、始興、高興、珠崖、桂林、始安、臨賀等四十。三國郡國之設，則錢大昕所未述。如『東陽』條：『吳孫皓分吳郡。今浙江金華一府、衢州一府，處州府之遂昌。』『漢嘉』條云：『蜀先主分蜀郡。今四川雅州一府，重慶府之涪州。』其後更列西晉諸郡之建置及古今地理、東晉諸郡之建置及古今地理，各若干條。卷末記云：『按：唐改郡爲府州，分十道，三百六十一州府，一千五百五十八縣。五代四分五裂，至宋一統，分爲十五道，又增三路，以領州府、軍監。遼、金版宇皆隘。元一天下，置中書省一，行中書省十一，領路一百八十有五，府三十六，州三百五十有九，軍四，安撫司十五，縣一千一百二十有七。前明則十三省，道六十，府州一百八十有三，州縣一千二百五十有二。今分十八省，八十七道，一百八十四府，六十五州，一千四百四十九州縣。此其大略也。本朝版圖之式廓蓋亘古未有云。』

是書述秦漢郡國建置、地理沿革，兼及西晉、東晉，遠較錢氏爲詳，然地理沿革考證嫌於麤。顧炎武《肇域志》《天下郡國利病書》肇開有清吳中研治地理之風氣。徐崧有《東南輿地記》，徐乾學總修《大清一統志》，又撰《輿地備考》《輿地志餘》《輿地紀要》，邵玉瓚有《歷代沿革輿地圖説》，錢大昕與修《大清一統志》，地理考據撰述多種。駿聲友戈載父宙襄撰有《方輿志略》《十六國地理考》《五代地理考》《十國地理考》。駿聲師承錢大昕，研討地理。清代浙西地理之學，大抵重歷代地理考釋，不離於博聞，與浙東略異。駿聲《秦漢郡國考》，亦浙西博聞之學。

《名人占籍今釋》不分卷，朱絲欄。每半葉十行，行字不等，白口，單魚尾，四周雙邊。卷端不題撰者名氏。是書未刊。朱孔彰《説文通訓定聲跋》稱『其稿本尚存，未經勘定者』有《名人占籍今釋》四卷。朱師轍《石隱山人自訂年譜題識》《先大父豐芑博士遺著書目》皆著録《名人占籍今釋》四卷。此本未標分卷，浙江圖書館目作一卷。檢是書，自西漢馮奉世起，至日本山井鼎爲一終止（末附春秋文子、春秋關尹子二人）；自西漢田王孫另起一葉，至南宋嚴粲又一終止（末附元釋英、秦黄石公二人）；自西漢董仲舒始，至西漢汜勝之又一終止（末附北宋釋道潛、唐釋道世、宋釋普濟）；自西漢貢禹始，至西漢鄧玉函又一終止；自周鬻熊始，至明葉盛又一終止（末附唐僧一行）。今難詳四卷作何分也。書前自題云：『名人何謂也？有經學家，有史學家，有文學家，其著撰皆不可磨滅。藝術雖下，亦有專家。若古今來，經邦定國之臣，忠孝義烈之士，武勇不世出之人，生平功業氣節足以歷千祼而不朽，則尤大名之垂宇宙者。又，道學一派，本不異於儒林，既爲近世所習傳，姑録一二。至於帝王有才藻者，如魏之武、文，梁之武、簡文、元，隋之煬，陳之後主，其文詞亦彪炳人寰，而此不登者，嫌於體例未合云。』駿聲所指名人，謂經學、史學、文學、藝術之專家，經邦定國、忠孝義烈之士大夫及道學傳人，録其名籍，以爲表彰，亦史家撰著一體。至於帝王，雖有才藻而不登録，蓋嫌體例不合，并示所登慎於揀擇也。

是書登録歷朝名人，按姓氏類編，同一姓氏大抵按朝代先後臚列，偶有錯雜。甄録名人，自有標準。如徐氏名人：西漢徐福，東漢徐璆（孟玉，江蘇海州人），東漢徐穉（孺子，江西南昌南昌人），東漢徐幹（偉長，山東青州人，著《中論》），曹魏徐庶（元直，河南許州臨潁人），西晉徐邈（景山），劉宋徐廣（野人），陳徐陵（孝穆，山東沂州郯城人，有集，編《玉臺新詠》），唐徐齊聃（將道，浙江湖州長興人），唐徐堅（元固，齊聃子，一曰陝西同州人，《初學記》總裁官），南唐徐鉉（鼎臣，江蘇揚州江都人，有《騎省集》，著《說文解字注》《稽神録》），南唐徐鍇（楚金，鉉弟，著《說文繫傳》），唐徐彦（著《春秋公羊傳疏》），宋徐子平（注僞王子晉《珞琭子賦》），明徐元太（著《喻林》），明徐渭（文長，浙江紹興山陰人），明徐光啓（著《農政全書》《新法算書》），明徐應秋（著《玉芝堂談薈》），明徐禎卿（江蘇蘇州，有《迪功集》），明徐達（天德，安徽鳳陽鳳陽人，封中山王），本朝徐乾學（健庵，江蘇蘇州崑山人，著《讀禮通考》《通鑑後編》），本朝徐釚（著《詞苑叢談》），本朝徐元扆（東屏，直隸順天宛平人）。欄外補二人：清徐召南，宋徐天麟（著《西漢》《東漢會要》）。又抹删徐召南一人。徐天麟爲徐夢莘從子。歷代徐姓名人，采摭略備。擇録其人，仍以著述爲主，有不甚稱者，徐元扆即是。就奇行言，徐霞客不當遺。就著述言，徐夢莘卓著更在徐元太、徐應秋之上，永嘉四靈之徐照、吳中四傑之徐賁及明人徐一夔、徐熥、徐𤊹等皆可收録。蓋是書略具梗概，甄録未備。

現藏浙江圖書館。

朱氏譜不分卷　（清）朱駿聲編　稿本

一册。紅格，白口，單魚尾，四周單邊。版心上印『□氏宗譜』。封題『朱氏譜』。

是書卷端不署撰者名氏。依次録《江南通志》所載蘇州朱氏名人、《唐本朱氏世系》、《南宋朱然記朱氏源流》、《南宋抄朱氏統修世系》、《明修樂圃公世譜》、《國朝雍正間朱盛莊所輯家乘》、《宋抄朱氏統修世系》。撮録歷代吳中朱氏家乘、世系，合爲一編，并事考證，非通常所謂宗譜、家乘、家譜之作。朱孔彰《説文通訓定聲跋》稱『其稿本尚存，未經勘定者』有《朱氏世系考》二卷，朱師轍《石隱山人自訂年譜題識》《先大父豐芑博士遺著書目》著録《朱氏世系考》二卷，蓋即是書也。館目作『朱氏宗譜』，實未確，今依封題，作『朱氏譜』。

是書録《江南通志》所載蘇州朱氏名人，唐得二人：朱佐日、朱承慶。宋得朱公綽、朱何、朱長文、朱發、朱耕等十四人，附按語：『按：樂圃公舊《譜》云：長文次子耦，字震發，大觀三年進士。疑發即耦改名，以字發爲名也。又云：耕少子行三，字元本，大觀三年進士，遷居無錫縣。疑兄弟同榜也。又，朱檜，《譜》作朱異，云嘉定十年進士。』明得朱福、朱衮、朱寅等二十人。清得朱瑛、朱典、朱雲等八人。注云：『以上皆見《江南通志》。』其所見《江南通志》，即乾隆間趙宏恩等纂修本。

《唐本朱氏世系》始於黃帝、昌意，下至朱熹、朱塾、朱在，注云：『從《黟縣屏山朱氏譜》録出。按：多附會。』《南宋朱然記朱氏源流》始於顓頊、卷章，下至朱師古，注云：『按：臆造不足據。』《南宋抄朱氏統修世系》記始祖朱暎，下至二十五世朱繼庚、繼真等人，注云：『從原本録出。按：多不足信。予别有全録譜注，詳細駁正之本。』又，『有蘇洵、黃庭堅題字，陳康伯、張栻序，楊時題詩，洪邁題跋。又有建炎四年賜朱勝非勅并繪像，紹熙五年給朱熹勅并繪像』。《明修樂圃公世譜》始於朱岑，止於明人朱應試，注云：『按：此足據。』《國朝雍正間朱盛莊所輯家乘》始於軒轅、昌意，止於清初朱鼎泰、朱盛文，注云：『按：此譜足徵信。』《宋抄朱氏統修世系》始於朱映，止於朱伯亨，注云：『原稿録出。按：多不足據。』駿聲抄録考訂朱氏世系，以爲明修《樂圃公世譜》、清雍正間朱盛莊輯《家乘》足可據，宋《朱氏源流》《朱氏統修世系》多不足信。其所見宋抄《朱氏統修世系》二種皆原稿，今未見宋抄傳本，則駿聲所録亦屬稀有。

吳中朱氏，名人輩出。是書撮録舊譜世系、名人成編，兼事考訂，庶備學者治史志參酌。駿聲又著有《吳中朱氏史傳》一卷，可與《朱氏譜》相參讀。

現藏浙江圖書館。館藏單位原題：朱氏宗譜不分卷。

石隱山人自訂年譜一卷 （清）朱駿聲撰 （清）程朝儀訂補 朱師轍補注 清末民初抄本

一册。朱絲欄。每半葉九行，行二十字，白口，單魚尾，四周雙邊。朱師轍封題『石隱山人自訂年譜』。卷題原無題署，師轍補題：『孫師轍補注。』譜中諸條下『師轍按』，即所補注。眉端、葉脚間有『師轍按』，亦其手書。

駿聲自撰《石隱山人年譜》，始於生歲清乾隆五十三年（1788），止於咸豐三年（1853）。歿之年，門人程朝儀據《桃源日記》訂補《年譜》。《年譜》『咸豐三年』條末注云：『先師《自訂年譜》絶筆於此。後五年，係朝儀據《桃源日記》訂補。』朝儀字仲威，號抑齋，黟縣人。廪貢生。道光二十八年（1848），與兄朝鈺從駿聲受業。著有《顔學辨》八卷。今《年譜》中咸豐四年至八年事迹，爲朝儀所補。朝儀又編乃師嘉言懿行七條附後，并撰《跋》云：『先師朱允倩夫子，自著《年譜》一卷，隨年劄記。置之篋衍，未以示人，易簀始獲見之。其甲寅以後闕如，當由躬際時艱，有所不忍紀也』，『詎甲寅、乙卯以來，疊逢顛沛，致抱沈疴』，『已而儀有武林之役，比歸，則聞師于十月間遽赴道山，悲從中來，淚如雨下，蹌踉趨殯所，竭情慟哭。哭已，唁仲我世兄于苫次，仲我泣授此卷及師生平《桃源日記》，屬爲訂成』。

是譜紀生平家世、科第仕宦、交游過從、著述大概。駿聲著述甚富，譜中多未載及，師轍間爲補注。如『嘉慶十五年』條末，師轍按：『《庚午女史百詠》，是年所作。』『道光四年』條末，師轍按：『《夏小正補傳》後，坿有道光四年《星候表》，書當成於是年。』『道光二十七年』條，師轍按：『《離騷補注序》云「道光丁未十月，養疴居内，日卧誦屈賦，間起讀王叔師注，有不溉於心者，忘其鼻陋，輒爲補訂如左」云云，知爲此年所著。』

駿聲年譜手稿、程朝儀訂補手稿，今未訪見。《年譜》傳世又有民國十八年（1929）排印本（《國立北平圖書館月刊》第三卷第五號）、民國二十八年排印本。民國十八年排印本即據此本印行。其間文字各有小異，然民國二十八年排印本誤字稍多。

現藏浙江圖書館。

吴中朱氏史傳一卷 （清）朱駿聲撰　稿本　朱師轍批校

一册。每半葉十行，行二十三字，無版框、界格。

卷端題曰：『元和朱駿聲豐芑甫初稿。』無序目。集前爲《朱氏世系表》，自三皇始，至西漢止。《史傳》自西漢朱買臣、朱山拊父子始，至明朱貞孚、朱竺父子止。末附《吴中朱氏史傳補遺》一葉，補唐朱審，北宋朱義、朱瑩三傳。計之，西漢得朱買臣、朱山拊二人；三國得朱桓、朱異、朱據、朱熊、朱損、朱宣等六人；北齊得朱才一人；唐得朱子奢、朱佐日二人；宋得朱長文、朱勔、朱良、朱思、朱夢炎等五人；元得朱晞顔、朱良吉、朱德潤等三人；明得朱吉、朱定安、朱奉安、朱永安、朱文雲、朱希周、朱紈、朱集璜、朱國軾、朱天麟、朱貞孚、朱竺等十二人。合補遺三人，共三十四人。

是書爲初稿，多删改之迹。夾葉録《答朱鏡蓉問》：『朱據字子範，吴郡吴人也。長子熊，次子損。熊子宣。

《三國・吳志》第十二卷有傳，可檢閲。朱斌，不知何時人。按《南史》列傳第六卷《朱齡石傳》：齡石，沛國沛人也。世爲將，伯父憲及斌，并爲西中郎袁真將佐。此晉末宋初時人。所問未識即此否？』是書有朱據、朱熊、朱損、朱宣四傳。各小傳不注出處。師轍批校多書於傳末。如《朱買臣傳》後云：『師轍按：《漢書》六四有傳，子山拊附。』《朱據傳》後云：『轍按：《三國志》五七有傳，熊、損、宣三人皆附見。』

駿聲作吳中朱氏名人傳，不避佞倖，《朱勔傳》即是。宋宣和七年，欽宗即位，陳東率太學生上書所請誅『六賊』，朱勔乃其一，《宋史》列之《佞倖傳》。駿聲《朱勔傳》贊曰：『昔衛懿好鶴而亡國，徽宗垂意花石，天下幾殆。非一物之遂足致戕也，人主所倡，必有宵小窺伺意旨，煽處其間。始而逢惡，繼而擅權，終而肆虐，其流毒可勝言哉！勔一佞倖耳，而東南赤子幾不聊生。人主耳目玩好，可弗慎與！不貴異物，古聖王所以諄諄垂誡云。』秉筆直書，藉論國是。《朱晞顔傳》《朱紈傳》《朱集璜傳》《朱國軾傳》《朱天麟傳》褒揚節義、忠直、廉潔、篤學。如《朱集璜傳》《朱國軾傳》二傳贊曰：『廢興之故，豈非天道哉！集璜等以烏合之衆，張皇奮呼，何補尺寸？然卒能致命遂志，視死如歸，與休寧金聲、松江陳子龍、夏允彝、徐孚遠、嘉定侯峒曾輩，名垂千古。事雖無成，忠義之氣，何日不在天壤間哉！』《朱天麟傳》贊曰：『明自神宗而後，寖微寖滅，不可復振。揆厥所由，國是紛呶，朝端水火，寧坐視社稷之淪胥，而不能破除門户之角立。覩于唐王擢天麟少詹，見鄭芝龍跋扈，乞假。後永明王時，分吳楚兩黨相傾軋，猶仍南都翻案之故態。顛覆之端，有自來矣，于當時任事諸臣何尤乎？考天麟始疏請王自將倡率，毋坐失事機，繼請率土兵畧江右，繼又勸王亟頒親征詔，規取中原，繼又疏言百爾搆争，盡壞實事，今無地可退保，當奮然自將，臣亦抽峒丁，擇土豪，募水手，經畧嶺北湖南，爲六軍倡。若徒責票擬，以爲主持政本，今政本安在乎？是其忠勇才略，尚堪一用，無如天命人心之已去，雖百天麟奚裨？兵未集而身隨亡。明祚既終，無煩驅除矣。』頗具史才。

現藏浙江圖書館。

平定張格爾攷不分卷 （清）朱駿聲撰 稿本

一冊。每半葉十行，行字不等，無版框、界格。間寫以烏絲欄紙，每半葉十一行，行字數不等，白口，雙魚尾，左右雙邊。裝冊未見封題。卷端不題書名及撰者名氏。無序跋。

是書載清道光間平定回疆張格爾事。朱師轍《先大父豐芑博士遺著書目》載史部十二種，末一種爲《平定張格爾攷》(『未刊』)，即是書。朱孔彰《説文通訓定聲跋》《行述》、朱師轍《石隱山人自訂年譜題識》、《[同治]蘇州府志》、《清史稿・藝文志》及孫詒讓《朱博士事略》皆未載及。疑『平定張格爾攷』乃師轍校理駿聲遺書所題。今僅見此初稿本，雜合散葉，裝爲一冊，不唯次第錯亂，且竄入其他雜著零葉。

按《清史稿・長齡傳》，乾隆中既戡定回疆之亂，清廷懲於烏什之亂，慎選邊臣。久之，法漸弛，蒞任者往往苛索，嘉慶末參贊大臣斌静尤失衆心。回酋大和卓木博羅尼都之孫張格爾乘機糾衆起，道光四年（1824）秋、五年夏兩犯邊，喀什噶爾參贊大臣巴彦巴圖敗績。六年六月，大舉入犯，陷喀什噶爾、英吉沙爾、葉爾羌、和闐四城。清廷命陝西總督楊遇春駐哈密，督兵進剿。伊犁將軍長齡疏言亂狀，請發大兵。詔授長齡揚威將軍，遇春及山東巡撫武隆阿爲參贊，率諸軍討之。是年十月，大兵會師阿克蘇。明年收復喀什噶爾，擒張格爾。八年正月，捷聞。五月檻送張格爾京師，磔於市。

是書首録道光上諭六道，其下逐年月紀勘亂始末，詳載平叛史事，考證頗悉，具有史裁，然『未及勘定』，裝葉錯亂，甚可惜也。如首二條：『八月，額爾古倫敗賊于渾巴什河』，『八月，賊匪糾喀什噶尔、葉尔羌回衆五六千人，在河南岸屯聚。阿克蘇幫辦大臣長清遣參將存桂、王登科進剿，殲之，獲器械牛羊無算』，記道光六年八月事。道光六年六月、七月記事諸條錯裝於後，道光五年、道光六年二月、四月記事諸條更錯裝於道光六年六月、七月諸條後。書中撮録『喀什噶爾參贊大臣』、嘉慶二十年（1815）後『喀什噶尔歷代參贊大臣』（松福、斌静、色普征額、永芹、巴彦巴圖），及抄録上諭、邸報等，皆有裨考史。參酌曹振鏞《平定回疆剿捦逆裔方略》、《清史稿》、《清史紀事本末》及長齡《懋亭自定年譜》、《［民國］黑龍江志稿》諸書，庶可重訂是書次第。

現藏浙江圖書館。館藏單位原題：朱駿聲雜稿册三。

朱駿聲日記一卷 （清）朱駿聲撰　稿本

一册。每半葉九行，行字不等，無版框、界格。卷端不題撰者名氏。無序跋。

是書爲駿聲清道光五年（1825）入張師誠江蘇巡撫幕府，掌書記所登記來往函件簿册。原無題名，館目作《朱駿聲日記》一卷，未妥，今不另改。裝册百葉有奇，登記函件計二十二葉，其前後皆手書雜稿。蓋因其爲登記簿册，朱師轍《石隱山人自訂年譜題識》《先大父豐芑博士遺著書目》未著録。

書前自記：『乙酉二月初十起，六月初九止，在張蘭渚中丞署中。』按《石隱山人自訂年譜》『道光五年』條：『五年乙酉，三十八歲。二月，張蘭渚中丞聘掌書記，兼佐摺奏。四月，大妹許字婁門外顧榮熙長子元墉。六月，中丞調任安徽，因親老辭不往。七月，署吴江令劉别駕（文澈）聘入幕，兼掌教松陵書院。是年四月，又應青浦令蔡維新主講青溪書院之聘。』張師誠字心友，號蘭渚，歸安（今浙江吴興）人。清乾隆四十九年（1784）南巡，召試第一，賜舉人，授内閣中書，充軍機章京。遷吏部主事，忤和珅，緣事降中書。得應會試，乾隆五十五年成進士，改庶吉士，授編修。道光元年官廣東巡撫，調安徽。丁母憂去官，歷山西、江蘇巡撫，道光五年再調安徽。明年，召署禮部侍郎，授倉場侍郎，以病乞歸，年六十九卒。《清史稿》有傳。道光五年二月，駿聲應張師誠聘，掌書記。六月，師誠調安徽巡撫，邀駿聲前往，辭不赴。

是書逐日登録幕府劄啓、摺奏。如二月十一日條：『復兩淮鹽臺曾燠（來信存）。復浙藩伊里布（行七。治愚弟）（來信存）。復揚州秦翰林恩復（來信存）。致嘉興府羅尹孚（公事）。致浙撫黃鳴傑（行四。公事。治年愚弟）。』四月初二日條：『致兩廣督阮元（老師。晚生）。復前任江西吉安府永寧縣劉道源（來信存）。復陝甘督那彦成（行三。老前輩。晚生）（來信存）。致閩浙督趙慎畛（大公祖。治愚弟）。致廣東撫臺陳中孚（年愚弟）。』四月初五日條：『奏摺一件（初五巳刻發）。復掌京畿道程喬采（行六。愚弟）（來信存）。致大學士托津（宮傅。晚生）。致大學士曹振鏞（宮傅，世晚生）。致吏尚文孚（宮保。晚生）。致吏尚盧蔭傅（年老前輩。年晚生）。致户尚黄鉞（年二兄。年愚弟）。致兵尚玉麟（大人。愚弟）。致刑尚陳若霖（老前輩。年家眷侍生）。致揀發湖南知州署藍山縣阮文燾（年大兄。年愚弟）（來信存）。致長洲縣俞（年家眷弟）。』若其日無箋劄，則不記。零丁繫件，大抵如是，與尋常日記載聞見言行有異也。

張師誠幕府事務繁劇，按駿聲所記，書啓往來一日多者十餘件。如四月廿八日爲書啓十六件；四月廿九日爲書啓十六件；五月初一日爲書啓十六件；五月初二日爲書啓十四件；五月初八日爲書啓十六件。簿册所記奏摺、書啓逾四百件，何者爲駿聲代擬，今難詳考。《傳經室文集》標示代作不過數篇，確知代張師誠作僅《祝蔣宫保節相壽啓》一篇，題注云：『代爲張師誠中丞作。』校改抹删題中『祝』字、注中『代』字。《傳經室文集》收文甚少，未足什之一。其爲張師誠代作，自非止壽啓一篇。師誠改安徽，邀同往，駿聲以親老辭，書記事務繁劇當爲一因。

現藏浙江圖書館。

經史答問不分卷 （清）朱駿聲撰 稿本

一册。紅格紙抄寫，每半葉十行，行二十一至二十八字不等。

卷端題曰：『元和朱駿聲筆記。』駿聲封題『經史答問』。朱師轍重裝封題『經史答問』，又記曰：『此先大父手稿，已刊行。民國廿二年九月，師轍識。』『已刊行』，謂清光緒二十年（1894）刻《經史答問》四卷，今存。《清史稿·藝文志》著録光緒刊本四卷。朱孔彰清光緒二十年《經史答問序》云：『先君著述數十種，《説文通訓定聲》一書栞行最早，其餘攷訂經史，皆以六書貫穿精義，未栞之稿尚多。少從嘉定錢竹汀宫詹游，故往往述其語。又與朱先生右曾友善，先生所著《逸周書集訓》，先君亦與商訂。後與黟汪先生文臺、俞先生正燮、程君鴻詔及弟子程朝鉦、朝儀等質疑問難，有《經史答問》一編。亂後頗有栿失，今存四卷。李君宗煝喜讀先人書，屬子藴貞訪求遺稿，請次弟栞行。』程朝儀訂補《石隱山人自訂年譜》載：『師愛重人才，所至必加物色。初抵黟，知稟生汪君南士（文臺），好古士也，即折節與交，晨夕相質難。《經史答問》一書，因之而作。南士没，貧無以殮，師弔諸其室，贈俾成喪。宿艸已深，猶時時致惜，謂學人難得云。』與孔彰所言略有不合。駿聲在黟久，與俞正燮、程鴻詔及門人程朝鉦、朝儀論學，質疑問難，自不止此。孔彰《行述》載：『嘗與嘉定葛其仁、朱右曾、黟縣俞正燮、汪文臺、程鴻詔論經史事及門人問答，又有《經史答問》二十六卷。』《説文通訓定聲跋》稱駿聲『手自勘定，未及版行者』有《經史答問》二十六卷。朱師轍《先大父豐芑博士遺著書目》著録《經史答問》二十六卷，注云：『自刊本四卷，未全，刊板已毁。』是書設爲問答，問者不署名氏，原爲二十六卷，非僅答汪南士一人。

二十六卷本未刻，范希曾《書目問答補正》稱『二十六卷家刻本』，未確。此本多鈎刪塗乙，光緒刊本據以梓行，文字從駿聲改定，鮮有異。稿本未分卷，光緒刊本釐爲四卷，殆刊時始爲析分。

王應麟撰《通鑑答問》五卷，設爲問答，評《通鑑紀事》，始於周威烈王，止於西漢宣元，實未完之書也。王氏之書讀《通鑑》所作，且不主考據。全祖望有《經史問答》十卷，初刻於清乾隆三十年（1765）。錢大昕有《經史問答》，刊入《潛研堂文集》。全氏之書答弟子董秉純、張炳、蔣學鏞、盧鎬等人問經史之業，又名《經史問目》，阮元《經史問答序》云：『經學、史才、詞科，三者得一足以傳，而鄞縣全謝山先生兼之』，『往返尋繹，實足以繼古賢，啓後學，與顧亭林《日知録》相埒』。錢氏《問答》，《易》《書》《詩》《三傳》《三禮》各一卷，《論語》《孟子》《唐初删定五經正義》《古以八音應八風》《七經緯不載於漢藝文志》爲一卷，《爾雅》《廣雅》爲一卷，《説文》爲一卷，《諸史》爲二卷，《算術》爲一卷，《音韻》爲一卷。治史爲全氏所長，音韻、訓詁、文字乃其所短，錢氏兼有其長，《問答》頗涉獵小學考據。清昭槤《嘯亭雜録》卷七『錢辛楣之博』載：『凡天文、地理、經史、小學、算法，無不精通。所著《經史答問》數卷，其暢發鄭賈之學，直接嫡乳，非他稍知皮毛之可比者。』駿聲從錢氏學，《答問》一書即承其『衣鉢』之作，頗涉經史考據、小學訓詁。如孔彰《序》所云『少從嘉定錢竹汀宫詹游，故往往述其語』。錢氏株守《説文》，不喜別解。駿聲主於求是，不拘師説，故言小學較錢氏爲專門。以原稿散佚，所存諸條大都爲《五經》《論語》《孟子》問答，不合於《經史答問》之名。諸條錯雜，未分類編目。刊本雖析爲四卷，概依於稿本，仍嫌雜亂。乾嘉諸儒研討經史，求古求是，確與宋儒詮理爲用不同，然詮理非無是處，且難頃刻而成。錢大昕、朱駿聲師徒事於考據，而非一味趨於考索，自具見解。駿聲《答問》二十六卷全帙不傳，雖存斷篇，亦多足觀。

現藏浙江圖書館。

臨嘯閣筆記一卷附讀韓非子札記一卷 （清）朱駿聲撰 稿本

二册。每半葉十行，行十八字，無版框、界格。

卷端首行上題『臨嘯閣筆記』，下題『元和朱駿聲著』。無序目。此爲駿聲手稿。封葉有駿聲題『各書説字形繆，經緯韻』，册一第一葉爲雜著手稿，接下爲《臨嘯閣筆記》。朱師轍《石隱山人自訂年譜題識》著録《古説字形繆誤》二卷，而未載是書，《先大父豐芑博士遺著書目》子部始列《臨嘯閣筆記》一卷，注云：『民國二十一年北京中國大學《國學叢書》刊印。』

是書隨記問學所得，間記見聞，各條不標細目，亦未按類編排。記問學，大都關涉經史、小學、考據。如第一條：『《漢書》有「後漢」，無「前漢」，「前漢」只宜曰「漢書」。「漢水」有「西漢」，無「東漢」，「東漢」只宜曰「漢水」。』第二條：『《詩》「漕」「驕」「軓」三字，以韻按之，則當作「溱」「駒」「軌」；以義覈之，則當作「漕」「驕」「軓」，實難强解。』第四條：『《廣韻》「澼」字，豆中小硬者，蓋即許書之「皀」字，所謂一粒也。顔黄門曰：「讀若逼。」』第八條：『許書「楚辭」，皆作「楚詞」，蓋從俗叚借。』第九條：『許書凡不以聲訓者，兩字多轉注。』第十條云：『奘爲大壯字，侗爲同人字。』第六十四條：『方密之先生不講古韻，專崇《正韻》一書，亦一蔽也。』第六十五條：『東方曰：朔來朔來。知爲棗。然棗不從束，非聲也。郭璞言永昌二日，然昌不從二日也。』眉端補云：『叔庵謂古棗從二來。』第三十三條（即『己卯八月』條）以下十八條（至『考史閣部無子』條），雜記聞見。如第三十四條：『己卯九月廿六黎明，在倚虹堂達忠庵出接駕，獻萬壽詩册。隨駕至隆宗門。十月初六黎明，在午門跪祝萬壽。』第三十五條：『己卯十月十九酉刻，文穎館火，燬屋卅餘間。』第四十條：『癸未正月廿四日，自京到馬蘭峪，途中得句云：「殘雪未消紅日冷，萬山深處馬如飛。」』自顧炎武《日知録》、閻若璩《潛丘劄記》肇開風氣，清儒喜作學術札記。是書論學爲多，入學術札記之列。音韻、考據乃駿聲所長，是書音韻、考據條目，頗有可觀。

附《讀韓非子札記》初稿本一卷，僅札記數十條。朱絲欄。每半葉十行，行字不等，白口，單魚尾，四周雙邊。卷端不署撰者名氏。是書録出《韓非子》引古者，以作考論。逐卷檢記，分列條目。如：『卷二《揚權篇》。按：《文選・蜀都賦》劉逵注：《韓非》有《揚搉篇》，今本皆作《揚權》，恐誤。然篇中有「權」字，無「搉」字，存疑。』又，『四十九《五蠹》云：「齊將攻魯，魯使子貢説之。」殆即《史記》所載亂齊存魯，强晉敝吴霸越之事。然謂「子貢辯智而魯削」，又不同。』又，『卅五《外儲説右下》云「啓與友黨攻益，而奪之天下」云云。《竹書紀年》本此』。又，『五十一《忠孝》云：「堯自以爲明而不能畜舜，舜自以爲賢而不能戴堯。」按：與湯武同論，屢見於《書》。又，「瞽瞍爲父而舜放之，象爲舜弟而殺之。」亦不經之言』。初稿考證未細，或僅録《韓非子》之説，存疑而未訂之義。如：『卷七《説林上》：「湯以伐桀，而恐天下言己爲貪也，因乃讓天下于務光。而恐務光之受之也，乃使人説務光曰：『湯殺君而欲傳惡聲于子，故讓天下於子。』務光因自投於河。」』又，『卷七《説林上》：「魯季孫新弑其君，吴起仕焉」』。又，『卷八《説林下》：「楊朱之弟楊布。」』至清稿本，考證始詳，各有論斷。

現藏浙江圖書館。

手澤録一卷中興聞見録一卷先君手録急就篇一卷　（清）朱駿聲纂　（清）朱孔彰編　稿本

一册。朱絲欄。每半葉十行，行二十至二十二字不等，白口，單魚尾，左右雙邊。

朱孔彰封題『手澤録、先君手録急就篇』。《手澤録》卷端題：『朱孔彰謹編。』《中興聞見録》卷端題：『長洲朱孔彰編。』《急就篇》卷端無題署。《手澤録》卷端有孔彰題識：『先君子著書數十種，各有標目。其未成帙者，零章賸句，破紙叢中，時復得之。手澤徒存，潸然涕下，愳其散失，謹録于篇。』《手澤録》《中興聞見録》乃孔彰掇拾駿聲零章賸句所編，發明雖少，猶可曰撰著，《急就篇》則駿聲手録古書。

《手澤録》凡十八條，雜記讀書所得。如第一條：『昔朱子《答張敬夫》書云：「至於文字之間，亦覺向來痛病不少。蓋平日解經最爲守章句者，然亦多是推衍文義。自做一片文字，非惟屋下架屋，説得意味淡薄，且使看者將注與經作兩項工夫做了，下稍看得支離，至於本旨，全不相照。以此方知漢儒可謂善説經者。不過只説訓詁，使人以此訓詁玩索經文。訓詁經文不相離異，只做一道看，直是意味深長。」先君子曰：今人分宋學、漢學。□知朱子佩服漢儒，説經如此。』朱熹《答張敬夫》見於宋刊浙本《晦菴先生文集》卷三十一。駿聲解經，於朱熹所言深有所感。其時漢宋之争猶熾，駿聲尊漢，然以爲宋學不得廢。他如第五條：『宋修《廣韻》，末附辯四聲輕清重濁法。此皆末流釽析，無足依據。即如「椿」爲輕清，而「春」爲重濁，「清」爲輕清，而「青」爲重濁，尚可解乎？』第八條云：『《孟子》：「則不得亟見之。」按：亟，疾急也。今讀去吏切，非。』乃讀書札記。

《中興聞見録》僅七條，記清咸豐間戡洪、楊之亂人物時事。第一條云：『胡文忠曰：「救天下之急證，莫如選將；治天下之真病，莫如察吏。兵事如治標，吏事如治本。」』胡林翼字潤芝，益陽人。道光十六年（1836）進士，纍官湖北巡撫。剿亂頗著功績，與曾國藩并稱中興名臣。咸豐十一年（1861）歿，謚文忠。『救天下之急證』云云，見於《胡文忠公遺集》卷五十九《致周笠西司馬》，作於咸豐七年，文字不異。第三條云：『丁篁村一門孝友，家世儒宗，戰没於三河。』《胡文忠公遺集》卷五十九《致司道》云：『丁篁村一門孝友，家世儒宗，强以爲將，覆於三河。』題下注『戊午』，即咸豐八年。

附《急就篇》，駿聲原抄一卷，書前録顔師古《急就篇注叙》。孔彰以父手澤，抄附《手澤録》《中興聞見録》後。篇中多小字校記『碑本作某』『黄本作某』『顔本作某』云云。間有孔彰批校，如章第六『葛轗軻（碑本「輱」作「咸」）』，眉批云：『聊城楊氏刊本作「葛咸軻」。』（今按：此校改後批語，原批『彰案應是「轗」』等字，抹删）『敦倚蘇』，地脚批云：『楊氏作「錡」。』章第三十三、三十四，眉批云：『三十三、三十四兩章，顔本、玉海本、黄本有，碑本無，楊氏刊本亦不録。』卷尾列校勘諸本：『碑本，皇象書（紹聖三年春王正月，摹勒上石）；顔本，顔師古注；黄本，黄魯直；李本，李仁甫；越本，朱文公刊於浙東。又見聊城楊以增益之刊本三十一篇；玉海本，王應麟補注。』

現藏浙江圖書館。

天學札記二卷 （清）朱駿聲撰 稿本

二册。朱絲欄。每半葉八行，行二十五字，小字雙行同，白口，單魚尾，四周雙邊。間用素紙補葉，每半葉五行，行二十字。

朱師轍封題上册曰『天學札記一』，下册曰『天學札記二，步氣朔用數』。此爲駿聲手稿，未見明顯分卷之迹，上册首葉首行原上題『曆象札記』，改作『天學札記』，下題『元和朱駿聲豐芑著』乃師轍手補。下册首葉首行上題『步氣朔用數』，框外有師轍補題一行：『天學札記，元和朱駿聲豐芑著。』館目作《天學札記》二卷，蓋以『步氣朔用數』爲一卷，此前爲一卷，今從之。

駿聲弱冠習天文曆算，堪稱精通。朱孔彰《説文通訓定聲跋》稱駿聲『手自勘定，未及版行者』有《天算瑣記》四卷、《歲星表》一卷，又有《數度衍約》四卷『則并藁本佚之矣』。《行述》云：『因參用舊名，著《歲星表》一卷、《天算瑣記》四卷』，『約録《數度衍》四卷，僅存歌一章，坿入詩稿』。朱師轍《石隱山人自訂年譜題識》《先大父豐芑博士遺著書目》皆著録《歲星表》一卷、《天算瑣記》四卷、《數度衍約》四卷。以上三書，《［同治］蘇州府志》卷一百三十七《藝文二》僅著録《天算瑣記》四卷、《數度衍約》四卷。孫詒讓《朱博士事略》僅載及《歲星表》一卷、《天算瑣記》四卷。諸家載記未言『天學札記』或『曆象札記』之名。疑是書即《天算瑣記》。《歲星表》一卷，有貴池劉世珩校刊《聚學軒叢書》本，孔彰清光緒十八年（1892）冬《跋》云：『《歲星表》一卷，晚年所撰也』，『年六十後，官黟縣訓導，以老病辭，卜築石埭，艸廬一區，負郭之田十畝，野望空闊，山川宗廫。時方危亂，夜則仰觀天文，藉忘世事，迺實測木星所在之辰，考今三百六十度分屬之宫，定軒轅十二次不符之名義，遂成《天算瑣記》及是《表》』，『憶年十四五時，先人指示天度，授以《漢書·律曆志》，《表》中二十八宿度數與《志》異者，古疏而今密也。回首已三十六年矣，展對遺編，涕零如雨』。由光緒十八年上推三十六年，駿聲指示天度以授《漢書·律曆志》，當在咸豐五、六年間。按《石隱山人自訂年譜》，咸豐五年（1855），駿聲『足疾作，養痾漳溪數月』，自是居石村之日多。其撰《天算瑣記》《歲星表》蓋在此際。

是書瑣記治天文曆算所得，貫通中西，古今互證，兼事經史考據。如：『堯時至孔子，已千五百歲，差度已二十餘度。若堯時斗柄指寅，孔子時必指丑矣。《論語》「行夏之時」，朱注從鄭而實誤。夫《堯典》《月令》俱未言及斗柄指寅爲孟春，可知寅者，直言寅月孟春耳。《史記·天官書》言斗建，兼夜半、平旦、初昏言之，則其論甚圓也。即如今道光八年正月，斗柄于初昏時却指丑，而改正月之建寅，可乎？若閏月指兩辰之間，惟值節氣之一日而已。其前後半月，并非兩辰之間也。』又，『西洋歌白尼謂地動而恒星天常静，太陽亦常静。太陽本爲光體，月、水、金、火、木、土六曜皆暗體，而借其光，地球亦然。設有人立太陰及他曜面上，則其視地球，亦如地上人之視太陰，有晦、望、弦也。不如設太陽于宇宙中心，而地球及其餘游曜皆旋繞太陽以借其光。按：此論奇闢，而推算則同，特駭人聽聞耳。又云六曜與地球所行之輪，皆橢圓，非渾圓。又云恒星則本有光，其中多有體大于太陽者』。眉端批語補云：『按：《尚書考・靈曜》云：「地恒動不止，譬如人在大舟中，閉牖而坐，舟行而人不覺也。」則古人亦嘗擬之。』諸可寶《疇人傳三編》卷四《朱駿聲》論云：『朱博士於學無不窺，七百八十三座之星，能指而名之；九章之術，能推而衍之；十經之誼，則淹而通之；三史、十子、騷選，皆熟而誦之，發爲撰著，博大而精。顧世之稱博士者，第知有《通訓定聲》一書已爾，而未知其兼長推步，明通象數也。蓋博士早歲得名，而又深自韜晦，不求知於世，世遂無以知博士。非猶夫人之一得，自封詡詡焉，表襮之不遑者，可以覰博士矣。』

現藏浙江圖書館。

數度衍約不分卷　（清）方中通撰　（清）朱駿聲校補　稿本

一冊。每半葉九行，行字不等，小字雙行，行字亦不等，無版框、界格。

卷端首行題『數度衍』，次行題『桐城方中通位白甫著，元和朱駿聲豐芑甫約』。書前序之以詩，原題作《校録方位白數度衍，書成，詩以序之》，校改作《方氏數度衍一書，余芟繁補漏，釐爲二冊，録竟，序之以詩》。《傳經室詩存》稿本收録此詩，題作《方位白先生數度衍，假之同年潘鴻誥，約其書爲二冊，繫以詩》。此本蓋舊裝二冊，改裝一冊。朱孔彰《説文通訓定聲跋》稱《數度衍約》四卷『則并稿本佚之矣』。《行述》云：『約録《數度衍》四卷，僅存歌一章，坿入詩稿。』《[同治]蘇州府志》卷一百三十七《藝文二》、朱師轍《石隱山人自訂年譜題識》《先大父豐芑博士遺著書目》皆著録《數度衍約》四卷。

此爲《數度衍約》稿本，未見明顯分卷之迹。方中通字位白，號陪翁，桐城人。方以智次子，與兄中德、弟中履能繼父學，尚氣節，并有高名。中通尤精天算之學，通音韻、六書。著有《數度衍》二十四卷、《音韻切衍》二卷、《篆隸辨從》二卷、《心學宗續編》四卷、《陪集》七卷、《續集》四卷及《易經深淺説》《律衍》諸書。《數度衍》有清康熙二十六年（1687）胡正宗刻本、光緒十六年（1890）成都太原王氏志古堂刻本，俱二十三卷、卷首三卷。《四庫全書》收録《數度衍》二十三卷、附録一卷，提要云：『以智博極羣書，兼通算數。中通承其家學，著爲是書，有數原律衍、幾何約、珠算、筆算、籌算、尺算諸法。復條列古《九章》名目，引《御製數理精藴》，推闡其義。其《幾何約》本前明徐光啓譯本，其珠算仿程大位《算法統宗》，筆算、籌算、尺算采《同文算指》及《新法算書》，惟數原律衍未明所自。大抵裒輯諸家之長，而增減潤色，勒爲一編者也。』周中孚《鄭堂讀書記》卷四十五著録繼聲堂刊本《數度衍》二十四卷，即康熙二十六年刻本，云：『凡分册隸以八卦名，又別爲分卷。卷首之一爲數原，二卷爲律衍，三爲幾何約。卷一爲珠算；卷二、卷三爲筆算（附鋪地錦、洛書算）；卷四爲籌算；卷五爲尺算；卷六至卷二十二爲九章；卷二十三爲九章外法。其卷之三重學解，有録無書，以失稿未補也。大旨明句股出于《河圖》，加減乘除出于《洛書》，故首言其原。黄鍾爲數始，故次律衍。線面體之理盡于幾何，故約之。九章皆出于句股，環矩以爲圓，合矩以爲方，方數爲典。以方圓，句股之所出也，故以句股爲首。少廣，方圓之所出也，故少廣次之。方田商功，皆少廣所出，故方田商功次之。一方一圓，其閒不齊，始出差分，均輸所出，而以方程濟其窮，故差分、均輸、盈朒、方程次之。度量、權衡，皆出黄鍾，粟布出焉。黄鍾出于方圓者也，故粟米終之，于是乎數盡于九章矣。然有不可屬于某章之下者，故于九章之後衍爲外法，九章亦賴爲用也。夫九數，爲人所常用者，有不輕爲人所用者，其理甚微。是編悉載之，并加淺説，務使深幾奥旨，見而知之，可以悉其心之苦矣。」

先是桐城胡宗緒有《數度衍參注》二卷。駿聲借潘鴻誥藏本，作《數度衍約》。鴻誥字望之，清嘉定（今屬上海）人。嘉慶二十三年（1818）舉人。通經小學，能錯綜許、鄭，爲錢大昕稱賞。是書首列各册總括。如：「［艮册］方田。其目二，丈量、田形也。○商功。其目二，開筑、垛捆也。○差分。其目七，兩分差、遞分差、倍分差、子母差、合率差、和較三率、借衰互徵也。○均輸。其目三，均賦、均價、均募也。」繼列歷代算書之目，接爲語詞名音擇釋，如『髀』義、『率』音之類。其下按章約之，爲圖爲解。如《數度約》卷十五《田形・諸形量法》『圓形術』云：『以周折半爲三十，徑折半爲一十，相乘得三百爲積步。少廣諸法皆可用。通曰：周自乘四八九，各除一偏見畝；徑自乘四八，各除一偏見畝，不必積步矣。凡田非四方、渾圓，不可量周。』駿聲《田形・圓形》云：『以周折半、以徑折半相乘爲積。○或以徑自乘，再以七五乘之。○或以周自乘，再十二除之。○周自乘四八九，各除一遍見畝；徑自乘四八，各除一遍見畝，不必積步矣。』駿聲算學頗精，約注方氏之書，闡所自得，務使深幾奥旨易見之，用心苦矣。

現藏浙江圖書館。

軒岐至理不分卷 （清）朱駿聲編 稿本

一册。烏絲欄。每半葉八行，行字不等，小字雙行，行字亦不等，四周雙邊，無界格。封題「軒岐至理」。卷端不署撰者名氏。無序跋。

朱孔彰《説文通訓定聲跋》稱駿聲有《軒岐至理》四卷，未刊，「并稿本佚之矣」。朱師轍《石隱山人自訂年譜題識》《先大父豐芑博士遺著書目》皆著録《軒岐至理》四卷。此爲清稿本，不見明顯分卷之迹。其初稿本亦存，與《詩序異同彙參》初稿本等合裝一册，删改塗乙滿卷，葉多殘缺，文字亦多異。

是書雜録診法、醫方、本草，如二十四脉、三脉、四時之脉、奇經八脉、七診、二十四法、軒岐至理、用藥之要等，大抵酌采醫書，録爲一編。駿聲體弱多病，醫非所擅，而爲所留意。按《石隱山人自訂年譜》：清嘉慶十八年（1818）冬，駿聲『病傷寒，幾殆』，『舊患偏頭風十餘年，至是右目傷短視，而夙痾亦瘳』。道光九年（1829）正月，『大病月餘』。咸豐五年（1855），『足疾作，養痾漳溪數月』。明年，『患肩風毒外症』。咸豐七年四月，『以疾劇告病』，『旋入漳溪養痾』，翌年病歿於黟縣石村。久病成醫，駿聲略通醫理，撮録此編，以備參酌也。

現藏浙江圖書館。

漢書雋語不分卷　（清）朱駿聲輯　稿本　存十三葉

一册。烏絲欄。每半葉十一行，行字不等，白口，雙魚尾，左右雙邊。

封題『漢書雋語四卷』。首尾殘缺，存十三葉，前十二面相連屬，後一面裝於册尾。其間爲雜著散葉，録行輩稱謂、日用器物之詞，科第職官古今稱謂、喪服雜抄等。朱師轍《石隱山人自訂年譜題識》《先大父豐芑博士遺著書目》皆著録《漢書雋語》四卷。

是書今未訪得其他傳本，未詳此册所存幾何。據殘葉，知按部類纂輯《漢書》詞語，兼爲訓釋。所存諸類爲□□類、歲時類、災祥類、祭禱類；[地里]邑里類、山川類；[人物]親戚類、君臣類、良賤類、往昔類、婦人類；[宫室]宫殿類、堂室類、旅寓類；[器用]器皿類、舟車類；音樂部（不分類）；軍旅部（兵戎、戰陣）；盟要類；

［草木］蔬穀類、果木類；［鳥獸］羽族類、毛群類、魚龍類；［通用］發語類、雙字類；［人事］賢否類、寵辱類、吉慶類、凶禮類、交際類、動静類；制令部（不分類）；［戰守］職官類、共職類；［刑法］法制類；寶貨部（不分類）；文學部（不分類）；身體部（髮、膚）；言語類；冠服部（不分類）；酒食部（食品、酒漿）；藝術部（不分類）。各類或多至百餘條，或僅一、二條。藝術部後附記『前明國子監助教浦南金取《爾雅》《左腴》《漢雋》《書叙》四書，分類編輯，□□□□指南，凡二十部四十類，三百廿六篇』云云。浦南金字伯兼，清嘉定（今屬上海）人。明嘉靖元年（1522）舉人，官國子監助教，嘗取《爾雅》《左腴》《漢雋》《書叙指南》四書，彙編爲《修辭指南》二十卷。《四庫全書總目》著録《修辭指南》二十卷，提要謂『輾轉裨販，殊無可觀』。

宋人林鉞撰《漢雋》十卷。陳振孫《直齋書録解題》卷十四著録《漢雋》十卷：『以《西漢書》分類爲十五篇（案：《文獻通攷》作五十篇），皆句字之古雅者。雋者，取雋永之義也。』唐人鄭暐有《史雋》十卷，王應麟《困學紀聞》卷十二稱『《漢雋》之名本於此』。《漢雋》取《漢書》古雅之字，分類編纂。元時重刻，袁桷《序》稱『《漢雋》之作，爲習宏博便』。明人凌迪知仿其體例，輯後漢故實爲《後集》六卷，合林鉞之書爲一編，改題《兩漢雋言》。《四庫全書總目》該書提要著録内府藏本《兩漢雋言》十六卷，前十卷依林鉞舊題，分《稱制篇》《三宫篇》《群僚篇》《調補篇》《國士篇》《賢豪篇》等五十篇，後六卷分《三精篇》《戒節篇》《長聚篇》《女史篇》《正屏篇》等六十二篇。各篇録字詞句語，注明出處，并采録《漢書》《後漢書》前人注解。駿聲是書不仿林鉞舊例，且非爲便於鴻博之試所作。大抵撮録《漢書》《後漢書》雋語字詞，不標出處，引前人注解亦不標示。如歲時類『昒昕』釋云：『早旦也。』『日昳』釋云：『日晚也。』『時駛不可稽』釋云：『歲月如驅也。』祭禱類『夔魖獝狂』釋云：『惡鬼也。』山川類『林薄』釋云：『草木也。』『山椒』釋云：『山頂也。』『欲界之仙都』釋云：『山林奇處也。』『考量隱栝』釋云：『治河語。』凶禮類云：『傷他人事曰私用流涕』，『居喪追悼曰几筵之慕』，『不及送曰不得助執紼』；交際類云：『舊略識曰一揖之舊』，『忙中作書曰占授不次』。易解、習用者多不釋。是書甚簡明，雖嫌粗疏，然可爲讀《漢書》《後漢書》及操觚染翰小助，亦可備治訓詁之參酌。

現藏浙江圖書館。

説苑新序校評六卷附荀子校評一卷 （清）朱駿聲校評 （清）朱孔彰校録 稿本

二册。每半葉八行，行字不等，無版框、界格。上册朱師轍封題『説苑新序校評（上），坿荀子校評』，内封題『説苑校評一』，又記云：『説苑新序校評八卷，共二册，附荀子校評，民國辛卯嶺南大學排印五百部，朱師轍識。』下册師轍封題『説苑新序校評（下），坿荀子校評』。卷一卷端首行題『半隱廬筆記』，次行曰：『謹録先君校《説苑》《新序》評語。』其前師轍增題書名及撰者名氏，上題『説苑新序校評』，下題『元和朱駿聲遺稿，孫男朱師轍校録』，删改作『元和朱駿聲遺稿，男孔彰校録』。書前又補師轍一九五一年手書《説苑新序校評識語》：『余家臧有明楚府本《説苑》《新序》，刻極精。先大父豐芑（諱駿聲）博士，曾以硃筆校勘，書於簡端。先君仲我（諱孔彰）協修，珍重寶臧，師轍昔年曾見之。民國二年，張勳破南京，大掠三日，庽中衣物悉被刦無遺，獨此書未失。家人衆多，無以爲生，先君以此書質於劉聚卿（世珩）觀察所，得百金以度活。先君手録簡端所校，爲《説苑新序校評》，并附《荀子校評》十餘條，欲編入自撰《半隱廬筆記》。既而先君逝世，師轍裒輯遺稿，守而勿失』，『重複詳讀，益知先大父校評之精。蓋清儒以精通小學爲基，又博覽羣言，故校勘之學，卓越前代。先大父《説文通訓定聲》，雖爲語言文字、小學音韻之專書，而其綜括經史諸子百家，探其錯誤疑義，實亦校勘古籍之總匯。今觀所校《説苑》《新序》，綜百家之羣言，證一字之得失，剖析豪釐，發明隱義，其開人神知極弘，益見清代諸賢治學，解謬誤，達神恉，非後生不讀書，取數本死校，望文生義，鄉壁虛造，據單文孤證，果於立異者，所可同日而語也』。

是書爲朱孔彰校録駿聲校評劉向《説苑》《新序》之語，其由來及流傳，師轍述之詳矣。駿聲校評初寫於家藏明正德五年（1510）楚藩正心書院刻本《説苑》《新序》簡端。《四庫全書》收録《説苑》二十卷、《新序》十卷，提要云：『殆捃拾衆説，各據本文，偶爾失於參校也。然古籍散佚，多賴此以存。如《漢志》《河間獻王》八篇，《隋志》已不著録，而此書所載四條，尚足見其議論醇正，不愧儒宗。其他亦多可采擇。雖間有傳聞異詞，固不以微瑕累全璧矣。』《新序》提要云：『《崇文總目》云所載皆戰國、秦、漢間事。以今考之，春秋時事尤多，漢事不過數條。大抵採百家傳記，以類相從，故頗與《春秋内外傳》《戰國策》、太史公書互相出入。高似孫《子略》謂：先秦古書，甫脱燼劫，一入向筆，採擷不遺。』《新序》十卷傳世有宋刻本、明正德五年楚藩刻本、明萬曆間刻本、清初刻本等數十種，其批校者有明末劉宗周，清何焯、蔣杲、黄丕烈、陸損之、王紹蘭、蔡名衡、鄭珍等人。《説苑》二十卷傳世有宋咸淳元年（1265）鎮江府學刻、元明遞修本、元刻本、明正德五年楚藩刻本、清初刻本等數十種，其批校者有明末劉宗周，傅山，清錢曾、何煌、陳鱣、黄丕烈、黄儀、嚴可均、丁晏、朱學勤、王紹蘭、蔡名衡、姚覲元、王振聲等。

駿聲校評手稿，孔彰謹藏，師轍早年曾見之。民國初，孔彰以家貧，無以爲生，質於劉世珩所，乃手録簡端記成《説苑新序校評》，附《荀子校評》十餘條。後師轍得杜國庠之助，由嶺南大學排印《説苑新序校評》八卷、附《荀子校評》，印五百部。今未詳劉世珩藏本尚存天壤否。

駿聲校《説苑》，未睹宋本，卷端述諸本云：『《説苑》有明楚府本、元時坊本、程榮本。《新序》有明楚府本、陸貽典本、程榮本、何允中本。』校評多有發明。如校《君道篇》，其一條云：『《易》曰「夫君子居其室一節。○駿按：洩治，在魯宣時，何得引孔子贊《易》語？』又一條云：『「國之利器，不可以借人。」○借，《老子》作示，《淮南外傳》引同，《韓非子》《文子》皆同，然借字實勝。當作藉，藉正借俗。』書末附《荀子校評》僅十二條，其中又有二條署『彰按』，即孔彰校評語。《先大父豐芑博士遺著書目》稱《荀子評校》爲四卷，未刊，今未訪見其本。

今觀駿聲校評，未必皆是，且不免穿鑿臆斷。然其校書，蓋如師轍所論，以精通小學爲基地，綜括經史百家，雖證一字得失，而能剖析精微，發明隱義。大抵踵戴震、盧文弨、阮元諸子精校勘之緒，不愧一時名家，非取數本死校，望文生義，果於立異者可同日語。

現藏浙江圖書館。

李杜韓蘇詩評選六卷

（清）朱駿聲評選　稿本　存四卷半（李詩一卷、韓詩一卷、杜詩半卷、蘇詩卷上半卷、蘇詩卷中、蘇詩卷下半卷）

三册。每半葉九行，行二十五字，無版框、界格。

册一有朱師轍封題『李杜韓蘇詩評選六卷』。各卷端不題撰者名氏。是書爲駿聲評選李白、杜甫、韓愈、蘇軾四家詩，計李詩七言古近體抄一卷、韓詩七言古近體抄一卷、杜詩七言古近體抄一卷、蘇詩七言古近體抄三卷。集未刻行，傳世僅此手稿。其中杜詩半卷、蘇詩上下各半卷以洪、楊起義散佚。册二杜詩殘卷前有朱師轍題識：『此先大父《李杜韓蘇四家詩選》本也，遭兵燹，失去杜詩半卷、蘇詩上下各半卷。兹將殘頁釐爲一本，雖前後頁多不連貫，亦先大父手澤之存。尚有李、韓二家詩全卷及蘇詩中卷，另訂爲二本，以便翻閱。孫師轍謹識。』此本三册，即師軾裝訂。朱孔彰《説文通訓定聲跋》稱『其稿本尚存，未經勘定者』有《李杜韓蘇七言詩評選》六卷。朱師轍《石隱山人自訂年譜題識》《先大父豐芑博士遺著書目》皆著録《李杜韓蘇七言詩評選》六卷。

駿聲以學問著，詩詞亦工，且深好之。其於近人好朱彝尊、吴偉業諸家，明人好高啓，於唐宋人，初學温、李，繼學東坡，於李、杜、韓三家兼有取法。所作諸體皆備，尤好七言。是集專取李、杜、韓、蘇四家七言古近體，手自選評。評語大都關涉考訂注解。如李白《蜀道難》一首，注云：『沈存中《筆談》謂此爲玄宗幸蜀而作。雖臆揣之説，覈其情事，信然。』『蠶叢及魚鳬』二句，眉批：『蠶叢、柏灌、魚鳬、蒲澤、開明，皆蜀王祖先之名。愚按：皆地名，歷代國所都處。』『太白有鳥道』句，『太白』夾批：『山名。』『上有六龍回日之高標』句，『高標』夾批：『山名。』『黄鶴之飛尚不得過』句，眉批：『黄鶴，即黄鵠。』『砯崖轉石萬壑雷』句，眉批：『按：「砯」，即「崩」字。』《白頭吟》『錦水東流碧』一首，評云：『此是後來改本也，勝前。』《玉壺吟》一首，評云：『自歎也。』蘇軾《東陽水樂亭》『五斗黄泥一鍾水』句，眉批：『「鍾」當作改「石」。「鍾」作量名解，終混。』或考作時及史事，或注地理，或訓故音釋，偶及韻境詩法。

四家詩歷代注解富矣。駿聲間有發明，然未能多。如李白《鞠歌行》末二句『奈何今之人，雙目送飛鴻』，駿聲評云：『按：結語用衛靈仰視飛鴻事。前人各注皆非。駿聲識。』按：《分類補注李太白詩》卷四録此詩，末二句後有元人蕭士贇注：『此詩蓋深歎今之人無知人之鑒，卒之無可奈何，唯「雙目送飛鴻」以寄興耳。太白負才而不用於時，豈亦有感而作乎？』駿聲謂『結語用衛靈仰視飛鴻事』，所言甚是。清人王琦《李太白詩集注》已先言之：『《史記》：衛靈公與孔子語，見蜚雁，仰視之，色不在孔子，孔子遂行。「雙目送飛鴻」，正用其事，以喻不好賢之意。』惜駿聲未見之。又如韓愈《八月十五夜贈張功曹》『海氣濕蟄熏腥臊』句，駿聲眉批：『「蟄」，當作「熱」。』按：宋人魏仲舉《五百家注昌黎文集》『海氣』句注：『「濕」，一作「温」。「熏」，一作

「重」。』廖瑩中《東雅堂昌黎集注》『海氣』句注：『「濕」，或作「温」，非是。』《朱文公校韓昌黎先生集》『海氣』句注『「濕」，方作「温」，非是。』『濕』字，注家之辨已多，而『蟄』字，前此尠見異議。駿聲謂『蟄』當作『熱』，然『濕蟄』自有出處，《洛陽伽藍記》云：『元慎正色曰：「江左假息，僻居一隅，地多濕蟄，攢育蟲蟻。」』駿聲所辨，尚可商榷。較之歷代四家詩注，駿聲是編未足稱道。然其未有詩話之作，是編庶可見其論詩所好，及清考據家選評唐宋名家詩之習嗜。

現藏浙江圖書館。

如話詩鈔不分卷　（清）朱駿聲輯　稿本

一册。朱絲欄。每半葉十行，行二十一至二十二字不等。

駿聲封題『如話詩鈔』。卷端不署撰者名氏。集前有《自序》：『詩本性情，小詩尤以性情爲至，而加之風趣非如排律之貴莊重，歌行之宜奥衍也。余覽説部書，遇韻語之婉約可風，涉筆成趣，其音郎郎可誦者，或言雖近里而有關世道人心者，自唐宋迄今，凡七言截句，皆筆録焉。積久成帙，因汰其稍冗者十之三，校而刻之，得如干首，以公同好。曰如話者，謂可談笑而道也。』駿聲汎覽説部，筆録韻語，專取七言截句。所選始於唐宋，下至當世，積久成帙，及欲校刻行世，删存什之三，猶得二百六十餘首，題曰《如話詩鈔》。是書又名《白描詩録》。朱孔彰《説文通訓定聲跋》稱『其稿本尚存，未經勘定者』有《白描詩録》一卷。朱師轍《石隱山人自訂年譜題識》著録《如話詩録》一卷，注云：『即《白描詩録》。』《先大父豐芑博士遺著書目》著録《如話詩鈔》一卷，注云：『即《白描詩録》。胡樸安校，廣益書局排印本。』民國十年（1921），上海廣益書局排印《如話詩鈔》

一卷，即據於此本。

是書筆録韻語，隨詩命題。如第一條《唐繁知一呈白香山詩》，題注云：『白至巫山，竟不敢題詩。劉禹錫亦怯而不爲。』詩云：『蘇州刺史今才子，行到巫山必有詩。爲報高唐神女道，速排雲雨候清詞。』其事見唐人范攄《雲溪友議》卷上『巫詠難』條：『秭歸縣繁知一聞白樂天將過巫山，先於神女祠粉壁大署之曰：「蘇州刺史今才子，行到巫山必有詩。爲報高唐神女道，速排雲雨候清詞。」白公覩題處悵然，邀知一至，曰：「歷陽劉郎中禹錫三年理白帝，欲作一詩於此，怯而不爲。」』《太平廣記》采入卷一百九十八《文章一》。第二條《唐朱慶餘呈張籍詩》詩云：『洞房昨夜停紅燭，待曉堂前拜舅姑。粧罷低聲問夫壻，畫眉深淺入時無。』其事見《雲溪友議》卷下『閨婦歌』條：『朱慶餘校書既遇水部郎中張籍』，『朱君尚爲謙退閨意一篇，以獻張公。張公明其進退，尋亦和焉，詩曰：「洞房昨夜停紅燭，待曉堂前拜舅姑。粧罷低聲問夫壻，畫眉深淺入時無。」張籍郎中酬曰：「越女新粧出鏡心，自知明艷更沉吟。齊紈未足人間貴，一典菱歌敵萬金。」朱公才學因張公一詩，名流於海内矣』。宋本《朱慶餘詩集》收『洞房昨夜停紅燭』一首，題作《近試上張弘水部》。駿聲所録截句，或『婉約可風，涉筆成趣』，或『有關世道人心』，不避俚俗，且多異聞奇事，聊備閑談。如《明太祖微行詩》：『殺盡江南百萬兵，腰間寶劍血猶腥。山僧不識英雄主，只顧嘵嘵問姓名。』郎瑛《七修類稿》卷三十七『般若庵』條載：『太祖既渡江，微行于庵，欲借一宿。僧异而問其爵里姓名，乃題詩于壁曰：「殺盡江南百萬兵，腰間寶劍血猶腥。山僧不識英雄主，只顧嘵嘵問姓名。」後登極，聞詩已無，有旨鑰僧至京，將殺之。既曰：「予詩何去之？」僧曰：「御製後僅有吾故師四句在焉。」問曰：「何詩？」僧誦云：「御筆題詩不敢留，留時常恐鬼神愁。故將法水輕輕洗，尚有毫光射鬥牛。」上笑釋之。』説部韻語，其事多傅會，其詩或杜撰；詩或爲真，事恐出傅會。《明太祖文集》卷二十收此詩，題作《不惹菴示僧》，真僞難以遽定。又如《高季迪爲婦翁周仲建題蘆雁圖詩》注云：『時高未娶，翁曰：「是子求室也。」擇日以女歸之。』詩云：『西風吹折荻花枝，好鳥飛來羽翮垂。沙闊水寒魚不見，滿身風露立多時。』其事見明人黃暐《蓬窗類紀》卷三：『先生年十八，頎而長，貧未娶。婦翁周仲建有疾，先生往唁之，周出《蘆雁圖》請題。先生走筆賦曰：「西風吹折荻花枝，好鳥飛來羽翼（一作翮）垂。沙闊水寒魚不見，滿身風露立多時。」翁曰：「是子求室也。」即擇吉日，以女妻焉。』又見於蔣一葵《堯山堂外紀》卷八十。今存高啓詩集傳本十餘種，俱未見此詩，蓋傅會之作，後人編集不采。

是集間采入駿聲自作。如《朱駿聲口占，命兒孔陽作畫》云：『兩間茆屋水之濱，四面青山作比隣。要畫梅花三萬樹，窓前着箇詠花人。』《朱駿聲題馮小青傳》云：『聘錢十萬誤天孫，不獨河東遇少恩。才色自憐應第一，許誰紙書爲招魂。』所詠頗佳。

説部韻語，多不經傳聞。駿聲之前，未見有選録成編者。是集供野説閑談，亦可備談詩之助。按《自序》『校而刻之，得若干首』云云，駿聲曾謀刻之，究未竟事。

現藏浙江圖書館。

詞選一卷 （清）朱駿聲撰 稿本

一册。朱絲欄。每半葉十行，行二十四字。缺前八面，存第九至二十六面。

是集爲駿聲手選宋元人詞，收程垓、蔣捷、晏幾道、賀鑄、謝逸、張昇、毛滂、柳永、吳文英、蘇軾、康與之、胡浩然、周邦彦、岳飛、元好問、葉夢得、秦觀、李清照、周密、京鏜、姜夔、王觀、張翥、張元幹、洪瑹、陳允平、辛棄疾、劉叔安、陸游、趙以夫、史達祖、馮偉壽、吕渭老、仇遠、劉過、向子諲、劉克莊諸家，大都人各一首，間一人多首，多者不過四五首。元人僅選元好問、張翥、仇遠三家三首。其編排以詞牌字數多寡爲先後次第，詞牌下各注字數。第九葉首闋爲程垓《酷相思・贈別錦江妓》，六十六字，名氏及詞牌名在前一葉，散失。卷尾末一首爲劉克莊《賀新郎・端午》，一百十六字。

殘本選柳永詞最多，凡五見，得五首；吳文英、姜夔各四見，人四首；蔣捷凡三見，得三首；蘇軾、賀鑄、周邦彥、辛棄疾各兩見，人二首。程垓選《酷相思・贈別錦江妓》《雙調連理枝・不恨殘花彈》二首，康與之選《金菊對芙蓉・梧葉飄黄》一首，又選《江城梅花引・娟娟霜月冷侵門》一首，題曰康與之，又小字注『一作程垓』。餘人各一首。近人邵瑞彭《臨嘯閣詞跋》稱駿聲『其詞淵源叔夏，而以辛、劉爲俌，於近代金風亭長，寢饋尤深』，朱師轍《跋》則稱『初宗竹垞，繼法玉田，輔以辛、劉』。《詞選》殘稿未見張炎詞，辛詞存二首，劉詞存一首。全稿未見，其果選張炎詞否，未可知也。今據殘稿，駿聲特推許柳永、吳文英、姜夔諸家，好清真、婉麗之調。與朱綬《芍藥詞跋》所言『詞筆穠麗，胎源於花間，而取裁於柳耆卿、辛稼軒數家，故抒藻艷而不靡』，『《洞仙歌》一闋，獨近南宋，在作者固爲變調』相合。蓋駿聲取法前後有變，初尚穠麗，後好清空，《詞選》可見其一時好尚。

駿聲摯友朱綬、戈載皆工詞，名入『吳中七子』。戈載撰《詞林正韻》，有《宋七家詞選》《續絶妙好詞》之選。駿聲編《詞選》，蓋爲友人鼓動。集中朱筆圈點，朱墨筆批校，皆駿聲自爲。如姜夔《長亭怨慢・桓大司馬云》，眉端墨批：『唐蘇頲五歲，裴談過其父，使誦此，乃易其韻云云。』録前人載記。李清照《鳳皇臺上憶吹簫・離別》，眉端墨批：『猶朱淑真《生查子》詞乃歐陽公作，竄入《斷腸詞》中，而污衊之也。』朱批云：『複「休」韻。』是集藏諸篋衍，以備吟賞，未刻行。

現藏浙江圖書館。

傳經室文集不分卷　（清）朱駿聲撰　稿本

二册。每半葉九行，行二十五至二十六字不等，白口，單魚尾，四周單邊。版心下印『散花菴』。無序目。册一墨筆封題『傳經室文集』，又曰『已刊』；册二墨筆封題『劉翰怡重刊』，又朱筆記：『此稿民國七年曾排印于京師，康君心孚用鉛字印三百部。』皆朱師轍手迹。此本爲朱駿聲手稿。是書民國間兩次印行。先是民國七年（1918），康心孚鉛印《傳經室文集》六卷，明年成三百部。師轍檢駿聲遺書，見此手稿，補輯《傳經室文集》十卷、附賦一卷，民國十二年劉承幹刊行，即《求恕齋叢書》本。

此本上册收墓志銘、記、序、祭文、考、題跋、啓、辨、傳、説、解、書後諸體文，得《贈奉政大夫鹽課司提舉候選訓導廩貢生謝君墓志銘》《重脩江震縣學增建松陵書院記》《説文通訓定聲自叙》《作爻辰補義書後》《復卦彖詞解》《書焦孝廉循易圖略後》等文六十篇。其中《郭壽序注》係校改增入。《易朔説》合其下《易彖象字説》一篇爲一篇，仍題《易朔説》，題下增注：『與下合爲一篇。』勾删下篇《易彖象字説》之題及首行，復勾删二句，增數句。其文字經駿聲手自校改，《石鼓考》《文字聲音源流》二篇改易尤多。下册收或問、序、記、傳、書後、説、辨、書、跋、銘、策問、告文諸體文，得《答太歲太陰問》《夏小正補傳序》《朱氏支譜序》《古今韻準自序》《書明史後》等文三十八篇。文字間有校改，如《小爾雅約注序》，原題作《小爾雅通釋序》。合上、下兩册，收文九十八篇。未按體類分。墓誌銘、或問、書、祭文各得一篇，《策問》得二道，由是知是集恐未足駿聲所作什之一。求恕齋刊本按體類編，通計一百零四篇，所增僅《李春圃明府六十壽序》及《説文》《通訓》《定聲》《轉注》《叚借》諸説。

是集以經解、考據文字爲多。經解三十餘篇，居三之一。考據文字與之相當。經解又以《論》《孟》《易》爲主。

其文具見經學家本色，異於道學家詮理言道，亦異於文人放情騁懷、歸於翰藻。清人論詩，分學者、詩人、才士爲三家。駿聲兼有三家，然入詩人之列。清人文章，則有學者、文人之别。學者之文，又有道學家、考據家之别。就此一編言，駿聲入考據家之流。劉承幹《序》云：『竊嘗論之，六朝以前，文筆綦嚴，非夫事出於沈思，義歸乎翰藻，文士不以之編集』，『當時惟王粲集載難鄭康成尚書事，《困學紀聞》云：「凡有二篇，顔黄門嘗舉以問鄴下諸儒，皆曰：文集止有詩、賦、銘、誄，豈當論經書事乎？」此雖北士見聞之弇陋，亦以魏晉文集少有此體也。降及唐宋，則論著立意之篇入集矣。逮國朝，則攷證之文亦入集矣。龔定庵有言：「本朝儒術博矣，然其運實爲道問學。自乾隆初元來，儒術而不道問學，所服習非問學，所討論非問學。比之生文家而爲質家之言，非律令。」蓋休寧、高郵諸大儒以其樸學倡導於世，學者承流，靡不争以攷證鳴，一名一物有説焉，一字一義有訓焉，簡絲數米則筆之爲札記，爲脞録，又以其成篇幅，具首尾者，悉舉而納諸文集，以爲龍蛇之菹。故稽國朝一代别集，自桐城、陽湖古文家，及一二爲駢儷之文者外，凡名於藝苑者，胥是物也。就其善者，亦能庀經畬，函雅故，比諸不賢之識小。其不善者爲之，或且繁言析辭，碎義逃難，枝之獵而去其根，細之搜而遺其鉅，而疑古惑經諸異説漸亦萌蘖於其間。至是而集之稱濫，而集之體龐，誠九流之所不能賅，而七録之所不能部矣。昔俞理初目所造曰《類稿》，近孫籀廎亦題所著曰《述林》，彼實感夫文與質之不相麗，而思有以正其名也。先生此集，固不離乎攷證者近是。曩吾校刊揚子劉伯山《通義堂文集》，繁徵明辨，致爲淵肆。先生博不及伯山，而翔慎似過之。至其他文，所謂事出於沈思，義歸乎翰藻者，亦皆錯華比采，鏗鏘可誦，則又非專治攷證之儒所能兼逮矣。雖此區區小集，或非先生精詣所寄，而要未嘗不可見先生爲學之一斑，亦安可少也哉』，所論是矣。是集庀經畬，函雅故，蓋善爲之者也。考據之外，復有沈思翰藻之篇。《家荚亭先生傳》《朱晉康樂道山房記》《記宋助教佚事》《吳卿憐小傳》《記劍俠》《僕者陳忠傳》《余君振昌小傳》諸篇，叙事生動，『鏗鏘可誦』。

駿聲《朱謙山（鐘）羣玉山堂文集序》論文云：『前（有）明以來，專以八股取士，而古文之學衰。所孑孑乎賴以不墜者，有數大家、數十名家維持之，雖不爲秦漢之文，而于唐宋則已庶幾。余謂文者，古人以陳謨矢訓，扶氣類，明志節，宏道而教俗，非直以言辭爲工也。矜纂組薈蕞、儷青媲白之長，弊弊焉從事于所無用，以取悦庸衆人之耳目。志於道者，誠鄙而夷之。』其爲文自視『志於道者』，不屑纂組薈蕞，儷青媲白，從事于無用，取悦於庸衆耳目。今觀所作，浸淫唐宋八家，關乎世道人心，因時而變，事於攷證，以黜剿説浮詞、無用之文，以求補裨經史、世道，固能文之士也。朱師轍言乃祖『其文精深博麗，雖專家弗能過也』，殆非虚語。

現藏浙江圖書館。

臨嘯閣文集補遺一卷　（清）朱駿聲撰　稿本

一册。每半葉六至七行不等，行二十字，無版框、界格。末一篇《唐李賀小傳》二葉，烏絲欄，每半葉九行，行二十五字。朱師轍封題『臨嘯閣文集補遺』。無序目。收《田税軍賦説》《什一説》《夏五十而貢，殷七十而助，周百畝而徹説》《魯禘説》《旅酬下爲上解》《禘説》《唐李賀小傳》等文七篇，俱見於《傳經室文集》稿本。

此本爲駿聲初稿，朱墨筆校改，《田税軍賦説》《什一説》兩篇塗乙最少，旁校亦近三十處，《傳經室文集》稿本從之。《夏五十而貢，殷七十而助，周百畝而徹説》一篇，原題《五十、七十、百畝而徹説》，與《魯禘説》《旅酬下爲上解》《禘説》《唐李賀小傳》數篇頗有增改。如《魯禘説》『禘，鴻稱也』，『鴻稱』改作『享帝』。『後乃僭之于羣廟，雖不享帝，統名曰禘矣。且晉無祭后稷之事，亦美其稱，曰禘矣』數句，『後』前校改增一『厥』字，『之于』改作『用于』，『統名曰禘矣』後增雙行小字注：『《祭統》「内祭則大嘗禘」，即《春秋》所書之禘，僭後之侈詞也。』并標云：『夾行寫。』『后稷』改『文王』。《傳經室文集》稿本俱從之，『雖』誤寫作『隆』，旁校改正；『且㫮無祭』後脱『文王』二字，校改增之。《旅酬下爲上解》一篇，『解』原作『説』。《禘説》一篇，幾近重擬。《唐李賀小傳》一篇類之，題下注云：『戊子七月十五日。』戊子，清道光八年（1828）。《石隱山人自訂年譜》『道光八年』條載：『仍館揚州。著《六十四卦經解》。十二月，旋里。』師轍按云：『《唐李賀小傳》稿旁注：「戊子七月。」亦此年所作。』《傳經室文集》稿本録此篇，題作《李長吉小傳》，不録題注。

此本可見駿聲爲文謹嚴，考證用力之深。朱氏家有臨嘯閣，駿聲祖朱煥，清乾隆壬午（1762）舉人，官廣東鹽庫大使，著有《臨嘯閣遺稿》。駿聲數種著述，皆用臨嘯閣名集。光緒八年（1882）重修《説文通訓定聲》及刻《朱氏羣書》六卷，板藏於臨嘯閣。

現藏浙江圖書館。

傳經室駢體文存一卷　（清）朱駿聲撰　稿本

一册。每半葉十行，行二十四字，無版框、界格。集前有目録，無序跋。

是集爲駿聲駢文一卷，收《蕭聲吹暖賣餳天》《消夏灣賦》《守口如瓶賦》《旅館賦》《荷露烹茶賦》《冰蠶賦》《擬稽叔夜琴賦》《經訓乃菑畬賦》《大麻蠅賦》《六角扇賦》《學染甚丹青賦》《李春圃明府六十壽序》等十二篇。集前目録一葉，列《蕭聲吹暖賣餳天》《消夏灣賦》等十一篇，無《李春圃明府六十壽序》。審其字迹，殆朱氏後人所補。《傳經堂文集》稿本未收駢體文。民國八年（1919）後，朱師轍增輯《傳經室文集》十卷、附賦一卷。民國十二年，劉承幹刻入《求恕齋叢書》，賦一卷據於《傳經室駢體文存》，收十一篇，《李春圃明府六十壽序》

則見於《傳經室文集》卷五。

此本非初稿本。《大麻蠅賦》一篇，附駿聲手抄原稿一葉，寫以紅格紙，自注詳密，勾乙塗抹，卷端亦有補綴。稿本據以抄録，盡删自注，復多改易。今未見原稿全帙，疑駿聲駢偶原多自注，謄抄删之。觀修改之況，知駿聲於駢體文亦甚用心。是集僅十二篇，未録者當自不少，惜多散佚。

駿聲經術湛深，兼能古詩文詞。三十一始舉鄉試，會試屢下第。爲生計所驅，先是清嘉慶二十一年、二十二年館馬大籙衕汪氏授徒，嘉慶二十五年（1820）、道光元年（1821）復館於汪氏，道光四年主剡山書院，明年先後游張師誠、劉文澂幕府，道光八年館於揚州謝氏。究心經學之際，多有詩詞酬贈、古文駢體之作。其駢體文詠物寄心，傳寫寒士心迹，不乏韻致。如《旅館賦》：『坐一室而容與，拜《五經》而紛陳。時誦龍門，或書史籀。短句則刻意青蓮，新詞則幽思紅豆；攤飯而指攧清腔，消夜而珠排列宿。忘湛湛之露華，驚丁丁于蓮漏。野馬如飛，風寒客衣。征鴻將至，玄鳥思歸。坐三秋之瑟瑟，夢千里而依依。蟋蟀聲短，梧桐音稀。横暮雲之晻靄，規新月之纖微；心還同夫寸草，時眷戀于庭闈。』《大麻蠅賦》一篇寄託微意，有云：『余讀《酉陽雜俎》，謂大麻蠅乃茅根所化，兹豈其種耶？遲鈍疑痴，衰殘未凍。非鷹頭之騁威，附驥尾而嫌重。側足類夫壺蜂，距躍方之虼蜢。紙污點以盈隅，筆寫生兮扛鼎。其過耳也，如下士之大笑；其奮飛也，儼讒人之高張。掃之撲之，扇同管蔡。于樊于棘，名穢商桑。刺史杖闇，真爲盲目。棘端標穴，應召雄兵』，『獵人扇上，不怕塗錫。自能避簟，何煩買冰。相彼利觜，奚翅蚊寅。豈備藩而未拔，抑善射而得名。有此偉軀，不愁蝗豹。庶幾呼夢之賴而，尚無忘溺之致誚。雪人間逐臭之名，羌耳畔經秋之到』。以經師而爲四六，具見學者本色。《經訓乃葘畬賦》《學染甚丹青賦》二篇，大抵以學問爲駢偶。所作不足名家，要亦自具情致。

現藏浙江圖書館。

傳經室詩存四卷傳經室五言律一卷　（清）朱駿聲撰　稿本

二册。《傳經室詩存》四卷、《傳經室五言律》一卷各一册，本爲二書，館目合作一種，著録作《傳經室詩存》四卷、《五言律》一卷。《詩存》四卷，朱絲欄。每半葉九行，行二十一字。各卷端題曰：『元和朱駿聲豐芑甫。』《五言律》一卷，朱絲欄。每半葉九行，行二十字。卷端不署撰者名氏。《詩存》有沈彦曾清道光十七年（1837）八月《序》、王峻咸豐十一年（1861）八月《跋》。舊裝殘損，序跋散葉夾於卷中。《詩存》目録未見。《五言律》集前有目録，無序跋。駿聲著書之室名傳經，因以名集。

駿聲詩集《庚午女史百咏》一卷、《虎丘懷古詩》一卷、《傳經室詩存》四卷、《傳經室五言律》一卷、《傳經室試帖詩》一卷，俱未刻行，并罕見載及。《試帖詩》有清抄本，其他皆有稿本存世。《詩存》又有民國抄本五卷、民國抄本四卷，及一九五五年油印本四卷。

《詩存》稿本卷一收古今體詩《幽居》《静夜思》《襍詩（四首）》等九十八首；卷二收古今體詩《子陵釣臺》《東坡枯木石刻歌》《漫興》等五十八首；卷三收古今體詩《開元寺帝青鉢歌》《劉海圖》《秦淮襍詩（四首）》等一百四十五首；卷四收古今體詩《和萬春飃贈行元韻》《嚴分宜》《辛丑紀事》等九十七首，古體、近體略相當。駿聲手自删定。如《前明七首》，此本存録四首；《西湖襍詩》，存録一首；《金陵詠古十二首》，存録四首；《襍詩八首》，存録二首；《五色蝶限韻（五首）》，存録一首；《鵝湖懷古限韻（十六首）》，存録二首；《虎丘襍詠截句（百首）》，存録二十首；《女史百咏》，存録三首；《擬陸天隨漁具詩（十五首）》，存録四首，删選亦嚴矣。沈彦曾《序》稱抉擇甚嚴，全稿所汰『幾十之七』。

《五言律》一卷專録五言一體，收《野泛二首》《野行至僧舍》《唯亭》《九日登虎丘遇沈蘭如》《石村即事》

等三十九首，其中五言排律僅《栗十四韻》一首，餘皆五言律詩。其詩俱見於《詩存》四卷。《詩存》所收五律《擬陸天隨漁具詩（十五首）》（録二）、《瓜步舟阻》、《東城二首集古》、《撫劍》等，《五言律》未收。《五言律》文字從駿聲手訂《詩存》删改後，抄寫工整，鮮有改易。如《詩存》卷四《羊劉店和壁間韻》二首，『韻』前原有一『詩』字，删去；其一『槐花幾我忙』『幾多身世界』二句，前一『幾』字改作『笑』，『界』字改作『事』。《五言律》從改後。《詩存》卷四《辛丑紀事》『世界時平久』句，改『時』作『承』。《五言律》從改後。據知《五言律》爲清稿本。按駿聲手訂五律一卷及《詩存》四卷眉端圈選之況，其後嘗按體編排，重訂詩集。今僅見《五言律》一卷，未詳其他諸體謄清否。

駿聲爲經小學大家，兼擅詩古文詞。詩不足名家，然亦可觀。其《倣元遺山論詩》六首其一云：『絶代風流王阮亭，瑶琴彈罷思冥冥。成連海上移情去，定有魚龍出水聽。』其二云：『吾家秀水老宗工，格在風雲變幻中。不礙閒情陶令賦，千秋指點任兒童。』其三云：『忍看荆棘卧銅駝，麥秀黍離感若何。唱盡開元舊時曲，眼中朝士已無多。』其四云：『江籬沅芷感何深，不道離騷有嗣音。今古三閭同一哭，杜鵑啼血在楓林。』其四云：『談龍贊善亦雄哉，健筆真能起蟄雷。應是人間狂不穩，天教海上賦詩來。』其六云：『倉山居士地行仙，管領風流五十年。至竟旁門誇正法，幾人參透上乘禪。』論王士禛、朱彝尊、吴偉業、屈大均、趙執信、袁枚六家，可略窺論詩大旨。所作饒具情韻才調，咏史議論并有識見。如《鳳皇山弔宋故宫》云：『回首昆明已劫灰，湖山終古夕陽開。但教師擣黄龍去，那有江横白雁來。寶氣盡隨妖霧散，風聲猶送晚潮迴。汴京宫闕同禾黍，南渡君臣儘可哀。』《于忠肅公墓》云：『獨留孤冢在西湖，遥指棲霞正氣扶。豈有元喧私叔武，終教瑕吕返夷吾。殿前星象成黄眚，輦下童謡唱白符。太息易儲原失策，外藩金帛漫虚誣。』《廢園》云：『回厓古松冷，廢渚荒烟開。水閣月斜夜，無人螢自來。』《漫興》云：『市朝誰信肯相於，夢裡南華蝶掩閭。落拓痛翻千古史，窮愁悔著十年書。

世間那復争痴買，天下應無似我疎。閲歷幾經看勝負，自拼蹤跡混樵漁。』《和萬春驫贈行元韻二首》其一云：『桃花流水處，豈合有朝官。我輩求名誤，人生喫飦難。學非朱异富，詩是孟郊寒。只此懷風味，平心也素餐。』韻取唐音，不避宋調，又法明人高啓，宕溢寒士磊落之氣。

沈彦曾《序》稱駿聲學人而有才，才人而有性情，乃真『詩人之詩』，云：『有學人之詩，有才人之詩，有詩人之詩。學人之詩，醇而不必工；才人之詩，工而不能潔，惟詩人兼之。表兄允倩孝廉，學人也，而有才焉；才人也，而有性情焉，其詩真詩人之詩也。吳中稱詩者，沿有明七子之餘習，伉健剽急，廓然其形，按之實無有也。而或者矯之以幽異，出之以新奇，顧不爲竟陵僕隸，則爲公安輿臺，其於性情蔑如矣。孝廉幼秉母教，數齡即能詩，繼乃工時文，及壯，始治經學，寢饋其中者十年。四十以後爲汗漫游，今將五十矣，挑選得古黟校官。瀕行，出《傳經室詩存》示余，屬余一言爲贈。蓋其爲詩也，溯原六朝，含英咀華，無劍拔弩張之態，亦不屑儷花鬥葉爲工，淵然泠然，讀者不自覺浸淫而浹其情性也』，『余故重允倩之學之才，而尤奇其詩之不倚於學與才，爲難能而可貴焉』。《晚晴簃詩匯》卷一百三十一選《龍井》《客中七夕》《鳳凰山弔宋故宮》《蜀鏡詞》《記錢武肅王水府告文銀簡》《醉時歌》等六首，《詩話》云：『豐芑篤學闇修，著書九十餘種，多未付梓。《説文通訓定聲》一書，於咸豐間曾進呈乙覽，賞國子博士銜。詩以詞采格調勝，不雜經生一語。初學温、李，綺錯婉媚，麗絶當時。後則專學東坡，恢廓縱横，有筆掃千軍之勢。』

現藏浙江圖書館。

庚午女史百咏一卷虎丘懷古詩一卷 （清）朱駿聲撰 稿本

《庚午女史百咏》《虎丘懷古詩》皆駿聲手稿，合裝一册。

《庚午女史百咏》一卷，每半葉七行，行二十字，無版框、界格。卷端不題撰者名氏。首葉鈐『閒窗風静墨花香』『廪封』圖記。《石隱山人自訂年譜》云：『十五年庚午，二十三歲。服除，鄉試，薦卷出沈（諱）邦基夫子房。』朱師轍按云：『《庚午女史百咏》是年所作。』卷端首行題『庚午女史百咏稿』，今從朱師轍《書目》著録爲『《庚午女史百咏》一卷』。是集作於清嘉慶十五年（1810）。去歲，父德垣仿聚珍版刊活字數萬，印宋人吴曾《能改齋漫録》二百部，命駿聲襄校。今年乃有《女史百咏》之作，未單刻行，藏於家。是集收詩百首，拈嫦娥、湘妃、息嬀、弄玉、南之威、甘后、二喬、青溪小姑、宓妃、天台二女、蕭后、吴絳仙、袁寶兒、真娘、崔鶯鶯、朱淑真、馬守真、馮小青、費氏、秦良玉等爲題，咏女故事，題下各有小注。所咏大都唐前女故事，末數首爲明末女史。元季，錢塘瞿佑踵楊維楨香奩之風，咏女故事得七絶三百首，名《香臺集》。明正嘉間，聞喜才士李孔偕有《女史百詠》，今未見其傳。駿聲百首與之相類。瞿佑以爲閨閣之事亦大，女子亦可入史，因紀之以詩，近於咏史，或辯之以道，甄别善惡，以爲勸懲，猶有風雅遺意。所作引據奇僻，諷刺切實，明人徐伯齡爲之詳注。駿聲五絶百咏，亦取裁不避野史稗説，近於咏史，有風雅遺意，然不似瞿氏引用深僻，多自見才情風流。如《蕭后》題注：『隋煬帝后。』詩云：『賢后風徽在，天傾到處飄。故鄉非故國，姓字怨蕭條。』《真娘》題注：『唐吴之妙妓。』詩云：『凄凉一墓存，花草伴黄昏。我亦憐卿者，愁題翰墨痕。』《馮小青》題注：『明廣陵人，爲馮生姬。』詩云：『披圖難逼視，千載心猶酸。誰磨十年劍，借與妬婦看。』俱可諷咏。《崔鶯鶯》一首取裁唐人元稹《鶯鶯傳》，題注：『唐永寧尉崔鵬女。』詩云：『琴絶文君調，花殘宋玉墻。怪郎太薄倖，猶自怨西廂。』蓋信宋人王性之《傳奇辨正》所云『鶯鶯者，乃崔鵬之女，於微之爲中表』。

《虎丘懷古詩》一卷，每半葉七行，行二十字，無版框、界格。『丘』原避諱作『邱』，今改回。卷端不署撰者名氏。集前有《作虎邱懷古詩八十二首，既成歌以序之》，詩以代序。虎丘懷古凡五絶八十二首，分咏白公堤、千人石、劍池、白蓮池、洗盋池、養鶴澗、煉丹井、憨憨泉、試劍石、回仙逕、生公講臺、平遠堂、古柏、虎丘茶、真娘墓、短簿祠、五人墓、二姜先生祠、尹和靖讀書治、五賢祠、闔廬墓、生公池、繙經臺等。初爲四十四首，至咏『玉蘭』一首止，後添三十八首，題曰『添詠』，自『真娘墓』一首起，至『羅漢受戒臺』一首止。以詩代序初亦作『四十四首』，改作『八十有二首』。《傳經室詩存》稿本收《虎丘襍詠截句百首》，存録二十首。所謂百首，或續有增咏歟？今未悉也。此本爲初稿本，罕見載及。詩句多改易，眉端增注細密。其詩和前人韻者，詩後各有注明。虎丘爲吴中勝迹，在蘇州府城西北七里，高僅一百三十尺，周二百十丈，泉石俱奇。《吴地志》稱『江左丘壑之表』。顧野王有《虎丘山序》，獨孤及有《虎丘山夜宴序》，王禹偁有《虎丘劍池銘》，陸龜蒙、皮日休、范仲淹、蘇軾、葉夢得、范成大各有賦咏。明洪武三年（1370），吴人高啓自京師辭歸，閲郡志，俯思舊游，因其地想其人，求其盛衰廢興之故，賦《姑蘇雜詠》一卷，諸體咸備，秀句迭出。同郡周南老取其題和之，僅五言古一體，集亦題《姑蘇雜詠》。二人賦咏吴中風俗、古迹、祠廟、冢墓、山水、泉石、園亭、寺宇、橋梁。駿聲止咏虎丘勝迹，所得亦夥，觀其賦咏及自爲詩注，蓋仿於高啓，第才情未逮。佳者如《白公堤》和朱德潤韻一首：『似拂樊蠻舊舞衣，垂楊處處護鶯啼。劇憐花市無多日，沉醉樓頭未肯歸。』惜未能多。

是册首録《庚午女史百咏》一卷，接爲《虎丘懷古詩》一卷。《懷古詩》後，雜録吴中溪橋、祠墓諸古迹，附詩數首，殆未裁定之稿。其後别録聯對若干。此不裁分，并附印之。

現藏浙江圖書館。

臨嘯閣詞四卷 （清）朱駿聲撰 稿本

一册。每半葉九行，行二十六字，白口，單魚尾，四周單邊。

集前有駿聲《自序》。《紅藥詞》卷端題曰：『元和朱駿聲允倩。』餘卷端不署撰者名氏。朱師轍封題『臨嘯閣詞手稿』，補抄目録一葉。《自序》前有駿聲自記：『删存紅藥詞卷一，一百首，選六十五；拜石詞卷二，六十首，選五十三；玉屑詞卷三，三十首，選十九；對影詞卷四，五十首，選三十一。』又，墨筆記云：『凡首字上有紅圈者選。』朱筆記云：『戊申重删。』戊申，清道光二十八年（1848）。按《石隱山人自訂年譜》，是年駿聲年六十一，在黟縣訓導任。去歲六月，開雕《説文通訓定聲》一書，今年七月全書告成。冬，病足，歲除始愈。

據駿聲手記，其六十一歲手自重訂詞集，合《紅藥》《拜石》《玉屑》《對影》爲一編，共二百四十闋，芟削七十二首，存一百六十八首。今檢此本，卷一《紅藥詞》收九十七首，實未足百首之數。卷二《拜石詞》存六十首，勾删《河傳·日暮春去》一首，蓋已收入《紅藥詞》，又録《夢江南·和施子野十闋》（録五）『人何處，人在浣花汀』二句，復勾删，蓋五首已見於《紅藥詞》，則是卷實收五十九首。卷三《玉屑詞》存二十四首，未足三十首之數。又勾删《虞美人·落葉》一首、《菩薩鬘·宿松署齋晏起》一首。卷四《對影詞》存四十七首，未足五十首之數。計其勾删，去其重複，是集存詞二百二十七首。

駿聲六十二歲至歿前十年，亦有詞作，今未見詞集傳本。浙江圖書館藏有民國間朱師轍校輯《臨嘯閣詞》四卷、《拾遺》一卷抄本。近人邵瑞彭民國十年（1921）《跋》云：『先生覃精經術，旁通百氏，著書滿家，儒林稱盛。緒餘所寄，雅擅倚聲。其詞淵源叔夏，而以辛、劉爲傭，於近代金風亭長，寢饋尤深，微尚所同，冥契斯切。觀其馳神遐曠，則意奇而語豪；託興緜邈，則情婉而辭鹹。極五音緐會之盛，盡風雲捲舒之紗矣。』朱師轍民國二十四年《跋》云：『先大父少與家酉生、戈順卿諸先生游，遂擅倚聲。初宗竹垞，繼法玉田，輔以辛、劉，氣韻渾融，意境豪放，體格之高，遠邁同時諸子。存稿四卷，首卷《紅藥詞》，皆玉臺吟詠，香閣纏綿之作，取「芍藥贈答」之意。次卷《拜石詞》，皆閒居游覽，訪舊傷離之作，取寄情泉石之意。三卷《玉屑詞》，皆詠物寄興之作，取鏤玉餘屑之意。四卷《對影詞》，皆題贈良朋之作，取「對影成三人」之意。總題曰《臨嘯閣詞》，都百十八首，爲先大父手訂。師轍搜集殘稿，復得《拾遺》二卷，計六十九首。』

駿聲幼得母教，早能填詞。後與朱綬、戈載游，遂擅長倚聲，自號惜華詞客。所作兼采辛、劉，闌入花間，并有豪雄、穠麗之致。後取法清初朱彝尊《江湖載酒》，遠追南宋張炎，重於協律，崇尚騷雅，標舉清空寄托。如《摸魚子·問何緣》云：『問何緣，兜央門對，未償情債如許。靈犀一點遥難度，不是兜央儔侣。凝視屢。有一種，愁眉蹙處休頻舉。神還栩栩。知今日柔腸，牽縈如此，反悔那時遇。門前柳。幾度寒風疎雨，年年添得愁緒。月中花下孤燈裡，總是愁心縮處。難訴與。怎身化鸜哥，飛向簾櫳語。夢魂裹住。賸隔院蜂兒，隔巢燕子，任爾自來去。』《長相思·漏三更》云：『漏三更，月三更，今夜何來喜轉驚。隔籬尨吠聲。石橋横，板橋横，記得年時乍見卿，桃花深處行。』《金縷曲·虎踞龍蟠地》云：『虎踞龍蟠地，却無端，鼎湖弓墮，銷沈王氣。六代荒宫何處訪，衰草斜陽而已。更休説，孫郎故里。記得城門飛燕讖，賸鍾山，一綫殘露起。憑弔淚，幾回灑。小朝廷亦偏安計，最堪悲，新竹譜出，《春燈》《燕子》。三百年來殘社稷，付與優伶游戲。慨今古，興亡如此。只有清淮流未歇，問小名尚入秦皇紀。歌一曲，奈何帝。』當行本色，雖一時專門家名不能遠過也。

現藏浙江圖書館。

臨嘯閣詞選二卷芍藥詞一卷 （清）朱駿聲撰 稿本 清朱綬批校評選

《臨嘯閣詞選》《芍藥詞》二集合裝一册。

《臨嘯閣詞選》二卷，每半葉十行，行二十四字，白口，四周雙邊，無界格。各卷端不署撰者名氏。是集凡《勺藥詞》《對影詞》各一卷。《勺藥詞》有朱師轍手抄一葉，烏絲欄，框外印『常熟歸氏壽與讀書室鈔本』。集前附素紙二面，題曰『臨嘯閣詞選』，又題『元和朱豐芑先生遺著，甲午仲秋印於杭州』。浙江圖書館藏有一九五四年油印本《臨嘯閣詞選》不分卷。駿聲手訂《紅藥詞》《拜石詞》《玉屑詞》《對影詞》四集爲《臨嘯閣詞》四卷，此本存《勺藥詞》《對影詞》二小集。

《勺藥詞》又名《紅藥詞》。據駿聲手稿《芍藥詞》一卷，其集原名『芍藥』，後改『紅藥』。此本裝葉倒亂，檢覈重理，知收《摸魚子·憶所見》、《秦樓月·贈杜小蘭》、《金菊對芙蓉·小春剪金橋訪陸織雲，對菊賦贈》、《沁園春·織雲》、《多麗·得陸字》、《多麗·得織字》、《多麗·得雲字》、《好女兒·贈女郎壽官》、《好女兒·未踰月，聞伊與人有偕臧之約，再訪之，乃遇事不果，已，逃歸滬瀆矣，詞以惜之》、《洞仙歌·偶遇芳卿》《洞仙歌·有約訪芳卿，適爲雪阻，成前調二闋，聊以解嘲》二首、《添字昭君怨·清明前一日，舊學前大新巷訪黃昭，小字素梅，時人有王昭君之稱》、《綺羅香·贈素梅，即和研雲、蘭如原韻》、《憶多嬌·西小橋訪錢四》諸詞，其下爲朱師轍抄補一葉，收詞三首，即《踏青游·戲效崔念四贈錢四》《踏莎行·兩兩烏衣》《雙紅豆·書所見》。卷末又附三葉，抄《多麗·一叢蘭》《多麗·綺羅香》《多麗·是天台》，無詞題，末各有注，即前録《多麗》三首，《多麗·一叢蘭》自『逢二陸』三字始，蓋有散佚。不計重複三首，此卷收詞十八首。駿聲手稿《芍藥詞》一卷，收二十一首。此本《添字昭君怨·清明前一日，舊學前大新巷訪黃昭，小字素梅，時人有王昭君之稱》《綺羅香・贈素梅，即和研雲、蘭如原韻》《憶多嬌・西小橋訪錢四》，及朱師轍補葉所録《踏青游・戲效崔念四贈錢四》《踏莎行・兩兩烏衣》《雙紅豆・雙所見》，不見於手選《芍藥詞》。而手選《芍藥詞》所收前九首，即《長相思・漏三更》《高陽臺・豆寇含春》《醉太平・樓香閣香》《長相思・雪梅香》《憶秦娥・温如玉》《減蘭・玉奴十五》《踏莎行・前度劉郎》《金縷曲・咫尺桃源路》《誤佳期・待問一聲難語》，不見於此本。自《摸魚子・問何緣》以下篇目同，而次第相異。手選《芍藥詞》俱無詞題，此本除朱師轍手補《踏莎行・兩兩烏衣》一首，餘十七首各有題。此本乃駿聲手選别本《勺藥詞》，抄時早於手稿《芍藥詞》一卷，頗近於原作。手稿《芍藥詞》一卷，已多改易。至其手訂《臨嘯閣詞》四卷，已數易其稿。

《對影詞》依次收《人月圓・代高頗愚題顧竹坡林園慶集圖》《垂楊・題蔣遠林深柳讀書堂圖》《鳳凰臺上憶吹簫・題徐立齋内阮聽琴圖》《羅敷媚・又代》《一痕沙・又代》《三字令・又代》《金人捧露盤・又代》《採桑子・題莪田水月圖》《醉春風・又代》《漁家傲・題汪檀君自鋤明月種梅花圖》《風流子・又代》《摸魚子・題徐雖山祖姑丈尋梅得句圖遺照》《雙調風流子・題吳江黄黎香桂林讀月圖》《望雲涯引・題袁韻亭白雲思親圖》《鳳凰臺上憶吹簫・題陳品梅品梅圖》，其下爲末一首不寫詞牌（即『老人星降』一首），題曰《壽鄒守默七十》，注云：『鄒杰，鄒新進烈之父，九月十三生日。』共計十六首，皆有詞題，其中代作六首。稿本《臨嘯閣詞》收《對影詞》一卷，皆題贈友朋之作，取『對影成三人』名集。按駿聲自記，收詞五十首，手選三十一首，今重檢稿本，存四十七首。此本《對影詞》中八首，見於稿本《臨嘯閣詞》，《鳳凰臺上憶吹簫・題徐立齋内阮聽琴圖》《一痕沙・又代》《三字令・又代》《金人捧露盤・又代》《醉春風・又代》《雙調風流子・題吳江黄黎香桂林讀月圖》《望雲涯引・題袁韻亭白雲思親圖》及《壽鄒守默七十》等八首，不見於稿本《臨嘯閣詞》。二本之間，不惟篇目、詞題多異，字句亦然。此本《對影詞》所作時間當早於稿本《臨嘯閣詞》，駿聲手訂《臨嘯閣詞》，多刊落前作，改易詞題、字句。

《芍藥詞》一卷，每半葉九行，行二十字，白口，四周雙邊，無界格。卷端題曰：『元和朱駿聲豐芑甫著。』是集乃駿聲手録《芍藥詞》二十一首，依次爲《長相思・漏三更》《高陽臺・豆寇含春》《醉太平・樓香閣香》《長相思・雪梅香》《憶秦娥・温如玉》《減蘭・玉奴十五》《踏莎行・前度劉郎》《金縷曲・咫尺桃源路》《誤佳期・待問一聲難語》《摸魚子・問何緣》《秦樓月・前因悟》《洞仙歌・香風吹到》《洞仙歌・傳言玉女》《洞仙歌・洛神何似》《金菊對芙蓉・小小紅樓》《沁園春・是否天孫》《多麗・一叢蘭》《多麗・綺羅香》《多麗・是天台》《好女兒・是否媞嫫》《好女兒・一片情痴》。前九首不見於稿本《臨嘯閣詞選》卷一《勺藥詞》。《勺藥詞》一卷，選時較此爲早。二本同者十二首，《勺藥詞》皆有詞題，此本删去。集中有駿聲友人朱綬批評圈選十七首。首葉朱筆記曰：『酉生圈選十七首。』字句朱墨筆錯雜，墨筆校改，或有駿聲自爲，惜難具知。集末有朱綬《跋》：『詞筆穠麗，胎源於花間，而取裁於柳耆卿、辛稼軒數家，故抒藻艷而不靡，立局整而不板。《洞仙歌》一闋，獨近南宋，在作者固爲變調，而可傳者應讓此詞。花朝日，椒花館主拜校并跋。』朱綬圈選十七首，刊落《高陽臺・豆寇含春》《長相思・雪梅香》《憶秦娥・温如玉》《秦樓月・前因悟》四首。駿聲手訂《臨嘯閣詞》四卷，自記稱《紅藥詞》百首，選六十五首。今檢稿本，僅存九十三首。朱綬圈選十七首悉編入詞集，所刊落《秦樓月・前因悟》一首，亦入集中。摒於《紅藥詞》之外者，僅《高陽臺・豆寇含春》《長相思・雪梅香》《憶秦娥・温如玉》三首。《紅藥詞》選入者，字句大都從朱綬批校，間有不取。朱綬字仲環，一字仲潔，號西生，元和人。與戈載、沈傳桂、吴嘉淦、王嘉禄、沈彦曾、陳彬華號『吴中七子』。工詩能詞，著有《知止堂集》《知止堂詞録》。民國間抄本《臨嘯閣詞選》録朱綬《踏莎美人・題豐芑家阮芍藥詞》：『槑萼催寒，蘭芽遲暖，紅心猜破花深淺。碧霞箋上墨初乾。寫得鴛鴦兩字、背人看。黯黯新愁，深深閒院，柔情合付鸚哥管。怕他學語近闌干。幾度飼來紅豆、不輕彈。』

署『辛未花朝，西生倚聲』。辛未，清嘉慶十六年（1811）。按《石隱山人自訂年譜》，是年駿聲二十四歲，食餼。

現藏浙江圖書館。

憶拙詞一卷 （清）朱駿聲撰 稿本

一册。朱絲欄。每半葉六行，行二十字。此本爲駿聲初稿，凡四十七葉，前六葉半爲手稿散葉，其下爲《憶拙詞》集。

卷端首行書『憶拙詞』，不署撰者名氏。收《謁金門・閲西堂代和韋莊詞，喜其哀艷，亦成一首，即用原韻》《金菊對芙蓉・菊花山，時卜氏已近壽辰》《菩薩蠻・再咏卜山隱家菊花山，迴文》等詞一百十四首，另附夏璉、印軒原唱各一首。其中《長命女・效馮延巳三願詞》一首眉批：『删。』諸篇大都有詞題，無者共二十二首。第七至二十七葉抄寫工整，自第二十七首《鳳凰臺上憶吹簫》一首以下行草書寫，詞題字句頗多改易，乃至面目全换，詞牌時亦更改。蓋大多爲初稿，其後手訂諸作，更有删裁。其詞間有自注，書於眉端。稿本《臨嘯閣詞選》二卷收詞，時有詞注附於篇末，殆本於此也。

第一葉下半首行書『憶怡詞目』，實未録。第四葉下半首行書『也算詞』，其下按詞牌列目，小字注詞題於詞牌下，共七行，依次爲《搗練子》《十六字令》《風光好》《一半兒》《雙紅豆》《人月圓》《浣溪沙》《長相思》《昭君怨》《聲聲慢》《一痕沙》《鳳凰臺上憶吹簫》《羅敷媚》《七娘子》《醉太平》《江南好》《蝴蝶兒》《憶秦娥》《望江梅》《减蘭》《折紅英》《踏莎行》等二十二詞牌目。第六葉上半又列目四行，依次爲《壽星明》、《金菊對芙蓉》、《秦樓月》、《多麗》（三首）、《沁園春》（又，又，又）、《浣溪沙》（又）、《内家嬌》、《臨江仙》、《摸魚子》、《綺蘿香》、《好女兒》、《十六字令》（九首，又，又，又）、《長命女》、《洞仙歌》、《金縷曲》、《誤佳期》等詞牌目。所列詞牌與《憶拙詞》一百十三首及另書九首，大都相合。疑此爲《憶拙詞》草編之目。『憶拙詞』，又作『憶拙詞』，目録又作『也算詞』，三者蓋一也。

《憶拙詞》收三十歲前之作，寫時甚早，且多初稿。朱綬評選《芍藥詞》一卷，寫時亦早，收詞二十一首，悉見於此本。蓋駿聲從《憶拙詞》中録穠艷之作爲《芍藥詞》一編，請正於朱綬。其時尚未有《拜石》《玉屑》《對影》之名也。後乃析分《憶拙詞》，録新舊之作，編爲詞集四種。

此本所收詞分編入《芍藥詞》（後易名《紅藥詞》）、《拜石詞》、《玉屑詞》、《對影詞》四集，編入《紅藥詞》集中者尤多。其不見《臨嘯閣詞》《臨嘯閣詞選》《芍藥詞》三種稿本者，亦有之。至於此本與三種稿本字句、詞題之異，則更著矣。

現藏浙江圖書館。

豐芑先生遺稿七種七卷 （清）朱駿聲撰　稿本

一册。烏絲欄。每半葉十一行，行字數不等，白口，雙魚尾，左右雙邊。各卷端不題撰者名氏。

朱師轍内封題曰：『春秋列女表一卷、春秋國名今釋表一卷、晉代謝氏世系考一卷、春秋地名職官人名考略三卷（春秋地名辨異摘）、各府縣人物志二卷、徐中山王譜系一卷。』册中收《謝氏世系名字》一卷、《春秋地名辨異摘》一卷、《春秋人名辨異》一卷、《春秋職官考略》一卷、《各府縣人物志》一卷、《道光七年捐生册》一卷、《徐中山王譜系》一卷，共七種。未見《春秋列女表》一卷、《春秋國名今釋表》一卷。其中《謝氏世系名字》

一卷，即《晉代謝氏世系考》一卷；《春秋地名辨異摘》《春秋人名辨異》《春秋職官考略》，原爲清人程廷祚所撰，駿聲摘録考訂，合曰《春秋地名職官人名考略》三卷；《道光七年捐生册》凡三葉，原無是名，以卷端首行題『道光七年四月開卯起，至六月二十日止，捐生數』，今名之曰《捐生册》。朱師轍《石隱山人自訂年譜題識》著録《春秋地名職官人名考略》三卷、《晉代謝氏世系考》一卷、《徐中山王譜系》一卷、《各府縣人物志》二十卷。今未見《各府縣人物志》二十卷傳本，此本《各府縣人物志》未見分卷之迹，未詳是否即師轍所題『各府縣人物志二卷』。

《謝氏世系名字》列謝氏世系及名人，自晉代三世謝鯤、謝裒始，至南朝陳十一世謝寀、謝守等人止，又名《晉代謝氏世系考》。陳郡謝氏爲魏晉名族，南渡以後極顯赫，名士才人輩出。駿聲略事考證，以備治史學、文學之用。所列謝氏名人，非令終者，則朱筆加尖號以爲標示。

《春秋地名辨異摘》《春秋人名辨異》《春秋職官考略》，録自程廷祚《春秋識小録》，略事考訂。廷祚原名默，字啓生，號綿莊，又號青溪。其先歙縣人，遷居江寧。諸生，通經史。從顔元門人李塨問學，究心天文、輿地、食貨、河渠、兵農、禮樂。清乾隆元年（1736），召試博學鴻儒，不第，自是不復應鄉試，閉户窮經。著有《易通》《大易擇言》《尚書通議》《青溪詩説》《春秋識小録》諸書，方苞等盛推之。嘗言：『墨守宋學，已非，有墨守漢學者，爲尤非。孟子不云「君子深造之以道，欲其自得之」乎？』又曰：『宋人毁孫復疏經多背先儒。夫不救先儒之非，何以爲孫復？』（袁枚《小倉山房文集》卷四《徵士程綿莊先生墓誌銘》）

《春秋識小録》九卷，凡《春秋職官考略》三卷、《春秋地名辨異》三卷、《左傳人名辨異》三卷。其考職官，首爲數國共有之官，次爲一國自有之官，皆分列排纂，與《周禮》異同者，一一據注疏辨證考覈，末爲晉軍政治末表，序晉軍八變之制，詳列將佐之名。其辨人名，自一人二名以至一人八名者，彙列而分注之。其考地名，首爲地同而名異者，次爲地異而名同者，末爲《晉書·地理志》證今（《四庫全書總目》該書提要）。駿聲摘抄《春秋地名辨異》，依次列『地同名異』『地異名同』『數地一名』，不具録，間作考訂。卷端首葉眉端自題『豐芑隨筆』四字，并有批語數則。程氏《春秋地名辨異》卷上『一地三名』，列曲沃、新城、下國爲一條，駿聲以爲不當，眉批云：『曲沃之爲新城，爲下國，皆文語耳，非真有此名也，不可謂一地三名。』《春秋人名辨異》上接《春秋地名辨異摘》，不另起一葉，卷端葉眉自題『春秋人名辨异』。摘抄程氏《春秋人名辨異》，間有考辨，書於眉端、版框外。《春秋職官考略》摘抄程氏《春秋職官考略》，亦略事考辨，書於眉端、版框外。

《各府縣人物志》按府縣摘抄名人，大都簡略。如易州，摘晉祖逖一人，冀州摘漢竇嬰、董仲舒，隋劉綽，唐孔穎達、張昌齡等五人。偶有稍詳者，如蘇州府摘漢嚴助，三國顧雍、陸績，清何焯、蔣廷錫等四十人。是書與所撰《名人占籍今釋》皆略可備觀覽。

《道光七年捐生册》記道光正月開卯至六月二十日捐生之數，按所捐職銜編排。如『中書』，下記：『雙單廿人，即分三人。』又記彭藴章、馮燨二人之名。『國監丞』，下記：『雙月一人。』又記吳毓銓一人。『鹽大使』，下記：『補用九十三人，補分十一人。』又記徐綸、蔡琪二人之名。『教諭』，下記：『安徽即用七人，即分六人。江蘇即用四人，即分三人，過班二人，過分一人。』蓋記其所悉，未能全備也。

《徐中山王譜系》較爲完備，自一世徐達爲始，至十七世徐樹、徐植、徐楨止。前有《徐氏譜系圖》。徐氏人物小傳，各按其世系編排，頗可采信。惟第十一世徐江事迹甚略，徐海、徐潮、徐泓、徐渟、徐濤、徐□，止列其名，事迹缺如，甚而有人名不詳者一人。

現藏浙江圖書館。

朱駿聲雜稿十三種 （清）朱駿聲撰　稿本

三册。是書爲朱駿聲雜稿叢編，收録《雜記》手稿不分卷、《釋車》初稿本一卷、《三代器物名稱比較表》稿本一卷、《御製、鄉試、課藝摘目》殘抄一卷、《周易文王彖辭秦始皇時古本》稿本一卷、《集詩經篇名對聯》稿本一卷、《四子書編韻》稿本一卷、《尚書譯》稿本一卷、《百子金丹目》稿本一卷、《府志山川名勝録》殘稿不分卷、《歷代年號表》稿本一卷、《詞調》稿本一卷、《百子目》稿本一卷，凡十三種，非作於一時，抄寫格式不一，多雜抄叢録或未勘定之稿。館目合《平定張格爾攷》手稿，題曰《朱駿聲雜稿》不分卷（共四册）。今以《平定張格爾攷》單爲一種，餘三册沿館目舊題，改題《朱駿聲雜稿十三種》。《五釋》稿本所收《釋車》一卷爲修改稿本，此本所收爲初稿本，因裝於册中，不復析分。此亦可見駿聲諸稿寫録叢雜，重裝錯亂，厘訂非易也。

册一封題『襍記，釋車』，又記云：『此卷多攷西域地名及清代回疆事。』

《釋車》一卷初稿本，朱絲欄。每半葉八行，行二十四字，白口，單魚尾，四周雙邊。卷端不署撰者名氏。卷端首行上題『釋車』，下爲自題：『一器而工聚焉者，車爲多。吉光、奚仲而後，規制遞增，稱號攸異。作《釋車》。』書前有考《考工記》車制一葉。卷中增删改易，朱墨縱横。《五釋》稿本所收《釋車》一卷，據以寫録。

《釋車》接下爲《三代器物名稱比較表》一卷，朱絲欄。每半葉八行，行字不等，白口，單魚尾，四周雙邊。間寫以烏絲欄紙，每半葉十一行，行字不等，白口，雙魚尾，左右雙邊。書名題於校簽，黏附《釋車》末葉。卷中考夏、商、周三代器物，表而出之，嫌於簡略。

《釋車》《三代器物名稱比較表》二書前後爲《雜記》，記西域地名、回部及清代回疆事，抄録叢雜，間事考訂，今仍封題之名。駿聲嘗撰《平定張格爾攷》，《雜記》殆相關之書也。

冊二封題未見，所收爲清乾隆御製、鄉試題、課藝等摘目殘卷，姑名曰《御製、鄉試、課藝摘目》。摘目所存卷十四爲五言八韻詩，卷十五爲五言古詩，卷十六爲七言古詩，卷十七爲五言排律詩，卷十八爲五七言排律詩，卷十九至二十一爲五言律詩，卷二十二至二十七爲七言律詩，卷二十八爲五七言絶句、四言、六言詩，卷二十九至四十爲古文。卷十四第二題《消夏八詠》，依次爲《閲摺》《召見》《觀書》《瀹茗》《披薰》《對雨》《舟中》《池上》。檢朱珪《知足齋集》卷二十有《恭和御製消夏八詠元韻》（清嘉慶間刻，增修本），即和八詠之作也。第三題《花準神鎗》亦乾隆御製。清人周系英有《恭和御製，用花準神鎗，一發獲二鹿元韻》（《皇清文穎續編》卷八十二），姚文田有《和御製題花準神鎗元韻》（《邃雅堂集》卷六）。吴振棫《養吉齋叢録》卷二十六載：『三神鎗者，虎神鎗、花準神鎗、舊準神鎗也，皆聖祖所貽。纍朝聖駕巡幸山莊，木蘭行圍，輒用以擊鹿殪虎，御製篇章亦多題詠。』楊鍾羲《雪橋詩話三集》卷六云：『其火鎗之制，則高宗有題花準神鎗、舊準神鎗詩。内府藏聖祖所貽虎神鎗，壬申秋岳樂圍場用之，曾殪一虎，製詩文以誌其事。』《好問虚前席》題注云：『五言八韻，得言字，原、言、門、温、論、存、尊、元。○鄉試宗室題。』清人錢維福《清秘述聞補》載：『嘉慶十二年丁卯科鄉試，題：「天下之本」三句；「賦得好問虚前席，得言字」。第一名希濬，字哲川，正紅旗人。』接下《農服先疇》題注云：『五言八韻，得修字，疇、修、求、稠、猷、憂、庥、由。○散館。○班固《西都賦》。』《野雲低渡水》題注云：『五言八韻，齊、低、溪、霙、霓、瓈、綈、西。○考宗室題，杜詩。』檢《清秘述聞補》：『嘉慶十三年戊辰恩科鄉試，題：「誠者不勉」二句；「賦得野雲低渡水，得低字」。第一名瑞林，字芸卿，正藍旗人，己巳進士。』《相輝保羽儀》題注云：『五言八韻，枝、支、儀、思、移、奇、歧、茲。○宗室鄉試題。』檢《清秘述聞補》：『嘉慶十五年庚午科鄉試，題：「君子務本」二句；「賦得相輝保羽儀，得儀字」。第一名素博通額，字雲樓，鑲藍旗人。甲戌進士。』駿聲纍應鄉試，又課館南北，授黟縣訓導，教授生徒。其撮録鄉試題、課藝，或爲授徒之用。

册三封題『阿堵寧馨』，又題『軒渠氏輯』『詞調，百書目，詩經篇名對，四子書編韻』。阿堵、寧馨，皆俗方言。明人謝肇淛《文海披沙》卷五『阿堵寧馨』條云：『阿堵、寧馨，皆俗方言也。阿堵，猶今言這個。故王夷甫謂「舉却阿堵物」，顧長康謂精神「政在阿堵中」，但作這個讀，其義自明。寧馨，猶今言恁他。故山濤見王衍曰：「何物老嫗，生寧馨兒。」宋廢帝悖逆，太后語侍者曰：「將刀來剖我腹，那得生寧馨兒。」但作恁他讀，其義亦明。今人以錢及眼爲阿堵，又以寧馨爲稱美之詞，習而不察也。』軒渠，語本出《後漢書・薊子訓傳》：『兒識父母，軒渠笑悦，欲往就之，母不覺攬取，仍實兒也。雖大喜慶，心猶有疑。』是册收《周易文王彖辭秦始皇時古本》《集詩經篇名對聯》《四子書編韻》《尚書譯》《百子金丹目》《府志山川名勝録》《歷代年號表》《詞調》《百子目》等駿聲手稿九種。

《周易文王彖辭秦始皇時古本》一卷，朱絲欄。每半葉九行，行二十五字，白口，單魚尾，四周雙邊。卷端首行上題『周易文王彖辭秦始皇時古本』，下題『朱豐芑述』。《先大父豐芑博士遺著書目》著録駿聲『易類六種』，不言有此稿，朱孔彰亦未述及。

《集詩經篇名對聯》一卷，烏絲欄。每半葉九行，白口，四周單邊。卷端首行上題『集詩經篇名對聯』，下題『朱豐芑述』。駿聲喜編經書韻語，此其一也。朱孔彰、師轍父子俱未言及之。

《四子書編韻》一卷，朱絲欄。每半葉九行，白口，單魚尾，四周雙邊。卷端首行上題『四子編韻（四字句）』，下題『朱豐芑述』。《小學識餘》卷四爲《四子書韻語》，收《四書韻語》及《句中韻》，卷端『四子書韻語』題下小字注云：『凡紅筆雙規者，別録存之。』今未見別録之本。此本僅收四字句，按平水韻爲序編録。如：『一東，善與人同，允執其中，行之以忠。二冬，君子中庸，擇乎中庸，令色足恭。』《詩經》篇目對、《四書》分韻編，皆可爲蒙誦。

《尚書譯》一卷，朱絲欄。每半葉九行，行二十五字，白口，單魚尾，四周雙邊。卷端首行上題『尚書譯』，下題『狂士游藝學人述』。抄寫精工，得《堯法》《舜法》各一篇，又别紙附《盤庚上》《盤庚中》《盤庚下》三篇。《盤庚下》篇後記云：『《盤庚》上、中、下三篇譯終。』

《百子金丹目》一卷，藍絲欄。每半葉十二行，欄分上下，各書二子之名，白口，單魚尾，四周雙邊。卷端首行上欄題曰『百子金丹目』，不署撰者名氏。是書録金丹百子之名，首列鬻子、墨子，末葉末行列紫陽子、蒲衣子、空峒子，欄外補『龍門子（宋濂）』，凡一百八十子。大都簡爲注，如鬻子名下注：『周，名熊。』明人郭偉選注《新鐫分類評注文武合編百子金丹》十卷，分文、武、内、外、奇、正六編。《四庫全書總目》據内府藏本收著録《百子金丹》十卷，提要云：『所采上自周、秦，下迄明代，詭立名號，不可究詰。如曹植《七啓》設爲鏡機子問答，即割其一段，題曰鏡機子。其大略可知矣。』是書亦録『鏡機子』，注：『曹植。』蓋抄撮爲目，備博聞也。

《府志山川名勝録》不分卷，朱絲欄。每半葉六行，白口，單魚尾，四周雙邊。卷端不題書名，首葉首行上題『直隸』，下題『朱豐芑述』。依次録直隸、盛京、興京、江蘇山川名迹，按府州類編，甚簡略。然至江蘇省止，疑稿殘缺未完。朱孔彰、師轍父子皆未述及之，姑名曰《府志山川名勝録》。

《歷代年號表》一卷，朱絲欄。每半葉六行，白口，單魚尾，四周雙邊。卷端不題書名、撰者名氏。首葉首行曰『西漢景帝始立年號』。卷中臚列西漢、僞漢、東漢、後漢、魏、西晉、東晉、南朝、隋、唐、五代、北宋、南宋、元、明年號，不事考據。蓋便於翻檢録之也。

《詞調》一卷，朱絲欄。每半葉九行，白口，單魚尾，四周雙邊。卷端首行上題『詞調』，下題『朱豐芑述』。

分小令、中調、長調，撮録詞牌。『小令』目下注云：『五十八字以内爲小令。』『中調』目下注云：『五十九字至九十以内爲中調。』『長調』目下注云：『九十字以外爲長調。』詞牌别名，隨附注於下。計收小令一百三十六調，補遺一百零九調；中調一百四十三調；長調二百三十二調。駿聲工於填詞，有《臨嘯閣詞選》四卷。又嘗選歷代名家詞爲《詞選》一卷，編排即以詞牌字數多寡爲叙次。是書便於檢録，無甚發明。

《百子目》一卷，朱絲欄。每半葉六行，白口，單魚尾，四周雙邊。卷端首行上題『百子目』，下題『朱豐芑述』。是書修訂《百子金丹目》而成，亦一百八十子，注釋略詳。『鏡機子』仍在列，注云：『曹植，三國人。』蓋未詳考，校訂謄録而已。

《雜稿》所收書十三種，《釋車》一種見於朱孔彰《説文通訓定聲跋》、朱師轍《石隱山人自訂年譜題識》《先大父豐芑博士遺著書目》、《清史稿·藝文志》著録外，餘皆未見孔彰父子著於録。蓋大都抄撮叢雜，或隨記以備檢録，或未及勘定，或内容甚淺，發明殊少，故孔彰父子弗爲著録。

現藏浙江圖書館。

《管庭芬專集》書志

蘆繼雯　撰

管庭芬小傳

管庭芬（1797—1880），字培蘭，號芷湘，清浙江海寧人。諸生。管氏歷經嘉、道、咸、同、光五朝，是清代浙江著名的藏書家、校勘家。《海寧州志稿·人物志·文苑》云：『（庭芬）世居路仲里，爲州之舊族，自明至清，注學官籍者凡十有四世。庭芬誦述清芬，少耽異籍，尤熟諳鄉邦掌故，嘗佐學官錢泰吉輯《［道光］海昌備志》。館硤川蔣氏別下齋最久，所刊叢書，大半資其校訂。著述甚夥，惟《天竺山志》，仁和曹金籀曾編以付梓，餘俱未刊。生平露抄星纂，日以書卷爲生活，故所作詩文，俱有法度。兼工六法，亂後舊業蕩然，藉賣畫以自給。性情和易，人樂就之。腰脚老而彌健，年踰七袠，猶日可行數十里。光緒庚辰，重游泮宫，即於是秋卒，年八十有四。』

管氏一族在海寧有一定的地位，據其《日譜》所述，始遷祖管一松在明成化年間由姚江遷入杭州府海寧縣之路仲里，王陽明先生曾手書牌額『舜水名楣流芳』相贈。四百多年來管氏歷代祖輩多爲諸生出身，以課館爲業。管庭芬科運不佳，自清道光十二年（1832）壬辰科至咸豐二年（1852）壬子科，二十一年間管庭芬連續參加十二科浙江鄉試，均名落孫山，後遂棄去。其一生大半時光均在海寧路仲里度過，設館授徒，正所謂『露抄星纂，日以書卷爲生活』。

管庭芬出身於士紳階層，博覽載籍，能詩文，善畫山水，精鑒賞、校勘。一生著述頗多，《海寧州志稿·藝文志》録其著述有二十一種，爲《天竺山志》《海昌經籍著録考》《丱兮筆記》《一瓻筆存》《履霜雜誌》《鄮陰志畧》《蘭絮話腴》《海隅遺珠録》《芷湘吟稿》《南唐雜劇》《待清書屋雜鈔》《花近樓叢書》《日譜》等，但因家境貧寒，大多未刊行。庭芬曾自述『家貧無書，平日俱借讀於人』，生平手抄校書不下數百十種，尤留心鄉邦文獻，校抄古籍成爲其一生中最有影響的學術活動。嘉慶二十二年（1817）之戲作《典衣買書歌》曰：『天涯有客芷湘子，青山懶隱隱村市。貧居陋巷無所求，願與史籍同生死。既耕還讀甑屢虚，仰天狂嘯心不舒。天生我材必有用，供我豈乏今古書。叩門喜接西吳客，一笑相逢皆秘册。繞床真奈阿堵無，欲捨仍留費籌畫。緼袍掛體春衣閑，呼僮且質錢刀還。奇文換得自欣賞，絶勝夢游嫏嬛間。芸香謹貯心亭室（余家書室名），讐校樂可消永日。丹黄塗乙且咿唔，兩手晨昏少停筆。』從中可見嗜書之痴。管庭芬藏書處有『花近樓』『筆花吟榭』『待清書屋』等。曾館其表弟蔣光煦家，爲其校勘《别下齋叢書》，并與其同輯《宋詩鈔補》。

管庭芬一生交友頗多。在海寧當地鄉村士紳社會中對管庭芬學術事業幫助最大的有兩位，一是其表侄胡爾滎（號蕉窗），一是其表弟蔣光煦（號生沐）。胡蕉窗家裏藏書豐富，是管庭芬早年交往密切的朋友。管庭芬不僅爲胡蕉窗購書做參謀，而且經常到胡家借書。蔣光煦是海寧硤石有名的藏書家，也是管庭芬中年時交往較多的朋友。管庭芬頗欣賞蔣光煦，認爲其『生沐性耽翰墨，勵志詩書，爲富室中絶無僅有之人』。道光十八年，管庭芬與費丹旭、許光清等人受聘爲蔣光煦校刻《别下齋叢書》。而管庭芬一生追隨之人爲錢泰吉，即日記中的『深廬夫子』『警石學師』。錢泰吉爲浙江嘉興人，著名藏書家，精於版本目録學，道光七年至咸豐三年官海寧州訓導，後主講海寧安瀾書院。管庭芬拜錢泰吉爲師，助其纂修《［道光］海昌備志》，與錢泰吉有三十餘年的交往。

在他的學術交游中，值得一提的還有兩位頗有影響的學者：何紹基與邵懿辰。何紹基曾任翰林院編修、四川學政，爲詩人、畫家、書法家，通經史，精小學、金石碑版。道光三十年，管庭芬在杭州與何紹基有直接交往。

其《日譜》六月二十九日載：『晴，時何子貞太史紹基寓居萬峰山房，抵晚過訪。太史人頗敦厚，無仕宦習氣，工書，求筆墨者絹素山積。』七月初三、初六、十二日，均有『子貞太史過談』的記載，十二日載『并以去秋典粵東試時闈墨見惠』。管庭芬回到海寧後，八月十一日又載『子貞太史自省垣寄聯爲贈』。邵懿辰爲經學家、目録學家、藏書家，著有《禮經通論》《孝經通論》等。咸豐七年、十年海寧硤石避亂時與管庭芬多有交往。與此二人的交游，開闊了久處鄉間的管庭芬的視野。

管庭芬又與佛寺及僧人頗有交集。在這方面影響管庭芬的關鍵人物是六舟上人。六舟俗姓姚，名際仁，法號達受，字六舟、秋楫，號萬峰退叟、南屏住山僧等，好游歷，喜金石書畫，精鑒賞，阮元以『金石僧』呼之。管庭芬與六舟爲海寧同鄉，愛好又多有相近，故頗爲投緣。道光二十八年，六舟住持杭州南屏净慈寺，特邀管庭芬常住南屏，相偕游覽杭州各山寺廟，搜集金石碑銘，并補纂《净慈寺志》。管庭芬《游報先寺》詩有云：『向隸孔家山，弦誦棲吾黨。轉瞬復琳宫，仍爲空王掌。學佛世所喜，崇儒教難廣。我游徒歎息，落日下林莽。』道光二十九年冬，管庭芬又與六舟作越東之游，探訪各處名山古寺。在《越游小録》序中，管庭芬自嘲『作此冷淡生活，未免得爲熱中人所齒笑乎』，并在序末開始署名『芷湘居士』。六舟自訂年譜爲《寶素室金石書畫編年録》，管庭芬協助删補，并爲作跋，考其行誼，稱爲『以翰墨爲清修者』，盛贊其『藉考訂爲説偈，藉筆硯爲净土，誠千載不僅見之才也』。可見其二人交游之深。

此外，他與同邑藏書家馬錦、吳壽暘、周勳懋、楊文蓀等均有互爲抄書之誼。他數十年孜孜不倦地抄校纂輯，并致力鄉邦文獻，爲地方文化典籍的傳承、傳播做出了較大的貢獻。

蘭絮話腴四卷　（清）管庭芬輯　稿本

一册。每半葉十行，行二十二字，紅格，白口，左右雙邊。

是書搜集明末才女馮小青生平之詩篇、傳説、憑吊之詩話等，如明末女出版家周之標、錢塘陸繁弨等唱和詩作。爲四卷：一爲本集；二爲文翰；三爲吟咏；四爲詩話。匣卷之緣由，編者均有識語，示於每卷之首。

《［民國］海寧州志稿・藝文志》云：『陳雲伯大令葺西湖四女士墓，有《蘭茵集》之刻，芷湘爲輯此書，有本事詩話等目。』馮小青，名玄玄，字小青。嫁西陵（今杭州孤山）富公子馮生爲妾，諱同姓，僅以字稱。解音律，能詩文，善弈棋。卒於十八歲，時明萬曆壬子年（1612）。錢塘陸繁弨《小青焚餘集》序中云：『西陵富人妾小青者，揚州人也。』

扉葉鈐『清江陳氏邃雅齋藏書記』朱文長印，卷端鈐『长乐郑振鐸西諦藏书』朱文方印、『陳氏静遠堂圖書』白文方印，書末鈐『長樂鄭氏藏書之印』朱文長印。

現藏國家圖書館。

日譜不分卷　（清）管庭芬述　稿本

每半葉九行，行十九字，無版框。册十二原封面鈐『庭芬』陽文印。文中有多處朱筆校改。

四十七册。是書爲管氏日記。前録『日譜世系本支』及『日譜世系近支』，叙家族各代譜系。日記記事始於清嘉慶二年（1797），止於清同治四年（1865），前後共六十九年。正文首葉言：『余作日譜，自乙亥始，甲戌之前則猶戲逐鳩車，舞傳象勺，本無紀述可書，然成童志學大聖人，尚及十五之年，因仿年譜之例，次爲一卷。』嘉慶二十年之前的生活，管庭芬以追憶的方式叙述，後五十一年有詳細的逐日記録。現存稿本，嘉慶二十一年九月十二日至年底日記有缺失。嘉慶二十二年至二十四年間日記因被僕人誤入敗紙被毁，其做了簡要補記；《〔民國〕海寧州志稿·藝文志》云：『手寫本，案芷湘先生自十九歲始作日譜，追録自一歲至十九歲合裝一册，自後每年一册。先生壽八十四歲，此僅至六十九歲，以下十餘年惜已佚去。』

《日譜》有極高的文獻價值，爲研究管庭芬及清代江南地區歷史與社會文化提供了寶貴的文獻基礎。如該書非常詳盡地記載了太平天國運動在海寧的情形。期間管庭芬的兒子、母親等家族成員相繼離去，老友亦相繼凋零，這一系列的事件給管庭芬帶來了巨大的心理壓力和身體創傷。在避難鄉村期間，閉户不出，抄書不輟，《花近樓叢書》亦在此期間録成。太平天國運動過後，他安心在家開館授徒，課業孫輩。

《日譜》中有其大量抄校書籍的記載，尤以鄉邦文獻爲多，爲後人考據地方歷史文化提供了第一手資料。此外，《日譜》中還收載了管庭芬及其友朋的頗多詩文，以題畫詩、唱和詩爲多，可視爲一部多人『詩文集』。《日譜》每日還有詳細氣象記録，對瞭解和研究十九世紀浙江海寧地區的氣候變遷，提供了重要的文獻依據。

按：國家圖書館藏有一部爲清末抄本，題名作《芷湘日譜》，十五册，收録道光三十年（1850）正月初一至咸豐八年（1858）十二月廿九日共計八年的日記。另，張廷銀整理《管庭芬日記》（中華書局2013年版），收録了管氏全部日記；虞坤林整理《渟溪日記（外三種）》（中華書局2013年版），摘取了《日譜》咸豐十年至同治元年的日記，正是管庭芬在天平天國時期避亂於鄉間，詳細記載的一段史料，對研究太平天國歷史的學者頗有裨益。

現藏浙江圖書館。入選第五批《國家珍貴古籍名録》，名録編號一一六四七。

海昌叢載二十卷海昌續載七卷首一卷　（清）管庭芬輯　稿本　清朱元炅跋

十四册。每半葉九行，行二十字，小字雙行同，無版框。

是書屬地方文獻彙編，共收文一千零三十六篇。天頭、文中多有庭芬案語，朱筆天頭標注類屬，如題咏、書畫、雜綴、詩話、仕臣、金石、文翰、循績、忠義、方技、兵寇、祠廟、補佚、名勝、山川、風俗、閨媛、孝友、古迹、官師、考異、才藻、著述、博洽、名人、方域、建置、灾祥、海防、鑑戒、冢墓、高識、科第、德行、果報、異聞等，可謂包羅萬象。

《［民國］杭州府志》將此書著録爲二十八卷，係合正續及卷首在内所計之數。浙江圖書館藏有張宗祥所抄《海昌叢載》，書前有張宗祥題記：『《海昌叢載》二十弓續載一卷，清管庭芬撰。庭芬，字芷湘，海寧州路仲里人，與蔣生沐爲中表。校書別下齋中，所著甚多，此書分弓而不分類，頗瑣雜，然搜羅極富，當爲鄉邦掌故。』有『渟溪老屋』『桐風廎繙卄疏録之書』『徐恕讀過』朱文印。册十末有清代海寧籍藏書家朱元炅題跋『咸豐乙卯冬日寓蔣氏五研齋假讀一過』，并鈐『朱元炅印』白文方印、『文公廿三世孫』朱文圓印。《叢載》卷一目次鈐『徐嬰讀過』朱文印。

現藏國家圖書館。

越游小録一卷 （清）管庭芬撰 抄本

一册。每半葉十行，行二十字，白口，四周單邊。書末有佚名題記『庚午九月迻録校讀一過』。并鈐『自怡』小印。

是書爲管庭芬與好友六舟上人的『越東之游』所記所感，按日所記，如有當日所作詩篇，亦一一録之。卷前有道光己酉（二十九年，1849）管庭芬序，曰：『今年寓居南屏，適舒厚菴司馬折柬招六舟上人及予渡江，時餞臘匆匆，距殘歲甫及兼旬，束裝就道，不異訪戴剡溪，一路峯巒淡冶……因次游事爲一卷，以質世之同抱烟霞之癖者。』

是年十一月十五日，管庭芬與六舟上人從杭州南屏出發，途經蕭山、上虞、姚江等縣，十九日到達寧波府城，十二月初四日從寧波按原路返回，途中受友人之邀，特游蘭亭，過紹興府城，十二日回到杭州。

按：咸豐庚申（十年，1860）之際，管氏復將此稿輯入《花近樓叢書》。潘衍桐編纂《兩浙輶軒續録》提及此書，贊爲『小品之精者』。

現藏浙江圖書館。

錢譜不分卷 （清）管庭芬撰并拓 稿本

十二册。金鑲玉裝。譜框，四周單邊。無序跋。册一内有夾簽一，上題『此書係海寧管廷芬手搨稿本』。拓印旁多鈐『庭芬』陽文印；册十二鈐『墨王樓』白文印一方。

是書薈萃歷代古錢拓品四百餘枚，自王莽迄明崇禎，收兩宋鐵泉居多，元明清次之。

册一收王莽、東漢、六朝、隋、唐、五代十國時貨泉三十四枚；

册二收南宋『皇宋元寶』『開慶通寶』『景定元寶』『咸淳元寶』、遼『大康通寶』『大安元寶』、金『正隆元寶』『大定通寶』『泰和重寶』、西夏國『天盛元寶』『光定元寶』、元『至大通寶』『大元通寶』『至正通寶』等三十八枚；

册三收北宋『元豐通寶』『至和通寶』『元祐通寶』『紹聖元寶』、明『嘉靖通寶』『隆慶通寶』『萬曆通寶』『泰昌通寶』等二十六枚。『泰昌通寶』旁有管庭芬案語：『右光宗泰昌通寶錢，明史天啓元年補鑄泰昌錢。』此當爲明代錢幣中較少的品種。

册四收五代時『周元通寶』『唐國通寶』『開元通寶』『天漢元寶』『光天元寶』『乾德元寶』、北宋『宋元通寶』『太平通寶』『淳化元寶』『至道元寶』『咸平元寶』『景德元寶』『祥符通寶』『天禧通寶』『天聖通寶』『明道元寶』『景祐元寶』『皇宋通寶』等三十四枚；

册五收北宋時『慶曆重寶』『至和元寶』『政和通寶』『聖宋元寶』『崇寧重寶』『崇寧通寶』『大觀通寶』『宣和通寶』、南宋時『建炎通寶』『紹興通寶』『紹興元寶』『乾道元寶』等三十一枚；

册六收南宋『乾道元寶』『淳熙元寶』『紹熙元寶』『紹熙通寶』『慶元通寶』『開禧通寶』等三十

三枚；

册七收元『天定通寶』、明『大中通寶』『洪武通寶』『永樂通寶』『宣德通寶』『弘治通寶』『天啓通寶』『崇禎通寶』、明末『永昌通寶』，管庭芬案語曰：『李自成永昌通寶錢，按，崇禎十七年，李自成僭號大順，遂鑄錢。』『大順通寶』『興朝通寶』、朝鮮古代錢幣『朝鮮通寶』『常平通寶』等五枚、安南國（今越南）『紹豐元寶』『大定通寶』『聖元通寶』『順天元寶』『大和通寶』『延寧通寶』『紹平通寶』『光順通寶』『洪德通寶』『景統通寶』『洪順通寶』等四十五枚；

册八收安南國『明德通寶』『景興通寶』『泰德通寶』『光中通寶』『嘉隆通寶』『正元通寶』『昭統通寶』、日本『慶長通寶』『寬永通寶』『仙臺通寶』等古錢幣、明『崇禎通寶』等三十七枚；

册九收北宋『嘉祐元寶』『治平元寶』『治平通寶』『熙寧元寶』『熙寧重寶』『元豐通寶』、南宋『嘉泰通寶』『嘉定通寶』等三十五枚；

册十收明『崇禎通寶』、南明『弘光通寶』旁管庭芬案：『右福王弘光通寶錢，《三藩紀事本末》弘光元年十月朔，命鑄弘光通寶錢。』存世罕稀。還有『隆武通寶』『大明通寶』『永曆通寶』等三十一枚；

册十一收明『天啓通寶』、北宋『元符通寶』『聖宋元寶』『嘉祐元寶』『嘉祐通寶』、南宋『紹定通寶』『端平通寶』『嘉熙通寶』『嘉熙重寶』『淳祐元寶』等四十一枚；

册十二收刀幣、鏟幣、無字錢（管庭芬考爲戰國時鑄）、秦半兩、漢呂后半兩錢、漢文帝半兩錢、武帝半兩錢、武帝五銖錢等二十六枚。

拓品後大多有芷湘先生跋語，注時值、字體、引説，采録各家學説，簡净平實，持論精確。一可考歷代幣制；二可考古文奇字；三可考古代之權度。對於相關研究者，大有裨益。

按：『墨王樓主』爲六舟别號，行迹半天下，名流碩彦多所交流，與别下齋主人蔣光煦、路仲管庭芬等來往頗多。其居處之『墨王樓』『磨磚作鏡軒』等門額係清道光十八年（1838）阮元所書，『墨王樓』曾藏王羲之《清宴帖》及懷素墨寶，故名。

現藏浙江圖書館。

海昌經籍志略六卷　（清）管庭芬輯　稿本　鄧邦述跋

五册。每半葉九行，行二十字，無版框。

國家圖書館藏本册一扉葉鈐『曾經民國二十五年浙江省文獻展覽會陳列』朱文印。卷端鈐有『九峰舊廬珍藏書畫之記』『庭芬』『长乐郑振鐸西諦藏书』『杭州王氏九峰舊廬藏書之章』『羣碧樓』『正盦』朱文印。前有鄧邦述（號正闇居士）於乙丑（1925）所作跋語，及管庭芬自序二篇。鄧氏云：『芷湘精於目録之學，搜輯邦獻，用功極勤。其第二序云「廣爲六卷」，而此書只四卷。上下行間增注甚多，仍非定本也。』

是書爲管庭芬輯録之浙江海寧地方經籍志書目，彙録清道光以前海寧一地的千種著作。此目以姓氏韻編，後列其著作。先述作者著作之情况，後述作者生平事迹。卷末有補考，天頭補漏收之書。考證頗爲精詳，一書一人引書目、年譜、史書、方志、文集等資料以證之。是書後刊入錢泰吉所輯《海昌備志・藝文志》之中。

是書册一至四（卷一至四）藏於國家圖書館，册五（卷五至六）藏於浙江圖書館，雖分藏兩地，然字體相近，著者鈐印、版式相同。且册二末有庭芬題識：『此册自五月初八日録起，二十九日竣。』册四末題：『此册自五月廿録起。六月十九日竣。』册五末管庭芬題識：『六月二十日抄起。七月廿九日畢。』在時序上浙圖所藏二卷本與國圖所藏四卷本亦有連續，應爲同一部書。現兩家合璧終成一部完整之書。

又，《［民國］海寧州志稿・藝文志》提及是書，云：『該書積年二十餘，易稿凡七通。後易名《海昌經籍著録攷》。』國圖藏又一稿本《海昌經籍志略》十六卷附録一卷，應成書於此書之後，并另厘卷次。

國家圖書館藏卷一至四（册一至四，館藏單位原題『海昌經籍志略四卷』）；浙江圖書館藏卷五至六（册五）。

渟溪老屋題畫詩不分卷　（清）管庭芬撰　管元耀輯　稿本

一册。每半葉十行二十字，無版框。

是書爲管庭芬平生所作題畫詩之繕清稿本，爲管庭芬族曾孫管元耀輯録，正文按題詩内容分類，前『山水』三百二十八首，後『畫蘭』四十三首，實收三百七十一首。有朱墨筆校字。書末有清宣統三年（1911）管元耀題跋，云：『族曾祖芷湘公，平生極邃於學，著書之餘常假吟詠以見其志，作繪事以怡其神』，『所作山水蘭花，無論大幅小頁，必淋漓題遍。或古體，或近體，輒隨意爲之。斯集僅輯其七言絶句一體，計三百六十餘首。係平日見公之畫幅、扇册及詩稿、日記，即隨筆録存』。

現藏浙江圖書館。

芷湘吟稿六卷附録一卷 （清）管庭芬撰　稿本　佚名題記

一册。每半葉九行，行字數不一，無版框。扉葉有佚名墨筆題記：『此係先生三十一歲以前之作。』書前有釋鳴椰所撰募金修廟疏文一篇，不知何故竄入。

是書爲芷湘先生十八至三十一歲間詩作初稿本，多有勾乙删改，起自清嘉慶二十年乙亥（1815）以迄道光七年丁亥（1827），分爲乙亥至辛巳、壬午、癸未、甲申、乙酉至丙戌、丁亥六部分，各卷端均有題名、著者，鈐有『芷湘』『培蘭一字芷湘』『臣庭芬印』『芷湘書畫』等印章不一，且頁碼起迄另起，故厘爲六卷。

卷一作於嘉慶二十年乙亥至道光元年辛巳，收一百零八首；卷二作於道光二年壬午，收三十四首；卷三作於道光三年癸未，收二十九首；卷四作於道光四年甲申，收三十首；卷五作於道光五年乙酉至道光六年丙戌間，收五十一首，末附《踏月小記》《春平歲暮三十吟序》；卷六作於道光七年丁亥，收詩六十六首。有不少爲其寓居渟溪閑暇所作，多感懷、題畫、唱和詩，不乏可誦之作。如《虚度》曰：『長身落拓竟何爲，彈鋏高歌訴與誰。名士當須留傲骨，英雄何用鎖愁眉。鬥牛有氣難藏劍，歲月如梭且下帷。虚度光陰看廿六，豈容竟作處囊錐。』可見其胸懷大志，有感而發。以題畫詩爲例，如《自題渟溪老屋圖》題二律其一：『東倒西歪屋數間，雖居廛境亦深山。門臨小市無車馬，籬傍清溪繞曲灣。剪韭可留今雨住，傭書未許主人閒。從兹陋室銘堪續，庭草侵簾不忍删。』其二：『綉闥雕甍事莫論，且求容膝度晨昏。秋來丹桂香飄户，雨過黄梅水到門。破壁任留蝸寫篆，壞墻頻怕樹穿根。畫中莫笑吾廬敝，三百餘年守子孫。』書末附録三則。一爲《馬三省退思軒吟草序》；二爲《跋朱日觀先生扶桑閣集殘本》；三爲《募修酆墅廟疏》。

現藏浙江圖書館。入選第二批《浙江省珍貴古籍名録》，名録編號〇〇三七三。

渟溪老屋自娱集二卷補遺七卷芷湘吟稿不分卷 （清）管庭芬撰 稿本（補遺配管偉之抄本）

管元耀跋

五册。每半葉十行，行二十字，無版框。二册。稿本，毛裝。《補遺七卷》，每半葉十行二十字，無版框。二册。管偉之抄本，毛裝。《芷湘吟稿》，每半葉九行二十字，無版框。一册，稿本，毛裝。《渟溪老屋自娱集》題名頗多，書衣題《自怡集》，扉葉及清道光壬辰（十二年，1832）吴昂駒所作序皆題《渟溪老屋自怡集》，然目次、正文前諸家題詞、卷端，則作《渟溪老屋自娱集》，故以卷端題名称之。

是集收録自清嘉慶二十年乙亥（1815）以迄道光十年庚寅詩篇，爲管庭芬十九歲至三十四歲，歷十六年所作。書仿查慎行《敬業堂詩集》體例，在每集之首，由撰者各著小序以名集。此八集定名爲：《心亭書屋彀音》（乙亥至丁丑，詩十三首）、《紅葉村莊集》（戊寅，詩二十三首）、《抱膝吟》（己卯至辛巳，詩九十九首）、《太古軒集》（壬午至甲申，詩一百九十五首）、《留教書堂集》（乙酉至丙戌，詩一百零一首）、《滓江寓草》（丁亥至戊子，詩一百七十七首）、《静嘯吟》（己丑至庚寅秋，詩一百九十九首，詞一首）、《輪帆集》（庚寅冬，詩六十八首）。《渟溪老屋自娱集》訂上下兩册，厘爲二卷。目次後有芷湘先生題記，曰：『學詩十六年，删存八百七十七首，不足供覆瓿之用，而鼠璞自珍，未敢質諸大雅。録藏行笈，暫作嶺上白雲，聊自怡悦而已。時道光辛卯小春下澣，芷湘居士識於潞河之瀰陰官廨。』集末有其族曾孫管元耀清宣統元年（1909）題跋，鈐『管元耀印』白文印一方。題跋云：『（此集）得詩八百餘首，經公手自删定』，因此書流傳日久，已駁蝕蟲殘，後經裝補復爲完好。又經元耀參校公之日記，補録而成。并擬將庚寅後之詩文彙集成册，以彌補此集之憾。

按：《渟溪老屋自娱集》所收詩作時間及内容與前録浙江圖書館藏《芷湘吟稿》多有重複，或成書於後，并經謄寫，爲謄清稿本。

《補遺》七卷，封題《渟溪老屋遺稿》，卷端題『渟溪老屋遺稾』，録抄芷湘先生自道光十八年至同治四年（1865）計二十七年間所作詩篇，後附補遺詩文三篇。爲民國九年族人管偉之録抄本。書末有管偉之題記：『有於他處見公乙丑以後之詩，即録於此。九年十一月偉之略記。』時序上恰與《自娱集》及《芷湘吟稿》相連，前後共五十年。

《芷湘吟稿》，起自道光十一年辛卯，至道光十七年丁酉，收詩二百八十七首。扉葉有曹錦堂（管廷芬外甥）『乙巳初冬燈唇甥曹錦堂拜讀』墨筆題記，後鈐『錦堂』朱印。正文前有『芷湘吟稿自序』，前鈐『詩望留名志已卑』白文長印一方；末鈐『庭』『芬』朱文聯珠小印。是書正文内容分《寓滘集》（辛卯）、《輪帆後集》（辛卯、壬辰）、《聽雨小樓集》（壬辰）、《筆花吟館集》（癸巳至丁酉）四部分。

按：此本所收之《芷湘吟稿》與前録浙江圖書館藏《芷湘吟稿》相較，内容、時序應是承續浙江圖書館藏本，但觀是書抄寫工整，應非同一版本體系，概爲謄清稿本。

現藏海寧市圖書館。入選第一批《浙江省珍貴古籍名録》，名録編號〇〇一七九。

芷湘老人題畫詩不分卷　（清）管庭芬撰　管偉之輯録　稿本

一册。每半葉十行，行二十字，無版框。毛裝。扉葉爲管偉之墨筆題跋『芷湘老人題畫詩，中華民國九年秋偉之輯録』，鈐『偉之』朱文印一方。封面題『芷湘老人題畫詩鈔』。

是書卷端題『芷湘老人題畫詩』，收畫幅、扇册及其他相關詩稿等三百餘首，有古體，有近體。有古體五言、七言，四言、五言、七言絶句，七律等多種體裁。

現藏海寧市圖書館。

印止録不分卷 （清）吴昂駒輯 （清）管庭芬校 （清）崔以學重校 清光緒二十六年（1900）抄本

一册。每半葉十行，行二十三字，小字雙行同，無版框。扉葉鈐清朱昌燕之『衎廬』『朱印昌燕』兩印。書中另有崔以學『蒼雨手抄』『松鱗館』『璯邨窮民』印。封面題簽『印止録』，下注『庚子鈔本』。

是書收録明盧象昇《盧忠肅公家書》、明彭期生《彭節愍公家書》、明黄道周《黄石齋先生家書》、明楊廷樞《楊維斗先生臨難自叙》四種，均爲明末抗清人士。書名『印止録』，蓋取『高山印（仰）止』之意，以示後人之敬慕。卷端首行『盧忠肅公家書』，次行上題『明宜興盧象昇建斗』，下題『海昌後學吴昂駒千仲輯，管庭芬芷湘校』，續行題『武原後學崔以學重校』。文中書眉處多有崔以學『吴惺園本』『醒園』『醒翁本』『管本』等朱筆校語，所稱各本皆指吴昂駒和管庭芬各本。

《彭節愍公家書》書後有清嘉慶庚辰（二十五年，1820）吴昂駒跋，道明輯録之緣由。云：『今盧公之遺迹，閒散於它人，彭公之册，西疇身後乏嗣，又不知誰爲守護，予恐歷久而就湮，因合編而擬付諸梓云。』

按：封面題『庚子鈔本』，應指光緒二十六年所抄。《盧忠肅公家書》《彭節愍公家書》爲崔以學根據清吴昂駒本及管庭芬校本重校，同時又增《黄石齋先生家書》及《楊維斗先生臨難自叙》，遂成此本。

現藏浙江圖書館。

海隅遺珠録五卷（清）管庭芬輯　**渟溪雜詩一卷**（清）管庭芬撰　**補遺一卷**　管氏静得樓抄本

五册。每半葉十行，行二十一字，白口，四周雙邊。版心下印『静得樓鈔本』。書眉多處有浮簽校注，正文首葉有一浮簽，上書『録中遇國朝字，輒空格書之；則公之籍海寧，亦以作海昌爲是』。『静得樓』爲管庭芬之族曾孫管元耀藏書處，本書爲元耀所抄并校，校多爲浮簽。

是書輯録自宋至清中期海寧北郊渟溪一地士人、僧道、女性之詩文集，并附著者小傳及案語。册一收宋、元時各一人，明人十六名；册二至册五收清人百餘名。正文前有錢泰吉、周勳懋兩序及蔣光煦題辭，并有管庭芬《論例八則》。

錢泰吉之序，作於清道光十四年（1834），曰：『自明中葉始成聚落以來，至今墜簡逸聞咸在，而管氏纍世撰著，亦略具於斯。』周勳懋則贊言：『是録也，録其人并繫以傳，録其詩并附以文，如吴若谷之《孝友傳序》、管竹溪之《朱節孝詩》、錢緑窗之《書佩刀歌後》、管月楣之《張布衣傳》，悉有關于世道人心。人可傳，藉詩文以傳……非如詩鈔詩選，徒以翡翠苕蘭紛若悦目已也。嗚呼，有論世知人之識，有徵文考獻之功，管子之心苦矣！管子之功偉矣！』管庭芬《論例八則》則述其輯録是書之緣起，云：『渟溪，特海昌之北鄙，距桐石境，咫尺相望，小市荒邨，聞有明中葉時始成聚落。其中一二故家士族，寧守陳編，不聯聲氣，或寄情於五字、七字之間，終老牖下，所以自來輯録志乘者，人物掌故，咸從略而不詳……惟洛塘周氏族譜，以及吾家宗乘，皆附藝文數卷，今輯是册，半藉此爲藍本……今歲安硯滓江，聽雨無聊，彙成一集，凡邑乘、外志及諸家雜記，有涉閭里佚聞者，并夾注於小傳之下，而鄙人案語，亦間附之，此即《海隅遺珠録》之緣起。』

册五附管庭芬自撰詩四十首，其詩率性寫真，反對刻意雕琢，編爲《渟溪雜詩》，前有道光三年庭芬誌曰：

『余輯《海隅遺珠録》竟梓，鄉文獻略備於斯。至於佚事舊聞，亦可借資談柄，未可棄而不傳，客窗聽雨，戲拈絶句四十章，取材瑣屑，依次注之，豈敢言詩，聊作渟溪欸乃可耳。』後又收七絶十五首，成《補遺》，前題：『前作四十首，意有未盡，續爲詠之，枌社舊聞，網羅似無遺憾矣。』

按：《［民國］海寧州志稿·藝文志》卷十五云：『《海隅遺珠録》四卷，手寫本。』并引管氏族曾孫管元耀所云『「海隅遺珠録」一書又名「渟溪舊聞」』。

現藏浙江圖書館。

花近樓叢書七十四種九十卷補遺十九種二十二卷附存八種九卷　（清）管庭芬輯　稿本

十四册。每半葉十一行，行字不等，上下黑口，左右雙邊。版心下印『別下齋校本』。各册扉葉皆題該册書目，鈐『芷湘書畫之章』白文方印。《花近樓叢書序》首行鈐『延古堂李氏珍藏』及管氏『萬拓堂』白文印；序末又鈐『庭芬』『子佩』印；總目葉首行鈐『芷湘校本』朱文印，末鈐『荒江老屋舊書生』白文方印。此十四册稿本，皆管庭芬手自抄録。

是書始於太平軍佔領海寧時，管庭芬避難鄉間抄録之文獻彙編，全書分初集、補遺、附存，凡一百零一種，多相關於歷史、地理、人文、時事、藝術等方面，亦有雜記、游記、詩話、談書論畫之作，大半皆鄉邦未刊之孤本。所收著述以清人爲主，此外有三種明人著述。庭芬所撰《漷陰志畧》一卷、《越游小録》一卷亦收録其中。每種書末均有管庭芬跋語，述之源流及輯録時日，鈐『管庭芬』白文、『芷湘子』朱文二印。

初集完成於清咸豐十一年（1861），前有自序，云：『歲在庚申春仲，武林失守，焚殺甚慘，雖旋即克復，而紛紛避兵者仍北走。時胡君榮甫、汪君子義俱挈眷來奔……余亦奉母遠遁鄉曲，其寓僅破樓一間，聊蔽風雨。遥見烽火燭天，砲聲殷地，憂從中來，日藉筆硯以消鬱壘。笈攜小品，盡手録之不足，復於村塾及鄰近告借以續之。頃余雖旋里，舊巢幸存，而遍地干戈，出門荆棘；且邑井蕭條、友朋星散，無可問奇。至故家典籍，又大半燬於劫火，深爲天喪斯文之歎。因彙粹所存，得七十餘種，署之曰《花近樓叢書》，蓋取杜少陵「花近高樓傷客心」之意也……余際垂暮之年，值此流離之境，即中興有日，靖逆有期，安能挽日以待止戈哉？因録是書，而痛及之，不禁於邑。時大清咸豐十一年歲在辛酉秋仲，芷翁管庭芬序，時年六十有五（六）。』

補遺自序，作於清同治甲子（三年，1864）仲夏，云：『偶見故家散帙，輒假之以歸，設有可存，則録藏篋衍』，輯爲《花近樓藏書補遺》。

叢書目録如下：

册一：易義參一卷　清蘇士樞撰；三易偶解一卷　清許樹棠撰；春秋經文三傳異同考一卷　清陳萊孝撰；月令考一卷　清莫熺撰；改元考同三卷　清吴肅公撰；補晉兵志一卷　清錢儀吉撰；明邊鎮題名考一卷　清查繼祖輯；鄭氏書目考一卷　清王昶撰。

册二：通志堂經解目録考一卷　清翁方綱撰；出塞圖畫山川記一卷附八旗軍志　清温睿臨撰；古州雜記一卷　清林溥撰；西域瑣記一卷附西域詩八首　清曹德馨撰；西藏紀聞一卷；瀓陰志略一卷　清管庭芬撰；禾中災異録一卷　清陶越撰；圓明園記一卷附陳氏安瀾園記　清黄凱鈞撰。

册三：太白山行紀一卷　清汪皋鶴撰；西湖游記一卷　清查人渶撰；茅山紀游一卷　清于克襄撰；浙行偶記一卷　清程嘉燧撰；北游日記一卷　清陸嘉淑撰；越游小録一卷　清管庭芬；客舍偶聞一卷　清彭孫貽撰。

册四：閩幕紀略二卷　清許旭撰；虎口餘生記一卷附塘報　清邊大綬撰；痛餘雜録一卷　明史惇撰；秋思

草堂遺集附研堂見聞雜記二則　清陸莘行撰；欠菴避亂小記一卷　明朱一是撰；罪言一卷　清温睿臨撰；均賦策一卷　清曹扶蒼撰；横橋堰水利紀事一卷　清王純撰；賑粥議一卷。

冊五：星新經一卷　清朱栻之撰；釋天一卷　清曹金籀撰；地震説一卷　清蔡仲光撰；藏書記要一卷　清孫從添撰；讀書跋尾一卷金石跋尾一卷　清彭元瑞撰；所見古書述一卷　清金農撰；三藏聖教序考一卷　清朱文藻撰。

冊六：訪碑圖題記一卷附修武氏祠堂記　清黄易撰；賣藝文一卷　明吕留良撰；荆園小語一卷　清申涵光撰；德星堂家訂一卷　清許汝霖撰；近鑑一卷　清張履祥撰；東省養蠶成法一卷附授時分收圖；亳州牡丹説一卷　清薛鳳翔撰；怪石録一卷　清沈心撰；端溪研坑記一卷附端硯銘　清李兆洛撰；硯銘一卷　清潘耒撰。

冊七：倪氏雜記筆法一卷；畫荃析覽一卷　清湯貽汾撰；圖畫精意識一卷　清張庚撰；畫論一卷　清張庚撰；繪事發微一卷　清唐岱撰。

冊八：板橋題畫一卷　清鄭燮撰；畫蘭題記一卷　清楊秉桂撰；冬心雜記六卷　清金農撰；賞鑑雜説一卷　清陸時化撰；汪氏説鈴一卷　清汪琬撰。

冊九：急痧方論一卷　清徐紱撰；山静居詩話一卷附詩　清方薰撰；香雪亭詩話一卷　清徐熊飛撰；聊齋志異拾遺一卷　清蒲松齡撰；續諧鐸一卷　清沈起鳳撰；寶仁堂鹿革囊一卷　清俞鍾雲撰；海漚小譜一卷　清趙執信撰；古詩十九首箋注一卷　清陳敬畏撰。

冊十：吴梅村歌詩一卷附并録　清吴偉業撰；論語詩三卷附學庸孟子詩　清尤侗撰；論書目唱和集一卷　清馬玉堂　蔣光煦撰；詞品一卷　清郭麐、楊夔生撰；二十四畫品一卷　清黄鉞撰；二十四書品一卷　清楊景曾撰；紅蟫館詞雋一卷　清許光治撰。

册十一（補遺上）：釋奠考一卷　清洪若臯撰；二十一史徵一卷　清徐汾撰；讀魏書地形志隨筆一卷　清温日鑑撰；臨清寇略一卷　清俞蛟撰；枉了集一卷并附録　清范深纂。

册十二（補遺中）：南都防亂公揭一卷　明復社諸子撰；黄山游記一卷　清錢謙益撰；可懷録一卷續録一卷　清吴騫撰；韞山堂讀書偶得一卷　清管世銘撰；破鐵綱二卷　清胡爾滎撰；畫訣一卷　明龔賢撰；畫梅題跋一卷　清查禮撰。

册十三（補遺下）：瘍科淺説一卷　清管寶信撰；榕巢詞話一卷　清查禮撰；蘇詩辨正一卷　清查嗣瑮撰；拙政園圖題詠一卷　明文徵明撰；東阿詩鈔一卷　清葛泠撰；畫蘭題句一卷　清曹庭棟撰；燒香詞一卷　清釋禪一撰。

册十四（附存）：經天該一卷；春草園小景分記一卷　清趙昱撰；國初品級考一卷；葉兒樂府一卷　清朱彝尊撰；夢西湖絶句一卷　清曹籀撰；西湖吟一卷　清陸璣撰；洋涇雜事詩一卷　清孫灦撰；同治乙丑補試爨案二卷　清管庭芬抄。

按：《海寧州志稿·藝文志》謂叢編云：『手寫本，初集七十四種、補遺二十種，裝訂十四册。』而據書中目録應爲七十四種八十五卷補遺十九種二十一卷附存八種九卷，卷數有差異，疑爲附卷計入有異。叢編輾轉爲梅里忻氏所得，又爲書賈持至都下求售。管元耀訪求多年不得，遂輯録各種跋語及序文爲二卷，郵寄南潯張鈞衡氏，刻入《適園叢書》。

現藏國家圖書館。

《姚燮專集》書志

曹海花　撰

姚燮小傳

姚燮（1805—1864），原名世烈，字梅伯，號野橋，晚號復莊，別署大梅山民、汝梅、野橋道人、疏影詞史、疏影樓主人、上湖生、復翁、老復、復道人、二石、二石生、東海生、小浹江老人、浣西遷客等，清浙江鎮海（今屬寧波）人。晚清文學家、畫家、學者、藏書家。清道光十四年（1834）舉人，以著作教授終老。擅畫人物花鳥，尤精墨梅，自云『平生畫梅幾千幅』，人稱『大梅先生』。

清嘉慶十年（1805）七月二十日，姚燮生於浙江鎮海城内上字湖畔登瀛橋。受家學熏陶，幼以聰慧見稱，五歲能對客吟《燈花》詩，且勤勉好學。他曾回憶自己童年學詩情形：『歸來未即索牀睡，依爾祖膝學哦詩。』（見《復莊詩問·元夜作詩示皋兒》）。道光六年，二十二歲的姚燮成爲縣學生員。作爲『甬上名秀才』，結納朋友、詩酒宴飲、登山臨水、勾欄訪艷、聽曲觀劇，姚燮的青年時代過得閑適安逸。道光十三年，他的第一部作品集——《疏影樓詞》刊刻行世，我們可從這部結集其二十九歲前詞作之作品中瞭解他青年時代的生活、思想和藝術活動。道光十四年中舉後，姚燮汲汲於進士第，然於十五年、十六年、十八年、二十年、二十四年，五次落第，科舉不順，從此他絶意仕途。在此期間的道光二十一年，英軍發動的鴉片戰争在浙東打響，姚燮的家鄉淪陷。他舉家避難，流徙鄉間。戰争中清軍將領和地方官員暴露出的腐朽無能、灾民的流離失所，深深刺激了姚燮，國難、家難促使他的思想感情發生了極大的變化，詩風向沉鬱、憤懣、質樸轉變。此後姚燮往返於蘇州、上海、嘉興、寧波間，一邊鬻文賣畫，一邊從事戲曲研究，雙璧呈輝的《今樂考證》和《今樂府選》即創作於此時。清咸豐六年（1856），姚燮從上海返回寧波，在位於小浹江北岸的息游園過起了隱居生活。期間他埋頭著述，坐館授徒，并用賣文鬻畫所得的資金買書收藏。其藏書極富特色，所撰《大梅山館藏書目》可窺一斑。咸豐十年，太平天國運動波及浙東，姚燮在戰亂中東躲西藏，但其學術研究一直没有中斷，《讀紅樓夢綱領》《詞學標準》等就是在此期間編著的。清同治元年（1862）九月至十二月、同治三年正月至三月，姚燮搜采鎮海自隋唐至清嘉道年間詩家三百多人，『各選詩數首或數十首，并人繫以傳，叙述事迹，藉存梗概』，録就《蛟川詩繫》，對鎮海一帶的區域性文獻整理起到積極作用。同治三年四月二十五日，姚燮病逝。同治四年十二月十一日，葬於鎮海崇邱鄉刎岙之麓，其好友蔣敦復爲之撰《例授文林郎即選知縣姚君墓誌銘》。清光緒十年（1884），其學生董沛爲之撰《姚復莊先生墓表》。

家學熏陶、勤勉好學、游歷滋養、友朋影響、戰禍奔襲，造就了姚燮一生的成就，其在詩詞、駢文、戲曲、小説、經籍、史地、繪畫等多個領域均有涉獵，著述宏富。董沛《姚復莊先生墓表》中曾説：『先生交日益廣，才日益肆，著述日益多，於經若《禹貢錐指勘補》《夏小正求是》，於史若《它山圖經》《漢書日札》，於子若《息游園雜纂》《玉樞經鑰》《今樂考證》，於總集若《蛟川詩繫》《蚶城唱和詩》，於別集若《駢體文権》《復莊詩問》《疏影樓詞》諸書，暨院本小説，都二百餘卷傳人也。』一九三二年錢南揚《姚復莊先生著述考》、一九八五年趙杏根《姚燮著述考》、二〇〇二年王雷《姚燮著述總目》等專門介紹姚燮著述，一九八七年洪克夷《姚燮評傳》《姚燮年譜》、魏明揚二〇〇六年博士學位論文《姚燮研究》、王珏丹二〇〇六年碩士學位論文《姚燮考論》、二〇一一年汪超宏《姚燮年譜》等則設專章專節進行介紹。其著述，少者如錢南揚列三十種，多者如王雷列七十一種（刊本二十一種、傳本三十四種、佚本十六種）。二〇一四年《浙江文叢・姚燮集》收録其所撰詩、文、詞、曲四類十二種進行整理出版。知前述各家所列大多可互見，亦有少數新增者。由此可窺姚燮著述概況。

由於姚燮著述未刊者居多，又分散於國家圖書館、上海圖書館、浙江圖書館、天津圖書館、寧波市天一閣博物館、杭州博物館等各處，各家多據方志、書目、傳記等所載，未驗原書，難免漏録或因循照録。如天津圖書館藏清同治抄本《詞斟》兩册，未見各家著録，此書四種七卷，乃《疏影樓詞》四種五卷的原本，兩書比對，可從中窺見姚燮的詞學思想。再如《復莊文録》六卷，前期未見著録，後期著録者也多據《中國古籍總目》録爲『藏杭州市文管會』，以致汪超宏《姚燮年譜》中言及此書『原藏杭州文管會，後機構撤并，劃歸杭州市園文局。經查訪該局文物處下之資料室與藏品部，没有此書的記載。又查訪杭州市文物保護管理所，也無此書踪影。此書下落不明，使人悵悵不已』。今此書實藏杭州博物館，并已入編本輯影印出版。此書爲姚燮於咸豐四年（1854）正月山居時編就的駢散文合集，其駢文同《復莊駢儷文榷》者凡四十篇、同《復莊駢儷文榷二編》者凡七篇，其散文同《復莊文酌初編》（《散體文酌》）者凡四十篇。此外，有兩篇文字出入較大，另有十篇未見諸其文集。

再如，《中國古籍善本書目》《中國古籍總目》均著録姚燮所撰《旃蒙作鄂游申日雜作》一卷。姚燮歿於清同治三年，則據書名『旃蒙作鄂』之年當爲道光五年。然翻檢國家圖書館所藏之稿，文中有與王紫詮等人交游記，王紫詮即王韜（1828—1897），是以書名中的『旃蒙作鄂』不可能是道光五年的『乙酉』，而應是光緒十一年的『乙酉』。文中時見『先孝廉』『先君子』等字眼，首葉鈐『拊中』朱文方印，是此稿應爲姚燮之子姚景夔所作。與浙江圖書館藏姚景夔日記稿本《光緒九年歲次癸未琴詠廔主日記》相較，字迹正同，而與寧波市天一閣博物館所藏姚燮日記稿本《大梅山館日記》（咸豐十年、同治二年）字迹明顯不同。可見以往所認知的《旃蒙作鄂游申日雜作》著録爲姚燮所作是錯誤的。

還有個别卷數上的差异，如《蛟川詩繫》三十一卷，一般都著録爲『三十二卷』。而據國家圖書館藏稿，實八册三十一卷，不詳『三十二卷』何據；再如《四明它山圖經》十一卷，一般都著録爲『十二卷』，而董沛在其《正誼堂文集》卷二十三《它山圖經跋》中作『十一卷』，然現據國家圖書館藏稿統計，确爲十一卷。

姚燮不唯涉獵廣、著述豐，且成就高、價值大，其在文學創作和學術研究上的成就頗得世人稱道。就文學創作而言，董沛《姚復莊先生墓表》中言：『徐舍人時棟評其所作，以爲駢體文第一，詩次之，詞又次之。余則曰：詞第一，詩次之，駢體文又次之。先生許余爲知言。』《清史列傳·文苑傳》評曰：『詩筆力雄健，自遘海夷之亂，出入干戈……所爲詩乃愈蒼凉抑塞，逼近少陵。駢體文亦沉博絶麗，與彭兆蓀相近。尤工倚聲，其《疏影樓詞》，讀之者以爲厲鶚復生。』而其在戲曲、小説等俗文學學術研究方面的成就，一直是研究者關注的焦點，兹不贅言。

姚燮曾謂陳繼聰曰：『著書有福，吾生平撰述，皆匆迫之餘寸積而成。』陳繼聰繼而論曰：『山人外雖倜儻，而内慎謹，游公卿間，口不談人長短，以故與之交者歷久如初見。山人行事實有可爲後生法者，彼徒以才人目之，淺矣。』（《蘭如集》卷四《大某山人生傳》）可謂知言。身歷四朝，文名加身，仕途蹭蹬，生活坎坷，親遘戰亂，著述授徒，懺綺復莊的姚燮在清代文化史上留下了濃墨重彩的一筆。

蛟川耆舊傳不分卷　（清）姚燮纂輯　稿本

四册。是書各册版式行款不一，册一爲紅格，每半葉九行，四周雙邊，間有藍格，每半葉十行，四周雙邊。册二爲紅格，每半葉十一行，四周雙邊。册三爲紅格，每半葉十行，白口，左右雙邊。册四爲紅格，每半葉九行，四周雙邊。稿紙版心下印『上湖艸堂也橋氏録』『上湖草堂』。『也橋』爲姚燮之號，『上湖草堂』爲其堂號。册三原封面有墨筆題『蛟川耆舊傳稿，壬戌十月』，修復加裝封面上有墨筆題『蛟川耆舊詩傳，姚梅伯』。

是書爲姚燮纂輯蛟川詩家小傳，自唐迄清嘉道間凡二百三十七人附二人，以時代先後序之。後在此稿基礎上，姚燮繼而搜輯諸家詩集，『搜采自隋唐迄清嘉道朝本邑詩家凡三百四十五人，各選詩數首或數十首，并人繫以傳，叙述事迹，藉存梗概』，纂輯成《蛟川詩繫》三十一卷，其稿現藏國家圖書館（此一并影印出版，可互參），《蛟川詩繫》另有民國二年（1913）鉛印本。

今將此稿所列詩家與民國二年鉛印本《蛟川詩繫》所收小傳（以下簡稱『《詩繫》』）相較，情況如下：

册一所録可對應《詩繫》卷一至五的内容：唐詩二家附一家（宏文閣學士永興縣公虞文懿公世南、刑部尚書銀青光禄大夫樂公仁厚，附吴商浩），此與《詩繫》卷一合；南宋詩六家（薛主簿寘、少傅通奉大夫袁正肅公甫、翰林學士臨海郡侯應公繇、太師奉化郡公余忠惠公天錫、提舉黄文潔先生震、皇甫先生子明），此與《詩繫》卷二合；元詩四家（清泉司鹽令張公子忠、隱君黄弁山先生玠、孝子丁海巢先生鶴年、鳳浦高士戴九靈先生良），此與《詩繫》卷三合；夏季爵、賀間山、沃巡按、張信、張源、王永隆、劉孟維、史敏，稿中言『前明正嘉前羣公所作，都十有三家』，應與《詩繫》卷四『明正嘉以前詩十三家』相合，《詩繫》全十三家爲『翰林侍講張公信、張隱君源、宿州知州王公永隆、劉參軍孟維、大理卿夏公時正、河南右參政史公敏、恭定賀間山先生欽、江西巡按御史沃公頖、張參軍澤、明經張先生鉞、明經張先生鐸、御史王公心、郡守樂吾江先生舜賓』，另附一家『周俊民』；贈尚書邵公鳳來、洪雅令劉公堯賓、孝廉仇先生成德、四川布政司謝公渭、文學武先生愛文、工部員外郎華公顔、參軍李先生玉華、參戎李公一鳴、張縣尹校、工部郎中范先生我躬、饒州同知烏先文明、張知事君統、明威將軍張公君謨、劉用生先生行可、明經邵先生輔明、文學張先生一鳴、游擊劉公廷瓚、范布衣翔、王世仁、王允嘉先生之孚、江左才，此與《詩繫》卷五『嘉隆以後詩二十一家』合。

冊二所録可對應《詩繫》卷六至十一的内容：太子太保兵書尚書薛恭敏公三才、太子太保禮部尚書薛文介公三省、附兵部尚書邵公輔忠，此與《詩繫》卷六『薛氏兄弟尚書詩』『附一家』合；阜平令薛公二樓、文學薛先生二表、文學薛先生岳、文學薛先生三鳳、歸德守薛公玉衡、文學薛先生士琬、明經薛先生士琪、文學薛先生士瓏、文學薛先生士城、文學薛先生霞、文學薛先生上策、文學薛先生上奏、薛廷使、薛咸益、薛咸宗、文學薛先生昌、明經薛先生志丙，此與《詩繫》卷七『薛氏世風删續集補凡十七人』合；兵科給事中謝公泰宗，此與《詩繫》卷八合，《詩繫》目録處題『天愚山人集』即謝泰宗所撰；國學録虞先生光祚、高士陳鴻賓先生昌統、陳大雲先生衷赤、職方司贈檢討華公夏、布衣陳雷塘先生王賓、文學陳先生應鵬、文學艾先生達時、文學張仝協先生鳴喈、香谷先生范處士兆芝、薛公子孝定先生士珩、布衣項先生宣、徐隱君石蒲先生、文學洪先生崑、布衣周勁草先生西、文學邵先生似歐、處士邵先生似雍、文學鄭先生端明，此十七人，與《詩繫》卷九『明季志節諸賢詩十四家』中的十四家合，衹《詩繫》目録中『文學艾先生達明』中之『明』爲『時』之誤，另『薛公子孝定先生士珩』在《詩繫》卷十『薛氏兄弟兩布衣詩』中，『文學邵先生似歐』『處士邵先生似雍』在《詩繫》卷十一『邵尚書公子三高士詩』中，還有一高士爲『屯田都司邵先生似續』。另外，在『薛氏兄弟尚書詩』前此稿有《□居士三十□□銘序》《皇贈朝議大夫胡君墓表附像贊》《故贈奉政大夫耐旃吳君墓誌銘》《沈氏雙烈傳贊》《自書畫中詩册後》《李西民文學六十壽序》《蔣子瀟壽序》《東錢湖觀水嬉記》《陳作甫□□文序》，在『薛氏兄弟尚書詩』後此稿有《適可亭記》《矮竹邨歌》。册尾有《詩繫》之『總序』一葉。

册三所録可對應《詩繫》卷十、十二至十七、十九、十八、二十二、二十六之内容：薛氏兄弟兩布衣詩（高士薛書嚴先生士學），《詩繫》中此内容置於卷十，另一布衣爲『薛公子孝定先生士珩』，稿中原置於册二中；國初南安諸弟詩三人（明經謝天懷先生泰履、文學謝天申先生泰定、孝廉謝天童先生泰交），此與《詩繫》卷十二合；梓山星椒社同社諸公詩八家（僉事虞公二球、兵馬司指揮任公德敏、明經李澹圃先生文偉、文學許先生應禎、文學邵先生似昇、文學劉先生上庸、布衣沈先生從約、鄭先生維馨），稿中正文爲此序，正文前總序本亦此序，後加排序符號，《詩繫》卷十三爲『梓山星椒社同社諸公拾餘詩九家』，無此『文學劉先生上庸』，多『文學梅先生師聖』『何先生海士』，相同七人是按照稿中排序符號排列的，即僉事虞公二球、兵馬司指揮任公德敏、布衣沈先生從約、明經李澹圃先生文偉、文學邵先生似昇、文學許先生應禎、鄭先生維馨；星椒社謝氏群從詩彙十九人（州司馬謝先生得昌、文學謝先生憲昌、州同謝先生燕昌、謝先生晉昌、知縣謝公歸昌、文學謝先生秉昌、兵馬指揮謝公榮昌、文學謝先生允昌、明經謝先生景昌、孝廉謝先生賡昌、文學謝先生熾昌、國學謝先生謂昌、文學謝先生禹昌、文學謝先生功昌、參軍謝先生師昌、明經謝先生樹昌、文學謝先生弈昌、御史謝公兆昌、太守謝公岐昌），此與《詩繫》卷十四合，稿中原題『卷十三』；薛門弟子詩十二家（謝文學之珪、山東条政謝公緒光、任國學琯玉、文學郎先生汝望、孝廉謝先生緒恒、明經李先生時培、謝文學緒承、李明經驎、朱先生俊、謝先生繼祖、文學謝先生緒章、劉先生金際），此與《詩繫》卷十五合，稿中原題『卷十四』；熙正十子詩之四（文學劉先生上庸、文學沈先生景濂、明經王先生諭、文學沈先生夢桂），此與《詩繫》卷十六合，稿中原題『卷十五』，其中『文學劉先生上庸』下注『已他録』，是指前『梓山星椒社同社諸公詩八家』中；南安諸孫五謝詩之三（中書舍人謝先生緒彥、孝廉謝先生緒宏、訓導謝先生緒敬），此與《詩繫》卷十七合，稿中原題『卷十六』；《賓王先生集》附邵氏詩五人（教諭邵先生元觀、文學邵先生元魁、邵元美、邵縣丞于邁、邵于征、邵文學瑞年），稿中原題『卷十七』，《詩繫》卷十九題『《賓王先生集》附邵氏詩四人』，無『邵元美』，實在卷十八《蒙碩録》中；《蒙碩録》（林知縣允文、婁先生景璧、兵部尚書屠公粹忠、訓導王先生重時、訓導方先生啓焜、文學范先生章先、李隱君芳、莊明經錫玉、莊文學機、盧知縣宜、編修陳先生錫嘏、沃舉人堂、何先生之銑、范訓導昌祥、知縣陳先生學聖、屠舉人孝義、烏武舉光國、烏明經光謙、烏光新、烏文學光益、烏光越、烏世弼、知縣郎先生作霖、任瑄珮、方舉人學、范從夔、陸知州藩、李文學萬邦、馬文學嗣昌、陳文學世宗、沙文學岳、舒文學松、吴文學嶽、張明經維藩、陳明經學禮、劉縣尉堯文、謝萬欽、林綱、張宗栻、邵元美、邵亦存、李先生），其中『邵元美』與前『《賓王先生集》附邵氏詩五人』中『邵元美』重，《詩繫》卷十八題『國初三朝《蒙碩録》四十一人』，其中有『邵元美』，無稿中的『李先生』；《芝山蓮社集》（知縣胡肩宇先生儋、傅文學德榮、知州孫先生煥、明經范先生用賢、虞文學汝輝、鄭文學潛學先生觀瀛、知縣陳先生良佐、劉先生荃、謝文學壬祚、胡典史昌昺、胡同知昌暘、丁舉人六鼇、鄔文學霖、范文學循楙、孔文學興國、張先生輔世、顧文學鎧），稿中計十七家，《詩繫》卷二十六『《芝山蓮社集》十六家』，無『張先生輔世』；文學王魯閶先生又曾、司訓王先生錫卣、明經王先生錫庸、訓導王先生和吉、永安知縣王先生世勳、文學王先生世仕、文學王先生世宇、文學王先生勵餘、文學王先生熙餘、明經王先生曰欽、文學王先生曰珏、訓導王先生曰升，此與《詩繫》卷二十二『上安坊祥符王氏詩十二人』合。

册四所録對應《詩繫》卷二十三、二十五、二十六、二十八的内容。文學陳先生夢蓮、徵士陳先生錫卣、訓導陳先生錫藩、知縣陳先生錫光、教授陳先生元松、文學陳先生元林、處士陳先生元棣、文學陳先生景沛、文學陳先生景泮、處士陳先生景瀛、文學陳先生懋梓、陳文學懋含，此與《詩繫》卷二十三『九陳衙陳氏家學詩十二人』合；知縣胡先生維炳、知縣胡先生圻、武顯將軍胡公于鋐、訓導胡先生于錠、文學胡先生沅、明經胡先生澧、文學胡先生瀚、庶常胡先生湜、明經胡先生灤、國學胡先生澍、胡明經渠、胡文學槩、贈員外郎胡署正枚，此與《詩繫》卷二十五『城中海晏前墺支胡氏詩十四人』較，少『文學胡先生維焕』；另有知縣胡肩宇先生儋等十七人名與册三《芝山蓮社集》重合，與《詩繫》卷二十六『《芝山蓮社集》十六家』較，無『張先生輔世』；文學謝先生瑗祚、訓導謝先生書祚、知縣謝先生雲祚、文學謝先生純祚、明經謝先生友祚、明經謝先生垍祚、文學謝先生含祚、明經謝先生佑衷、明經楊先生源、明經鄭先生朝宗、訓導陸先生時茂，此與《詩繫》卷二十八『小有居倡和昆友詩十三人』合，應爲十一人，《詩繫》誤作『十三人』。另，此册前有《僧鳳事略》一葉，後有詩文五葉半。

現藏浙江圖書館。入選第五批《國家珍貴古籍名録》，名録編號一一六四〇。

四明它山圖經十一卷（清）姚燮撰　稿本　清許嶸題簽并觀款　清李恭渭　蔣敦復校并跋　清伊樂堯　董醇　王復跋　沈德壽觀款

四册。每半葉十行，行二十一字，藍格，白口，左右雙邊。書口下藍印『大梅山館集』五字。封面墨筆題『大梅山民未定稿』，書中鈐『復莊』朱文方印。卷前有許嶸題簽并觀款、戈載題識，許嶸題『楳伯仁丈先生大著，峙士拜觀并題』，鈐『許嶸印』白文方印。戈載題識末署『中吳順卿戈載拜識』。

此書乃姚燮仿酈道元《水經注》體例纂成的四明它山地理類綜合性著述。其寫作地點、時間可見清道光壬寅（二十二年，1824）詩作《戢居鄞江橋村絳山樓匝月撰它山圖經即事三章示主人朱立淇并徐兆蓉鄭星懷兩文學》（《復莊詩問》卷二十五）篇名所示，時浙東蒙鴉片戰争之禍，姚燮正避亂鄉村。

是書分裝四册，册一爲《山經》一卷、《今水源委》二卷，册二爲《歷朝防置編年紀》三卷，册三爲《遺德廟創修封祀册》一卷、《里獻言行傳表》一卷，册四爲《藝文略》一卷、《叢志》二卷，合十一卷。

有李恭渭校并跋，《山經》卷末題『咸豐七年歲在丁巳正月上燈夕李恭渭西民甫敬謹覆審』。《今水源委》上卷末題『正月十四日巳刻拜讀』，下卷末題『是日未刻又讀』。《歷朝防置編年紀》上卷末題『正月十五辰刻覆讀』，中卷末題『正月十五日午正再讀』，下卷末題『丁巳正月十五日西民甫讀』。《遺德廟創修封祀册》卷末題『正月十八日西民甫覆審』。《里獻言行傳表》卷末題『丁巳正月十八日西民覆審』。《藝文略》卷末題『咸豐七年正月元宵燈下李西民覆審』。《叢志》上卷末題『正月十六日申刻覆審』，下卷末題『丁巳正月十七日酉刻覆審』。每條跋文後均鈐『西民』朱文方印、『恭渭』白文方印。

有蔣敦復校并跋，册二卷前題『乙卯秋八月望後十日復校志』，鈐『蔣印敦復』白文方印。册三卷前有清咸豐五年（1855）蔣敦復《序》，另有題『乙卯中秋前二日敦復校一過』，鈐『劍人』朱文方印。《里獻言行傳表》卷端題『中秋後五日新改讀』，鈐『劍人』朱文方印。册四《叢志》下卷末題『乙卯古重陽後二日敦復讀竟』，後鈐『劍人』朱文半圓印、『敦復』白文半圓印。封面及《山經》《遺德廟創修封祀册》卷端鈐『劍人經眼』朱文方印。另有沈德壽觀款，《叢志》下卷末題『己亥仲冬十二月十五日吳興沈德壽經眼於百幅菴之貽一閣』，後鈐『吴興藥盦』朱文方印、『沈印德壽』（此印又見於書尾）白文方印。

書尾有伊樂堯跋（末題『道光三十年歲在庚戌愚弟伊樂堯謹跋』，鈐印二方）、李恭渭跋（末題『大遲山老人愚弟李恭渭拜跋於海天盡處，時丁巳三月朔』，鈐『西民』朱文方印、『恭渭』白文方印）、董醇題識（末題『庚戌三月仁和愚弟董醇謹識於越州試院』，鈐『古杭董醇』白文方印）、王復題識（末題『咸豐紀元閏八月吴縣晚學王復謹識』，鈐『王復』朱文長方印）。

册一首葉鈐『初齋祕笈』朱文方印、『曾藏章武高氏水渠庵』朱文長方印，《山經》卷端鈐『澤畬長壽』朱文方印、『周暹』白文方印，《今水源委》上卷端鈐『抱經樓珍藏祕极之印』朱文方印，亦見是書曾經沈德壽、高凌霨、周叔弢等收藏。

按：蔡鴻鑑《復莊駢儷文榷二編序》、蔣鴻藻修《［光緒］諸暨縣志》等及國家圖書館所著録是書，均作十二卷，然師事姚燮的董沛在其《正誼堂文集》卷二十三《它山圖經跋》中作『十一卷』，與是書正合，今據以正之。另，清同治年間徐時棟抄録是書，卷首并有題記，今藏上海圖書館。

現藏國家圖書館。

大梅山館藏書目十六卷　（清）姚燮藏并撰　稿本

二册。每半葉十行，行字不等，藍格，白口，左右雙邊。

版心下藍印『大梅山館集』，卷端題『蛟川姚燮復莊編』，鈐『復莊姚氏』白文方印、『復莊』朱文方印。

卷一經部，卷二至三史部，卷四至六子部，卷七至十一集部，卷十二至十三小説，卷十四三藏，卷十五道藏，卷十六古今雜劇。每書僅記書名及卷數，不記著者、版本等信息。前有目録葉，無序跋。

此目與傳統目録相較，有兩大特點。一是子部、集部分類極細，如子部有總録、儒家、道學、考訂、博通、道家、墨家、法家、名家、縱横家、雜家、農家、兵家、天文、曆法、太乙、六壬、奇門、卜筮、陰陽、占夢、星命、風鑑、宅經、堪輿、玩占、醫經、脉訣、本草、方書、醫書、女科、攝生、夷書、閫範、閨閣、列女小傳、閒情、妓品、名優、粧飾、綺語、文房、印譜、畫苑、貨寶、樂譜、器玩、酒茗、食饌、種植、豢養、藝術、燈謎、雜技、類家等五十六類，集部有騷、賦、表奏、進奉文字、論策、四六駢體、尺牘、文説、詩話、御製、文總録、詩總録、別集、文集、詩集、樂府、集句、彙録、倡和、述感、游仙、攬勝、咏史、哀輓、奩體、宫詞、迴文、家集、閨秀、方外、俳體、詞、詞總録、詞韻、詞話、詞譜等三十六類。二是將小説、釋道、雜劇單列於四部之外，這也體現了大梅山館的藏書特色，其中古今雜劇分元人劇、明人劇、諸名家劇、傳奇、編演、説唱、曲譜、散曲、雜腔、曲話、京都鼓詞、通俗小説，計有四百餘種，收藏頗富。

按：寧波市天一閣博物館藏有朱鼎煦別宥齋抄本，乃據此稿本抄録而成，其目録後有民國辛未（二十年，1931）季秋十有九日朱鼎煦題記：『此從姚大楳先生手藁本録出者，首葉右下有「復莊姚氏」白文方印，每卷題名下鈐「復莊」二字朱文小方印。藍格，行款同。』可參看。又，天一閣藏馮貞群伏跗室原藏《大梅山館藏書目》初稿本二册，首册鈐『某伯』朱文方印、『復莊姚氏』白文方印。朱絲欄，書口無『大梅山館集』字樣。姚燮手書并經多處圈改。書目分爲尺牘書目詩文話類、類家、四明蛟川文獻、釋典、道藏、醫學養生書、天文曆算兵家類、太乙奇述數星卜陰陽之屬、總集、别集、文集，共十一類。

現藏浙江圖書館。

詩問稿□□卷　（清）姚燮撰　稿本　清傅㶇批點　清葉廷枚跋　存一卷（卷二十五）

一册。每半葉十二行，行字不等，有雙行小字，字數不等，白口，四周雙邊。

封面有傅㶇墨筆題簽『姚梅伯自寫詩稿，傅歗生敘耑』，鈐『性安』朱文方印。卷前有甲辰（清道光二十四年，1844）八月中秋傅㶇書序，序末鈐『措大』朱文長方印、『歗生』朱文方印、『傅㶇』白文方印，并有『某伯』朱文方印。書尾有葉廷枚清光緒二十四年戊戌（1898）春仲於金粉樓所題跋，言『是編爲先生手録詩數十章，與《詩問》不盡合者，則筆法古雅，不作時世裝』。是書爲姚燮清道光二十四年之詩稿。卷端題『詩問藁卷二十五』『甲辰一』，依次凡《車行阜河堤看杏花作》（二首）、《平原客郵次壁間東越何生韻示同行諸子末章兼調葉丈恕》（四首）、《自睢甯至下邳道中雜詩》（六首）、《趙北道中》（二首）、《長安酒樓贈韓叟》（一首）、《爲葉舍人名澧題雁門策馬圖二首》（二首）、《哭張孝廉際亮六首》（六首）、《與湯郎中鵬話舊感贈五首》（五首）、《贈葉舍人名澧六首》（六首）、《葉舍人以張際亮舊贈王石谷畫屬題》（一首）、《四月二十八日感作示同年葉金臚二首》（二首）、《曹户部楙堅席上醉後長歌贈魏源兼示湯郎中》（長歌一首）、《贈錢伶二首》（二首）、《送蔣湘南還光州》（長歌一首）、《書孔孝廉憲彝對嶽樓詩卷》（一首）、《送周四鳴珂》（一首）、《短歌十章》（十首）、《西直門外天仙廟》（二首）、《喜魏默深源、王子壽柏心、李梅生杭諸君成進士寄之以詩》（五首）、《道中阻雨過同年黄體正寓厽并招徐雯、朱渭清兩孝廉飲醉宿話舊紀事感懷即贈黄君得四首》（四首）、《送同里諸君先歸三首》（三首）、《同孫日萱、沈肇熙、吴大田、厲雲官小集栽杏館四首》（四首）、《贈陳明經鳳孫三首即題其清雪艸堂詩卷》（三首）、《道遇鄭蓮卿共飲酒樓醉中贈以長歌》（長歌一首）、《答李丈聯榜即送其還濟甯并示許瀚》（長歌一首）、《答曹户部三首》（三首）、《和潘舍人遵祁落花詩原韻十二首》（十二首）、《送何編修紹基典試黔中兼懷俞州官汝本》（長歌一首）、《贈周侍郎銘恩八首》（八首），計二十九篇一百首。

稿中有傅濂批點，凡批五處，内容爲詩評，如第一篇第一首批曰『此首少趣，可删』，第二首批曰『匿字欠妥，向字何如』。

是稿與道光二十六年至咸豐六年（1856）刻《大梅山館集》本（以下簡稱『刻本』）所收《復莊詩問》之卷二十七『甲辰上』（計九十六章）幾合，不合者之大端如下：

（一）篇數多寡不同：此《哭張孝廉際亮六首》，刻本爲《哭張孝廉際亮四章》，其中祇有『伉俠生平義氣多』一首合，尾句還有出入，此稿尾句題『可憐宣武門前柳，賸有荒枝照逝波』，刻本此句題『不如宣武門前柳，尚有荒枝照逝波』；此《短歌十章》，刻本中爲《短歌八章》，其中第七、八兩首爲《復莊詩問》無。

（二）此稿有而刻本無者：《和潘舍人遵祁落花詩原韻十二首》，《復莊詩問》無。

（三）此稿無而刻本有者：《復莊詩問》《哭張孝廉際亮六首》《與湯郎中鵬話舊感贈五首》之間另有《市肆看刀》，《曹户部楙堅席上醉後長歌贈魏源兼示湯郎中》《贈錢伶二首》之間另有《都門故人多傳予病死以詩相挽者作此示之得三章》《東風》《過吳侍讀葆晉適與高廣文錫蕃讀余恩縣題壁詩因用陳氏園林詩五章韻聯句見貽依韻奉答》，《贈周侍郎銘恩八首》前另有《吳侍讀葆晉招食香杭粥酬之以詩》，《送何編修紹基典試黔中兼懷俞州官汝本》後另有《贈王同年楚材即題其壽藤圖》。

（四）篇序不同：刻本中《贈周侍郎銘恩八首》在《答曹户部三首》之前。

葉廷枚跋中言『先生與曾叔祖赤堇山人交最契，詩酒往還無虚日，是編或當日留以待删定者亦未可知』。按：『赤堇山人』即葉廷枚曾叔祖葉元堦。葉元堦生於一八〇三年，卒年不詳，字心水，號仲蘭，浙江慈溪人。道光八年與姚燮、厲志等於其别墅枕湖吟舍倡議結枕湖吟社。

按：上海圖書館藏《詩問稿》二册，存卷二十六至二十七，有清吳超、葉丁耀跋，清孔繼鎔、孔繼梁題詩。卷次與此本相連。

現藏浙江圖書館。入選第五批《國家珍貴古籍名録》，名録編號一二〇二三。

復莊文録六卷 （清）姚燮撰 稿本 清曹峋批點 清高學沅觀款

六册。每半葉十一行，行二十三字，小字雙行同，藍格，白口，左右雙邊。書口下藍印『大梅山館集』五字。版心處朱筆題卷次及葉數。有目録，首行題『凡不抄者，已另刻入駢體稿』，下鈐『梅伯』朱文方印，末題『初編文六卷，都九十七首，咸豐甲寅歲正月山居手編』。

是書爲姚燮清咸豐四年（1854）編就的駢散文合集。卷一爲册一，凡十篇；卷二爲册二，凡二十篇；卷三爲册三，凡十六篇；卷四爲册四，凡十七篇；卷五爲册五，凡十一篇；卷六爲册六，凡二十一篇。目録多數篇目及正文卷一『通説一』『通説二』篇首鈐『選』字朱文小圓戳記。

與《浙江文叢·姚燮集》中的《復莊駢儷文榷》八卷［所據底本爲浙江圖書館藏清道光二十六年（1846）至咸豐六年（1856）刻《大梅山館集》本，下簡稱『《文榷》』］、《復莊駢儷文榷二編》八卷（所據底本同《文榷》，下簡稱『《文榷二編》』）、《復莊文酌初編》不分卷（所據底本同《文榷》，下簡稱『《文酌》』）相較，此書同《文榷》者凡四十篇，同《文榷二編》者凡七篇，同《文酌》者凡四十篇。具體情況如下：

同《文榷》卷一者五篇、卷二者八篇、卷四者六篇、卷五者五篇、卷六者二篇、卷七者十二篇、卷八者二篇。其中，該書卷六的《香鄰陳處士誄》，與《文榷》卷八的《陳處士誄》相較，除誄辭外，頗有異同。另有幾篇篇名有些微改動，如卷二之《書改玉壺士女册後》，《文權》卷四題作《書改七薌士女册後》；卷三之《與陳雲伯先生書》，《文權》卷七題作《與陳雲伯明府書》；卷三之《與秦悟梅書》，《文權》卷七題作《與秦悟梅牋》；卷三之《誥贈奉政大夫候選同知方君墓誌銘》，《文權》卷四題作《候選同知方君墓誌銘》；卷六之《書徐紫珊韻紅樓曲後》，《文權》卷四題作《書徐隨軒韻紅樓曲圖卷後》。

同《文權二編》卷二者一篇、卷四者五篇、卷五者一篇。其中該書卷二的《墨林如意室集古印序》，與《文權二編》卷四的《墨林如意室集古印録序》頗有異同。

《通説》一至十二，《文酌》題作《通説十二篇》；《論學》上、中、下，《文酌》題作《論學三篇》。

是稿獨有，未見《文權》《文權二編》《文酌》的有十篇：《糭以蘭紅賦》（出自卷五）、《上麟河帥論水利書》《烏札庫夫人節烈傳》《陳東于文學傳》《跋申文定公遺墨兩册》《跋袁僉事衮列岫樓詩卷》《跋周遣小子敦拓本》《高秋艇畫册贊》《題黄秋莽山水册》《題羅兩峰西湖畫册》（以上出自卷六）。其中《糭以蘭紅賦》題亦見《文酌》目録，然有目無文。

有曹峋批語，凡五則：

卷二葉九：『不獵等而進，不半途而廢，專心致志，不悮它歧，得其所近，期於有成。鉅則爲五穀，細亦如荑稗，學者當書一通黏座右，晨夕諷誦以自警。曹峋觀畢謹題。』首鈐『云嵒子』朱文長方印，末鈐『子嶙父印』朱白文相間方印、『曹峋』白文長方印。

卷二葉十：『散錢委地，貫之以繩，深於左史，善爲翦裁。贊語大聲疾呼，爲今日振聾發聵，諷誡之旨深矣。非漫爲游戲步毛穎、革華後者。永興弟曹峋子嶙讀竟謹識。』首鈐『聽雞堂』朱文長方印，末鈐『曹峋之印』朱文方印。

卷三葉四至五：『陳編充棟，古人初脱稿，膾炙人口，群稱清新俊逸。歷人且多，咥爲塵羹土飦，刲之刳之，捶反側之，復驚珍奇。徒博不約，如不繫舟，任風漂汩。高着眼孔，洞源悉流，得所止泊，無迷覆患。具大力，駕大舟，可以航海；一篇一葉，可入花洲梟渚，尋游憩之趣。故博覽群籍，復能知言，咀精嚼髓，詞必己出，作者本領，具於説文派與是書。固陵曹峋子嶙父。』首鈐『巾叁堂印』朱白文相間方印，末鈐『曹峋子嶙父印』白文長方印。

卷三葉五：『添注弌字，塗乙弌字，甲寅良月八日。倒觚鐙左，翼日招任子竹君渭長、蔡子容莊暨女夫陳布薌四子孫，復陪復莊子游湘雲寺，訪山僧普乘。』末鈐『希澹山齋』朱白文相間方印。

卷三葉六：『擇交之道，直諒亟於多聞。友復莊者，爲其多聞，當慚皮相。歲在閼逢，辰次大火，姚子拏舟，西泊永興，莫夙晤語，遂攜《文権》賓巾叁堂。澣下旋上，月殘復新，挑鐙展誦，數夕逾十。宵鳫夜嘯，昂麗屋角，巷柝頻擊，三復不厭，搦管書尾，聊記傾倒。子嶙弟曹峋。』首鈐『子嶙』朱文方印，末鈐『扶質堂』朱文方印、『曹峋』朱文葫蘆印。

目録末葉有高學沅觀款一則，題『乙卯立春弟高學沅拜讀』。卷二葉三另鈐『容江眼福』白文方印。

現藏杭州博物館。

瓊貽副墨七種四十六卷 （清）姚燮輯 稿本 清葉同春校并跋

八册。版式行款不一，其中《蘭如集》《尺素》每半葉十一行，行二十三字，小字雙行同，紅格，白口，四周雙邊。《浮香閣本事》《二石花櫺畫楳題跋》《探梅圖題辭》《懺綺圖卷題辭》《吳門西山紀游圖卷題辭》每半葉十一行，行字不等，藍格，白口，左右雙邊，書口下藍印『大梅山館集』五字。

是編爲姚燮於清同治元年（1862）春在鄞縣息游園家居避亂時所整理之師友酬贈之作，包括七種著作：《蘭如集》十四卷、《尺素》二十四卷、《浮香閣本事》四卷、《二石花櫺畫棵題跋》一卷、《探梅圖題辭》一卷、《懺綺圖卷題辭》一卷、《吴門西山紀游圖卷題辭》一卷。卷前姚燮自識：『壬戌春日山居避寇，烽警時危，貧病交攻，心緒惡劣，不復能從事箸饌，而又難𡨋坐以廢閒也。爰於篋衍暨故楮堆中撿拾四十年入世以來師友酬贈之作……自正月廿四日起，至三月初十日蕆功，爲種七，爲卷四十有六，以八巨册合裝之。』書名葉題『瓊貽副墨七種都四十有六卷　復翁自題』。

是編《蘭如集》卷一至四爲文，收楊星曜等五十七家文七十餘篇；卷五至九爲古體詩；卷十至十二爲今體詩；卷十三至十四爲詞，收潘德輿、馮登府、喻蘭等各家詩詞三百餘首。《尺素》卷一至五爲初編；卷六至二十爲二編；卷二十一至二十二爲三編；卷二十三至二十四爲四編，收阮元、汪小米、王埅等一千一百餘函札，多者如陳繼揆三十二札、周閑二十一札、厲志十八札、楊韞華十七札。《浮香閣本事》卷端題『梁溪時湘文《倚梅圖卷》，一時作手多賜題者，因分類編爲四卷，以好影事，署爲《浮香閣本事》云』。《二石花櫺畫棵題跋》收余文植等一百十二家題跋，卷端題『復翁集録於息游園，時壬戌元月廿六日』。《探梅圖題辭》輯李育等七十九家題辭，卷端題『大梅山民山居手録』，卷末題『共計七十九家』。《懺綺圖卷題詞》收録齊學裘等二十一家《懺綺圖卷》題詠，卷端題『己亥秋日，晤茗上費君曉樓於武林，君爲余作《懺綺圖卷》……裝潢既就，同人多題詠焉……山居無俚，因録諸作爲一帙，壬戌正月杪，大某記』。《吴門西山紀游圖卷題辭》收録張鴻卓等十二家題贈，卷端題『辛亥客吴中，爲支硎、天平、靈岩、穹窿諸山之游，倩陸君侣松俣繢作長卷，同人多題贈者，今録爲一帙。壬戌山居大某識』。

書中鈐著者印多方：原封面鈐『大某山館姚氏』白文方印，書名葉鈐『大梅先生』白文方印、『復道人』朱文方印，目録葉鈐『某伯』朱文方印、『鎮海姚燮復莊詩文詞曲書畫金石之章』朱文方印、『大某山民』朱文方印，《尺素》卷二十二卷端鈐『上湖草堂』白文方印，《浮香閣本事》卷一卷端鈐『玉篴樓』朱文長方印、卷二卷端鈐『大梅山館』朱文長方印、卷四卷端鈐『臣燮私印』白文方印，《二石花櫺畫楳題跋》卷端鈐『復莊姚氏』白文方印，《探梅圖題辭》卷端鈐『姚燮之印』朱文方印，《懺綺圖卷題辭》卷端鈐『大某先生印』朱文梅花印、『梅老詩格』白文方印，《吳門西山紀游圖卷題辭》卷端鈐『天地心□』白文方印。

各書分裝八册，册一爲《蘭如集》卷一至五；册二爲《蘭如集》卷六至十一；册三爲《蘭如集》卷十二至十四、《尺素》卷一至三；册四爲《尺素》卷四至十；册五爲《尺素》卷十一至十六；册六爲《尺素》卷十七至二十一；册七爲《尺素》卷二十二至二十四、《浮香閣本事》卷一至三；册八爲《浮香閣本事》卷四、《二石花櫺畫楳題跋》一卷、《探梅圖題辭》一卷、《懺綺圖卷題辭》一卷、《吳門西山紀游圖卷題辭》一卷。

除《吳門西山紀游圖卷題辭》外，其他六種卷前都有署簽，《蘭如集》爲沈松壽署簽，題『癸未暮春之初慈谿小門人沈松壽署』；《尺素》爲琹詠署簽，題『丙戌仲冬琹詠署耑』；《浮香閣本事》爲陳國琛署簽，題『壬戌三月清明後四日復翁老夫子大人命，門下世姪陳國琛題』，鈐『唐朝鑒印』白文方印；《二石花櫺畫楳題跋》爲小笠署簽，題『小笠書』；《探梅圖題辭》爲張銑署簽，題『光緒十二年丙戌仲春中澣七夕依鐙閱竟題帙以誌瞋福，虎林後學張銑少石甫』，鈐『廣長頭陀』朱文方印（此印又見《浮香閣本事》卷四卷端）；《懺綺圖卷題辭》書名葉模糊不辨。署簽葉均用藍格稿紙，白口，四周單邊，書口下藍印『大梅山館集』。

有葉同春校并跋，《浮香閣本事》卷四卷端題『光緒辛丑夏後學葉同春校一過』。《二石花櫺畫楳題跋》卷端題『光緒辛丑夏且月後學葉同春校一過』。《探梅圖題辭》卷端題『光緒辛丑夏且月後學葉同春校一過』。《懺綺圖卷題辭》卷端題『光緒辛丑且月後學葉同春校一過』。《吳門西山紀游圖卷題辭》卷端題『光緒辛丑且月後學葉同春校一過』。每條跋文後均鈐『太瘦生』朱文橢圓印。

按：蔣鴻藻修《〔光緒〕諸暨縣志》卷三十四《列傳・姚燮》録爲『瓊貽副墨二十四卷』，不知是否即《尺素》二十四卷。另，册一重裝封面鈐『孟顓』朱文方印，此書曾爲馮貞群所藏。《天一閣文叢》（第十一輯）所收饒國慶撰《趙萬里與馮孟顓》一文，其中言馮貞群將自己心愛的四部古書低價售於趙萬里，此書爲其中之一。

現藏國家圖書館。

蛟川詩繫三十一卷（清）姚燮輯　稿本

八册。每半葉十一行，行字不等，有雙行小字，行字亦不等，無版框、界行。封面鈐『大梅山館書詩畫選』朱文方印，卷端題『邑人姚燮述』。卷一卷端鈐姚燮子姚景夔『拊中』朱文方印、『景夔』白文方印，并有『四明張氏約園藏書』朱文長方印、『咏霓』朱文方印、『壽鏞』白文方印。

是書爲姚燮所搜輯之鎮海一帶歷代文人詩選，自唐至清道光年間，各人并附小傳。分裝八册，册一爲卷一至五，含唐詩二家附一家、南宋詩六家、元詩四家，明正德、嘉靖以前十三家附一家，嘉靖、隆慶以後詩二十一家；册二爲卷六至八，含薛氏兄弟尚書詩附一家、薛氏世風删續集補凡十七人、天愚山人集；册三爲卷九至十一，含明季志節諸賢詩十四家附節烈婦詩二家、薛氏兄弟兩布衣詩、邵尚書公子三高士詩；册四爲卷十二至十四，含國初南安諸弟詩三人、梓山星椒社同社諸公拾餘詩九家、星椒社謝氏群從詩彙十九人；册五爲卷十五至十八，含薛門弟子詩十二家、熙正十子詩之四、南安諸孫五謝詩之三、國初三朝蒙碩録四十一人；册六爲卷十九至二十二，含賓王先生集附邵氏詩四人、南城傅氏詩十二人、清泉令裔五世詩十九人、上安坊祥符王氏詩十二人；册七爲卷二十三至二十五，含九陳衙陳氏家學詩十二人、惺齋集、城中海晏前壎支胡氏詩十四人；册八爲卷二十六至三十一，含芝山蓮社集十六家、籬雲樓同社三子詩、小有居倡和昆友詩十三人、平江裔謝氏五世詩拾餘四十一人、候濤山房集、乾隆七名家詩，共計三百二十七人附九人，合三百三十六人。

卷一末題『壬戌閏月廿九日録稿』，卷二末題『九月初一日録完此卷』，卷三末題『九月十一日夕補録竟』，卷四末題『九月初五日録竟』，卷五末題『九月廿一日録完此卷』，卷七末題『九月廿三日録完』，卷八末題『十月廿二日申江録完』，卷九末題『十一月廿六日滬上録完』，卷十末題『壬戌十二月初二日冬至録畢此卷於滬寓』，卷十二末題『十一月十三夕補録完』，卷十三末題『十一月初六滬寓編定』，卷十四末題『臘月初四録完此卷』，卷十五末題『十二月十一燈下完』，卷十六末題『十二月十七日完』，卷十七末題『甲子正月十四日完』，卷十八末題『正月十六完』，卷十九末題『正月十九完』，卷二十末題『正月廿一日完』，卷二十一末題『正月廿四完』，卷二十二末題『正月廿五日完』，卷二十三末題『正月廿九完』，卷二十四末題『二月初八日完』，卷二十五末題『二月十一日完』，卷二十六末題『二月十三完』，卷二十七末題『二月十六完』，卷二十八末題『二月十九日完』，卷二十九末題『三月初一日完』，卷三十一末題『二月廿六日完』。各卷末皆有詳細時間記載，可知是書爲姚燮於清同治元年（1862）、三年所録。

此書有民國二年（1913）鉛印本，鄉人盛炳緯序言『搜采自隋唐迄清嘉道朝本邑詩家……各選詩數首或數十首，并人繫以傳，叙述事迹，藉存梗概』。蔡鴻鑑《復莊駢儷文榷二編序》、蔣鴻藻修《［光緒］諸暨縣志》卷五十《經籍志·丁部下》均作『蛟川耆舊詩繫三十二卷』，多出一卷，不詳何據。

現藏國家圖書館。

詞學標準不分卷 （清）姚燮輯 稿本

一册。每半葉九行，行字不等，有雙行小字，藍格，白口，四周雙邊。書口上藍印『鶴麓齋讀本』五字。原封面題『玉篋樓詞學標準一册，未分卷，大某手録』，鈐『復道人』朱文方印。卷前葉鈐『紫清散吏』朱文方印。

是書爲姚燮録歷代各家詞論之作，清咸豐十一年（1861）所編。總目首葉題『大某手輯，未定稿』。總目後題『右《詞學標準》一册，未分卷，少年學倚聲時所采掇成帙者。其於審律修辭之道，已兩括無遺藴矣。因舊稿模糊塗乙，非他手所能辨録者，爰於養痾之暇，稍加删節，重録一週，差分眉目。然其中尚有複沓未經梳櫛之處，待費一月工夫，分宅而次弟之，方爲完書。雖曰小道，第爲學詞者作南針之指，非竟無益於藝林者。辛酉重九前一日大某識於息游園』。

該書所録各家，摘自張炎《詞源》、方成培《詞麈》、汪汲《詞名集解》、沈伯時《樂府指迷》、陸韶《詞旨》、沈雄《古今詞話》、馮金伯《詞苑萃編》、郭麐《靈芬館詩話》、郭麐《十二詞品》、楊夔生《續十二詞品》、戈載《翠薇花館詞》、陳丙綬《畫溪漁唱》、蔣敦復《芬陀利室詞話》、沈傳桂《清夢盦二白詞》、馮柳東詞、朱和羲《萬竹樓詞》、黄曾《瓶隱山房詞》等。

按：蔡鴻鑑《復莊駢儷文榷二編序》、俞樾等纂《［光緒］鎮海縣志》卷三十二《藝文·集》、蔣鴻藻修《［光緒］諸暨縣志》卷十四《人物志·列傳八》均作八卷，《［光緒］諸暨縣志》卷五十《經籍志·丁部下》作五卷，不詳何據。此書另有清同治四年（1865）陳倬抄本，藏國家圖書館，鈐『杏遂詞人』朱文方印、『臣陳倬印』朱文方印、『培之』白文方印。此書另有張壽鏞約園抄本，鈐『約園藏書』『張印壽鏞』兩方白文方印，藏浙江圖書館。

現藏國家圖書館。

詞斠四種七卷　（清）姚燮撰　清同治抄本　清□培之跋

二册。每半葉八行，行二十字，小字雙行同，紅格，白口，四周雙邊。稿紙書口上紅印『鴻遠書屋』四字、下紅印『孫榮泰號』四字。從卷三《高陽臺・奚虛白居湖州城南鮑氏樓即樊榭徵君納姬月上處因作溪樓延月圖》正文起變無格稿紙，每半葉九行，行二十二字，小字雙行同。前有清道光十三年（1833）平湖姚儒俠序、疏影樓詞總目、道光十三年姚燮自記及幻蜨主人題識。題識曰：『《疏影樓詞》原本曰《詞斠》，曩見於王君錫蕃行笥。後友人陳海帆爲録一册，惜字太荒率，擬另録未遑。兹睹刻本，爰録其序記於首。光緒癸未之春，幻蜨主人手識。』

是書爲姚燮所作詞集，卷一爲《石雲吟雅》上，卷二爲《石雲吟雅》下，卷三爲《絹尾集》，卷四爲《疏影樓畫膢》上，卷五爲《疏影樓畫膢》下，卷六爲《遲懺詞》上，卷七爲《遲懺詞》下，合四種三百八十八首。姚燮後又將自己詞作編爲《疏影樓詞》及《疏影樓詞續鈔》，與此書相比，子目題名及卷數均發生了改變。兹將此書與清道光十三年上湖草堂刻《疏影樓詞》五卷本（《畫邊琴趣》二卷、《吳溼蕢唱》一卷、《剪鐙夜語》一卷、《石雲唫雅》一卷）及國家圖書館藏稿本《疏影樓詞續鈔》不分卷一一比對，具體情況如下：

卷一《石雲吟雅》上，計四十七首，入《疏影樓詞》卷一者六首、卷二者十二首、卷三者十二首、卷四者十七首；卷二《石雲吟雅》下，計四十三首，入《疏影樓詞》卷一者一首、卷二者三首、卷四者三首、卷五者三十首，入《疏影樓詞續鈔》者六首；卷三《絹尾集》計六十四首，入《疏影樓詞》卷一者六首、卷二者四首、卷三者一首、卷四者六首、卷五者五首，入《疏影樓詞續鈔》者四十二首；卷四《疏影樓畫膢》上計五十六首，入《疏影樓詞》卷一者十四首、卷二者二十七首、卷三者八首、卷四者三首，入《疏影樓詞續鈔》者四首；卷五《疏影樓畫膢》下計四十九首，入《疏影樓詞》卷四者十七首、卷五者三十二首；卷六《遲懺詞》上計六十五首，入《疏影樓詞》卷一者二十八首、卷二者十一首、卷三者十九首、卷四者二首、卷五者一首，入《疏影樓詞續鈔》者四首；卷七《遲懺詞》下計六十四首，入《疏影樓詞》卷二者一首、卷三者一首、卷四者三十五首、卷五者九首，入《疏影樓詞續鈔》的有十七首，另有一首《更漏子》未見於《疏影樓詞》。是入《疏影樓詞》卷一者計五十五首，與《疏影樓詞》卷一正合；入卷二者計五十八首，《疏影樓詞》卷二共五十九首，《詞斠》無其中的第三十八首《行香子·萬古香閣》；入卷三者計四十一首，與《疏影樓詞》卷三正合；入卷四者計八十三首，《疏影樓詞》卷四共八十六首，《詞斠》無其中的第五首《一痕沙》、第十首《前調（指『賣花聲』）·龢小譜》、第八十一首《羅敷媚》；入卷五者計七十七首，《疏影樓詞》卷五共七十八首，《詞斠》無其中的第七十八首《疏影·自題詞集》；入《疏影樓詞續鈔》者七十三首，《疏影樓詞續鈔》共一百四十二首，《詞斠》對應其中的第一至十五、十七至二十八、三十二、三十四至五十六、五十八至六十七首，其中第三十二首《祝英臺近·贈吴郎韶仙十二闋并序》，《詞斠》作十二首；第六十七首《洞仙闋二闋》，《詞斠》作二首。

除上述子目題名及卷數的變化外，文字上的出入主要如下：多爲改詞牌名，如『齊天樂』，有改作『臺城路』的，如《齊天樂·寄懷周澹喦》《齊天樂·越江舟中懷歸》《齊天樂·聽秋館夜集賦柝聲》《齊天樂·鐙影》等；有改作『如此江山』的，如《齊天樂·江山船》《齊天樂·唐晉國公薛少保斷碑研六舟上人屬題》；亦有不改的。再如『買陂塘』，有改作『摸魚兒』的，如《買陂塘·宿寶蓮寺題壁兼留别住山松濤上人》《買陂塘·白湖唫榭第二集賦白湖觀打魚》《買陂塘·芰》《買陂塘·鷗》；有改作『摸魚子』的，如《買陂塘·浮碧山樓春暮客感寄上湖雪蓮社諸子》；多改作『邁陂塘』，如《買陂塘·午生自都門寄讀近詞倚此代答》《買陂塘·大雪登吴山》《買陂塘·蓉江舟夜》等。又如『水龍吟』，有不改的，有改作『小樓連苑』的，如《水龍吟·自題退紅衫院本》《水龍吟·漢建昭雁足鐙滬上徐紫珊屬賦》。偶有補字者，如《齊天樂·同王乃蓀梁閎、湯茗生鉞暨駭谷宿鄭喬遷大椿堂》，《疏影樓詞》中作《齊天樂・同王乃蓀梁閎、湯茗生鉞暨駭谷宿鄭耐生喬遷大椿堂》，《霜葉飛・夕倚芙蓉江感舊》，《疏影樓詞》中作《霜葉飛・夕倚芙蓉江樓感舊》。

按：幻蜨主人題識除前録外，另見二處：册一封面題：『《詞斟》，姚梅伯先生著也。己巳夏見之於王君錫蕃行笥，蓋副本也。假歸，擬摘録未遑。庚午春，陳君海帆客武林，同寓青山别館，賭酒徵歌之暇，偶及倚聲，輒爲手録存之。爰繫其面，并誌其歲月，乃知事各有緣，非偶然也。幻蜨主人識。』册二封面題『此二卷假經一載，繙閲未遑，何暇摘録？喜遇陳君海帆竟爲録成全璧，以俟餘隙。既感故人之情，又歎勞人草草，無福消閑，爰書其面以誌不諠云。培之識於海天小築，時同治庚午仲春花朝也』。『同治庚午』爲清同治九年（1870）。另，卷四《沁園春・呵》葉鈐『世基』白文方印。

現藏天津圖書館。

玉篴樓詞一卷 （清）姚燮撰　稿本　清姚景夔校點并跋

一册。每半葉十行，行二十一字，藍格，白口，左右雙邊。書口下藍印『大梅山館集』五字。封面墨筆題『二石翁玉篴樓詩餘，悔門先生倩仲子鼎校誤』，鈐『家學』白文方印。卷前首葉鈐『不學無術』白文方印，有魏謙升、嘉善黃安濤、元和朱綬、山陰陳壽祺題詞，卷末有周白山《跋玉篴樓詞後》。據字迹可知題詞及跋皆爲姚燮手録。

是書爲姚燮晚年詞作，卷端題『二石生填譜』，鈐『拊中』朱文印、『不學無術』白文方印。書中有其子姚景夔校點并跋，書尾墨筆題『丁亥八月下浣七日小復校畢，次日重校一過』，有朱、墨筆校點，鈐『拊中』朱文印。此書曾經鄭振鐸收藏，卷端鈐『长乐鄭振鐸西諦藏書』朱文長方印，卷末鈐『長樂鄭氏藏書之印』朱文長方印。

文中有桂華明、散餘霞、生查子、握金釵、八寶粧、念奴嬌、絳都春、浪淘沙（三首）、鳳凰臺上憶龡簫、蘭陵王、一痕沙、聲聲慢（三首）、一萼紅（二首）、貂裘換酒、暗香、疏影、東風第一枝、金盞子、瑶花、木蘭花慢、水龍吟、綺羅香、邁陂塘、陽臺路、晝夜樂、雙瑞蓮、雙調連理枝、齊天樂、琵琶僊（二首）、更漏子、天香、醉太平、好事近、清平樂（二首）、月華清、高陽臺（二首）、定風波、少年游、陽春令、憶舊游、夜合花、徵招、宴清都、秋宵吟、沁園春、摸魚兒（二首）、瑞鶴仙等詞牌。

按：是稿蔡鴻鑑《復莊駢儷文榷二編序》、俞樾等纂《［光緒］鎮海縣志》卷三十二《藝文・集》作二卷，不詳何據。蔣鴻藻修《［光緒］諸暨縣志》卷五十《經籍志・丁部下》著録《疏影樓詞續編》一卷《玉笛詞》一卷，言『此其晚年之作未付刻者，較前集更爲無上乘矣，乾嘉後詞家必以燮爲首選』。

現藏國家圖書館。

某心雪傳奇不分卷 （清）姚燮撰 稿本

一册。每半葉十二行，行字不等，藍格，上下黑口，四周雙邊。字迹潦草，不易辨認。文前有十一葉五、七、八字聯語，四葉四字聯語。

是稿爲姚燮紀念其與歌伎時湘文愛情故事所作的劇本。存《仙因》《酌春》《雪怨》《掉扇》《望吳》《却畫》《信許》《掃園》《亭訝》《醉閧》《留約》十一折，卷前有道光丁酉（十七年，1837）七月七日定海厲志所撰《湘文小傳》及元和楊韞華記二文，末題『以上二文從《浮香閣本事》寫出』。按：厲志（1783—1843），初名允懷，字心甫，號駭谷，又號白華山人，定海人。與鎮海姚燮、臨海姚濂齊名，有『浙東三海』之稱。年長姚燮二十二歲，兩人感情極深，可謂忘年之交。楊韞華（約1813—1852），字稚雲，一號遲雲。元和畫家，詩人。清道光十七年姚燮去蘇州賃屋賣畫，結識了楊韞華和歌伎時湘文，楊韞華等友人曾謀劃促成姚燮與時湘文的姻緣，而事不成。姚燮爲紀念這場愛情悲劇，作《梅心雪傳奇》，楊韞華爲之作記。惜第十一折僅存開場兩套曲子，劇情不完整，無以窺其全貌。但從首折副末所宣大意和劇作强烈的寫實色彩看，該劇是以悲劇告終的。

封面有馮貞群二則題記，其一：『姚復莊某心雪傳奇稿本，伏跗室藏。復莊别有《浮香閣本事》四卷，亦爲梁溪時湘文作倚梅圖卷，一時作手多題詠之，因分類編爲四卷，以好影事，署爲《浮香閣本事》云。』其二：『冷僧先生惠存，馮貞群謹贈，時甲午孟冬。』後鈐『伏跗』朱文方印。文中鈐『朱酇卿』白文方印、『别宥齋』朱文方印，爲浙江蕭山著名藏書家朱鼎煦（1885—1968）之印章。朱氏藏書一在蕭山，一在甬上，藏蕭山者經劫而毀，甬上所藏留餘者其去世前立下遺囑捐贈天一閣。朱鼎煦與馮貞群爲相熟的老友，後者曾爲前者編過善本書目。

按：張宗祥據此抄録一本，題跋曰：『姚復莊之於時湘文，曾作《倚梅圖卷》，遍徵題詠，後乃分類編爲四卷，署曰《浮香閣本事》。此書之首厲氏一傳、楊氏一記即《本事》中文也，以其所載當時事實頗詳，故録備參攷。』并提及『甲午春，馮孟顓兄見贈』。此本現藏寧波市天一閣博物館，《浙江文叢·姚燮集》據以整理出版。天一閣另藏一據張宗祥抄本之再抄本。

現藏浙江圖書館。

《平步青專集》書志

徐立望　撰

平步青小傳

平步青（1832—1896），字景孫，別稱常庸、棟山樵、侶霞、霞侶、霞外、三壺佚史等，浙江山陰（今紹興）人。清咸豐五年（1855）乙卯科舉人，清同治元年（1862）中進士第，入翰林院爲庶吉士，同治二年散館授編修，同治三年在上書房行走，同年九月出任江南鄉試副考官，同治四年九月照料鍾郡王讀書，五年大考翰詹一等，由編修升侍讀，六年京察一等，交軍機處記名以道府用，不久即放江西糧道，七年署布政使，十一年署按察使，是年以疾歸鄉，從此專注於學術研究，校輯和刊刻書籍，整理鄉邦文獻，直至去世。

平步青以傳承浙東學派爲己任，尤重史學。雖亦有經學著述，然究非所長。與章學誠的後裔章筱同交往言：『浙東學術，自東發、深寧以來，遠有代緒。國初黄南雷、萬石園兄弟，及（邵）念魯、全謝山氏而下，惟令曾祖（實齋）先生遠紹獨肩，先生殁而浙東學術不絶如綫。道咸間宗滌甫觀察頗以起衰自任，而授受無聞。鄙人少時，妄以習聞先正自期，而才力駑下，又爲制舉仕宦所汩，不克自振。迨引病歸卧湖壖，亦思稍理故業，以收昔遁。』（《樵隱昔寱》卷四《答章筱同書》）

浙東學派諸先輩，全祖望尤爲他所推崇，好而學之，贊云『國朝儒家別集林立，當以先生爲第一』（《樵隱昔寱》卷十四《鮚埼亭文集跋尾》），雖自嘆『鑽揅三十年，未得形似』，然友人夏燮則深諳其學術底蘊，讀其文，贊曰『學鮚埼亭長也』。其史學於宋史、明清掌故，皆有所論述。收集并校勘浙東學派人物如黄宗羲、全祖望、章學誠等各類著作，亦出版明清之際抗清名臣祁彪佳、張煌言等人著作。曾有志於重修宋史，後因公務繁忙作罷，僅留下歷代研究宋史的學者名録《宋史叙録》。明清史乘雖無專書，僅編定《修明史史臣表》，而心得散見於他的文集《霞外攟屑》及雜著巨編《樵隱昔寱》之中，涉獵甚廣，朝野掌故、里巷稗史，無所不包。

史學重官制科第，編歷代進士題名録，涉及唐、五代、宋、元明清諸朝，亦有西漢宰相至明代宰輔考，又輯《殘明百官簿》，而對本朝特有職官制度，尤重筆墨，對歷次『大考翰詹』『召試博學鴻儒』『召試博學鴻詞』『薦舉經學』『南書房入直諸臣』『尚書房入直諸臣』皆一一考略。本土鄉邦文獻，亦有著力，如《釋諺》爲考訂方言俗語而作，大多爲越地方言，著《越中科第表》，詳記從唐至清紹興府屬進士。

平步青對文集的整理和斠別頗費苦心，曾有編清代詩文總集《國朝文棷》之籌劃，『以卷踰千』，規模宏大，遠超其他已刊總集，雖未能最後成帙，然在編寫過程中，相關著述頗豐：有記録清代文人生卒年表的《文棷表》、補寫各類已刊總集如姚椿《國朝文録》和王昶《湖海文傳》等文人小傳，自撰清代文集著者小傳及文集提要《文棷目》《國朝文棷題辭》，并將從明末清初至同時代清朝文人一千餘名作者姓名及文集目録整理成册，成《國朝文棷總目》。并對唐代文人總集亦有相同整理，爲詩文總集《唐文粹》所補撰的人物小傳，統計唐宋八大家文章在各種選本及其他散文總集收録情況，成《唐宋八大家文棷書評目》。

道咸以來，理學中興，然平步青仍是樸學學風，喜校勘，自謂：『於羣書譌文敚字，援引乖舛，輒刺取它籍，栞誤糾謬，一書有斠至數年未已者。』（《棟山樵傳》）學生楊越曾稱其寫有《羣書斠識》一百二十餘種，現存八十七種。所斠各書，多有大部頭之著作，如《全唐文紀事》《明通鑑》《國朝先正事略》等。故所交至友，如當塗夏燮、湖州汪曰楨皆爲同黨之人。同鄉好友李慈銘、陶濬宣亦是同類相惜。

其著書極爲豐富，然基本未流傳於世。蓋申涵光《荊園小語》所語『凡詩文成集，且勿梓行，一時所是，師友言之不服，久之自悟，未必汗流浹背也』爲步青所取。其最親近的弟子楊越曾言：『（楝山師）以梓行流布爲戒。』生前所刊印，僅爲自著《樵隱昔寱》中的其中一卷《記事》、《羣書斠識》十一種十一卷，及爲同黨、同鄉、前輩學人所刊刻《葛園叢書》十一種十八卷。逝後由楊越及平宜生在民國初期刊行《讀經拾瀋》一卷、《讀史拾瀋》二卷、《霞外攟屑》十卷、《樵隱昔寱》二十卷、《越吟殘草》一卷、《蜆門藹樂府本事》二卷、《安越堂外集》十卷。

步青著述能基本保存下來，與畢生追隨他的學生楊越密切相關。楊越，字寧齋，會稽人。清光緒元年（1875）舉人，曾在光緒十四年跟隨平步青『從游二十年』，欲假衆手分寫之，而以『稾艸塗乙，人難辨識』（《樵隱昔寱》卷二十《跋》）而罷。

步青書名以霞外、香雪崦、葛園冠之，皆有來歷。曾有文《紀夢十條》云：『道光戊申、己酉間，輒夢至楝山之南，邨名香雪崦，園名葛園，殆取洨長「枝枝相對，葉葉相當」語也。園中麗人十數，似習熟者，而忘其名，不敢遽呼之，遥立凝望，而諸美輒呼予爲霞外人，初意以門外漢相謔也已。沿溪行至一高峰下，壁立千仞，磨崖刻「浣霞」二字，大幾贏丈，始悟予本亦園中人，不知以何事淪謫崦外，爲諸麗姝調侃……後屢夢至園，欲叩麗人，而夢中貪玩，遂終身爲霞外人矣。』（《安越堂外集》卷八）

又有書名《樵隱昔寱》之稱，源於友人朱慶蓴所作《楝山樵隱圖》，見其自撰《楝山樵傳》云：『楝山樵，浙之山陰人，談者佚其姓名，濟州朱秋水大令爲作《楝山樵隱圖》，蓋自自號云。』（《樵隱昔寱·附録》）

步青有將生平主要著述歸類一處之舉，初名以《香雪崦叢書》，後更爲《香雪崦丵書》，生前所定《香雪崦丵書二十種總目》，卷端題『香雪崦丵書二十種總目』，下附小字：『先生云：「初亦擬名叢書，今易丵書，以不成叢，無可取也。」』衹是『丵書』過於生僻，世人仍以『叢書』稱謂。而其流傳在世一些稿抄本的卷端亦題有《香雪崦丵書》甲集、乙集、丙集、丁集，如《瓜籚拾遺》《湖海文傳補小傳劄記未定稾》《國朝文録小傳》《唐文粹補小傳》等，這些稿抄本皆在卷端題爲『香雪崦並書』，然《香雪崦並書二十種總目》并未將它們列入，或許平步青另有他想，惜未及實施。又有浙江圖書館將所藏平氏部分稿抄本歸於《香雪崦叢書》著録題名，登記在册，然與其自定目録亦不吻合。故目前所見以《香雪崦叢書》稱謂者有三：一爲平步青生前自定；一爲平步青部分稿抄本卷端所題；一爲浙江圖書館登記著録題名。爲恢復歷史原貌，尊重著者意願，本次整理所定書名，以平步青自定爲準。按照《中國古籍總目》所定分類法，將《香雪崦並書二十種總目》所收各書歸類於叢書類，并在書名前面標注『香雪崦並書』。未列入此叢書類之各書則按照中國古籍分類表排序。

步青著述雖有刊刻，與全部著述相比十不及一，且流傳極少。專注於清代著述研究的謝國楨於二十世紀四十年代初嘗自嘆：『讀李慈銘《越縵堂日記》，始知有平步青其人，每歎其學術之淹博，而未能詳其行事。』其學不爲後人所知如此，直至日寇肆虐浙江，平步青著作四散，一部分刻本、稿本被書賈帶至北京，纔引起學術圈的關注，如鄧之誠在一九四一年冬所記：『淪陷後，書賈從紹興得十餘部，捆載而北，人争購之，以其引書必備出處，而考證務其細微，人始知有步青而稱道之，顯晦有時，豈不信然。』（《桑園讀書記·香雪崦叢書》）

由於歷史原因，現存的平步青著述稿抄本主要分成兩部分，一部分藏於浙江圖書館，一部分藏於國家圖書館。此外，還有一種是別人寫給平步青的信劄，藏於杭州圖書館。此次整理的平步青稿抄本，從種數而言，共五十一種書。極爲複雜的是，這五十一種書中，衹有一個稿次的僅爲二十四種，不到一半，而其餘二十七種書有兩種以及兩種以上的稿次：其中有兩個稿次爲十八種，三個稿次有六種，四個稿次兩種，六個稿次一種。同一種書的多個稿次基本上有明顯的嬗遞關係，字迹從潦草到工整楷書謄抄，從塗改較多到没有塗改等，後一個稿次都是吸收了前一個稿次的修改意見。

步青之著述稿次數量衆多，且又未成體系地分藏於浙江圖書館和國家圖書館兩處，導致殘本大量出現，而有效著録信息的缺失，以致同一種書的不同稿次不僅在不同的館藏單位目録名稱不統一，即使在同一館藏單位，常有不同的目録名，如《最勝録》一卷有三個稿次，浙江圖書館藏有兩種，分别題名爲《楝山劄記》一卷、《香雪崦叢書：最勝録》，而國家圖書館則名爲《安越堂殘稿：最勝録》，這三者的關係使閲讀者不知所從。

此次整理，平步青的著述最大程度地得以完整呈現，公藏機構能不忘初心，使珍藏多年的稿抄本重顯於世，亦是平步青之幸。

瓜籚拾遺一卷 （清）平步青撰 稿本 清平宜生題簽

一册。行書寫於無格紙。

卷端題『瓜籚拾遺叙』，下署『葛園芊書甲集』。封葉題『古字發微』，下署『雪士書眉』，鈐『宜生』橢圓形朱文印、『若宜』方形白文印。封葉雖題『古字發微』，然非平步青自題，且平步青學生楊越所編《香雪崦芊書二十種目録・原目所無各書目列後》載有『瓜籚拾遺一卷』，則本書應稱『瓜籚拾遺』爲妥。前有自序，云：『獬豸何嘗識字，侯思止詣辭嫚抵，志攫柱後惠文耳，昧者襲之，信口呼叔孫婼、于竇。偶或操觚伏之獵，而弄諸麞。讎校故籍，奮筆改金根車爲銀，形與聲且不之辨。撑犂孤塗，何義之能明。韓文公云：「凡爲文宜略識字。」朱子亦誡學者時時觀字書。唐宋巨儒，兢兢於小學如是。庸性椎而卞，不能潭思，齊闘狃習，汒而眢焉十之九，沿誤者如之。間剟群籍都爲一編，時取媘覽，漸悟其譌，署曰「瓜籚拾遺」。越諺數慢，必曰渠識西瓜大字幾斗籃，以詣名者備忘也，非著書也。籚之有瓜有幾，矧拾其遺乎？道光丙午三月十八日書於白衙寶綸堂之西箱醉月軒，甲戌端午重録，九月八日歎，未爲定稿也。」

是書乃小學之書，首爲『一部』，按部首順序解釋字音及字義。先列某字，次列釋文。如『万』，釋文：『《廣韻》同萬，又莫北切，万俟複姓，讀木其。』又如『井』，釋文：『古文井與刑通用，《左傳》井伯即邢伯。』所援引各書，主要依據《說文解字》《玉篇》《廣韻》《集韻》等字書，其餘如《左傳》《史記》《漢書》等史書及《鶴林玉露》《西雲札記》《升菴全集》等文集，是書亦有所引。解釋多爲某字的生僻義項，應爲作者讀書時所摘録。

按：序中『西瓜大字幾斗籃，以諧名者備忘也，非著書也。簋之有瓜有幾，矧拾其遺乎』一段，應爲是書題『瓜簋拾遺』之所自。

現藏浙江圖書館。館藏單位原題：古字發微不分卷。

瓜簋拾遺一卷 （清）平步青撰 抄本

一册。每半葉十二行，版心下印『安越堂』。封面無題，藍絲欄，楷書謄抄，無塗改。

首葉卷端題『瓜簋拾遺叙』，下署『香雪崦芈書甲集』，次行題『山陰平步青景孫纂』，版心寫『瓜簋拾遺叙』，并寫有葉碼。内容照録平宜生題簽之稿本，然比稿本增加不少内容，應在這兩個稿次之間，還有批校稿。比如稿本『堨』字後，是『而』，接下去是『鮰』。但是抄本則在『堨』與『而』的兩字之間，增加了『垞』字，在『而』和『鮰』之間，增加了『詭』。此外，稿本卷端署『葛園叢書甲集』，抄本已改爲『香雪崦芈書甲集』。

按：平步青所著《安越堂外集》卷一有《瓜簋拾遺小引》一篇，尾署『同治甲戌端午棟山樵隱書於鏡湖萬華多處眠雲舸』，内容與浙江圖書館所藏，稿本和抄本基本相同，字句偶有出入，如稿本和抄本作『庸性椎而卞』，《瓜廬拾遺小引》作『蒙性魯而卞』。另《瓜廬拾遺小引》後附兩條考證文字，爲稿本所無。

現藏浙江圖書館。館藏單位原題：香雪崦叢書：瓜簋拾遺一卷，稿本，香雪崦叢書册二十九。

文椒表不分卷 （清）平步青撰 稿本

三册。無格紙，行楷書寫。是書爲文人學者生卒年表，始自明萬曆元年（1573），止於清乾隆六十年（1795）。其體例以年爲綱，每葉上列是年出生之人，下列是年逝世之人。

册一，稿本封葉題『文椒表一』，右側有字曰：『十月十日，日下稷，同云釀寒，欲雪未霰，呵筆纂次，薖澞舊史自識卷耑。』爲平步青手迹。首葉爲『萬曆元年癸酉』，末葉爲『崇正十六年癸未』。

册二，稿本封葉題『文椒表二』，首葉爲『順治元年甲申』，末葉爲『康熙六十一年壬寅』。

册三，稿本封葉題『文椒表三』，首葉爲『雍正元年癸卯』，末葉爲『乾隆六十年乙卯』。

按：平步青《棟山日記》清同治十二年（1873）六月初五條云：『撰録文椒生卒表攷略』則本書原名應爲《文椒生卒表》，同年十月初十日條云：『録文椒表畢』，正與第一册稿本封面『十月十日』相合，故本書應作於同治十二年。

平步青曾編總集《國朝文椒》，《文椒表》當爲《國朝文椒》内容之一。本書考證人物生卒年，引用家譜等常人不易見到的資料，學者或可籍此解決清代文人生卒年問題。如張岱生卒年問題，頗多異説，而本書則用《張氏家譜》《陶庵夢憶》《越風》互相參照，得出張岱生於萬曆二十五年，卒於康熙二十八年（1689），年九十三。

現藏浙江圖書館。館藏單位原題：文椒表不分卷，稿本，四册，注：其中册四實爲國朝文椒總目。

文椒表初稾不分卷 （清）平步青撰 抄本

每半葉十二行，兩册。藍絲欄，楷書書寫，無塗抹，版心印『安越堂』。

册一，卷端首行題『文椒表初稾』，次行下署：『山陰平步青景孫纂次』，每葉版心中間題『文椒表初稿』，并下附葉碼，首葉至末葉從一至八十三。所記年份從『萬曆三年乙亥』至『乾隆三十七年壬辰』。册二，卷端首行『乾隆三十八年癸巳』，首葉版心葉碼爲八十四，所記録年份至『光緒四年戊寅』。

浙江圖書館藏有該書兩個稿次，一爲稿本，一爲安越堂家抄本。前者平步青自題爲『文椒表』，卷端并無書名，後者卷端首行則題『文椒表初稾』。平步青學生楊越所編《香雪崦丵書二十種目録・原目所無各書目列後》載有『文椒表初稾』。可見本書初名『文椒表』，最後定爲『文椒表初稾』。安越堂家抄本在照録稿本基礎上，内容大爲增加，年份從清乾隆六十年增多至清光緒四年。從内容來看，浙圖館藏稿本應有缺失。

現藏浙江圖書館。館藏單位原題：香雪崦叢書：文椒表初稾不分卷，稿本，香雪崦叢書册三至四。

唐文粹補小傳一卷補遺一卷靈芬館珍藏重校正唐文粹評話一卷 （清）平步青撰　稿本

一册。每半葉十行，紅絲欄，版心下印『言泰號製』。

是書爲詩文總集《唐文粹》所補撰的人物小傳，前有平步青自序，云：『姚序在大中祥符四年祀汾陰之月。叙中所舉凡二十六家，陳子昂、沈佺期、宋之問、李白、杜甫、張説、蘇頲、蕭穎士、李華、常衮、楊炎、韓（愈）、柳宗元、李觀、李翺、皇甫湜、賈至、李翰、元結、獨孤及、吕温、梁肅、權德輿、劉禹錫、白居易、元稹。』諸家文體分賦、樂章、歌詩、頌、贊、碑、銘、文、論、議、箴誡銘、表奏、傳録、書、序、古文、記等十七類，大凡一千九百三十一篇。

是書分四部分，爲《唐文粹補小傳》《唐文粹補遺》《靈芬館珍藏重校正唐文粹評話》《香祖筆記》。

《唐文粹補小傳》正文首題『唐文粹補小傳』，下署『道光庚戌九月十二日，香雪崦芊書丁集』，次行署『三百四十□人』。人物小傳排序以《唐文粹》爲準，起李華，終崔羣，每人詳注字號、籍貫、履歷及著述，其小傳之史料來源以《新唐書》《舊唐書》《全唐詩》爲主。

《唐文粹補遺》正文首題『唐文粹補遺』，題目下署『卷一百十一人，二百四十九篇』。清人郭麐曾編《唐文粹補遺》二十六卷，該部分雖亦取名《唐文粹補遺》，實爲郭麐《唐文粹補遺》入選作者補人物小傳，起魏徵，終劉太真。體例與《唐文粹補小傳》相同。

《靈芬館珍藏重校正唐文粹評話》。《重校正唐文粹》即《唐文粹》之明嘉靖三年（1524）徐焴刻本。本部分摘録對《唐文粹》所收作品二十二則評語。

摘録《香祖筆記》卷六對於《唐文粹》之評語，衹是篇幅極短，僅有幾行。

現藏浙江圖書館。館藏單位原題：唐文粹補小傳一卷，稿本。

唐文粹補小傳一卷補遺一卷靈芬館珍藏重校正唐文粹評話一卷　（清）平步青撰　稿本

一册。每半葉十二行，藍絲欄，行楷書寫，版心下印『安越堂』。首葉首行上題『唐文粹補小傳三百六十三人』，下寫『香雪崦芊書丁集』，第二行寫『山陰平步青景孫纂』。

每葉版心中部按内容依次寫有『唐文粹補小傳』『唐文粹補遺』『唐文粹評話』『香祖筆記』，下注明葉碼，内容據浙江圖書館藏題名《唐文粹補小傳》一卷抄録，然補删修改之處頗多。

現藏浙江圖書館。館藏單位原題：香雪崦叢書：唐文粹補小傳一卷補遺一卷靈芬館珍藏重校正唐文粹評話一卷，香雪崦叢書册六。

唐文粹補小傳一卷補遺一卷靈芬館珍藏重校正唐文粹評話一卷 （清）平步青撰 抄本

一册。每半葉十二行，藍絲欄，楷書書寫，無修改痕迹。首葉首行上題『唐文粹補小傳三百六十三人』，下寫『香雪崦芊書丁集』，第二行寫『山陰平步青景孫纂』。版心下印『安越堂』，版心依次寫有『唐文粹補小傳』『唐文粹補遺』『唐文粹評話』，内容據前述浙圖館藏題名『香雪崦叢書：唐文粹補小傳一卷補遺一卷靈芬館珍藏重校正唐文粹評話一卷』稿本抄録，并據天頭批注，已將『香祖筆記』評語附於『唐文粹評話』末尾。

現藏浙江圖書館。館藏單位原題：香雪崦叢書：唐文粹補小傳一卷補遺一卷靈芬館珍藏重校正唐文粹評話一卷，稿本，香雪崦叢書册五。

國朝文録小傳一卷國朝古文約選一卷國朝古文所見集一卷附續古文辭類纂一卷 （清）平步青撰 稿本

一册。無格紙，行草書寫，前半部左上角紙張蟲蛀嚴重。封面無題。正文卷首題：『婁縣姚氏椿國朝文録小傳一卷，丙寅上元輯，癸未中秋重校』，下署『葛園叢書丁集』。

是書書名雖題『婁縣姚氏椿國朝文録小傳』，正文實分爲四個部分。第一部分爲《國朝文録小傳》，第二部分爲《國朝古文約選》，第三部分爲《國朝古文所見集》，第四部分爲《續古文辭類纂》，此四部書均爲桐城派人物所著文章選本，本書則爲這四部選本入選作者的小傳，試簡論之：

《國朝文録小傳》。按：《國朝文録》爲姚椿所編。該卷列出入選作者及所選文章數目，并於每人名下附其字號、籍貫、履歷、著作。首列人物，因紙張殘缺，已不能辨清：『□□□□□，字環極，號環溪，又號庸齋，蔚州人，崇正□午舉□，□□□□進士，歷官刑部尚書，康熙丁卯卒，年七十一，謚□□，□□□□堂集十二卷。』

《國朝古文約選》。正文首題『國朝古文約選二卷八十四篇』，并標注『庚午四月三日』，是書首列《國朝古文約選》所選人物與文章數目，有些人物列其所選文章篇名，如『王崇簡』條云：『王崇簡，文一，唐豫公明史序。』

《國朝古文所見集》。正文首題『國朝古文所見集』，下題注云：『五十二家一百六十篇，道光壬午管同序，自識凡例，年六十三，皆見徐選二十四家，止沈椒園不録。』按：《國朝古文所見集》十三卷，陳兆麒編，陳兆麒爲姚鼐弟子，以桐城標準選文。是書首列陳氏書中人物所選文章篇目，有些人物列其所選文章篇名，如湯來賀條『文一，湯來賀，王彦章論』。

《續古文辭類纂》。正文首云：『近出續古文辭類纂，卷首有姓氏爵里誌略一篇，時代先後頗有慎到，爲考而改書之。』《續古文辭類纂》有王先謙編、黎庶昌編兩種，按：《姓氏爵里誌略》一篇爲王氏書中所有，故是書所本爲王先謙本。是書所録人物共三十九人，其數與王氏書相符，但順序略有出入。每人人名下儘注其生卒年及科名，可爲王氏書之補充。

按：《樵隱昔寱》中有《姚椿國朝文録小傳叙》一篇，其文云：『丙寅上元，同年賈琴巖比部以張温和公刻椿姚氏國朝文録卷端無諸家小傳，因舉字號爵里著述見詢，蒙爲考諸書草三十餘紙答之，其中脱略擬補輯。丁卯夏，外轉江右而止。今歲上元，檢書匧得之，乃慕閣夫人出都時所收，閲之抆淚。歲月不居，學無加益，諸家字裹，仍有數者未知，并各家別集之名卷凡若干，亦未由考補。自念此生難以完書，聊存舊稿附之。』從文中可見，是書之纂似始於清同治五年（丙寅，1866），同治六年平步青出都後，編撰暫時放棄。又據本書卷端所言，『丙寅上元輯，癸未中秋重校』，可知在癸未年（1883）中秋重新予以整理。

現藏浙江圖書館。館藏單位原題：國朝文録小傳一卷，稿本。

國朝文録小傳一卷國朝古文約選一卷國朝古文所見集一卷附續古文辭類纂一卷　（清）平步青撰

稿本

一册。每半葉十二行，藍絲欄。封面無題，前無序，後無跋。卷端題『婁縣姚氏椿國朝文録小傳一卷』，下原署『葛園叢書丁集』，後用標記符號改爲『香雪崦芊書丁集』，次行下署『山陰平步青景孫纂』。内容照録浙江圖書館原題：《國朝文録小傳》一卷之稿本，天頭時有添加，正文處亦多有塗改。

是書内容共分四部分：

《國朝文録小傳》每葉版心題『國朝文録小傳』，并附葉碼。首列『魏象樞』條：『魏象樞文三，字環極，號環溪，又號庸齋，蔚州人，崇正壬午舉人，順治丙戌進士，歷官刑部尚書，康熙丁卯卒，年七十一，謚敏果，著有《寒松堂集》十二卷。』

《國朝古文約選》正文首題『國朝古文約選』，題下注云：『二卷八十四篇』，每葉版心題『國朝古文約選』，并附葉碼。

《國朝古文所見集》每葉版心題『國朝古文所見集』，并附葉碼。

《續古文辭類纂》版心仍題『國朝古文所見集』，并附葉碼。

現藏浙江圖書館。館藏單位原題：香雪崦叢書：國朝文録小傳一卷國朝古文約選一卷國朝古文所見記一卷，香雪崦叢書册四十。

國朝文録小傳一卷國朝古文約選一卷國朝古文所見集一卷附續古文辭類纂一卷 （清）平步青撰 抄本

一册。每半葉十二行，藍絲欄，楷書謄抄，版心皆有卷名和各卷起始葉碼。

卷端題『婁縣姚氏椿國朝文録小傳一卷』，下署『香雪崦峷書丁集』，次行下署『平步青景孫纂』。版式和内容完全按照浙江圖書館所藏題名『香雪崦叢書：國朝文録小傳一卷國朝古文約選一卷國朝古文所見記一卷』之稿本所標注的版式和文字修改。且將後者第四部分『續古文辭類纂』版心題『國朝古文所見集』，更正爲『續古文辭類纂』。

現藏國家圖書館。館藏單位原題：安越堂殘稿：國朝文録小傳一卷，稿本，安越堂殘稿册三十四。

湖海文傳補小傳劄記未定稿一卷 （清）平步青撰 稿本

一册。每半葉十六行，紅格紙，行書書寫，塗改極多，蛛絲蚊足，密綴行間，甚難辨識。卷端首行題『湖海文傳補傳劄記未定稿一卷』，下署『庚申七月十八屬稿』，次行署『棟山樵纂』，版心均無字。

是書爲散文總集《湖海文傳》入選作者所撰的小傳。《湖海文傳》乃清人王昶所編，《凡例》云：『本《詩傳》之例，就平生師友及門下士所作，匯爲《湖海文傳》。』選録清康熙中期至乾隆朝文人一百餘家，皆王昶交游所及。作品七百餘篇，分賦、頌、文、講義等三十餘類，共七十五卷。平步青鑒於《湖海文傳》僅收録文章，并無作者小傳，乃爲之補寫。小傳以人物爲綱，自竇光鼐至章學誠，先後順序與《湖海文傳》一致。首列人名、文集名稱及《湖海文傳》收録文章篇數，次述字號、籍貫、履歷、生卒年與著作，後列家庭關係及門人弟子。

是書卷端即注明成書時間爲庚申年，即清咸豐十年（1860）。平步青《棟山日記》咸豐十年八月二十一日條云：『撰《湖海文傳小傳》一卷。』與之相符。此外，本書偶有錯寫之處，如將『陳鱣』誤抄爲『陳鱓』，『雅爾哈善』誤抄爲『雅爾喀善』。

現藏浙江圖書館。館藏單位原題：湖海文傳補傳劄記一卷。

湖海文傳補小傳劄記未定稿一卷　（清）平步青撰　抄本

一册。每半葉十二行，藍絲欄，楷書謄抄，無塗改，版心下印『安越堂』。卷端首行題『湖海文傳補小傳劄記未定稿』，下署『香雪崦丵書丁集』，次行署『山陰平步青景孫纂』，每葉版心均題『湖海文傳補小傳劄記未定稿』，并注明葉碼。

是書據前述浙江圖書館所藏原題名『湖海文傳補傳劄記一卷』謄録，而原稿偶有筆誤之處，如陳鱣誤寫陳鱓，雅爾哈善誤抄雅爾喀善。是書仍照舊，并無校正。

按：本書封面題『樵隱昔寱』，下署『宣統二年杏月，雪士書眉』，爲平步青子平宜生所題，封面題名明顯與内容不符，應爲流傳過程中，原有題名丢失，整理者誤將《樵隱昔寱》某册題名移到此處。

現藏國家圖書館。館藏單位原題：安越堂殘稿：湖海文傳補小傳劄記未定稾一卷，安越堂殘稿册三十三。

唐科目攷不分卷　（清）平步青撰　稿本

一册。草書書寫，無格紙，較多删改及補充的痕迹。前無序，後無跋。

首葉記載唐代謚文者等文字，次葉爲正文。其體例以時間爲綱，內容爲記録唐武德五年（622）至天祐四年（907）歷次科舉進士科名目。依次爲：武德五年、貞觀九年、貞觀二十年、顯慶四年、咸亨元年、咸亨四年、上元二年、調露元年、永隆二年、開耀二年、永淳二年、文明元年、垂拱元年、天授元年、天册萬歲元年、聖曆元年、長安二年、神龍元年、神龍二年、景雲元年、景雲二年、開元元年、開元二年、開元四年、開元五年、開元九年、開元十年、開元十一年、開元十二年、開元十四年、開元十五年、開元十六年、開元十八年、開元二十年、開元二十一年、開元二十二年、開元二十三年、開元二十五年、開元二十九年、天寶元年、天寶二載、天寶三載、天寶六載、天寶七載、天寶十載、天寶十二載、天寶十三載、天寶十五載、至德二載、乾元元年、乾元二年、上元元年、廣德元年、大曆元年、大曆二年、大曆四年、大曆五年、大曆六年、大曆七年、大曆九年、大曆十二年、大曆十三年、大曆十四年、建中元年、建中二年、建中四年、興元元年、貞元元年、貞元二年、貞元四年、貞元五年、貞元六年、貞元七年、貞元八年、貞元九年、貞元十年、貞元十一年、貞元十二年、貞元十三年、貞元十四年、貞元十五年、貞元十六年、貞元十八年、貞元十九年、貞元二十一年、元和元年、元和二年、元和四年、元和五年、元和六年、元和七年、元和八年、元和十年、元和十一年、元和十三年、元和十四年、元和十五年、長慶元年、長慶四年、寶曆元年、寶曆二年、大和元年、大和二年、大和三年、大和四年、大和五年、大和六年、大和八年、大和九年、開成元年、開成二年、開成三年、開成五年、會昌元年、會昌二年、會昌三年、會昌四年、會昌五年、會昌六年、大中元年、大中二年、大中三年、大中四年、大中五年、大中六年、大中七年、大中八年、大中九年、大中十年、大中十一年、大中十二年、大中十三年、咸通元年、咸通二年、咸通四年、咸通六年、咸通七年、咸通八年、咸通九年、咸通十年、咸通十二年、咸通十三年、咸通十四年、乾符元年、乾符二年、乾符三年、乾符四年、乾符五年、中和二年、光啓二年、光啓三年、文德元年、龍紀元年、大順元年、大順二年、大順三年、景福二年、乾寧元年、乾寧二年、乾寧三年、乾寧四年、光化元年、光化二年、光化三年、天復元年、天祐元年、天祐二年、天祐三年、天祐四年，共一百六十九次，最後附失考年六人。作者於每次科舉均列其考試時間、進士數目、考官姓名以及進士姓名，注云：『凡唐宋科目入宰相宰輔執政表者以「○」別之』，并在姓名下用小字述其生平履歷、遺集、考證文字，詳盡程度不一。其史料來源并無特別説明，衹在一些條目的旁注中有所反映，所據史料大多爲正史如《舊唐書》《新唐書》，方志如《江西通志》《弋陽縣志》、筆記小説如《朝野僉載》《玉芝堂談薈》以及墓誌等等。

按：《樵隱昔寱》有《書曼陀羅華室書賸録·唐科目攷後》，文云：『《新唐書·薛登傳》云：煬帝始置進士等科。《涉史隨筆》引楊綰疏同。《大唐世説新語》則云：隋煬帝置明經、進士二科。《新書·楊纂傳》云：大業時，第進士爲朔方郡司書佐。《毘陵集·河南府法曹參軍張從師墓表》云：初公祖損之，隋大業中進士甲科而未有言第一人者。《玉芝堂談薈》『狀元條』以孫伏伽爲武德元年狀元，不言何本。《升菴外集》（卷六十一）科第題名考云：止倆第一人，皆誤也。《新書·孫伏伽傳》云：仕隋爲小史。（《舊書》云：自大理寺小史。）纍勞補萬年縣法曹，武德初上言三事爲治書侍御史，終陝州刺史，顯慶三年卒，不言舉進士也。《唐會要》：武德二年，上親閱群臣考績，以李綱、孫伏伽爲上第，上初受禪，以舞人安叱奴爲散騎侍郎，綱上疏論諫，伏伽亦諫，賞獻琵琶弓箭者及請擇正人爲諸王師友，皆言詞激切，故皆陟其考第以旌寵之，是伏伽以侍御史考績膺上第，居李綱之次，亦非第一人。升菴仞爲進士固誤，應秋并以爲武德元年狀元，益無稽不足據矣。至《摭言》云：侯君素、孫伏伽皆隋之進士。據《新書・張元素傳》云：始元素與孫伏伽在隋皆爲令史，定保謁張元爲侯君，更不足詰，令史即孫傳之小史也。《孫傳》云：上言三事，《會要》斥其二，其一爲百戲散樂。亦見《新語》，《新書》據書之。』

按：唐代登科之史，自唐代至今歷來有學者進行研究。清人徐松彙集唐宋以後有關唐五代登科者的文獻資料，著成《登科記考》一書，是爲研究唐代科舉十分重要的參考書，但也存在不少疏漏錯誤之處。平步青長於考證之學，平生考訂史籍無數，所著《唐科目攷》對於唐代登科記的研究，示以學術之迭代，亦反映清代學者學術成果。

現藏浙江圖書館。

唐科目考不分卷　（清）平步青撰　稿本

一册。行楷書寫，字迹清晰，格式工整。天頭標注頗多，每葉版心未寫書名，僅注明葉碼。

正文首葉題『唐科目考』，下署『曼陀羅華室雜録』。將浙江圖書館館藏題名『唐科目攷不分卷』稿本與本書比對，全書内容與順序基本相符，但本書也有誤抄、錯漏之處。如『上元二年』條，前者爲『知貢舉騫味道』，本書誤抄爲『知貢舉騫師道』；『垂拱元年』條中狀元吳道古右邊小字旁注『英華注一作師道』，本書誤以爲是知貢舉劉廷奇的旁注，將其移至知貢舉劉廷奇下；『天册萬歲元年』條，前者在天頭補入賀知章、許南容、李令琛、崔日用、蘇晉五人，本書未將其補入；『景雲二年』條，前者爲『王朋從』，本書誤抄爲『王明從』。

現藏浙江圖書館。館藏單位原題：香雪崦叢書：唐科目攷一卷，香雪崦叢書册三十五。

唐科目攷不分卷　（清）平步青撰　抄本

一册。每半葉十二行，藍絲欄，正楷書寫，没有塗改，版心印『安越堂』。每葉版心中題『唐科目攷』，下附葉碼。正文首葉首行題『唐科目攷』，次行下署『山陰平步青景孫纂』。此本完全吸收浙江圖書館館藏題名『香雪崦叢書：唐科目攷一卷』的標注部分，然錯誤之處也没有進行修改。

現藏浙江圖書館。館藏單位原題：香雪崦叢書：唐科目攷一卷，稿本，香雪崦叢書册三十四。

五代宋元科目攷二卷　（清）平步青撰　稿本

兩册。每半葉行數、字數不等，行草書寫，無格紙，有較多修改、補充的痕迹，天頭文字頗多。前無序，後無跋。

册一封題『五代宋元科目攷上』，首葉首行題『五代科目攷』，下署『汝陰杜佩荼洛各曼陀羅華室雜録』，次行『梁太祖開平元年丁卯』。是書以時間爲綱，記録自五代梁太祖開平元年（907）至元至正二十六年（1366）歷次科舉進士名録。書名雖曰『五代宋元科目攷』，實則除五代、宋、元外，十國、遼、金舉行的科舉也收録其中。每次科舉均列其考試時間、進士數目、考官姓名以及進士姓名，進士姓名下用小字撰其小傳，述其字號、謚號、籍貫及生平履歷事迹等，詳盡程度不一，有些名目下衹寫籍貫，或僅存名目，并無小傳。本册起梁太祖開平元年，終宋徽宗宣和七年（1125），共二百一十八年。

册二封題『五代宋元科目攷下』，首葉首行題『高宗建炎二年戊申九月進士四百五十一人』，起宋高宗建炎二年（1128），終元惠宗至正二十六年，共二百三十八年，書末尾附粘簽，其内容爲宋狀元、金狀元、元狀元，共十人，應爲年代失考者，故附於後。

是書史料來源并無特别説明，祇有在一些名目下的小傳中偶有提及，可考爲基本以《宋會要》《文獻通考》《江西通志》等諸書爲主。此外如宋人所著《澠水燕談録》《南部新書》《考古編》《續通鑑》等，書中皆有提及。

按：宋代科舉在中國科舉制史上有其特殊地位，其在制度上發明了廷試、糊名、謄録等制度，使得科舉制度更加公平、完善，尤其是在人數上達到了歷史巔峰，唐代科舉每科取士，不過二三十人，而宋代科舉，每科動輒録取上百人。對於宋代科舉制度的研究，已取得不少成果，然一直未有類似徐松《唐登科記考》這樣全面記載宋代科舉制度發展基本情况的史料書，直至二〇〇九年，傅璇琮主編，龔延明、祖慧編纂的《宋登科記考》纔得以問世，填補了宋代科舉史研究的空白。此後，在《宋登科記考》的基礎上進行補正的文章層出不窮，如諸葛憶兵《〈宋登科記考〉補正》、陸睿《〈宋登科記考〉拾補二則》、岳捄士《〈宋登科記考〉補正》等。平步青精於考證之學，平生閲讀、校訂史書無數，治學嚴謹，其所著《五代宋元科目攷》，體例近似徐松《唐科目考》，其所載宋代進士名録，與傅璇琮《宋登科記考》互有出入，且之後文章中補録的進士姓名，是書間有收録，可見平步青之史識，亦可見清代學者之學術成就。

現藏浙江圖書館。

五代宋元科目攷二卷 （清）平步青撰 稿本

兩册。每半葉十二行，藍絲欄，行楷書寫，字迹清晰、格式工整，略有修改痕迹，版心下印『安越堂』。

册一（卷上），無封面，首葉首行題『五代宋元科目攷卷上』，次行下署『山陰平步青景孫纂』，版心題『五代宋元科目攷卷上』，并注明葉碼。現藏國家圖書館。

册二（卷下），首葉首行題『五代宋元科目考卷下』，下署『山陰平步青景孫纂』，版心題『五代宋元科目攷卷下』，并注明葉碼，後幾葉爲無格紙抄寫。現藏浙江圖書館。

是書依舊浙江圖書館所藏題名『五代宋元科目攷二卷』抄録，應是該稿本的繼承。但有誤抄之處，試略舉一二：『太平興國五年趙昌國』條下小傳，前書作『以百篇舉賜及第』，本書缺『篇』『舉』字；『景德二年知貢舉』條，前書作『趙安仁』，本書誤抄爲『趙安化』；『天聖五年馬仲甫』條下小傳，前書作『提舉崇禧觀』，基本謄清稿缺『崇』字；『（金）衛紹王大安元年』條，前書作『大安元年』，本書誤抄爲『大定元年』。

國家圖書館藏卷上（册一），館藏單位原題：安越堂殘稿：五代宋元科目攷殘稾一卷，稿本，一册，安越堂殘稿册七；浙江圖書館藏卷下（册二），館藏單位原題：香雪崦叢書：五代宋元科目考二卷，存卷二，稿本，一册，香雪崦叢書册二十四。

國子監進士題名碑録九卷 （清）平步青撰 稿本 存一卷（卷八）

一册。無格紙，行書書寫。封面題『國子監進士題名碑録卷八』，無落款，爲平步青筆迹。首葉卷端題『同治二年進士題名碑録癸亥』。

是書爲清朝進士名録，本册記載清同治二年（1863）癸亥科、同治四年乙丑科、同治七年戊辰科、同治十年辛未科、同治十三年甲戌科、光緒二年（1876）丙子科。因元明清慣例，取中進士得以於國子監刻碑留名，故本書以此取名。然國子監所藏進士題名碑衹記載姓名和籍貫，是書則信息更爲豐富，除以上内容外，還包括家世、科第以及平氏撰寫時期該進士任職情況。如同治二年癸亥科所記録第一人爲『翁曾源』，其條目下雙行小字載『心存孫、同書子、同龢姪，字仲淵，江蘇常熟人，咸豐乙卯賜舉人，壬戌賜進士一體殿試，授修撰，卒』。

按：《香雪崦半書二十種目録·原目所無各書目列後》載有書目《皇朝進士題名碑考證》九卷，即指此書。是册封面爲卷八，内容記載至光緒二年丙子科。此後至平步青去世前，共有九科進士試，雖不詳平氏記載至何時，但可肯定應爲一卷，即卷九。

現藏浙江圖書館。館藏單位原題：國子監進士題名碑録□□卷，存一卷。

西漢宰相攷一卷東漢宰相攷一卷五代宰相攷一卷宋宰輔攷一卷明宰輔攷一卷明列輔起家攷一卷復社姓氏録一卷 （清）平步青撰 稿本

一册。紅格紙，行書書寫，天頭間有墨筆批語。原封面署『雜本』，首爲抄録洪亮吉《乞假將歸留别成親王亟言時政啓》、蔣琦齡《中興十二策》兩篇。然主體結構分别爲《西漢宰相攷》《東漢丞相攷》《五代宰相攷》《宋宰輔攷》《明宰輔攷》《明列輔起家攷》《南都防亂公揭》《復社姓氏録》《大將軍》《襍號將軍》。

《西漢宰相攷》。其體例近似班固《漢書》中之《百官公卿表》，衹取丞相、太尉、御史大夫，以時間先後順序分別排列官員姓名，并無注明具體年號，丞相始自蕭何終於平晏，太尉始自盧綰終於王莽，御史大夫始自周柯終於甄豐，後附父子七氏，爲父子同入宰相者。其姓名在《漢書》中立傳者與附傳者，在官員姓名旁分別用『○』和『、』注明。

《東漢丞相攷》。東漢官制繼承西漢而略有改革，故《東漢丞相攷》將丞相分司空、司徒、大司馬（太尉）、太傅四個部分，以時間先後順序分別排列官員姓名，司空始自王梁終於張喜，司徒始自鄧禹終於曹操，大司馬（太尉）始自吴漢終於袁紹，太傅始自卓茂終於馬日磾，有列傳者加『○』，附傳者加『、』，附録爲袁氏與楊氏入宰相者及袁楊二氏外父子、祖孫、兄弟、叔侄入宰相者。按：《後漢書》無表，故後世有補表之作，以宋、清兩代尤多，如《後漢三公年表》《東漢三公年表》等，可與本文互相參看比對。

《五代宰相攷》。是考以朝代及在位皇帝爲綱，分別爲後梁朱温、後梁末帝、後唐莊宗、後唐明宗、後唐閔帝、後晉高祖、後晉出帝、後漢高祖、後漢隱帝、後周太祖、後周世宗、後周恭帝，每朝均注明丞相及使相人數，後列丞相姓名，使相因人多不録，人名下附其小傳，基本以《新五代史》爲主要參考史料。

《宋宰輔攷》。該部分《宰相攷》與《執政攷》，宋執政類於副宰相，故此兩考均爲考證宋朝宰相之作，體例相同，分爲北宋與南宋兩部分，以時間先後順序分別摘録宰相與執政姓名，有列傳者加『○』，附傳者加『、』，人名下附有小傳，列其字號、籍貫、科名及生卒年、謚號等。按：《宋史》有《宰輔表》五卷，内容與兩考大致相似，可互相參看對比。

《明宰輔攷》《明列輔起家攷》。明洪武十三年（1380）廢除宰相制度，故《明宰輔攷》僅録洪武朝及建文朝宰相。《明列輔起家攷》乃顧炎武《菰中隨筆》之一種，以年號爲綱，按時間順序抄録首輔姓名。

《南都防亂公揭》。是文乃吴應箕等所作，首題『南都防亂公揭』，題目下附小字云：『百四十二人，戊寅七月顧杲、陳貞慧、吴應箕三人主之，合天下名士，後死國難者名旁加『○』。正文抄録《公揭》中署名者，人名下均附有小傳，列其字號、籍貫、生卒年、履歷等，詳盡程度不一。

《復社姓氏録》。本書摘抄紹興復社成員姓名，分紹興山陰、會稽、蕭山、上虞、嵊五個地區，人名下附有小傳，列其字號、生卒年、履歷等，詳盡程度不一。後附李慈銘按語。

《大將軍》《襍號將軍》。是文乃考證清朝將軍之作，《大將軍》以大將軍稱號爲綱，列其將軍姓名，如奉命大將軍、定國大將軍、定西大將軍、定邊大將軍等，人名下附旁注注明其攝任時間。《襍號將軍》體例與《大將軍》相同，考證清朝襍號將軍名目，如定西將軍、定南將軍、定北將軍、定邊將軍等。

現藏浙江圖書館。館藏單位原題：西漢宰相考一卷東漢宰相考一卷五代宰相考一卷宋代宰輔考一卷明宰輔考一卷明列輔起家考一卷復社姓氏考一卷。

西漢宰相攷一卷東漢宰相攷一卷五代宰相攷一卷宋宰輔攷一卷明宰輔攷一卷明列輔起家攷一卷南都防亂公揭一卷復社姓氏録一卷大將軍襍號將軍一卷　（清）平步青撰　抄本

一册。每半葉十二行，藍絲欄，楷書謄抄，無修改，版心下印『安越堂』。前無序，後無跋，葉首首行題『西漢宰相攷』。雖名爲《西漢宰相攷》，然從全書内容上看，僅爲其中一篇。

是書内容篇目基本照録前述浙江圖書館所藏稿本，前稿之塗改部分，本稿多加以吸收，然兩個版本之間偶有出入。試舉例説明：前稿之《東漢宰相攷》中大司馬一欄『鄧盛』及『崔烈』二條，本稿誤抄爲『鄧感』『崔立』；前稿《執政攷》北宋一欄『吴廷祚』，本稿誤抄爲『吴慶祚』；前稿《執政攷》南宋一欄『孟忠厚』，本稿爲『孟忠學』。南宋一欄應爲『孟忠厚』，稿本與抄本都誤寫爲『孟忠學』。此外還有其他抄本誤抄之處，如《執政攷》北宋一欄，稿本作『宇文粹中』，抄本誤抄爲『宇中粹中』；《執政攷》南宋一欄，稿本作『杜安宅』『杜範』，抄本誤抄爲『林安宅』『林範』。

現藏浙江圖書館。館藏單位原題：香雪崦叢書：西漢宰相考一卷東漢宰相考一卷五代宰相考一卷宋代宰輔考一卷明宰輔考一卷明列輔起家考一卷復社姓氏考一卷，稿本，香雪崦叢書册二十一。

殘明百官簿四卷　（清）平步青輯　稿本　清平宜生題簽

一册。無格紙，行書書寫，塗抹甚多。

原封面題『殘明百官簿』，下署『雪士書眉』。前有序云：『《殘明百官簿》四卷，卷一福王附王之明，卷二魯王，卷三唐王附靖江及聿鐭，卷四桂王附容藩。以當十錢二十得之琉璃廠書肆庋板上，書不著輯者姓氏，據《鮚埼亭集外編》，則雙韭先生曾獲見是書，殆國初故家遺民所流傳藏棄之本，惜卷弟殘損，波磔脱落，輒就予所知斠正一二，其所不知，留竢後注，因國史者考補云爾。咸豐十年十二月二十七日巘濵漫士書於春明客舍。』內容爲南明各個時期的職官簿録，共分四卷：卷一弘光百官簿，附王之明；卷二魯監國百官簿；卷三唐王百官簿，附唐王聿鐭；卷四永曆百官簿，附靖江王。其框架體例，以官職爲綱，各官職後著録有關人物，并附小傳。正文後附書目一卷，平氏自述爲注《明史考異》時所參考之書目。

按：謝國楨《明清史叢談》，曾專門提及此書，認爲考訂徵引極爲賅博，然亦間有漏落錯誤之處，還有個別誤字，如編者於每人下均注其行事的經歷，可是『于文安之』則没有注其在永曆時任川湖總督總理軍務；於『張煌言』則不記其在永曆時曾任兵部尚書兼東閣大學士仍督師浙海贊理恢剿軍務；『余颺』一注作『稽勳』，一注字『賡之』，究係一人或二人亦未注明。所編明季稗乘書目，對於作者頗多漏落，此均編者失考之處，應當加以補正。

此類職官簿録流傳下來的不止一種。全祖望曾寓目《庚寅桂林百官簿》和《粤中版授官簿》，其著作《鮚埼亭集外編》上爲此做有題跋。此外平步青同時期人傳以禮曾著《殘明宰輔年表》一卷，附在『華延年室題跋』之後。

現藏浙江圖書館。

殘明百官簿四卷 （清）平步青輯　稿本

一册。每半葉十二行，藍絲欄，行楷謄寫，版心印『安越堂』。内寫有葉碼，册尾爲葉一百三十五。内容照抄浙江圖書館館藏題名『殘明百官簿四卷』之稿本，然天頭及正文處頗多修改。

現藏浙江圖書館。館藏單位原題：香雪崦叢書：殘明百官簿四卷，稿本，香雪崦叢書册三十二。

唐宋八大家文椒書評目一卷 （清）平步青撰　稿本

一册。草書書寫，無格紙，紙張部分破損。前無序，後無跋。

卷端首題『唐宋八大家文椒書評目』，下署『香雪崦半書丁集』。封面殘缺，可辨識爲『唐□□□家文椒目』。

本書將唐宋八大家文章見諸各種選本及其他散文總集收録情况作一目録，可謂八大家文章流傳之統計。體例乃於諸家名下列出文章目録，下注明該文章於何種書内收録。所依據唐宋八大家選本有儲欣《唐宋十大家全集録》、張伯行《唐宋八大家文鈔》等，散文總集有《唐宋文醇》、曾國藩《經史百家雜鈔》、唐宜德《古文異》、林雲銘《韓文起》等。本書所選文章及排列順序以儲欣《唐宋十大家全集録》爲準，儲書未收録者即另外添入。該册草稿本選入韓文公、柳文惠公、歐陽文忠公、王文公、曾文定公五家文選，未見三蘇之文。

按：是書末附平步青署云：『癸酉五月廿二日下春録於隱麓篁稼莊寓舍之南樓，棟山樵者。』據平步青《棟山日記》清同治九年（1870）十月十八日條云：『録八家文槪目一卷』，即爲是書。又同治十二年四月初六日條云：『重編八家文槪目畢』，同年五月廿二日條云：『録八家文槪畢』，則全書完於同治癸酉年五月二十二日，而該册稿本僅收入五家文選目録，缺三蘇文選，後者當另有一稿本，惜目前未見。

現藏浙江圖書館。

芬陀利華館藏書目一卷（清）平步青撰　稿本

一册。封面無題，無格紙。首葉題『芬陀利華館藏書目』。是書爲平步青藏書書目，共收録藏書五百零八種。大體按經、史、子、集四部分類法排序，經部共六十種，主要爲四書類如《周易正義》十卷、《尚書正義》二十卷、《毛詩正義》四十卷。其餘爲小學類如《重刊宋本説文解字》十五卷、《仿唐寫本説文解字木部箋異》一卷。史部共七十四種，正史類如《史記》一百三十卷、《漢書地理志補注》一百卷；方志類如《紹興府志》□卷、《江西通志》一百六十二卷、《瑞昌縣志》二十二卷；傳記類如《顧亭林先生年譜》一卷、《恩福堂年譜》一卷；政書類如《欽定户部則例》一百卷、《大清律例增修統纂集成》四十二卷。子部共五十二種，如《鶡冠子》、《明夷待訪録》一卷、《聊齋志異》等。集部共一百八十六種，大多爲明清時期文人的合集與别集，總集有《國朝二十四家文鈔》二十四卷、《八家六四》、《唐宋八大家類選》十四卷等，别集有《王陽明先生全集》二十二卷、《定庵初集》四卷、《隨園三十種》二百四十五卷等。其餘一百三十六種爲士人參加科舉所讀書目，如《詩韻釋要》四卷、《賦學指南》、《試律標準》等，以及書院課藝如《紫陽正誼書院課藝合刻》《鴻城書院課藝》等。每條書目均列其書名、册數、卷數，有些書目下列小字注明書的存佚情况、有無套或匣，以及此書是何人所贈、贈予何人，諸如《聞見一隅録》三卷，下注『方存之贈，贈李蓴客』。從中可窺見平步青的交友情况。部分書目下鈐『鎖』印。

按：平步青《棟山日記》清同治八年（1869）二月初十條中寫道『撰芬陀利華館藏書目』，是書或成於此時。

現藏浙江圖書館。

葛園叢書初定總目一卷 （清）平步青編 稿本

一册。每葉十行，藍絲欄，行草書寫。卷端首行題：『葛園叢書初定總目』，下署『己巳十月十二日，七十八種』，故是書以此命名。

是書雖名『葛園叢書初定總目』，實乃平步青所刻叢書之目録，除『葛園叢書初定總目』外，尚有『羣書斠識總目』『葛園叢書十一種』『香雪崦砦書二十種總目』『香雪崦砦書』『樵隱昔寱二十二卷』『虞初别集』。試分論之：

『葛園叢書初定總目』收録書目共七十八種，以作者時代先後排列，所收書目多爲越地人物所著，其中收陳虞荔一種、謝嶠一種、傅崧卿一種、陸佃三種、陸游一種、杜綰一種、傅肱一種、姚寬一種、徐勉一種、楊維楨二種、鎦績一種，陳絳一種、羅頎一種、祝彦一種、徐伯齡一種、何良臣一種、劉世儒一種、徐渭三種、張元忭一種、倪元璐一種、祁彪佳二種、張岱三種、黄宗羲五種、毛奇齡一種、徐沁二種、萬斯同一種、邵廷采二種、楊賓二種、黄百家一種、胡介祉二種、魯駿一種、章陶一種、張庵一種、盧文弨一種、范家相一種、陶元藻二種、茹敦和一種、朱栗一種、陳廣甯一種、徐松四種、杜煦一種、杜春生二種、杜丙杰二種、范澍一種、樊廷簡一種、吴傑一種、沈復燦六種、陳鍾祥一種，每條書目除列其書名與作者外，還注明卷數與其他叢書的收録情况。

『羣書校識總目』共八十七種，已刻十二種，每條下方均注明其成書時間。

『葛園叢書十一種』共收録書目十五種，分别爲《經緯集》《寓山注》《張忠烈公采薇吟》《荆園小語》《慎疾芻言》《實齋劄記鈔》《耕煙堂詩鈔》《辨香外集》《秋水堂遺集》《寶善堂遺稿》《賈比部遺集》《隨山宇方鈔》《樵隱昔寱》《羣書斠識》《鼎廬詩賸》，每條注明葉數、板數、應付款項與刊刻時間。

『香雪崦丵書二十種總目』收録平步青所著書目共二十種，分别爲《讀經拾瀋》一卷、《讀史拾瀋》二卷、《宋史叙録》一卷、《修明史史臣表》一卷、《文廟從祀議攷略》二卷、《國朝館選爵里謚法攷續》三卷、《上書房行走諸臣攷略》二卷、《南書房行走諸臣攷略》二卷、《召試博學鴻儒攷略》一卷、《召試博學鴻詞攷略》一卷、《薦舉經學攷略》一卷、《大考翰詹攷略》二卷、《越中科第表》二卷、《浙江山陰平氏譜續》三卷、《司農公年譜》一卷、《羣書斠識》、《霞外攟屑》、《樵隱昔寱》二十卷、《楹帖摭談》二卷、《浙江山陰平氏攟殘集》一卷。

『香雪崦丵書』收録書目十一種，分别爲《越中園亭記》《陶庵夢憶》《有明於越三不朽名賢圖贊》《南雷文約》

《鮚埼亭集》《笥河文集》《湖海文傳》《左傳詁》《制義叢話》《顧亭林年譜》《閻潛邱先生年譜》，每條書目下均注明字數。

『樵隱昔寱二十二卷』乃平步青文集《樵隱昔寱》之目録，每條下均注明寫作時間。按：民國六年（1917）楊越刻本爲二十卷本，此二十二卷本應爲較早版本。此目録并非完整，衹有卷一至五、十六至十九卷之目録，其餘卷次缺。

『虞初別集』，目録首行下署『香雪崦芉書丁集』，共十卷，收録前人文章五十三篇，大多爲小説記事之文。每條均注明出處、作者，以及作者的籍貫和字號。

現藏國家圖書館。

燃藜餘照一卷補遺一卷 （清）平步青撰　稿本

一册。草書書寫，無格紙。無封面，前無序，後無跋。首葉卷端原題：『同治七年廣東書局重栞乾隆甲寅乙卯揚州袖珍本四庫全書總目提要校勘記』，用黑綫與圓圈劃去，改以『燃藜餘照』。下署日期『庚午十二月十七日，癸酉五月十九日畢』。

本書爲《四庫全書總目》提要之校補，所據清同治七年（1868）廣東書局本。起自卷二，止於卷一百九十九，糾繆、補正内容以著者小傳爲主，如科名、籍貫、生平等，如卷六『王夫之』條，將《提要》中『漢陽人』更正爲『衡陽人』，『前明舉人』補正爲『崇正壬午』。是書除《提要》中的作者小傳外，也有對提要内容修正之處，如卷四十一『急就章』條，《提要》云：『其書自始至終無一複字』，平步青引《癸巳類稿》卷十二，列舉《急就章》中重複之字，糾正《提要》中『無一複字』之説。是書後附有補遺數條，乃對前文進行補充之文。

按：《四庫全書總目》提要乃目録學中極其重要的著作，但其謬誤、失當之處亦復不少，故自該書刊行後，即有學者進行糾繆、補正，或寫於文集中，或寫於日記、筆記中。近代出現如余嘉錫《四庫提要辨證》、胡玉縉《四庫全書總目提要補正》等訂正《四庫全書總目》提要訛誤的專著。《樵隱昔寱》目録中有《燃藜餘照敘（佚）》，則爲本書原有序文，惜稿本亦無此文。

現藏浙江圖書館。館藏單位原題：燃藜餘照一卷。

燃藜餘照一卷補遺一卷　（清）平步青撰　抄本　楊越批校

一册。每半葉十二行，藍絲欄，楷書謄抄，版心印『安越堂』。

卷端題『燃藜餘照』，題目下有增補小字云：『越按即四庫全書總目蔛識，據同治七年廣東書局重栞本』，下署『香雪崦掌書丙集』，次行署『山陰平步青景孫纂』。版心分別寫『燃藜餘照』『燃藜餘照補遺』，依據浙江圖書館館藏題名『燃藜餘照一卷』之稿本抄録。是書存兩種筆迹，一爲正文謄抄，一爲楊越批注（多爲對謄抄的校勘意見）。

現藏浙江圖書館。館藏單位原題：香雪崦叢書：燃藜餘照一卷補遺一卷，稿本，香雪崦叢書册二十三。

燃藜餘照一卷補遺一卷　（清）平步青撰　抄本

一册。每半葉十二行，藍絲欄，版心印『安越堂』。

正文首題『燃藜餘照』，題目下有增補兩行小字云：『越按即四庫全書總目蔛識，據同治七年廣東書局重栞本』，下署『香雪崦芉書丙集』，次行署『山陰平步青景孫纂』。是書内容據浙江圖書館所藏楊越批校之抄本謄抄，無修改之處，然版式上有所變動，將原附在書後『燃藜餘照補遺』内容拆分，按照《四庫全書》原卷數，放入正文。故是册版心亦僅爲『燃藜餘照』。

現藏浙江圖書館。館藏單位原題：香雪崦叢書：燃藜餘照一卷補遺一卷，稿本，香雪崦叢書册二十二。

文椒目不分卷　（清）平步青撰　稿本

四册。每半葉十二行，紅格紙，草書書寫，各葉版心題『文椒目』及該葉相關人物姓氏。封面無字，以藍綢裝幀。内容乃清代文集著者小傳及文集提要，以文集爲綱，先列各文集名稱、卷數，次以著者小傳及文集簡介，後附重要篇目。

册一内容始於山陰張陶菴，訖宜興褚大文；册二始於臨桂陳文恭公，訖於長沙余卿雯；册三始於金匱鄒半谷，訖於荆溪周石民；册四始於江都汪孟慈，訖於會稽顧祖香。卷末版心題『文椒目附』，按其内容乃『錢謙益』條。在各文集旁皆注被選入《國朝文録》《皇朝經世文編》《續古文辭類纂》《國朝古文雅正》《國朝古文正的》等清文總集或選集的篇目數目。

按：平步青曾有編《國朝文棷》之籌劃，『以卷踰千』，規模宏大，遠超其他清文總集，惜未能問世。是書疑爲平步青《國朝文棷》中之題辭叙録部分，後更名『國朝文棷題辭』，成爲平氏另一著作《樵隱昔寱》一部分。是書與《樵隱昔寱·國朝文棷題辭》相比，體例相同，而許多内容爲後者所無，如：每位著者皆有旁注，注明生卒年及文章在其他散文總集的收録情況；每篇提要均署明寫作時間；每位著者後均附擬於《國朝文棷》收録之文章數目與篇目。

現藏國家圖書館。館藏單位原題：安越堂殘稿：文棷目不分卷，安越堂殘稿册三十五至三十八。

國朝文棷總目一卷 （清）平步青撰 稿本

一册。草書書寫，無格紙。封題：『文棷總目』，下署『己未四□朔都門署檢』，爲平步青筆迹。卷端首題：『國朝文棷總目』，下署『甲辰二月七日剏稿，戊午四月望編於鐘吾書院，丁巳上已纂稿於墨濯樓陳氏見山□，丁丑上已録於篁稼莊味不味齋』。

是書以人物爲綱，按時間順序排列，逐一列舉作者姓名及文集目録。起明末清初朱之錫，訖與平步青同時代的孫德祖，共收録清朝文人一千餘名。天頭注明該文在魏源《皇朝經世文編》、朱珔《國朝古文彙抄》、姚椿《國朝文録》等諸總集或選本的收録情況。是書應爲平步青所輯《國朝文棷》之總目録。

卷尾云：『乙丑六月二十三日止，共校一百六十五家，二千七百十三卷。起寒松堂，訖夏雨軒。辛未九月十三日止，再校大凡三百五十七家。起亭林，訖柈湖。乙未二月十三日四校，凡四百六十二家。訖□翁。丁丑二月初七日檢進士題名碑二百六十八家。』卷末又記：『己丑四月望三檢得共四百四十二家。』可見是書經平步青反復校改，直至平步青逝前仍在進行。此外，書中附有兩條粘簽，一爲《閬公同年閣下》信并詩兩首，按其内容應寫於同治五年左右；二爲《去永嘉别冷公同年》詩兩首。

按：平步青曾有志編選清文總集《國朝文椒》一書，祇因卷帙浩繁及中途變故，故祇有《國朝文椒題辭》六卷傳世，然未獨立成册，載於《樵隱昔寱》中。據《國朝文椒題辭》中云：『所輯文椒，以卷踰千』，其數目與《文椒總目》所收作者數目相符，且《國朝文椒題辭》收録人物均見於《文椒總目》中，故《文椒總目》應爲《國朝文椒》之目録，與《國朝文椒題辭》均爲《國朝文椒》之一部分。

現藏浙江圖書館。館藏單位原題：文椒表不分卷，稿本，册四。

星軺便覽一卷　（清）平步青輯　抄本

一册。行楷書寫，無格紙。前無序後無跋。正文首題『星軺便覽』，天頭間有小字補充。

本册爲平步青抄録考官出使各省事宜與科場則例，始至聞報任命考官，訖至回京復命，包括登程、到境、入闈、出題、閲卷、發榜等程序及忌辰、發賞等相關事宜。内容極爲詳細，如行裝細碎、待人接物等事宜，是書皆有涉及。後附『視學大略』，乃科場條例之細則，更爲細緻。

按：平步青著有《南輶紀程》一書，其内容乃清同治三年（1864）九月至同治四年九月之日記，是時平步青任同治甲子（三年）科江南鄉試副考官，日記中同治三年十月十九日云：『删改疏稿，節録星軺便覽』，十月二十日云：『録星軺便覽』，十月二十一日云：『録便覽』，則是書乃成於此時，且是書乃平步青所抄，非平步青所撰。民國三十二年（1943）北京中華法令編印館出版《亚洲文化論叢（第二輯）》中收録有聶蓉峰《星軺便覽》一文，與平步青《星軺便覽》進行比對，其體例與内容大致相似，所載亦爲科場則例，有些條目兩書俱有所載，但具體内容稍有出入。如平步青《星軺便覽》卷首云：『一、聞報次日，即朝衣朝冠赴午門候少宗伯宣旨謝恩，隨至各師門面見叩頭禮也。』聶蓉峰《星軺便覽》作：『一、聞命之次日，清晨常服掛珠，如遇忌辰則青褂，赴午門前聽候宣旨，謝恩，行三跪九叩禮。一、謝恩即畢，至各老師處一轉，其前數科，本省典試，有素識者，亦可拜之，問其大概。』

現藏浙江圖書館。館藏單位原題：星軺便覽一卷，（清）平步青撰，稿本。

南輶紀程二卷附一卷　（清）平步青撰　稿本

一册。每半葉十二行，朱絲欄。封題『南輶紀程』，鈐『景孫』朱文方印。

本書爲平步青以副主考身份，由京城前往金陵參與同治甲子科江南鄉試，逐日記載所見所感。起清同治三年（1864）九月，訖同治四年九月，因是科舉於金陵，故名爲《南輶紀程》。

首葉卷端『南輶紀程上卷』，下附小字『起甲子九月二十三日，訖乙丑三月初五日，凡一百五十九日』，鈐有『陶承杏』印。内容乃記録平步青自京城前往金陵的行程、參與主持甲子科江南鄉試始末及考試結束後請假回籍之事。

南輶紀程下卷『起乙丑三月初六日，訖五月十一日，凡六十五日』，記録平步青自家鄉紹興回京銷假之行程。

南輶紀程附『起乙丑五月十二，訖八月三十日，凡一百七日』，記録平步青回京後之事。又附有庚戌科院試、乙卯科浙江鄉試、辛酉科考試教習及壬戌科會試各個考官的記録。平步青《三十六宜華隝摭談》稿本中有《受知小記》一文，記録歷次科舉中考官的記録，與是書所録内容大體相似，然略有出入。又附有平步青此次由京城赴金陵往返的行程表、同治三年十二月十五日至十二月二十六日甲子闈後來往各官面見者以及丙寅京察履歷。

按：平步青所著《棟山日記》起於清咸豐八年（1858），訖於清光緒十二年（1886），記録完整，但唯獨缺同治三年十月初四至同治四年九月朔之内容，而《南輶紀程》正好填補了這一空白，使平步青日記得以完整、連貫。

現藏浙江圖書館。

毛西河先生年譜殘稾一卷 （清）平步青校輯 稿本

一册。草書書寫，無格紙，字迹潦草。首葉卷端題『毛西河先生年譜殘稾』，下署『戊申、癸丑四月十八録稾，蕭山韓亡其名系同纂，汝南常寓庸屧雲校輯』。封面題『毛西河先生年譜』，署『雪士書眉』，下鈐『若宜』白文圓印。雖書名及卷端顯示爲毛奇齡年譜，然内容實爲三部分。一爲『毛西河先生年譜殘稾』，年譜起自『明天啓三年癸亥一歲』，止於『（康熙）五十二年癸巳九十一歲』。年譜謂毛奇齡卒於清康熙五十二年（1713），年九十一歲，此與其傳中卒於康熙五十五年，年九十四歲之説不同，增加了新的材料。一爲『西河門人九十人』，列有毛奇齡門下弟子共九十人，并詳注其字號、籍貫、生平。一爲『修廣西通志』，實爲《李穆堂先生年譜》之後半部分，起自『（雍正三年）修廣西通志』，止於『（乾隆）十五年庚午年七十六歲』。

現藏浙江圖書館。

毛西河先生年譜殘稾一卷 （清）平步青校輯 稿本

一册。每半葉十二行，藍絲欄，楷書抄寫，版心下印『安越堂』。無序跋，天頭間有粘簽，訂正版式及字誤。

第一部分首葉卷端題『毛西河先生年譜殘稾』，下署『戊申癸丑四月十八日録稾，蕭山韓亡其名系同纂，汝南常寓庸屧雲校輯』。此部分版心中皆寫有『毛西河先生年譜』，并寫葉碼從一至二十四。第二部分首葉卷端題『西河門人九十人』，此部分版心皆寫『西河門人』，寫葉碼從一至四。第三部分首葉卷端題『修廣西通志』，首有粘簽云：『此是《李穆堂先生年譜》，前半不知訂在何處，修廣西通志是五十一歲之一事，今兄其在此紙首行便以爲標題，而又書於每紙紙心，可笑。』此部分版心中皆寫『修廣西通志』，寫葉碼從一至十五。以上部分皆照録浙江圖書館館藏題名『毛西河先生年譜殘稾一卷』之稿本，是書後增加『毛西河先生年譜補』，僅爲清順治十五年（1658）及十六年，并不完整，應遺失部分内容。

按：本書框架殊爲不倫，將李紱年譜部分内容列入毛奇齡年譜之中，已是不妥，且冠以『修廣西通志』作爲標題，閲者不知所云，是書粘簽處亦以『可笑』稱之。

現藏浙江圖書館。館藏單位原題：香雪崦叢書：毛西河先生年譜殘稾一卷，稿本，香雪崦叢書册三十一。

兩負堂札記不分卷 （清）平步青撰 稿本

兩册。每半葉九行，藍絲欄，行草書寫。

册一封面題：『兩負堂札記』，封面後有兩行題字云：『同治旃蒙赤奮若人日下稷，口岸江瀕守風重校一過。

棟山樵民自識。』正文前有作者序云：『步青五齡入塾，先君子授一册曰：「汝師所授，汝所誦習，與一日行止動作具書之，毋隱毋飾。」步青長跪唯命，每晚歸問安後，呈册。見業勤進則有喜色，否則譙呵之不少恕，蓋十餘年於兹矣！越庚戌而先君子見背，先母滕太孺人甚鍾愛青，而學業勤惰詰問之如先君子時。故以青之不肖，材能一無足勝人，而硜硜自守，不敢少隕越，以貽兩老人憂者，行年廿四，曾如一日。今年秋，太孺人又棄養。烏虖！自今而後，青其無人檢束也乎？其敢蕩佚不自愛，以終負兩老人在時檢束之恩也乎？讀禮多暇，取己酉以來七巨册，删其冗複，録爲巾箱本，庶幾時時展覽，如提命之在前，得以永矢勿諼。而歲月加長，舊殖荒落，亦堪自鏡。與夫饑驅奔走，辛瘁家難，未始不見於其中。謦欬未沬，音容已稀，握管甄録，泣數行下。惜當時膝下嬉侍，不知爲樂，及今悔無可返，恐卒無樹立，上負先人之教也。悲夫！乙卯立春前五日山陰蔚廬生平步青書於兩負堂。』後又序云：『蘇文忠《志林》：「韓退之詩：我生之辰，月宿南斗。乃知退之以磨蝎爲身宫，仆以磨蝎爲命宫，平生多得謗譽，殆同病也。」王宗稷《文忠年譜六》：「若以磨蝎爲命推之，則爲卯時生。議者以先生十二月爲辛丑，十九日爲癸亥日。丙子癸亥，水向東流，故才汗漫而澄清。子卯相刑，晚年多難。」予生於癸卯月，磨蝎身宫，正不知此生若何也。次夕書。』後鈐有『苦雨齋藏書印』朱文印，可見是書曾爲周作人所藏。

是書雖名『札記』，實乃平步青早年日記，起自清道光二十九年（1849），止於清咸豐七年（1857），共九年。其册一載道光二十九年至咸豐四年，册二載咸豐五年至咸豐七年。日記逐日記載每日活動，其内容正如序中所云『汝師所授，汝所誦習，與一日行止動作具書之』。日記除咸豐六年所缺内容較多外，自咸豐五年後所記較爲詳細。按：平步青著有《棟山日記》，起咸豐八年，終清光緒十二年（1886），《兩負堂札記》止於咸豐七年，正與《棟山日記》相接，故是書對於研究平氏，不失爲一份重要材料。

按：册一封面前附有粘簽，墨筆云：『附上抄本二册，其名雖曰「札記」，實係平景孫早年日記，自道光廿九年至咸豐七年，與日前送之不相銜接，并請收入爲荷。計伍萬元正，卅四七廿七付清。總裁室交下之書。』最後有鉛筆字注『卅九年十月二日收』。實爲此書流傳的一段叙述，從時間來看，粘簽所記『卅四七廿七』，即陽曆一九四五年九月三日，正是抗戰已經勝利而周作人還未以漢奸案被逮捕時，此書應是周作人還有人身自由時賣出，且云：『總裁室交下之書』，則應賣給某公立機構，然不詳其名。鉛筆所注『卅九年十月二日收』，當是中華人民共和國成立後，此書由北京圖書館（今國家圖書館）收藏。

現藏國家圖書館。

瀔祭值年祭簿總目一卷　（清）平步青撰　稿本　周作人題記

一册。每半葉十二行，朱絲欄，行草書寫。封面題云：『穀祭值年例規』，扉葉有周作人手題：『平景孫手書祭簿一册，三十一年四月從杭州書賈得來，五月廿三日重訂訖記。知堂。』。正文卷端題『瀔祭值年祭簿總目』，下鈐『苦雨齋藏書印』朱文印。

是書篇目記有公議雜條、除夕、元旦、新正拜墳歲成規、墳墓考、知單成式、元宵、落款、誕諱祭祀成規、誕諱日期、誕諱祝文成式、捐款、清明掃墓成規、掃墓祝文成式、孟冬送寒衣成規、祭産字號坐落租額佃户、户管糧額、值年房逐年交代清賬、祭器清單、孝二房彥昭房捐田值祭議單稿，共二十篇。總目後即爲正文。祭簿爲記録祭規與祭産的登記簿，常用於宗族祭祀。據其正文，可知『瀔祭』乃平步青六世祖考瀔水府君之祭，故周作人所題『穀』乃『瀔』之訛字。『值年』即值年房，按書中『公議雜條』第一條云：『瀔祭向係孝二、三、四、五、六、七、

八、九、十房輪值，今孝三房、孝六房均無後，孝五房游宦四川，孝七房寓山東，孝八房寓廣東，孝九房散居外省，孝十房寓江西，在紹者惟孝二、孝四兩房，按年輪值。』知『瀫祭』乃由平氏之孝二房與孝四房輪流值祭。

關於是書之成書時間，周作人一九四四年二月刊於《中和月刊》之文章《兩種祭規》中云：『山陰平氏的《瀫祭值年祭簿》，約在光緒十六年。』應該是根據『值年房逐年交代清賬』篇中，所記賬目起清同治十二年（1873），止於清光緒十六年（1890），故判斷是書約成書於該年。

本書記載祭規、祭産内容頗詳，對於深化平氏及民俗學研究頗具價值。周作人文章中也多次引用《瀫祭值年祭簿總目》之内容，用以叙述民間風俗。

現藏國家圖書館。館藏單位原題：瀫祭值年祭簿總目，抄本。

書畫見聞録不分卷　（清）平步青撰　稿本　清平宜生題簽

一册。行書書寫，無格紙。前無序，後無跋。

封葉題『書畫見聞録』，下署『雪士書眉』。卷端首篇爲『書張忠烈公墓石記後』，乃秦瀛所作，收録於《小峴山人文集》卷六。次摘録《繼嗣珍寶》《金精直指》等醫書内容。此後内容則與封葉題名相符，記録明清時期名人書畫，并撰寫簡介。首列作者、書畫形式、行數、字體等基本信息，次描述書畫中的卷面内容，并摘録他人所作之序、跋、題、記、鈐印等。大體可爲五部分：

其一爲乙亥八月八日景華送來法書十三種，包括方孝孺、倪元璐、張弼、張照、王思任、徐渭、姜宸英、陳兆侖、劉宗周、王鐸、鄭燮、張宗蒼、梁山舟書法作品。

其二爲丙子閏月二十五日編定小雲栖禪室收藏書畫目録。按：平步青《棟山日記》清光緒二年（1876）閏五月二十五日云『編輯小雲栖收藏書畫目』，應即指此。其目録爲明清諸家書畫册葉、明清諸家便面書畫册葉、清諸家書小册，其中越地文人書畫頗多。

其三爲丁丑三月十三日陳寶摩詩册内容。平步青《棟山日記》光緒三年三月十六日條云：『閱小雲栖所藏宗芥帆陳寶摩詩册』，陳寶摩即陳石麟，宗芥帆即宗聖垣，《陳寶摩詩册》爲宗聖垣所編。

其四爲宗芥帆行書册十一紙附僧如老人行書三紙，録王衍梅序文與書畫目。

其五爲達性送來各家書聯及其戊寅三月二十四日收録何焯、張宗蒼、蔣蘇臺等書畫作品三十餘幅。

現藏浙江圖書館。

三十六宜華隝摭談一卷 （清）平步青撰 稿本

一册。草書書寫，無格紙，版心間有『摭談』『新語』字樣。

是書無序，無目録，封面題『三十六宜華隝摭談』，正文首爲『乞假歸娶』，即摘録清朝士人乞假歸娶之人，起清康熙庚戌（九年，1670）陳夢雷，終清道光甲辰（二十四年，1844）馬儀清。首列士人姓名，後列字號、籍貫及何年乞假歸娶。後附唐、宋、明時期士人乞假歸娶事，皆附旁注説明其史料來源。按：《樵隱昔寱》中有《答友人問乞假歸娶書》，其中談論士人乞假歸娶事極詳，書中末云：『就蒙所知，自康熙庚戌至道光甲辰一百七十五年，得三十人，所未知者，豈係無人，蓋其事極不足道，前輩質樸，恥自言，劣見之文字也。承問略疏於後，唐、宋、元、明人可考者坿及之。』其所述與是書所載大致相合。

此後内容則爲作者摘録之書信、奏摺、文章等。如《潄清居士四書五經内音辨》《與方子巖觀察書》《翰林院侍講臣張之洞跪奏爲要盟不可曲從禦侮宜早籌》《工科給事中臣鄧承修跪奏爲樞臣被劾無據事》等，亦有清光緒六年（1880）至八年《申報》新聞及評論摘録，如《鄧承修附片》（癸未五月初六日《申報》附張）、《曾國荃、裕寬覆奏》（癸未五月初六日《申報》附張）、《左宗棠、衛榮光覆奏》（癸未五月初七《申報》附張）、《藍公傳》（庚辰十二月初三《申報》借夢道人）、《與葉公論仕途流弊書》（壬午正月十四《申報》宦海浮沈子），時平步青已隱居紹興多年，然從中可見其對於時局的關注，亦可見創刊於同治十一年（1872）《申報》的影響力。

書末有《受知小記》，記録作者自參加科舉以來歷次考試之考官及翰林院教習姓名，并詳列其字號大小、籍貫、履歷，起自道光三十年，止於同治元年，依次爲『道光三十年庚戌歲試』『咸豐三年癸丑歲試』『咸豐五年乙卯浙江鄉試』『十一年辛酉六月考試教習閲卷大臣』『同治元年壬戌正月考試』『殿試讀卷大臣』『朝考閲卷大臣』『附壬戌大挑王大臣』。

按：浙江圖書館藏題名『香雪崦叢書：霞外攟屑十二卷』之稿本，其中一册，卷名『三十六宜花隖摭談』，首行上列『霞外攟屑卷一』，下列『香雪崦丵書丙集』。卷名雖與本書相同，然兩册内容完全不符。

現藏浙江圖書館。

釋諺一卷　（清）平步青撰　稿本

一册。紅格紙，行草書書，版心印『安越堂』，每葉版心手寫葉碼。封面爲今人用圓珠筆題『釋諺叙』，蓋取書中首葉頭三字『釋諺叙』爲題，而書名實爲《釋諺》。正文卷端首爲『釋諺叙』，爲書之序文，叙曰：『方言俚語，皆有自來，古人甄録爲書者，如《隋書・經籍志》子部雜家載劉霽釋《俗語》八卷，《舊唐書》載李少通《俗語雜字》，《新書》載張推《證俗音》、顔愍楚《證俗音略》、李虔《續通俗文》，今皆不傳。傳者祇宋人釋常談《肯綮録》，《容齋隨筆》亦偶及之。《困學紀聞》卷十九羅列百十五條，疏證尚未備也。乾隆中，翟氏灝《通俗編》出，句稽繁夥，分門別類，蔚爲巨編，宜稱備矣。然如焦文端《筆乘》所載數條，猶未賅而存之，梁山舟學士所以有《直語補證》之作也。同時趙東潛有《營庭録》，其書未栞。諸秋士仿晴江例，集遠近方言，證以經傳，徵引既博，援據尤精，分韻編之，成若干卷，惜亦無槧本。《陔餘叢攷》成語凡二百條，則在翟、趙、諸三家後，著書欲不誤難，若云不漏，則尤難之難者，潛邱之言，豈易副哉？咸豐壬子八月，病瘍卧牀，㓷取羣籍，仿諸氏例，取便拾補。三十年來，南櫂北轅，時復譜益，宙合大矣，四部書未經目者，如恒河沙數，不知幾千萬億條，可資采獲者，日出而未有已。兔册未成，鶴髮已素，以頗費日力於此，不忍棄擲，入之叢書，不復分韻。已見各書而無訂正補譜者不録，并世有好事者，取而賡之，倘如杜尺莊徵君之於茹氏《越言釋》，疏證倍於本書，讀者不以類書見夷，或亦小學之一助焉。光緒壬午七月九日。』

序後即爲正文，無目録，正文中間有批改、移動之處。是書爲考訂方言俗語而作，且大多爲越地方言，共輯録詞條一百七十六條。書中多引經部與史部著作，不分門類，考其源流，或訂正舊説，是研究方言俗語、尤其越地方言的寶貴資料。

按：《釋諺》雖獨立成册，然有國家圖書館所藏題名『安越堂殘稿：霞外攟屑殘稿三卷』之卷十、浙江圖書館所藏題名『香雪崦坐書：霞外攟屑十二卷』之卷十二、民國六年（1917）刻本《霞外攟屑》卷十與此相關。三者皆有《玉雨淙釋諺》一卷，列於《霞外攟屑》。試以本書與國家圖書館所藏《霞外攟屑》卷十《玉雨淙釋諺》（以下簡稱國圖稿）比對。

國圖稿所收目録爲一百七十六條，與本書相合，但前後順序互有出入。如本書『狀元紅』條云『一斤四條』，國圖稿爲『一斤八條』；『蟻』條云『孫文定公』，國圖稿爲『孫文安公』；『小姐』條云『知且嫖嫖小姐來』，國圖稿爲『知是嫖嫖小姐來』；『長隨』條云『宧場』，國圖稿爲『官場』；『虛韋頭』條云『蔡德晉』，國圖稿爲『蔡德音』。此外，稿本中有些條目『按』與『案』互用，國圖稿統一寫作『按』。

又以本書、國圖稿與民國刻本比對。

民國刻本内容來自國圖稿，然在一些地方仍加以補正與改動。『餛飩』條，本書與國圖稿均爲『或謂之餦』，民國刻本爲『或謂之脹』；『姊夫妹夫』條，本書與國圖稿均爲『謂妹夫張□曰門户傾覆□□在繇』，民國刻本爲『謂妹夫張彦曰門户傾覆負荷在繇』；『同胞兄弟姊妹』條，本書與國圖稿均爲『同胞兄弟』，民國刻本爲『同胞兄弟』；『打圍』條，本書與國圖稿均爲『不知所昉』，民國刻本爲『不知何昉』；『一間兩間』條，本書與國圖稿均爲『亦同義』，民國刻本爲『義亦同』。

現藏浙江圖書館。館藏單位原題：釋諺一卷，香雪崦叢書册二十。

嘈雜一卷（清）平步青撰　稿本

一册。無格紙，行草書寫。前無序，後無跋。封面題有『四支』二字，應據首葉左側『四支』字樣而題。稿本末最後寫『嘈雜』，下注『越諺賸語』，著録題名故以此命名。

按：是書内容，乃方言俗語彙編，收録詞語、成語與短語共一千二百餘條，以平水韻表排列，分爲四支、五微、九佳、十灰、十一真、十二文等六十餘部。每個字條下方均徵引出處并録其原文，六經、正史乃至文集、詩詞皆有所引，極爲豐富。天頭處標『入』字的字條均收録於平氏所著《釋諺》一書中，如『出爐銀』『門閫』『苦船』『尋偷畔畔』『席面』『雞子碰鵝卵石』『狼藉』『疙疸』等條。是書對於研究方言俗語，不失爲一份寶貴的材料。

現藏浙江圖書館。

文稿不分卷 （清）平步青撰 稿本

兩册。封面以藍綢裝幀，紅格紙，行書書寫，有較多修改、補充的痕迹。版心印『安越堂』。是書乃平步青門人楊越所輯，亦猶全祖望《鮚埼亭集》之有外集也，有民國十三年（1924）四有書局刊本。

册一，首葉爲《葛園全集》目録，其次爲《樵隱昔寱總目》及《蕉乙昔寱題辭》，此後所收録篇目基本收録於《安越堂外集》民國十三年四有書局刊本。

册二，卷端爲《同治甲子科并帶補咸豐戊午科江南鄉試録後序》，下署小字『十月五日瓜洲舟中』。該册所收文章與《樵隱昔寱》篇目相混，部分文章收入《樵隱昔寱》之中，其餘文章基本收録於《安越堂外集》民國十三年四有書局刊本。

是稿記録平步青另一著作《樵隱昔寱總目》爲二十二卷，而與刊本二十卷不同，是知該稿本成書較早，與民國刊本及國家圖書館所藏題名『安越堂外集十卷』相比，所缺篇目甚多，或因是殘稿未全之本，而其所收《書杜山佳子彬試草》《盾鼻餘瀋跋》《與任秋田論寄青齋遺集書》，爲其餘兩個版本所無。

現藏國家圖書館。館藏單位原題：安越堂殘稿：文稿不分卷，安越堂殘稿册一至二。

安越堂外集不分卷（清）平步青撰 楊越抄本 周作人題記

兩册。紅格紙，無目録，版心印『安越堂』。

册一扉葉爲周作人題字云：『安越堂外集底稿兩册，楝山弟子楊越寧齋手抄，前後紀年月及評語均爲四有書局（活字）刊本所無。楝山喜作小狡獪，常化名爲瑟耽、茗盦、屧雲及左瀟雷及常與同，曾見於《霞外捃屑》諸卷，此爲諸家所未有也。』首葉鈐『苦雨齋藏書印』朱文印，知此書曾爲周作人藏書。首篇文章《鄰侯論》，下署小字『咸豐壬子蕺山書院小課代友人作甲戌元旦補録』。首葉版心葉碼爲一，至卷末爲三十。册二首篇文章《與邵雲蕘書》，下署小字『光緒丙子七月晦塘西舟中作』。首葉版心葉碼爲三十五，疑與上列一册原是同册，不知何故遺失四葉，且分爲二册裝訂，至周作人手上已是兩册。

兩册收録篇目與民國四有書局本大體相同，但與四有書局本的順序排列相異，且一些篇目互有出入。如四有書局本卷一中《實齋劄記抄後叙》《荆園小語叙》《經緯集後序》《賈比部遺集叙》、卷三《（章門與慕閣夫人書）又之五》、卷四《寶善堂遺稾跋》《癸巳類稿易安居士事輯跋》、卷六《張忠烈公采薇吟殘稾跋》《山陰平氏宗祠節烈扁跋》，此兩册稿本并無收録，而此兩册所收《齊永明六年維衛尊佛像背題字跋尾》《書居易録後》，爲四有書局本所無。此外，兩册每篇題名下均有小字撰其寫作年月及地點，爲四有書局本所無，對於研究平步青生平尤其是考訂其著述，是一份寶貴的材料。有些篇目後附有評語，或爲作者自評，或爲他人所評，亦爲四有書局本所無。

現藏國家圖書館。館藏單位原題：安越堂殘稿：安越堂外集十卷，抄本，安越堂殘稿册五至六。

郵筒存檢一卷 （清）平步青撰 稿本

一册。每半葉十二行，朱絲欄，草書手寫。封面平步青自題『郵筒存檢』，下署『己未初秋棟山樵民署檢』，鈐有『景孫』朱文方印。

正文首葉卷端『上叔祖觀察公』，下鈐『陶承杏印』。收録平步青所發信札一百五十餘封，爲平步青赴京趕考、供職翰林院，入直上書房，直至赴任江西糧道期間所寫，收信人多爲官員，如顯宦曾國藩、李鴻章、譚廷襄、馬新貽，亦有部分致家人信札。收信人下署有寫信日期，亦有替他人代寫信札，下著『代』字，如『答劉蔭渠制府書』『答譚竹崖河帥書』，即爲此類。

信札按時間順序排列，自清咸豐九年（1859）至清同治六年（1867），反映平步青人際往來與政治、社會諸情况。如『上山西布政使鄭筱珊師啓』，致信於鄭敦謹寫道：『去歲館選』，『四月十六日散館均已蒙恩授職』，可知平步青得授官職的時間。又如『上潁之七叔祖』寫道：『别後於三月廿三抵清江，適值捻氛逼近，驛路梗阻，守候二旬，不得已改道由汴，四月十四日起程，廿六過大梁，本月初十始達都門，一路備常辛苦，多費川資』，亦可見當時期捻軍活動狀况。

現藏浙江圖書館。入選第二批《浙江省珍貴古籍名録》，名録編號〇〇三九一。館藏單位原題：霞外山人書翰一卷郵筒存檢一卷，存郵筒存檢一卷。

霞外山人書翰不分卷　（清）平步青撰　稿本

一册。每半葉十二行。朱絲欄，封面題：『霞外山人書翰稿』及『宣統二年杏月了塵書眉』。正文首葉卷端『答山左莫含章書』，下附小字『丁卯新正初九』，右下鈐『陶承杏印』。

本册收入平步青所寫信函共一百一十餘封，時間從清同治六年（1867）至同治十三年，主要在他任職江西期間。時間上接其另一本信札稿本《郵筒存檢》。通函之人，既有好友夏燮、李慈銘等，亦有江西同僚如巡撫劉坤一等，另有前輩官員時任漕督張之萬、山西學政林天齡、李文田等，并有不少家信。每份函件下附時間。

本册部分信札爲平步青文集《樵隱昔寱》所收録，如《與嗛父書三》《與嗛父書四》《與嗛父書五》，然内容略有出入。即以《與嗛父書三》爲例，稿本爲『不足以言著作』，《樵隱昔寱》本爲『不足以語著作』；稿本爲『《潛邱札記》卷五』，《樵隱昔寱》本無『卷五』；稿本爲『覃精數十年』，《樵隱昔寱》本做爲『覃精五十年』等。

現藏浙江圖書館。

棟山牘存不分卷　（清）平步青撰　稿本

六册。《香雪崦斈書二十種目録・原目所無各書目列後》載『棟山牘存一卷』。是稿所收絶大多數爲平步青所作函件擬稿，曾爲周作人所藏，册一、二、五、六卷端鈐有『苦雨齋藏書印』。此六册稿本收録清同治十年（1871）至清光緒十四年（1888）擬稿，基本按照所作時間排序，與浙江圖書館所藏《霞外山人書翰》基本相承續。

冊一收録同治十年至十三年函件三十八封，其中一封代他人而擬；冊二收録同治十三年至光緒三年函件二十五封；冊三收録光緒三年至光緒四年信件二十封；冊四收録光緒四年至光緒七年信件二十三封；冊五收録光緒七年至光緒十年信件二十三封；冊六收録光緒十年至光緒十四年信件十八封，末附光緒五年爲病逝莫夫人所作祭文和奠文各一篇。

是稿中出現收信人較多的有金少伯、劉玉延、吕瑞田、夏嘯父、任秋田、莫嶼香、陳春珊、楊佩瑗等人。部分信稿亦收入平步青文集，但有所删改。如是稿册四致章筱同兩封信函，一封記『庚辰中元後一日』所作，一封稍晚，而收入《樵隱昔寱》後，并爲一封，也無致信時間。可見如無原稿存在，殊失真實歷史信息。

現藏國家圖書館。館藏單位原題：棟山牘存，抄本。

棟山存牘不分卷　（清）平步青撰　稿本

四册。《香雪崦荢書二十種目録·原目所無各書目列後》載『棟山存牘一卷』。

是稿爲平步青所作函件擬稿，每册卷端均鈐有『苦雨齋藏書印』朱文印，曾爲周作人藏書。此四册稿本收録平步青清光緒十四年（1888）至二十一年擬稿七十九封，各册函件大體按照時間排序，與前述國家圖書館所藏《棟山牘存》相承。

册一收録光緒十四年至十六年信件二十二封；册二收録光緒十六年至十七年信件二十三封；册三收録光緒十七年至十八年信件十五封；册四收録光緒十八年至二十一年信件十九封。因各册大體按照發信時間排序，雖爲同一收信人，亦散見於各册。四册中與劉玉延十一封、張哲甫八封、希曹叔七封、吕瑞田五封、徐貽孫五封、楊寧齋四封、任秋田四封、莫嶼香三封、李蒓客二封、沈春蓀二封、金越生二封、周航笙二封、景曉樓二封、墨莊叔二封，任印川、偉臣、任理君夫人、俞鶴舫、吳誼卿、某學臺、劉雅賓、胡雲楣、杜嗛箴、林嘯箴、珮珊叔、姚鳳、梁夢樓、陳春琳、徐平甫兄弟、陳春珊、韓良生皆爲一封。信件内容多涉及學術討論、個人著作、家庭情況、社會政治等内容。如《答徐貽孫茂才》《答楊寧齋孝廉》述平氏《越中科第表》及修志情況；《答楊寧齋》述平氏《樵隱昔寱》；《答劉玉延》述甲午戰事與其在紹興之影響。

現藏國家圖書館。館藏單位原題：棟山存牘，抄本。

致平步青信札 （清）萬青藜等撰 稿本 清平宜生題簽

一册。封面題『諸書家信』，署『宜生珍藏』。

函件一一粘於無格紙上，共收録信件八十封，絶大多數爲他人寫與平步青之信件，偶有數封無關信件竄入。信函基本按作者排列，其中任康三封，朱潮五封，邊厚慶兩封，周玉麒十封，景其濬三封，萬青藜六封，孫家鼐八封，方志澄、朱顯邦一封，慶錫榮兩封，宗濤兩封，劉傳福三封，吳大衡、吳大澂兩封，芳植一封，吕鳳岐九封。

本册所收信件大多衹注明月份與日期，不載年份，有些信件的寫作時間需從其内容中考證。最早一封來自朱潮，信中云：『去冬都中得浙江題名録，欣見名高蕊榜，文章有價』，末署『丙辰五月十八日收到，九月十九答』，且按《棟山先生回籍時履歷稿》云：『咸豐五年乙卯科本省鄉試第二十三名舉人』，則信中所述應即平步青考中舉人之事。最晚一封可考者爲吕鳳岐來函，信件并無注明寫作日期，按信件内容中云：『俄事和議甫定』，應即清光緒八年（1882）俄國交還伊犁事，又云：『左相於正月末到京師，即入樞垣，年已七十』，左相即左宗棠，『年已七十』正爲一八八二年，又云：『前奉屏幛，公祝春秋』，則此『屏幛』乃祝賀平步青六十大壽之壽幛，按平步青生於清道光十二年（1832），則此信寫於一八八二年無疑。

然本册亦有并非寫給平步青之信而竄入其中者，試舉一二：如任康致嘯山函件，按平步青字號中并無『嘯山』之稱，且信中所云乃『嘯山』落榜情形，於平步青并不相關；又如方志澄、朱顯邦函件。按方志澄、朱顯邦乃光緒三十四年浙江蠶學館派遣日本之留學生，且信紙有『明治』字樣，故此信應寫於一九〇八年後，而平步青此時已經病逝多年。

按：平步青《霞外山人書翰》《郵筒存檢》及《樵隱昔寱》《安越堂外集》中所録信件，均爲平步青寫給他人之信件。而書信必有往來，他人寫給平步青之信件，除本册外，尚無收録，故是書對於平步青之研究，具有十分重要的價值。此外，本册信件内容涵蓋豐富，涉及人物衆多，且均爲原函，彌足珍貴，對於研究清代人物關係、學術探究、社會内容，甚至書法藝術、書信體例等，不失爲一份寶貴的材料。

現藏杭州圖書館。

越吟殘草一卷　（清）平步青撰　稿本

一册。行書書寫，紅格紙，版心印『安越堂』。無序跋，無目録。封面平步青自題『越吟殘草』，下署『甲子花朝署於春明客廡』。扉葉鈐『曾經滄海』白文方印。卷端題『越吟殘草一卷』，下有小字旁注云『凡一百七十六首』，次行下署『山陰常庸屧雲』，乃平步青曾用化名。

是書爲平步青詩集，篇目分别爲：《越王臺》《曉發梅市》《蘭亭》《晚泊》《書劉忠介公年譜後》《秋日游何氏園林》《小倉山房全集書後》《讀史六首》《春日游青藤書屋登孕山樓謁天池先生像賦贈門谷》《書晉書隱逸傳末》《書後漢書班超傳後》《題吳山英顯王廟壁》《古青蓮院四負堂謁祁忠惠公像》《前題代楊寄生作楊喜梅郕爰仿吳體》《詩巢懷古爲楊寄生作》《前題爲韓懷秋孫詒作》《前題》《和友人百美新詠百絶句》《丁巳九月渡錢唐輿中口號》《閶門》《皇甫墩守風》《題陳少府繪娑羅花册次族祖是翁韻》《九日愛樹堂夜醼》《席間次韻贈顧竹尹明經炳然》《贈蔣心香水部德馨次瑶老人韻》《讀甌北集六哀詩作》《題是翁族祖間園聽凱圖次册中吳橘生廉訪其泰韻》《次是翁族祖病起即事韻》《游常雜感十首簡任大篠琴堂胡五寄紅壽芬却寄》《留别族祖瑶老人》《晚泊洛社》《梁谿曉發》《錫山城外戲作》《望亭驛》《過滸墅關》《歲莫述懷次任五秋田塍韻并示楊大寄生燮和》《爲何大又郕傑題人小影》《三台山于忠肅公祠》《劉薇洲招同藍波姪游惠山》《蘄齊嵇高四公祠》《寒食》《邗江》《書姚石甫廉訪東溟全集後步韓文川少府均》《王甘巖待詔石隱圖》《六月十四日甘巖招飲品蓮書屋預作荷花生日》《又》《甘岩以分韻予得也字强之重作漫易前詩應之》《遣懷用韓文川韻》《秋郊馬射圖代三益齋主人應教》《讀史》《庚午初冬秋水明府寫棟山樵隱圖長卷谿壑深秀雪牕展翫如在石帆諸峰間漫題八絶句以志夢游》《游省園坐秀皐齋有懷泊鷗吟杜諸老》《七夕》《鑑湖采菱歌》《栞秋水堂遺詩歎工漫書二律代跋》《蘇臺懷古》《桃花隖吊唐六如》《吳門雜感》《吳宫篇用昌谷館娃歌韻》《七夕寄慕閣夫人書附絶句》《書船山詩鈔後》。是書較多删改之處，有些篇目中有作者自注，篇目末尾附有評語。

按：本册内容有民國四有書局鉛印本。《晚清簃詩彙》收録《越吟殘草》中《春日游青藤書屋登孕山樓謁天池先生像賦贈門谷》及《詩巢懷古》兩篇，評論云『存詩無多，吐屬名雋』。謝國楨《平景蓀事輯》著述考一節記録『越吟殘草一卷鉛印本』，云：『景孫不以詩名，然是卷所録之詩，效法唐音，亦颯颯有致。』

現藏國家圖書館。館藏單位原題：安越堂殘稿：越吟殘草一卷，安越堂殘稿册四十。

越吟殘草一卷 （清）平步青撰　抄本

一册。楷書書寫，字迹清晰，格式工整，并無删改之處。卷端題『越唫殘草』，次行下署『山陰平步青景孫』。鈐有『苦雨齋藏書印』及『知堂收藏越人著作』朱文印，曾爲周作人之藏書。版心手寫『越吟殘草』，下寫葉碼。楷書書寫，字迹清晰，格式工整，并無删改之處。『唫』即『吟』之異體字，是書卷首雖題爲『越唫殘草』，然版心皆寫『越吟殘草』，故是書仍以『越吟殘草』題名爲妥。

是書内容據前述國家圖書館所藏稿本謄録，如前述稿本《和友人百美新詠百絶句》下有旁注云：『存二十九首，二妃姜嫄，豈可入繪，故删之』，是册旁注則作『存二十七首』，且無『二妃』等語。然與前述稿本比對，又增《題莫夫人小影》《立秋夜不寐》《再游上海口號》《六舟學使余壬戌同年按臨紹郡，賈幼東擬謁，恐其垂問，漫賦此詩以爲題其文集之作（試後賈不復來，未知曾入謁否，存此以爲雲泥睽隔者箴）》《樵隱昔寱題辭》《戊子六月五日阿宜生》《二十九日兒子永生舉一男名之阿延喜而賦此》《六十生日自述》《銀甲行爲鍾厚堂方伯作》《蕭山水曲吊蔡氏兩烈婦》《壬辰春日重游青藤書屋感舊懷人賦贈老友方畦并申之季堂昆弟》《癸巳正月宜兒上學讀書賦贈春蓀世講先生》諸篇。此外，兩者相同篇目，文字也互有出入，如：前述稿本《題吳山英顯王廟壁》，是册爲《題吳山英獻王廟壁》；前述稿本《前題代楊寄生作楊喜梅郇爰訪吳體》，是册爲《前題代楊寄生作楊喜梅郇爰仿吳體》。

現藏國家圖書館。

賦論不分卷（清）平步青撰　稿本

一册。行書書寫，紅格紙。無封面，首葉右側空白處題『抄本』二字，小字標注『凡二十六首』。卷首爲《春夜宴桃李園賦》，賦後云：『此予十六歲負笈苔岑書屋初次學賦作也。先師任午莊先生謂筆致楚楚，可以學步，惟未能切會太白羣季天倫，不免寬泛。然初學未暇責備，篇中加墨，勉力用爲。予作赧而進。同治初元，倖以詞賦通籍，先師聞之狂喜，手書勗勉。乙丑奉使，請恙回里，摳謁師門，更承桀誨。迨壬申引疾歸田，而木壞山頹已三年矣。進理舊業，不勝潸然，此稿本不足存，以先師□□初桄，不忍擲棄，且兒子膺觳，將應童試，取此示之，以爲中材不自棄者勸。己卯十月廿二日飲恨生識。』詳述師生情誼及學習經歷，娓娓動聽，亦有助瞭解平氏官宦生涯。

是書共收録平步青賦、論、講義共二十七篇，分别爲《春夜宴桃李園賦》《南金東箭賦》《左右修竹賦》《相敬如賓賦》《秋柳賦》《石帆賦》《山川出雲賦》《海上濤頭一綫來賦》《然糠照讀賦》《藺相如完璧歸趙賦》《賦賦》《謙益滿損賦》《霜金葉初丹賦》《三年不窺園賦》《所寶惟賢賦》《以學愈愚賦》《興養立教賦》《笙磬同音賦》《蒙以養正賦》《黼冕昭文賦》《求賢審官論》《衆怒難犯專欲難成講義》《蕭何論》《賦得遒文六義陳》，每篇文章前均署明寫作年月，如《蒙以養正賦》爲平步青清同治二年（1863）散館考試所作，《求賢審官賦》爲同治元年朝考所作，《黼冕昭文賦》爲同治五年翰詹考試所作。有些篇目後有平步青師友評語。書末附有考證韓愈女婿問題材料數條，平步青《樵隱昔寱》有《書皇甫持正故吏部侍郎昌黎韓先生墓誌銘後》一文，可與之進行比較；又附有《金敬山先生小傳》，乃嚴起恒所作，《樵隱昔寱》有《書嚴忠節公金敬山小傳後》，亦可資印證。

現藏國家圖書館。館藏單位原題：賦論，安越堂殘稿册四。

袁文箋正斠識□□卷 （清）平步青撰　稿本　存一卷（卷一）

一册。每半葉九行，朱絲欄，草書書寫。前無序，後無跋。封面平步青自題：『袁文箋正斠識』及『庚申端午日揭櫫於春明客舍』。

正文首題『袁文箋正卷一』，下署『道光戊申二月朔，咸豐庚申五月朔，《羣書斠識》未定本』。本書内容乃平步青在石韞玉《袁文箋正》基礎上，對袁枚詩文集的箋釋。石韞玉將《小倉山房外集》重新編排後加以箋注，取名《袁文箋正》。分書二卷、啓二卷、序五卷、碑二卷、墓表墓銘二卷、祭文疏文一卷、表一卷、代作啓序記一卷，共十六卷，後附摘字補注一卷。平氏是書按照石韞玉《袁文箋正》所收袁枚文章排序，然目前所見僅存對於石氏《袁文箋正》前面七卷的斠識。

將石韞玉《袁文箋正》與平步青《袁文箋正》比對，頗有差異：

收録袁枚文章不盡相同，平氏是書有《思元主人詩序》爲石本所無，然亦無石本《繡餘吟序》。體例而言，石氏《袁文箋正》將袁枚原文抄録并分段，在每一段後進行注解。平氏《原文箋正》并不抄録原文，衹抄録所需注釋的字句，逐一注解。

内容而言，平氏本所注之處，大多爲石氏本所未注，石氏本所注，平氏本并不抄録。石氏本有注解未當之處，平氏本予以補正。如《上尹制府書》中『重棡』條，石本引《唐書·儀衛志》『掆鼓金鉦，司辰典事』句，平本引《宋書·江夏王義恭傳》『轝不得重棡，扇不得雉尾』句。按原文中『重棡』連讀，且對下文之『圭竇』，而石本單獨解釋『棡』，且『棡』與『掆』字不同，石本顯係誤注，平本所引與原文相符，且與下文對應，應爲確注。

按：平步青對石韞玉《袁文箋正》頗不滿意，其《霞外攟屑》卷六《袁文箋正》曾提及袁枚文集箋注情形，云：『石琢堂《袁文箋正》，疏漏甚多，未足云箋，亦匙是正，周紱堂《補校袁文箋正》七卷，亦冗漫未覈，袁祖志《隨園瑣記》云：後有陶孝廉亮采亦吳人，謂石注太略，亦間有誤釋之處，重加箋釋，既詳且核，可稱贍博，仲兄署上海時，志在鋟板，正鈔録校對，亂作，并原本失之，《庸閒齋筆記》極推會稽屠篠園先生注本之精博，惜未付栞，亂後稿不可得矣，近黎環齋、魏笏棠、泰州王子勤觀察廣業各注本皆已行世，甘泉王小秋刺史亦有注本，於石氏頗多糾正，長洲蔣心香水部德馨、南昌童子俊比部毓英皆有校增本，均未見，孫百泉大令慶恒亦有增注，索之匿不肯出，近徐貽孫於陶六九家得一本，不署姓氏，多可採者，似即屠之袁文箋正正。』故有對袁文重加斠識之舉。

現藏浙江圖書館。館藏單位原題：袁文箋正□□卷，存一卷。

袁文箋正斠識□□卷（清）平步青撰　稿本　存一卷（卷一）

一册。每半葉十二行，藍絲欄，行楷書寫。前無序，後無跋。正文首題『袁文箋正卷一』，版心題『袁文箋正』，并附葉碼，始於一，終於五十六。内容照録前述稿本，亦有塗改，多爲謄抄錯誤後校勘文字。

現藏浙江圖書館。館藏單位原題：香雪崦叢書：袁文箋正一卷，香雪崦叢書册三十。

小倉山房尺牘注略不分卷（清）平步青撰　稿本

一册。每半葉十二行，朱絲欄，行書書寫，字迹潦草，塗改甚多，版心印『安越堂』。

封面平步青自題：『小倉山房尺牘注略』，下署『道光戊申花朝纂』，道光戊申即清道光二十八年（1848），平步青《棟山日記》清同治十三年（1874）六月朔記：『録小倉山房尺牘注略戊申舊稿』，則此書初稿時間可證爲戊申年（道光二十八年）無誤。本書爲袁枚《小倉山房尺牘》之箋注，然未抄録《尺牘》原文，僅將原文中所需注釋的字句或段落摘出，下以小字注解。如卷一首篇《鎮江黄太守》，是書摘録『黄太守』『急足』『侯丞』『得死所』『泫然』『唐侯喜受知於靈郎中面有喜色而過昌黎曰侯喜死不恨』『行義甚高』『落魄』『治行李』『士爲知己者死』『固其所也』『不能厚賻』『餅金』諸條，并一一作注，『泫然』注曰『《禮記・檀弓》○孔子泫然流涕曰』。

按：《小倉山房尺牘》，有六卷本、十卷本與八卷本等各版本，其中六卷本爲初刻本；十卷本乃六卷本增補後之全本；八卷本爲清末胡光斗箋釋，爲十卷本之選本。平步青注略所據版本，乃袁枚晚年所編定《小倉山房尺牘》十卷本，其卷數、篇目及篇目順序均相吻合。

時胡光斗所箋釋八卷本較爲流行，平步青頗爲不滿，其《霞外攟屑》卷六《小倉山房尺牘箋注》云：『袁牘隸事，尚可無注，惟同時諸公里貫出處，閱者昧焉，此注似不可無。今槧行光緒己卯《青浦縣志》人物無之，宣傳藝文亦無此書，殆未成也。咸豐己未山陰胡又盧光斗刻有《音注小倉山房尺牘》，漏略甚多，且書題音注，而第二行曰山陰胡光斗又盧箋釋，自相違迕，箋釋豈音注之謂耶？近《申報》告白云有增注，仍即胡書，羊儈之作僞如是。』今人如范寅錚、章榮等均有譯注《小倉山房尺牘》之作，平步青《小倉山房尺牘注略》仍不失其獨特價值。

現藏浙江圖書館。館藏單位原題：小倉山房尺牘注略八卷。

小倉山房尺牘注畧不分卷 （清）平步青撰 稿本

一册。每半葉十二行，藍絲欄，版心印『安越堂』。

正文卷端首行題『小倉山房尺牘注畧』，題目下附小注云：『《新修江寧府志》卷六：「小倉山房在上元」，疑即石頭倉城地，今爲袁氏園。』次行下署：『山陰平步青景孫纂』，版心寫有葉碼，首葉至尾葉爲一至一百二十，雖抄録浙江圖書館所藏前述稿本而成，但是已經寫明各條所在原屬卷數與篇名，并較草稿本修改頗多。

現藏浙江圖書館。館藏單位原題：香雪崦叢書：小倉山房尺牘注畧十卷，香雪崦叢書册二十八。

文筑附録不分卷 （清）平步青撰 抄本

一册。每半葉十二行，藍絲欄，楷書謄抄，全書無塗改，每葉版心下印『安越堂』。

首葉版心寫『跋』，下寫葉碼一。首行頂格，云：『朱先生堅苦劬學，自爲諸生，臬官翰林，日有程課，所作文字最富，即律賦試帖制義，亦存數十册而未暇裒葺全集者，以遺草塗乙旁行斜上，未能薈蕞，且不敢胒爲去取也。先生於咸豐庚申入臺，同治壬戌奉封公諱，乙丑再入，丙寅出守叙州，前後居諫職凡五年……光緒丙戌小除夕受業山陰平步青謹跋。』此序亦收録於平步青所纂《安越堂外集》中，題曰：《寶善堂遺稾跋》。按：《寶善堂遺稾》作者爲朱海門朱潮，平步青曾爲之刊刻。平步青日記中有云『謁朱海門師』，則序中『朱先生』乃朱海門朱潮。

跋語後，爲文筑附録目録，卷端上題『文筑附録目録』，下署『香雪崦芈書丙集』，次行題『山陰平步青景孫纂』。版心寫『文筑附録目録』，并寫有葉碼。正文首行題『文筑附録』，下署『香雪崦芈書丙集』，版心寫『文筑附録』，并寫有葉碼一，至尾葉爲一百二。是書爲明清文章之評鑒，先論選入之文章譔寫情况，再摘録原文，後加點評。共收入文章二十篇，爲《祝京兆説吏》《一家言》《理財》《潘四農文》《曾文正公論文》《鳴原堂論文》《祭曾文正公文》《曾文正公神道碑墓誌銘》《曾文正公全集叙》《文喻》《八家文喻》《青藤書屋文集》《尺牘用喻》《陶文毅公四六》《翰林院撰文》《彭文敬謝紫禁城騎馬摺》《卓鶴谿編修謝署日講起注官摺》《雙眼花翎》《官韻》《韻語空一字書單名空一字書》。

按：平步青《霞外攟屑》卷七《縹錦廛文筑（論文）》，與本書體例相同，内容并不相同，不知何故兩者未曾合并。

現藏浙江圖書館。館藏單位原題：香雪崦叢書：霞外攟屑十卷文筑附録一卷，稿本，香雪崦叢書册七。

最勝録一卷 （清）平步青撰 稿本

一册。無格紙，行書書寫，塗抹甚多。前無序、後無跋。

卷端首行題『皇華紀聞』，天頭間有批語。本書爲作者之讀書文摘。共摘有條目二百四十餘條，并有評點，材料來源如王士禛《皇華紀聞》《分甘餘話》《居易録》，王之賓重修《紹興府志》等，此外如黄宗羲《明儒學案》，林昌彝《三禮通釋》《射鷹樓詩話》，徐承烈《聽雨軒雜記》等以及名人書信與序跋，是書皆有收録。

天頭有批語，間有『入拾遺』『入釋諺』等字樣，按：『拾遺』『釋諺』等均爲平步青所著之書。可見是書爲平步青讀書摘録，以資備忘，爲著書時方便援引。如鄭虎臣條，平氏就摘録《全浙詩話》關於鄭虎臣的記載，天頭小字云：『宜并入《四庫札記》卷一百八十七西雲札記下。』《四庫札記》應是平氏所著《燃藜餘照》。翻諸《燃藜餘照》『鄭虎臣』條，果爲其然，末有『按《全浙詩話》可并入』字樣，而并入内容正爲《最勝録》中所摘録『鄭虎臣』條内容。

現藏浙江圖書館。館藏單位原題：棟山劄記一卷，稿本。

最勝録一卷（清）平步青撰　稿本

一册。每半葉十二行，藍絲欄，行楷書寫，版心下印『安越堂』。前無序、後無跋。版心手寫『最勝録』，并寫有葉碼。依舊浙江圖書館所藏前述稿本抄録，天頭及正文皆有少許修改意見，卷端首行題『皇華紀聞』，天頭寫：『第一行寫最勝録、第二行寫山陰某某等。』

現藏浙江圖書館。館藏單位原題：香雪崦叢書：最勝録一卷，香雪崦叢書册二十七。

最勝録一卷（清）平步青撰　抄本

一册。每半葉十二行，藍絲欄，楷書謄寫，版心手寫『最勝録』，并寫有葉碼。版心下印『安越堂』。前無序、後無跋。卷端題『最勝録』，次行署『山陰平步青景孫纂』。是書内容根據浙江圖書館題名『香雪崦叢書：最勝録一卷』内容及修改意見謄録。

按：浙江圖書館藏題名『棟山劄記一卷』、館藏題名『香雪崦叢書：最勝録一卷』及本書前後稿次關係明顯。題名『棟山劄記一卷』之稿首葉卷端首行題『皇華紀聞』，題名『香雪崦芉書：最勝録一卷』之稿卷端首行雖據草稿本，仍寫『皇華紀聞』，然天頭寫：『第一行寫最勝録、第二行寫山陰某某等』，本書則更正爲卷首首行『最勝録』，次行署『山陰平步青景孫纂』。平步青《棟山日記》有兩處提及是書：清咸豐八年（1858）四月初三日『録文洞，後改最勝録，書未成』；咸豐八年五月二十三日『閲文編畢，節録五萬餘言入文洞』。稿本信息與日記互相印證，此書書名爲『最勝録』無誤。

現藏國家圖書館。館藏單位原題：安越堂殘稿：最勝録一卷，安越堂殘稿册十三。

香雪崦丵書二十種　（清）平步青撰　存十四種

存十四種：《宋史叙録》一卷、《修明史史臣表》一卷、《文廟從祀議攷略》二卷、《國朝館選爵里謚法攷續》三卷、《南書房入直諸臣攷畧》一卷、《尚書房入直諸臣攷畧》一卷、《召試博學鴻詞攷畧》一卷、《召試博學鴻詞攷畧》一卷、《薦舉經學攷畧》一卷、《大考翰詹攷畧》二卷、《越中科第表》二卷、《羣書斠識初稾》不分卷、《霞外攟屑》十二卷（《霞外攟屑》十卷）、《樵隱昔寱》二十卷。

平步青去世後，弟子楊越編《香雪崦丵書二十種總目》，首葉卷端題：『香雪崦丵書二十種總目』，下附小字：『先生云：「初亦擬名叢書，今易丵書，以不成叢，無可取也。」』目前可見的平步青諸種稿抄本中，卷端葉下皆題『香雪崦丵書』，即使抄工抄成『叢書』，亦改回『丵書』，修改痕迹皆在。然『丵書』與『叢書』涵義雖有所不同，也確爲不同之詞，衹是『丵書』過於生僻，世人皆以『叢書』稱謂。爲尊重歷史原貌，此次整理，仍以『香雪崦丵書』稱之。

序號	香雪崦丵書子目	稿本存佚	刊行情況
1	讀經拾瀋一卷（清）	佚	民國刊行
2	讀史拾瀋二卷（清）	佚	民國刊行
3	宋史叙録一卷	存	無
4	修明史史臣表一卷	存	無
5	文廟從祀議攷略二卷（清）	存	無
6	國朝館選爵里謚法攷續三卷（刻未印）	存	無
7	南書房行走諸臣攷畧一卷	存	無
8	尚書房行走諸臣攷畧一卷	存	無
9	召試博學鴻儒攷畧一卷	存	無
10	召試博學鴻詞攷畧一卷	存	無
11	薦舉經學攷畧一卷	存	無
12	大考翰詹攷畧二卷	存	無
13	越中科第表二卷（清）	存	無
14	浙江山陰平氏譜續三卷	佚	無
15	司農公年譜一卷	佚	無
16	羣書斠識（原書未注明卷數）	存	無
17	霞外攟屑十卷（清，目列後）	存	民國刊行
18	樵隱昔寱二十卷（刻一卷，寫定十卷，清九卷，目列後）	存	民國刊行
19	楹帖摭談二卷	佚	無
20	浙江山陰平氏攟殘集一卷	佚	無

香雪崦丵書二十種總目　楊越抄本　楊越題跋

一册。每半葉十二行，藍絲欄，版心下印『安越堂』。封面無題，版心寫有葉碼，首葉至册尾從一至二十二，《安越堂外集》卷八《記夢》條云：『道光戊申、己酉間，輒夢至棟山之南，邨名香雪崦，園曰葛園』，故叢書以此爲名。

首端題：『香雪崦丵書二十種總目』，下附小字：『先生云：「初亦擬名叢書，今易丵書，以不成叢，無可取也。」』爲平步青弟子楊越所寫。《總目》所録書目共二十種，分別爲：《讀經拾瀋》一卷、《讀史拾瀋》二卷、《宋史叙録》一卷、《修明史史臣表》一卷、《文廟從祀議攷畧》二卷、《國朝館選爵里謚法攷續》三卷、《上書房行走諸臣攷畧》二卷、《南書房行走諸臣攷畧》二卷、《召試博學鴻儒攷畧》一卷、《召試博學鴻詞攷畧》一卷、《薦舉經學攷畧》一卷、《大考翰詹攷畧》二卷、《越中科第表》二卷、《浙江山陰平氏譜續》三卷、《司農公年譜》一卷、《羣書斠識》、《霞外攟屑》十卷、《樵隱昔寱》二十卷、《楹帖摭談》二卷、《浙江山陰平氏攟殘集》一卷。後附有按語云：『按此目與訃啓中所載之目多有不合，蓋彼係誤謄舊目，此是先生所後定也，讀先生書者，幸勿執彼以議此。』

《香雪崦丵書二十種總目》後爲總目之分目録，分別爲《羣書斠識總目》《霞外攟屑總目》《原目所無各書目列後未盡》《樵隱昔寱目録》。

《羣書斠識總目》所録書目共八十七種，後附有按語云：『共八十七種，已刻十一種，此外尚有三十四種不著録。』《霞外攟屑總目》祇録卷名十種，後附按語云：『共十種俱清，子目未及録。』《原目所無各書目列後未盡》乃收平步青未列入《香雪崦丵書二十種總目》之書目共十九種。《樵隱昔寱目録》完整收録了《樵隱昔寱》卷目與篇目，共二十卷五百餘篇。

本書後附《楝山樵傳》，乃平步青所撰，篇名下附按語云：『先生自撰，入外集』，文末附按語云：『先生歸道山事雖不果，而高致可想見矣。』《樵隱昔寱》民國六年（1917）刻本爲楊越整理刊行，附録中有《楝山樵傳》一篇，其内容與按語與本書完全一致，本册無疑爲楊越整理。『香雪崦芊書』目録變動頗大，如《瓜籚拾遺》《湖海文傳補小傳劄記未定蒿》《國朝文録小傳》《唐文粹補小傳》均有稿本存世，各稿本皆在首葉題爲『香雪崦芊書』，然《香雪崦芊書二十種總目》并未列入，或許平步青另有他想，惜未及實施。

現藏浙江圖書館。館藏單位原題：香雪崦叢書册一。

宋史叙録一卷　（清）平步青撰　稿本

一册。每半葉十行，紅欄紙。卷端首行『宋史叙録題辭』，下署『楝山堂叢書乙録』，天頭間有墨筆批語。封葉題『宋史叙録』四字。

本書爲元末明初至清嘉慶道光年間，研究宋史的學者名録。選入宋史學者共四十五名，依次爲梁寅、周叙、劉定之、王昂、許浩、邵經邦、王洙、柯維騏、吴子孝、陳士元、歸有光、王思義、馮琦、湯顯祖、朱國楨、王維儉、陳邦瞻、錢士升、潘曾紘、項夢原、吴應箕、李清、張溥、文德翼、劉同升、金俊明、李世熊、沈世泊、黄宗羲、顧炎武、朱彝尊、萬斯同、陳邦彦、李紱、藍鼎元、李鍇、華希閔、齊召南、陳黄中、全祖望、邵晉涵、章學誠、梁玉繩、陳用光、臧壽恭。其凡例以人物爲綱，叙其籍貫、生平，并從正史、文集、書信等史料中摘出該人物研究宋史相關内容，附在人物之後。如梁寅條：『梁寅，字孟寅，臨川人。《明史稿》藝文志史部正史類：「梁寅，

《宋史略》四卷，《元史略》四卷。」』又引《明史》《國史經籍志》《四書全書總目》等内容。

本書采用的史料有《四庫全書總目》《玉堂叢話》《湧幢小品》《道古堂集》《明史·藝文志》等。

卷首《題辭》反映出著者旨意：『宋史疏舛蕪漫，在乙部最爲下駟。前賢如歸熙甫、湯若士、吴忠節，劉文忠。國朝梨洲、亭林、竹垞、石園、穆堂、謝山、南江、寶齋諸儒，有志改修書皆未成。柯、王、陳三家編摩粗就，然才謝三長，補苴罅漏，亦終無以勝於本書。《宏簡録·南宋書》疏略卑陋，反不及托克托等。若王洙之《史質》，荒唐詩謬，益不足道矣。蒙官紫近，時退直餘暇，頗致力於是。大車塵冥，汗青無日，外轉江右，此事遂廢。惟念諸家姓氏，顯晦不一。掇拾羣書，纂爲叙録，異日有能師竹垞之意，成宋史後定者，此可依顔氏班書叙例，冠於簡端。同治丁卯小除夕書於豫章糧儲官廨甘露園。』從《題辭》可見平步青早年致力於宋史研究，乃在同治初年任職翰林院期間，先期收集研究資料，但從京師到江西後，此項工作遂爲終止。

然本書是未完成本，有些人物僅列姓名，并無其他任何内容。如章學誠。卷尾題云：『此本文共七十九篇，費八月之才力心思而愜意者無幾，此事究未知何日成也。海門』，并有『明經□□』印。卷尾此條與是書内容不符，不詳内容因何竄入。

《宋史叙録》并未著録於《中國古籍總目》《中國古籍善本書目》等基本古籍目録。

現藏浙江圖書館。

宋史叙録一卷修明史史臣表一卷　（清）平步青撰　抄本

一册。每半葉十二行，藍絲欄，版心下印『安越堂』。

卷端題『宋史敘録敘』，下署『香雪崦芈書乙集』。次行署『山陰平步青景孫纂』，筆迹工整，『宋史敘録敘』與浙江圖書館所藏前述稿本略有不同，云：『宋史疏舛蕪漫，在乙部爲下駟，前人每患其多，而歸震川云某正患其少。謝山、歸愚、竹汀皆然，真史識也。明人自震川外，湯臨川、劉文忠、吳忠節。國朝人自謝山外，黄梨洲、顧亭林、朱竹垞、萬石園、李穆堂、邵南江、章實齋諸儒，咸有志改修書，皆未成。柯、王、陳三家，編摩粗就，然才謝三長，補苴罅漏，亦終無以勝於本書。《宏簡録・南宋書》疏略庳陋，反不及托克托等，若王洙之《宋史質》，誖謬荒唐，益不足道矣。蒙官京師，退直餘閒，頗致力於是，大車塵冥，汗青無日，外轉江右，此事遂已。惟念諸家姓氏顯晦不一，掇拾羣書，纂爲敘録一卷，異時有能師竹垞之意，成宋史後定者，此可依顏監班書敘例，冠諸簡端，榷天水一朝之史者，或有取於此焉。棟山舊史書於江南西道糧儲觀察使廨甘露園。』

從前述浙圖所藏題名『宋史敘録一卷』之稿本和抄本的比較，前者署『棟山堂叢書』，後者則改爲『香雪崦芈書』，可見平步青早期還有編纂『棟山堂叢書』的想法。前述稿本選入研究宋史學者包括嚴嵩，但做了刪除標記，本抄本則已没有嚴嵩。亦可見不同稿次一并影印之價值所在。

本册實際上由兩書組成，一爲《宋史敘録》，一爲《修明史史臣表》。因爲本册封面無字，卷端題『宋史敘録敘』，如不翻閲全書，僅看卷端，極可能忽視此册實包含兩種書。這兩書無論是版式，還是紙張都是截然不同的，極有可能是獨立成册。後流落於某位藏者手中，其出於某種原因，將它們裝訂成一册。

《修明史史臣表》卷端題『修明史史臣表』，下署『香雪崦芈書乙集。山陰平步青景孫纂』。無卷數，版心有葉碼，每葉以烏絲欄劃分四行，以表格形式，按照年代順序，列入參與明史修纂過程中重要人物的變動情況以及明史修纂過程中發生的重要事件。

體例仿班固《漢書・百官公卿表》，按照時間排列，起清順治二年乙酉（1645），終清乾隆四年己未（1739）。

各列明史館中官職，分監修總裁、總裁副總裁、纂修三部分。凡有關明史修纂的重大事件以及相關官員變動，均於表中清晰呈現，如清康熙十八年（1679），明史館第三次開館，表中在年份後附《清實録》中有關奏疏以及錢大昕《潛研堂文集》卷三十八《萬先生斯同傳》、韓菼《有懷堂文稿·徐元文行狀》、全祖望《題陶紫笥集》、全祖望《劉繼莊傳》、毛奇齡《寄張岱乞藏史書》、顧炎武《與公肅甥書》、楊椿《上明鑑綱目館總裁書》、杭世駿《道古堂集》卷六《黄氏書録序》，用以記録此事。其官員變化如順治朝剛林坐斬事，表中放入順治八年之下。史料來源主要依據清朝各代實録及《清史列傳》。文人文集中有關明史編纂的内容，作者也收録其中，以資補充。

按：明史之修纂，肇始於順治二年之明史館開館，至乾隆四年全書刊成，經九十四年，凡四次開館，其間參與之人衆多，事件錯綜複雜。《修明史史臣表》以年表形式叙述明史修纂歷史，體例嚴謹、内容詳實、呈現清晰，可作爲研究明史編纂的工具書，對於明清史的研究，頗爲珍貴。

現藏浙江圖書館。館藏單位原題：香雪崦叢書：宋史叙録一卷，稿本；修明史史臣表一卷，稿本，香雪崦叢書册三十三。

文廟從祀議攷略二卷 （清）平步青撰　稿本

一册。每半葉十二行，朱絲欄，行書書寫。前無序，後無跋，無目録，首葉即爲正文，版心手寫『從祀議攷略卷上』。封面題『稿本』二字。

是書修改之處頗多，天頭間有補充文字。書分上下二卷，記載有清一代從祀孔廟之事。體例以人物爲綱，首列孔廟從祀配享之人，并注明時代、官職及字號，人名右側或下方有小字旁注，述其生卒年、於何種書中記載等信息，抄録正史、名人文集、奏疏、諭旨中關於從祀的記録，以述其從祀之始末。如第一位人物有子，先書『唐開元八年從祀』，次摘毛奇齡《西河合集》、王士禛《池北偶談》、閻若璩《從祀末議》與《潛邱堂文集》中關於有子補祀十二哲之議，後列清乾隆十二年（1747）禮部議覆、乾隆二年二月徐元夢奏疏、乾隆元年二月總理事務王大臣議覆、乾隆二年三月二十五日禮部議覆。

是書上卷所録人物起自有子，終於張伯行，均爲已在孔廟中從祀配享之人，其中除有子、朱子爲十二哲外，其餘人物均爲孔廟東西兩廡中所供奉之先賢、先儒，依次爲公孫僑、蘧瑗、林放、顔何、縣亶、秦冉、牧皮、公明儀、樂正克、公都子、萬章、公孫丑、周敦頤、毛亨、劉德、董仲舒、許慎、鄭康成、諸葛亮、范寧、范仲淹、韓琦、謝良佐、尹焞、游酢、李綱、黄幹、陳淳、袁燮、魏了翁、何基、王柏、文天祥、陸秀夫、趙復、金履祥、劉因、吴澄、曹端、蔡清、羅欽順、夏良勝、吕柟、吕坤、劉宗周、黄道周、孫奇逢、張履祥、陸世儀、湯斌、陸隴其、張伯行。

下卷版心題『從祀議攷略卷下』，然正文并無卷名，所録人物起自公西子，終於羅澤南，除首列五人公西子、南宫子、宓子、漆雕子、原子已升附文廟外，均曾爲時人所提議從祀孔廟，但未從祀之人，依次爲薛邦、申績、公伯寮、廉瑀、孺悲、公罔之裘、序點、仲孫何忌、仲孫説、孔璇、衛司寇惠叔、常季、子服何、賓牟賈、鞠語、顔涿聚、季襄、曾申、申祥、魏文侯榮、屈平、楚陳良、荀況、孔鮒、顔芝、田何、文翁、司馬遷、揚雄、戴聖、申培、夏侯勝、劉向、蕭望之、賈逵、馬融、何休、鄭泉、盧植、服虔、王肅、王弼、杜預、陸德明、孔穎達、賈公彦、狄仁傑、張巡、李翱、李覯、徐積、蘇詩、豐稷、陳瓘、胡宏、高閌、石敦山、楊萬里、范浚、黄裳、袁甫、黄震、史蒙卿、輔廣、錢唐、吴典弼、章懋、王鏊、陳建、羅洪先、楊繼盛、來知德、顧憲成、高攀龍、吕維祺、黄宗羲、顧炎武、王夫之、達海、范文程、毛奇齡、胡渭、朱彝尊、任啓運、惠棟、江永、顧棟高、李顒、李光地、顧八代、楊名時、朱軾、沈近思、方苞、孫嘉淦、陳宏謀、德沛、尹會一、羅澤南。

本書所據史料，基本以《西河合集·經問三》、閻若璩《從祀末議》、朱彝尊《孔子弟子攷》、彭其位《學宫備考》、全祖望《前漢經師從祀議》、全祖望《宋元學案》、汪由敦《上徐大司空請從祀書》等文及實録、邸抄中的奏疏、上諭爲主，其餘如名人文集、尺牘、書信等，間有所據。

按：本書未注明成書時間，按其所録奏疏之最晚者，爲清光緒十年（1894）五月六日邸抄，即一八九四年五月六日，而平步青逝於一八九六年，可見本書乃平步青晚年所著。本書體例嚴謹、考證精審、内容詳實，對於清代文廟從祀制度的研究具有重要的史料價值。

現藏國家圖書館。館藏單位原題：安越堂殘稿册三。

國朝館選爵里謚法考續三卷（清）平步青撰　稿本　存一卷（續卷九）

一册。無格紙，行書書寫，有大量塗改。前無序，後無跋。

卷端題『光緒十五年己丑四月二十八日』，爲記載散館後入翰林院庶吉士和教習名稱之書，實爲吴鼎雯所作《國朝館選爵里謚法考》的補編。

是册以時間爲序，每科首載教習官階姓名，次列庶常姓名，每人名下記録字號、籍貫以及官職，便於檢索之用。記載的科名有光緒十五年己丑、光緒十六年庚寅、光緒十八年壬辰、光緒二十年甲午、光緒二十一年乙未，共五科，每名庶吉士名下，除字號、籍貫之外，還列出殿試名次，會試名次，散館名次，大考翰詹的名次，以及該書編寫時的年歲（應爲考中進士時的年齡）。本册記載的最後一科光緒二十一年（1895），僅記載了庶吉士的籍貫，并無其他信息。

現藏浙江圖書館。館藏單位原題：國朝館選爵裡謚法考九卷存三卷，國朝館選爵裡謚法考，册二。

國朝館選爵里謚法考續三卷 （清）平步青　稿本

一册。行楷書寫，紅格紙。前無序、後無跋。

卷端首行題『國朝館選爵里謚法考卷七』，次行題『文淵閣校理翰林院侍讀上書房行走續輯』，天頭間有墨筆批語。卷七記載咸豐二年壬子，咸豐三年癸丑，咸豐六年丙辰、咸豐九年己未、咸豐十年庚申；卷八記載同治元年壬戌、同治二年癸亥、同治四年乙丑、同治七年戊辰、同治十年辛未、同治十三年甲戌；卷九記載光緒二年丙子、光緒三年丁丑、光緒六年庚辰、光緒九年癸未、光緒十三年丙戌、光緒十五年己丑。不過光緒十五年己丑科并不完整，僅僅記載教習和四名庶吉士。

浙江圖書館所藏題名『國朝館選爵裡謚法考九卷存三卷』與本稿相比，從時間順序而言，前者從清光緒十五年（1889）開始，到光緒二十年，後者從清咸豐二年（1852）開始記載，到光緒十五年截止。兩者時間上有承續。從内容記載而言，兩者重疊之處是光緒十五年教習和四名庶吉士名單以及他們的籍貫和履歷，前者修改的地方，後者基本加以吸收，但是還有一些内容，後者并無收入。如李盛鐸，前者稿本記載：李盛鐸，字嶬樵，又字椒微，號木齋，湖南巡撫明墀子，江西德化人，己卯十七名，會試五名，年三十一。編修庚寅散館，辛卯江南副墨會同考官。後者稿本記載：李盛鐸，湖南巡撫明墀子，字椒微、嶬樵，號木齋，江西德化人，授編修。很明顯，前者更爲詳細，然後者并未完全照録。

按：清代詞林典故，歷來有人著書記録。沈廷芳著《國朝館選録》三卷，後又有人增補。吴鼎雯著《國朝館選爵里謚法考》六卷，李慈銘《越縵堂讀書記》云：『夜閲《國朝館選爵里謚法考》共六卷，翰林官書也。本曰《詞垣考鏡》，嘉慶間光州吴樸園鼎雯所輯，凡教習庶吉士及散館皆記之，每人名下詳注其字號、籍貫、官階及家世，有入館者，自七世以下即堂從亦載之，頗便考索，然亦不能備。道光末許吉齋乃安等續之，有掌院潘文恭、穆相國、寶文莊三序。然搜輯漸疏，其後至咸豐壬子止，更又無續者矣。今入館者院吏送《進士題名碑録》一部，館選録兩册，僅有歷科庶常姓名而已。』吴氏《國朝館選爵里謚法考》止於卷六，年份止於咸豐二年壬子科。平氏此書始於卷七，年份起始咸豐壬子科，則應是吴氏《國朝館選爵里謚法考》續輯。故本稿卷端首行雖題『國朝館選爵里謚法考』，然據《香雪崦丵書二十種總目》所載『國朝館選爵里謚法攷續三卷』，故本書應題名『國朝館選爵里謚法考續三卷』，以示與吴氏著作有所區分。

現藏浙江圖書館。館藏單位原題：國朝館選爵裡謚法考九卷存三卷，國朝館選爵裡謚法考：册一。

南書房入直諸臣攷略一卷尚書房入直諸臣攷略一卷　（清）平步青撰　稿本　清平宜生題簽

一册。無格紙，行書書寫，多有塗改。前無序、後無跋，包含兩種書，一是《南書房入直諸臣攷略》一卷，一是《尚書房入直諸臣攷略》一卷。

是册封葉題『南書房入直諸臣攷略』，署『宣統二年杏月花朝雪士書簽』，鈐『若宜』白文方印，卷端題『南書房入直諸臣攷略』，下署『同治癸亥二月十九日』。次行題『據《皇朝詞林典故》卷六十三題名纂補』。《皇朝詞林典故》爲朱珪據《詞林典故》八卷本補纂而成，本書據《皇朝詞林典故》，對南書房入直諸臣進行補充，輯録人物自清康熙十六年（1677）張英，迄清光緒十年（1884）王懿榮，每人均注其姓名、入直時間、官階、履歷及卒年謚號。書分三部分：

其一抄録《皇朝詞林典故》南書房入直人物，起康熙十六年張英，終清嘉慶十年（1805）戴衢亨。戴衢亨條後有作者按語云：『南書房題名乾隆甲子編次入《皇朝詞林典故》，嘉慶乙丑續修，始桐城張文端公英，迄大庾戴文端公衢亨，凡一百一十九人，再入者亦間書之，而考之各家别集與傳記所載諸人，多不見其姓名，則以諸臣或僅直武英殿及懋勤殿、蒙養齋，而非南齋供奉也。蓋西清宂筆類多温樹，不言碑版文字，又輒以直、内廷、禁廷書之，非獲校理秘文者，無以證其殽誤，讀者如以此卷所失載或疑編摩時有所漏略，輒思摭它書羼入竄補之謬矣。因剌取所見各書，附於左方，同館諸君子有博通掌故者，爲審正之，或亦異時續會典典故纂筆之助云。』

其二根據總傳或者文集、碑傳等材料，又將嘉慶十四年之前朱珪所遺漏之人補於按語後，起李振裕，終關槐。『關槐』條後有作者按語云：『南齋題名自嘉慶乙丑後，未經續修，入直諸臣，遂無可考。今剌取各家文詩集所載附後，其入直年月官職，間無可考，俟後之續修詞林典故者補正之。』

其三亦將嘉慶十年後諸臣入南書房者補充於後，起嘉慶□年覺羅桂芳，終光緒二十年王懿榮。

是册包含另一種書，册中另起一葉，第一行題『尚書房入直諸臣攷略』，下署『同治癸亥四月十四日』。第二行題『據《皇朝詞林典故》卷六十三題名纂補』。共輯録尚書房入直之臣自雍正元年徐元夢，迄光緒十三年高釗中。

書分三部分：

（一）將《皇朝詞林典故》中尚書房入直中人物抄録，起雍正元年徐元夢，終嘉慶九年秦承業。（二）平氏將嘉慶九年後諸臣入尚書房者補充於後，起嘉慶十年覺羅寶興，終光緒十三年高釗中。按語云：『上齋題名，自嘉慶甲子後，未經續修，入直諸臣見於各家詩文紀載者，附書於後，其入直歲月官階升遷，間無可考，俟後世之嫺掌故者補益未備，是所望云。』（三）平氏根據碑傳文、《嘯亭雜録》等材料，將雍正元年之前課讀諸臣補充於後，共張英、勵杜訥等九人。

按語云：『《詞林典故》尚書房入直題名纂修臣謹按，乾隆九年編次《詞林典故》題名一門，未列尚書房，自因稽考未周，是以闕如。第思三天密勿，識務清嚴，匪品學兼優，弗克膺斯重選。伏稽聖祖仁皇帝、世宗憲皇帝實録中不載入直諸臣名姓，惟國史傳徐元夢於康熙三十二年以原任侍講入直，法海於三十七年以檢討入直。《先正事略》作侍講學士，乙未再入，丙申巡撫廣東。諸臣曰教書，曰課讀，無師傅之稱，而其居處稱爲南薰殿、西長房、兆祥所、咸福宫，亦無尚書房之稱。恭讀高宗純皇帝聖製懷舊詩可亭朱先生篇内，有「設席懋勤殿」之句，天語足徵，兹撰題名斷自雍正元年，敬依高宗純皇帝聖製三先生詩注，其年份官職，則參諸各家詩文載記云。按斷限始於雍正元年，體例嚴矣，惟年份官職，各家詩文載記不無略異，其再入三入者闕書頗多，爰就所見各書，依文附辨，其癸卯以前入直諸臣姓名可考者，出之左方。』此段按語中從首句至『則參諸各家詩文載記云』，皆抄録《皇朝詞林典故》原文，後纔爲平步青所譔。

兩部《攷略》可視爲《皇朝詞林典故》之續編，對《皇朝詞林典故》所遺漏之内容進行了補充，并且所録人物均附人物小傳，詳述履歷。本書對於有清一代南書房、尚書房源流制度的研究，頗具史料價值。

現藏浙江圖書館。館藏單位原題：南書房入直諸臣考略不分卷。

南書房入直諸臣攷畧一卷尚書房入直諸臣攷畧一卷　（清）平步青撰　稿本

一册。每半葉十二行，藍絲欄，行書書寫。

正文卷端題『南書房入直諸臣攷畧』，下署『香雪崦丵書乙集』，次行『山陰平步青景孫纂』，已經没有前述稿本纂修的時間信息。首葉版心題『南書房入直諸臣攷畧』，下有葉碼，從一到二十七。此後則另起爲《尚書房入直諸臣攷畧》首葉，首行題『尚書房入直諸臣攷畧』，下署『香雪崦丵書乙集』，次行『山陰平步青景孫纂』。版心題『尚書房入直諸臣攷畧』，下有葉碼，從一到二十九。内容照録浙江圖書館所藏題名『南書房入直諸臣攷略不分卷』，正文和天頭處較多文字。

現藏浙江圖書館。館藏單位原題：香雪崦叢書：南書房入直諸臣考畧一卷尚書房入直諸臣考畧一卷，香雪崦叢書册三十八。

尚書房入直諸臣攷畧一卷南書房入直諸臣攷畧一卷　（清）平步青撰　稿本

一册。藍絲欄，楷書謄抄。

是書所含兩書次序與浙江圖書館所藏前述兩稿相反，卷端題『尚書房入直諸臣攷畧』，下署『香雪崦丵書乙集』，次行『山陰平步青景孫纂』，首葉版心題『尚書房入直諸臣攷畧』，所寫葉碼從一到三十二。另一種書《南書房入直諸臣攷畧》版心所寫葉碼從一到三十。據『香雪崦丵書：南書房入直諸臣考畧一卷尚書房入直諸臣考畧一卷』抄録，天頭有多處浮簽，爲謄抄内容的修改意見。

現藏國家圖書館。館藏單位原題：安越堂殘稿：尚書房入直諸臣考略二卷，安越堂殘稿册八。

南書房入直諸臣攷畧一卷尚書房入直諸臣攷畧一卷　（清）平步青撰　稿本

一册。楷書謄抄，版式與浙江圖書館所藏題名『香雪崦丵書：南書房入直諸臣考畧一卷尚書房入直諸臣考畧一卷』相同，先《南書房入直諸臣攷畧》，次《尚書房入直諸臣攷畧》，内容完全吸收國家圖書館所藏題名『安越堂殘稿：尚書房入直諸臣攷略二卷』的塗改和標注意見，楷書抄録。《南書房入直諸臣攷畧》版心所寫葉碼從一到二十三。《尚書房入直諸臣攷畧》版心葉碼從一到二十六。

現藏浙江圖書館。館藏單位原題：香雪崦叢書：南書房入直諸臣考畧一卷尚書房入直諸臣考畧一卷，香雪崦叢書册三十九。

召試博學鴻儒攷略一卷召試博學鴻詞攷略一卷薦舉經學攷略一卷　（清）平步青撰　稿本

一册。行書寫於無格紙，字體潦草，有大量塗改。是册包含《召試博學鴻儒攷略》《召試博學鴻詞攷略》《薦舉經學攷略》三種，皆列入《香雪崦丵書二十種總目》，各爲一卷，明確爲不同之書。

封葉題『博學鴻儒詞，薦舉經學攷略』。卷端題『葛園叢書乙集』，下署『咸豐庚申七月朔纂，光緒戊寅八月四日重訂』。存目録一葉，記曰：召試博學鴻儒攷略一卷、召試博學鴻詞攷略一卷、薦舉經學攷略一卷。

《召試博學鴻儒攷略》爲清康熙十八年（1679）舉行博學鴻儒科之記録，内容包括諭旨、試題、與試之人及人物小傳等，其體例與内容以李集《鶴徵録》與秦瀛《己未詞科録》爲基礎，剟取他書加以考證補充。

《召試博學鴻詞攷略》爲清乾隆元年丙辰（1736）博學鴻詞科之記録，其内容包括諭旨、試題、與試之人及人物小傳等，文中載法式善《槐廳載筆》卷九引《簷石齋史記注》云：『二百六十七人，滿洲五、漢軍二、直隸三、奉天一、江蘇七十八、安徽十九、浙江六十八、江西三十六、湖北六、湖南十三、福建十二、河南五、山東四、山西三、廣東六、陝西四、四川一、雲南一。』此卷將所録人物以地名順序排列。

《薦舉經學攷略》首載乾隆十四年之諭旨，後列保舉之人及與試之人，并附人物小傳。薦舉經學即乾隆十四年開設的經學科。

《皇朝詞林典故》卷六十四卷《題名》一門中有『詞科』一類，含『康熙十八年召試博學鴻詞』『乾隆元年』『薦舉經學』三篇，與本書之三卷相符，故本書之纂以《皇朝詞林典故》爲根據，爲其補纂而成。作者均記録每次制科的時間、人數、地點及皇帝諭旨與試題內容，後列所有參與考試之人及其薦舉人，并作人物小傳，詳注其字號、籍貫、履歷及著作情況。作者旁徵博引，多方考證，既參考《吏垣牘略》《詞科掌録》《詞科餘話》《鶴徵録》等專書，又引清人筆記文集，堪爲研究清代制科者所稽考。

目録葉提及咸豐庚申七月朔纂，即咸豐十年（1860）。平步青《棟山日記》咸豐十年七月初九條云：『撰詞科攷略三卷』，應即指是册。

現藏浙江圖書館。館藏單位原題：葛園叢書（存三種）。

召試博學鴻儒攷畧一卷召試博學鴻詞攷畧一卷薦舉經學攷畧一卷　（清）平步青撰　稿本

一册。每半葉十二行，藍絲欄，無目録葉，版心印有『安越堂』。

是書包含三部書，依次爲《召試博學鴻儒攷畧》一卷；《召試博學鴻詞攷畧》一卷；《薦舉經學攷畧》一卷。

三部書雖在同一册，但是每部書卷首列各書書名，下署『香雪崦芈書乙集』，次行署『山陰平步青景孫纂』，從版式上亦能證明著者意圖，此應爲三種書。是册内容抄録前述浙江圖書館所藏題名爲『葛園叢書』之稿本，正文間有修改之處，天頭偶有批語。

現藏浙江圖書館。館藏單位原題：香雪崦叢書：召試博學鴻儒考略一卷召試博學鴻詞考略一卷薦舉經學考略一卷，香雪崦叢書册二。

大考翰詹攷畧二卷 （清）平步青撰 稿本

一册。每半葉十二行，藍絲欄，楷書書寫，版心印有『安越堂』。前無序，後無跋。正文有些許塗改，天頭之處文字頗多。

正文首葉卷端署『大考翰詹攷畧卷一』，下署『香雪崦芈書一集』，第二行署『山陰平步青景孫纂』。版心每葉手書『大考翰詹攷畧』，下附該葉所記載的考試干支年份以及葉碼。其體例以時間爲綱，内容爲記録清順治十年（1653）至清光緒元年（1875）歷次大考翰詹。依次爲：順治十年、順治十三年、順治十五年、康熙十八年、康熙二十四年、康熙三十三年、康熙四十一年、康熙五十四年、乾隆二年、乾隆八年、乾隆十三年、乾隆十七年、乾隆二十三年、乾隆二十八年、乾隆三十三年、乾隆三十六年、乾隆五十年、乾隆五十六年、嘉慶三年、嘉慶八年、嘉慶十七年、嘉慶二十三年、道光四年、道光十三年、道光十九年、道光二十三年、道光二十七年、咸豐二年、咸豐九年、同治五年、光緒元年，共三十一次。在咸豐二年葉碼天頭上，注明『以下卷二』，示意從咸豐二年至光緒元年，擬定爲卷二。該書記載格式依次列其考試時間、地點、人數、試題内容以及每位元翰詹等級名次，并在姓名下詳注其籍貫、履歷等，但是詳盡程度不一。

平步青在此著作中，并未一一説明史料來源，然在條目注中，亦有反映。如《槐廳載筆》《大清會典》《詞林典故》《東華録》《國史館列傳》《香祖筆記》《松窗筆乘》，還有一些參與考試的官員的詩文集、墓志銘，甚至於府縣方志人物列傳，并有訂正。

按：大考翰詹全稱『大考翰林院詹事府各官』，是對翰林院和詹事府官員的考核記載。清制規定，翰林院侍講學士、侍讀學士至編修、檢討以上；詹事府自少詹事至中允、贊善，每隔數年，不定期臨時性召集考試，亦簡稱爲大考。根據成績，最優者超等升擢，可由七品升至四品。翰林院和詹事府作爲培館閣之才、儲公輔之器的國家儲才機構，可謂全國人才最爲集中之地。他們的大考情況，實際對於政治和文化走向影響極爲深遠。翰詹各官對大考也極爲重視，因考試也是臨時舉行，所以也非常緊張。當時俗語云：『金頂朝珠掛紫貂，群仙終日任逍遥。忽傳大考魂皆落，告退神仙也不饒。』曾國藩曾參加過兩次大考，其中一次是清道光二十三年（1843），三月初六日頒佈上諭，定於在初十日考試。他給諸弟的家信中寫道：『余心甚著急，緣寫作俱生，恐不能完卷。』後名列二等第一，擢升爲侍講，則讓他喜出望外。大考選拔出一批重要官員，如阮元、曾國藩、瞿鴻禨等。此外，大考的試題、評等、時間等都能反映出時局和朝政的變化，在一些日記、詩文集、筆記中多有反映。

然翰詹考試於普通士人而言，距離太遠，士人們多關注鄉試、會試、殿試，因而鄉、會試的科名録、朱卷等大量刊行。而大考翰詹雖也有一些學者筆記零星記載，但是却未有系統專書問世，該著作實爲一大創舉，亦可見編者史識。平步青收集各方材料，將其整理成册，頗具史料和學術價值。

現藏浙江圖書館。館藏單位原題：香雪崦叢書：大考翰詹考略一卷，香雪崦叢書册二十五。

大考翰詹攷略二卷　（清）平步青撰　抄本

兩册。每半葉十二行，藍絲欄，楷書書寫，字迹清晰，全篇没有塗改。版心印有『安越堂』。

册一正文卷端首行上署『大考翰詹攷略卷一』，下署『香雪崦芉書乙集』，次行署『山陰平步青景孫纂』。前無序，後無跋。版心每葉題『大考翰詹攷略卷一』，下寫該葉所記載的考試干支年份以及葉碼。記載從清順治十年（1653）開始，截至清道光二十七年（1847）。現藏於浙江圖書館。

册二正文卷端首行上署『大考翰詹攷略卷二』，下署『香雪崦芉書乙集』，次行署『山陰平步青景孫纂』。版心每葉題『大考翰詹攷略卷二』，下附該葉所記載的考試干支年份以及葉碼。該册始於清咸豐二年（1852），止於清光緒元年（1875）。現藏於國家圖書館。

是稿根據浙圖所藏題名『香雪崦叢書：大考翰詹考略一卷』的内容及天頭修改意見謄抄，但也有誤抄之處，如順治十年第一名王崇簡履歷『史侍』，明顯將原稿的『吏侍』抄錯。

浙江圖書館藏卷一（册一），館藏單位原題：香雪崦叢書：大考翰詹考略一卷，香雪崦叢書册二十六；國家圖書館藏卷二（册二），館藏單位原題：安越堂殘稿：大考翰詹考略一卷，安越堂殘稿册九。

越中科第表二卷　（清）平步青撰　稿本　存一卷（卷二）

一册。每半葉十二行，朱絲欄，行書書寫。塗抹甚多，天頭文字頗多，版心印有『安越堂』。封題『越中科第志下』，應爲『越中科第表』别稱。

越中即紹興府，是書詳記府屬山陰、會稽、蕭山、諸暨、餘姚、上虞、嵊縣、新昌八縣所取進士。體例以年爲經，以八縣爲緯，列成表格，將越中進士一一列入，姓名下添加小注，注明原籍，血緣、名次等，并間有考證之語。是册并非完整本，記載時間從清順治二年（1645）至清光緒十九年（1893），實爲『越中科第表』卷二。

按：李慈銘《越縵堂文集》卷十二《擬修郡縣志略例八則》中云：『舊志有選舉表，首徵辟，次進士、舉人、明經，今宜爲越中科第表。唐宋以來，惟制科進士、舉人、明經、上舍四科。元以後乃有鄉舉。明以後乃有拔貢、副榜。今表取制科進士、舉人，依年次序而書，拔貢、副榜低一格附之。乾隆、嘉慶間召試，亦以年序入。恩歲優貢、恩賜舉人皆不載，以未嘗登科也。孝廉、方正亦不載，以不以文舉，且非科目也。雍正間有徵辟授官者，會典名爲山林隱逸，當時上諭亦曰賢良方正，是爲創舉，亦依年附書表中。自曾祖至曾孫，旁及伯叔兄弟并有登科者，如府學宋進士題名碑例，博稽各家譜牒，歷科齒録，皆詳注之。近日湖州所刻《吳興科第表》亦然。記清芬之世傳，爲科名之佳話。乾隆舊志所注不全，宜詳補備書，毋嫌掛漏。有官者著其所終，外籍者録之宜慎』，可見李慈銘亦有仿《吳興科第表》著『越中科第表』以纂新志之意，然并能問世。李、平爲至交好友，志趣相投，不詳平氏所著《越中科第表》，李氏是否有所耳聞？

現藏國家圖書館。館藏單位原題：安越堂殘稿：越中科第表二卷又一卷，安越堂殘稿册十二。

越中科第表二卷　（清）平步青撰　抄本　楊越校

兩册。藍絲欄，行楷書寫，版心印有『安越堂』。

册一，正文首題『越中科第表』，下署『香雪崦芈書乙集』，次行署『山陰平步青景孫纂』，第三行署『楊甯齋校』，後有粘簽云：『與原本校對一過，凡籤三百餘條，謄正時務請逐一審查，或添入或改正，總要排句整齊一律，否則倘有錯誤，必致重煩手續，蓋恐梓人不能照寫，全無用處故也。謄正後祈勿去原籤，以便再校。』全書粘簽頗多，應爲楊甯齋校對時所寫。是册收録紹興府進士名録，時間從唐中宗嗣聖元年（684）至明崇禎十六年（1643），藏於國家圖書館。首葉序云：『咸豐辛酉四月，見戴菔塘太僕《吳興科第》，蓋踵《莆陽科第録》《毗陵科第攷》爲之，稍變其體例，以年爲經，以七縣爲緯，旁行斜上，一遵史表而最便於方志。因念吾郡志修於乾隆壬子，迄今更七十年，其中選舉一志，出隸外籍者多漏未入，讀者憾焉，病起無俚，爰取李志所有，仿太僕書，臚爲二卷。明及國朝進士，有國子監題名碑録可據，叙次一依甲第，先後隸外籍者，就予所知掇入之，舉人則多無可考矣。雜見它書姓名同而不詳里貫者，亦闕之不敢據摭羼廁，懼蹈明陳起信纂《浙士登科》以江夏嚴時泰爲餘姚嚴時泰之失。聊備異時修府縣志者采取云爾。起信，名汝元，别號太一，山陰人，書未見。』天頭題有簽條：『侯誤信』。按：平步青《樵隱昔寱》卷三收録《越中科第表叙》一篇，與是書序文相同。

册二，收録進士名録，時間從清順治二年（1645）至清光緒十九年（1893），藏於浙江圖書館，内容據國家圖書館所藏題名『安越堂殘稿：越中科第表』。

國家圖書館藏卷一（册一），館藏單位原題：安越堂殘稿：越中科第表二卷又一卷，稿本，安越堂殘稿册十；浙江圖書館藏卷二（册二），館藏單位原題：香雪崦叢書：越中科第表二卷，稿本，香雪崦叢書册三十七。

越中科第表二卷 （清）平步青撰 抄本

兩册。楷書書寫，無格紙，無修改之處。

册一正文卷端題『越中科第表』，下署『香雪崦芉書乙集』，次行署『山陰平步青景孫纂』。每葉版心手寫『越中科第表卷一』，并有葉碼。收録進士時間從唐中宗嗣聖元年（684）至明崇禎十六年（1643），内容據前述楊越所校抄本謄抄。

册二正文卷端題『越中科第表』，下署『香雪崦芉書乙集』，次行署『山陰平步青景孫纂』，每葉版心手寫『越中科第表卷二』，并有葉碼。收録進士時間從清順治二年（1645）至清光緒十九年（1893），内容據前述楊越所校抄本謄抄。

浙江圖書館藏卷一（册一），館藏單位原題：香雪崦叢書：越中科第表，香雪崦叢書册三十六。國家圖書館藏卷二（册二），館藏單位原題：安越堂殘稿：越中科第表二卷又一卷，稿本，安越堂殘稿册十一。

羣書斠識初槀不分卷 （清）平步青撰 稿本 雪扶題記

五册。行書書寫，無格紙。是書是對各書的校勘記，體例上所校各書，首列書目，書目下多注明所據版本與校勘時間，次列需校文字，每條校勘文字多注明原書卷數，以便查找。各册之間并無册數順序標識。

册一，封葉題『羣書斠識初槀』，右署『光緒丙子重九雪扶題首』。卷端題『羣書校勘記』，下署『葛園叢書丙集』。有目録，目録中書目均注明在本册中的葉數。有些書目於上方注明『刻』，則正文并不收入此篇。本册收録《昭代名人尺牘小傳校勘記》《郎潛紀聞初筆十四卷校勘記》《燕下鄉脞録斠識》《郎潛紀聞三筆》《春暉堂叢書校勘記》《麗瀌薈録斠識》《書目答問斠識》《錢辛楣先生年譜》《退菴隨筆》《古文析義合編》《天岳山館文鈔四十卷》，共十一篇，先列出擬校勘文字，再將校正文字附後，以《書目答問斠識》爲例，如原文『胡文忠公集八十八卷』，另起一行校正文字『按公下脱遺字，下八字應作六』。本册八篇附有校勘時間，跨度從清同治二年（1863）至清光緒十四年（1888），不過篇目并未按照校勘時間順序排列，也未按照篇幅排序。

册二，封葉題『斠識』，首葉卷端下署『斠識』，有目録，目録中書目均注明在本册中的葉數，然有些書目於上方注明『刻』，則正文并不收入此篇。本册收録《初白庵蘇詩補注校勘記》《明詩别裁集校勘記》《國朝詩别裁集校勘記》《蘇文忠公詩編注集成校勘記》《船山遺書校勘記》《明通鑑校勘記》《釋名疏證》《雨窓寄所記斠識》《埋憂集斠識》《淮南許注異同詁校勘記》《右台仙館筆記校勘記》，共十一篇，九篇附有校勘時間，跨度從清道光二十八年（1848）至光緒十一年。

册三，封葉題『斠識』，無目録。卷端題『續資治通鑑校勘記』，下署『同治壬申五月十六日』。本册收録《續資治通鑑校勘記》《全浙詩話校勘記》《全唐文紀事校勘記》《國朝先正事略六十卷校勘記》，共四篇，三篇附有校勘時間，跨度從同治十年至光緒十四年。

册四，封葉題『斠識』，有目録，目録中書目均注明葉數，與正文基本相符。然某些書目於上方注明『刻』，則正文并不收入此篇。本册收録《梅郵詩鈔校勘記》《王文簡公古詩選三十二卷校勘記》《小倉山房文集校勘記》《小倉山房尺牘校勘記》《隨園隨筆校勘記》《隨園詩話校勘記》《新齊諧校勘記》《雨郵詩話校勘記》《鄺齋雜記校勘記》《敏求軒述記校勘記》《大亭山館叢書校勘記》，共十一篇。十篇附有校勘時間，跨度從道光二十六年至光緒九年。

册五，封葉題『斠識』，無目録。卷端題『羣書斠識』。收入《黄梨洲先生年譜》《説文解字集解引用書目》《金石椒徵引書目》《孯經室經解續編目》四篇，并無標注校勘時間。

按：平步青長於校讎之學，是書即收録作者之古籍校勘記，《安越堂外集》卷七《棟山樵傳》，自謂『余羣書譌文敚字，援引乖舛，輒刺取他籍，栞誤糾謬，一書有斠至數年未已者』，可見平生志趣所在。《香雪崦茟書二十種總目》附有《羣書斠識總目》，共八十七種書書名，并附説明：『共八十七種，已刻十一種，此外還有三十四種不著録。』將本書與《羣書斠識總目》比對，兩者書目大體相符，但是也有一些後者并無顯示，如《昭代名人尺牘小傳》《龍眠古文一集小傳》《錢辛楣先生年譜》《初白庵蘇詩補注》等，這些書名應就是《羣書斠識總目》説明中提及的『三十四種不著録』中書目。此外，本書現存五册的各册篇目并不按照《羣書斠識總目》所載書目順序排列，也不按照校勘時間前後順序排列。并且本書五册之間的册序從目前所見的材料，并無標識可以確定。

現藏浙江圖書館。入選第三批《國家珍貴古籍名録》，名録編號〇〇四九六。

羣書斠識 （清）平步青撰 稿本

四册。每半葉十二行，藍絲欄，行書書寫，略有塗改，較易辨識。版心下印『安越堂』。

是書一册即一種書的校勘記，在《香雪崦茟書二十種總目》附有《羣書斠識總目》目録中，此四種校勘記均有著録。按照此四種書在該目録前後排序，分别是一册《騈體文鈔》、一册《國朝先正事略》、一册《古文辭類纂》、一册《續古文辭類纂》，在各册卷端首行皆題『羣書斠識』，下署『香雪崦茟書丙集』。次行『山陰平步青景孫纂』，第三行題該册所校書名。

四册中衹有《國朝先正事略》爲前述浙江圖書館所藏題名『羣書斠識初稾不分卷』之稿所收録，浙江圖書館所藏的兩個稿次皆非完整本。將兩個稿次共有之《國朝先正事略》加以比對，明顯可見後者乃根據前者抄録而成。

現藏浙江圖書館。館藏單位原題：香雪崦叢書：羣書斠識□□卷，香雪崦叢書册九至十二。

霞外攟屑十二卷附一卷　（清）平步青撰　稿本　存十二卷（卷一至七、九至十二、附一卷）

十册。每葉十二行，紅格紙，行書書寫，正文較多塗改，天頭處多有添文，版心下印『安越堂』。

册一，封面有『霞外攟屑』四字。首葉、次葉爲二篇小短文《病逸漫記之妄》《旌功録之妄》，版心『芮録』，其後爲『霞外攟屑叙目』，依次爲『三十六宜花隖摭談』『楉曼陀羅華室語』『韓汋山房睉記』『執香峪𥈭話』『辛夷垞蕞言』『夫栘山館戢聞』『豔雪盦雜觚』『玉樹廬芮録』『縹錦廛文筑』『眠雲舸釀説』『小棲霞説稗』『玉雨淙釋諺』，共有十二卷。本册收入一卷『三十六宜花隖摭談』，卷端題『霞外攟屑卷一』，下署『香雪崦坣書丙集』，次行署『汝南常庸履霞纂』。版心『摭談』。藏浙江圖書館，香雪崦叢書册十八。

册二，卷端題『霞外攟屑卷二』，下署『香雪崦坣書丙集』，次行署『汝南常庸屧雲纂』，第一葉版心爲『楉語』，此後各葉版心有字處皆爲『摭談』。藏國家圖書館，安越堂殘稿册十四。

册三，封面無字，鈐『曾經滄海』『山陰□□』『好學深顯知其意』三白文印章。卷端題『霞外攟屑卷三』，下署『香雪崦坣書丙集』，次行署『汝南常庸霞侣纂』，前二葉版心寫有『睉記』，此後版心有字處，皆爲『紀聞』。

藏國家圖書館，安越堂殘稿册十五。

册四，卷端題『霞外攟屑卷四』，下署『香雪崦峷書丙集』，第二行『汝南常庸耦霞纂』，第三行『廜話』，第一葉版心無字，此後各葉版心有字處皆爲『新語』。藏國家圖書館，安越堂殘稿册十六。

册五，封面無字，鈐有『曾經滄海』『山陰□□』『好學深顯知其意』三白文印章，本册有二卷内容，爲卷五和卷六。卷端題『霞外攟屑卷五』，下署『香雪崦峷書丙集』，次行署『汝南常庸舄雲纂』，卷五版心皆寫有『蕞言』，卷六卷端題『霞外攟屑卷六』，下署『香雪崦峷書丙集』，次行署『汝南常庸霞偶纂』，二葉版心寫有『戢聞』，此後版心有字處，皆爲『咫聞』。藏國家圖書館，安越堂殘稿册十七。

册六，封面無字，鈐有『曾經滄海』『山陰□□』『好學深顯知其意』三白文印章。每半葉十二行，紅格，字體潦草，正文較多塗改，天頭處多有添文。該册卷端題『霞外攟屑卷七』，下署『香雪崦峷書丙集』，次行署『汝南常庸耦霞纂』，版心題『雜觚』；内有兩卷内容，一是『霞外攟屑卷七雜觚』，一是『霞外攟屑卷十一説稗』。卷七『雜觚』後則是卷十一『説稗』，首行題『霞外攟屑卷十一』，下署『香雪崦峷書丙集』。次行署『汝南常庸霞外纂』，版心題『説稗』。藏浙江圖書館，香雪崦叢書册十九。

册七，卷端題『霞外攟屑卷九』，下署『香雪崦峷書丙集』，次行署『汝南常庸霞外纂』，第三行題『文筑』，各葉版心有字處皆爲『文筑』。藏國家圖書館，安越堂殘稿册二十二。

册八，卷端題『霞外攟屑卷十』，下署『香雪崦峷丙集』，次行署『汝南常庸屧雲纂』，第三行題『釀説』，各葉版心有字處皆爲『釀説』。藏國家圖書館，安越堂殘稿册二十三。

册九，封面題『玉雨淙釋諺稿本，宣統二年杏月花朝，雪士題眉』，爲平宜生所題。卷端題『霞外攟屑卷十二』，下署『香雪崦峷丙集』，各葉版心有字處皆爲『釋諺』。藏國家圖書館，安越堂殘稿册二十四。

册十，封面題有『霞外攟屑』，下附『加』字。爲該稿附卷，正文多爲平步青所撰詩詞賦，部分内容見於平步青著作《樵隱昔寱》之中。藏國家圖書館，安越堂殘稿册二十五。

浙江圖書館現藏二册，卷一（册一）、卷七和卷十一（册六），館藏單位原題：香雪崦叢書：霞外攟屑十二卷，存卷一、七、十一至十二，從香雪崦叢書册十八、十九；國家圖書館現藏八册，卷二至四（册二至四）、卷五至六（册五）、卷九至十（册七至八）、卷十二和附一卷（册九至十），館藏單位原題：安越堂殘稿：霞外攟屑三卷，安越堂殘稿册十四至十七、二十二至二十五。

霞外攟屑十卷　（清）平步青撰　抄本

九册。每半葉十二行，藍絲欄，楷書書寫，無塗抹，版心下印『安越堂』。各册版心寫有各卷卷數及葉碼。

册一，首葉卷端題『霞外攟屑總目』，下署『香雪崦芊書丙集』，次行署『山陰平步青景孫纂』。總目并無卷號，依次爲『齂汋山房睉記』『埶香峪膞話』『辛夷垞蕞言』『夫栘山館戢聞』『艷雪龕雜觚』『玉樹廬芮録』『縹錦廛文筑』『眠雲舸釀説』『小棲霞説稗』『玉雨淙釋諺』，共有十卷。總目後爲『霞外攟屑卷一目録』，正文即『齂汋山房睉記掌故』。藏浙江圖書館，香雪崦叢書册十三。

册二，首葉卷端題『霞外攟屑卷二目録』，内爲卷二『埶香峪膞話時事』、卷三『辛夷垞蕞言格言』。藏浙江圖書館，香雪崦叢書册十四。

册三，首葉卷端題『霞外攟屑卷四目録』，内爲卷四『夫栘山館戢聞里事』、卷五『艷雪龕雜觚』。藏浙江圖書館，香雪崦叢書册十五。

冊四，首葉卷端題『霞外攟屑卷六目録』，内爲卷六『玉樹廬芮録斠書』，末篇文章爲『賡縵堂雜俎』，據總目卷六目録，缺『史記考證』至『謝疊山行實之誤』間之文章。藏浙江圖書館，香雪崦叢書冊十六。

冊五，首葉卷端題『史記考證』，冊末爲『謝疊山行實之誤』一文，版心手寫『霞外攟屑卷六』及葉碼，藏於國家圖書館。與浙圖謄清稿一冊組成爲完整的《霞外攟屑》第六卷，安越堂殘稿冊十八。

冊六，首葉卷端題『霞外攟屑卷七目録』，内爲卷七『縹錦廛文筑論文』。藏國家圖書館，安越堂殘稿冊十九。

冊七，首葉卷端題『霞外攟屑卷八目録』，内爲卷八『眠雲舸釀説上詩話』。藏國家圖書館，安越堂殘稿冊二十。

冊八，首葉卷端題『霞外攟屑卷九目録』，内爲卷九『小棲霞説稗』。藏國家圖書館，安越堂殘稿冊二十一。

冊九，首葉卷端題『霞外攟屑卷十叙目』，内爲卷十『玉雨淙釋諺』。藏浙江圖書館，香雪崦叢書冊十七。

《香雪崦叢書二十種總目》刊登本書書名和卷數，并載有細目，明確定爲十卷。

將抄本與前述稿比對，可見該書從雛形到定稿過程。初期稿本應該是十二卷本，抄本和民國六年（1917）刻本屬於十卷本，前者比後者多出了『三十六宜花塢摭談』『栝曼陀羅華室語』，此二卷内容并未收入抄本和刻本，估計是定稿的時候，將其另外拿出。十二卷本雖然與十卷本大部分内容重疊，但是一部分内容仍相異，且在排序上，一些名稱有很大的不同。而刻本從内容和篇目順序上，則依舊本抄本而定。

按：《霞外攟屑》取名由來，平步青《安越堂外集》卷八有紀夢數則，曾有説明。紀夢云：

> 道光戊申己酉間，輒夢至棟山之南，邨名香雪崦，園曰葛園，殆取浚長『枝枝相對，葉葉相當』語也。園中麗人十數，似習熟者，而忘其名，不敢遽呼之，遥立凝望而諸美輒呼予爲霞外人，初意以門外漢相謔

也已。沿溪行至一高峰下，壁立千仞，磨崖深刻『浣霞』二字，大幾贏丈，始悟予本亦園中人，不知以何事淪謫崦外，爲諸麗姝調侃。謫仙游泰山詩：『玉女四五人，飄飄下九垓。含笑引素手，遺我流霞杯。稽手再拜之，自媿非仙才。』予亦猶是，特未稽首耳，醒而異之。後屢夢至園，欲叩麗人，而夢中貪玩，遂終身爲霞外人矣。

《霞外攟屑》於平步青著作中最有影響，刊本爲十卷本，即民國六年刻本，《續修四庫全書》據此影印，也有上海古籍出版社一九五九、一九八二年點校本。出版整理者稱是書爲『平氏雜著巨編，涉獵甚廣。經史考辨，詩文評論，記方言，釋俗諺，朝野掌故，里巷稗史，無所不有，各自成卷』，并贊是書『博采衆説，廣搜遺聞，且考證精到，每多創見。如他對宋、明史乘的補苴，對清末時事的記述，爲史學工作者提供了爲數不少的較爲客觀的史料；他對經書疑義的考辨，對詩文優劣的見解則對學術研究工作不無裨益。尤其是對於社會風俗、市民生活以及小説戲曲、民間文學甚至方言土語等一般士大夫不屑論及的方面，他也能考源溯流，研究比較，這在當時實在是不容易的』。

此外，還有一些叢書將該書的部分卷數單獨摘録成册，如謄清稿卷九『小棲霞説稗』，就列入《中國古典戲曲論著集成》第九册，於一九五九年出版；『眠雲舸釀説』一卷選入臺北新文豐出版公司出版，并有多篇學術文章和學位論文據此寫作。

浙江圖書館藏五册，卷一（册一）、卷二至三（册二）、卷四至卷五（册三）、卷六上半部（册四）、卷十（册九），館藏單位題名：香雪崦叢書：霞外攟屑十卷文筑附録一卷，存卷一至六、十、文筑附録，香雪崦叢書册十三至十七；國家圖書館藏四册，卷六下半部（册五）、卷七（册六）、卷八（册七）、卷九（册八），館藏單位原題：安越堂殘稿：霞外攟屑三卷，安越堂殘稿册十八至二十一。

樵隱昔寱□□卷　（清）平步青撰　稿本　清平宜生題簽　存一卷（卷六）

一册。每半葉十行，朱絲欄，行書書寫，版心印有『言泰號製』。

封面題有『樵隱昔寱，雪士敬書』。卷端題『樵隱昔寱卷六』，下署『香雪崦芈書丁集』。首篇文章『讀新唐書』。然該册内容并未收入《樵隱昔寱》晚期稿本和民國刻本，爲早期所作，因僅存一卷，亦不詳此時期所作《樵隱昔寱》總卷數。

現藏浙江圖書館。館藏單位原題：樵隱昔寱二十卷存一卷。

樵隱昔寱二十卷　（清）平步青撰　稿本　存四卷（卷十二至十五）

一册。行書書寫，紅格紙，版心印『安越堂』。

卷端題『樵隱昔寱』，次行題『書後跋』。是册分四卷，爲《樵隱昔寱》卷十二至十五，首葉爲《書後跋》目録，目録之後有記『以上大凡九十有六篇，光緒乙酉八月棟山記之』，另起一行又記『此卷楊甯齋孝廉代録一清本，諦視之，又删薙六篇，戊子除夕再記』。將是册内容與民國《樵隱昔寱》刊本比對，體例和内容基本相同，唯多出《書翼駉稗編》《書里乘後一》等數篇，後楊越將此數篇編入《安越堂外集》卷五。

現藏國家圖書館。館藏單位原題：安越堂殘稿：樵隱昔寱殘稿四卷，安越堂殘稿册二十九。

樵隱昔寱二十卷　（清）平步青撰　楊越抄本　周作人題記并跋　存十卷（卷六至十五）

兩册。每半葉十行，紅格紙，行書書寫，間或楷書書寫，天頭處多有文字。版心下印『安越堂』。

一册扉葉題『《樵隱昔寱》卷六至十一題辭國朝文椒所見部分全部，稿本，楝山弟子楊甯齋越手抄』，爲周作人手迹。卷端首行上題『樵隱昔寱卷六序目』，鈐『知堂收藏越人著作』長方朱文印，内容爲《樵隱昔寱》卷六至十一；一册扉葉略題『《樵隱昔寱》卷十二至十五跋尾部分全部，稿本，楝山弟子楊甯齋越手抄，末有跋，與刻本有異同』，亦爲周作人手迹，内容爲卷十二至十五。

現藏國家圖書館。館藏單位原題：安越堂殘稿：樵隱昔寱殘稿四卷，安越堂殘稿册三十至三十一。

樵隱昔寱二十卷　（清）平步青撰　稿本　存十四卷（卷六至十九）

兩册。每半葉十二行，朱絲欄，天頭多有粘簽與删改所用批注。版心下印『安越堂』。

一册爲卷六至十一，皆爲『題辭』。

一册爲卷十二至十九，其中卷十二至十五，爲『書後跋』，卷十六爲『記』，卷十七至十八爲『傳』，卷十九爲『碑』。正文基本謄清稿大部分内容與謄清稿相同，但是部分内容互有出入，如卷十二《齊永明六年維衛尊佛題字跋尾》《唐開成五年往生碑跋尾二》，卷十三《羣書拾補書後》，卷十四《書魏叔子文集楊母徐孺人墓表後》，卷十五《癸巳類稿易安居士事輯跋》五篇，皆謄清稿未收録。

國家圖書館現藏六卷（卷六至十一），館藏單位原題：安越堂殘稿：樵隱昔寱殘稾四卷，安越堂殘稿册二十七；浙江圖書館現藏八卷（卷十二至十九），館藏單位原題：香雪崦叢書：樵隱昔寱二十卷，香雪崦叢書冊八。

樵隱昔寱二十卷 （清）平步青撰 稿本

四冊。每半葉十二行，藍絲欄，楷書書寫，天頭偶有浮簽，版心下印『安越堂』。各卷版心處皆寫有卷次，并有葉碼。

冊一，浙江圖書館所藏，卷端題『樵隱昔寱目録』，下署『香雪崦并書丁集』，次行署『山陰平步青景孫纂』。其後爲卷一至二十細目，正文爲卷一至五内容。卷一經進文，一篇；卷二論、義、釋、考，十三篇；卷三叙，十三篇；卷四書，十九篇；卷五尺牘，二十九篇。

冊二，浙江圖書館所藏，卷端題『樵隱昔寱卷六』，下署『香雪崦并書丁集』，次行署『山陰平步青景孫纂』。正文爲卷六至十一内容，皆爲『題辭』，共三百餘條。

冊三，國家圖書館所藏，卷端上題『樵隱昔寱卷十二』，下署『香雪崦并書丁集』，次行署『山陰平步青景孫纂』。正文爲卷十二至十四内容，爲『書後跋』。

冊四，浙江圖書館所藏，卷端上題『樵隱昔寱卷十五』，下署『香雪崦并書丁集』，次行署『山陰平步青景孫纂』。正文爲十五至二十，卷十五爲書後跋，卷十六記，二篇；卷十七至十八爲傳，共十三篇；卷十九碑，一篇；卷二十記事，三十篇。

按：該書有民國六年（1917）楊越刻本，在此稿基礎上又增添《樵隱昔寱附録》與《樵隱昔寱跋》。《附録》

中收録平步青所撰《棟山回籍時履歷稿》與《棟山樵傳》，《樵隱昔寱跋》乃平步青弟子楊越自撰，主要論述平步青著述目與此刻本的成書經過。

浙江圖書館現藏十七卷（卷一至十一、卷十五至二十），館藏單位原題：香雪崦叢書：樵隱昔寱二十卷，香雪崦叢書册四十一册至四十三；國家圖書館現藏三卷（卷十二至十四），館藏單位原題：安越堂殘稿：樵隱昔寱殘稾四卷，安越堂殘稿册二十八。

樵隱昔寱二十卷　（清）平步青撰　清刻本　汪曰楨、夏燮圈點并跋　存一卷（卷二十）

一册。寫定本刻本。是册《樵隱昔寱卷》二十卷刻本，封面印『樵隱昔寱』，題有『草本』，據楊越整理的《香雪崦叢書二十種總目》，内有篇名『樵隱昔寱二十卷』，下小字注『刻一卷寫定十卷清九卷』，所謂『刻一卷』應指本册。内容根據前述完整二十卷本所刻。本册有大量圈點之處，每篇文章篇名下，墨筆行書補充詳細撰作時間。天頭處文字説明爲平步青知交汪曰楨、夏燮所過目圈點，并寫有閲讀感想。國家圖書館所藏《棟山存牘》有平步青『答吕瑞田太史』一信，詳細叙述此卷刻本問世緣由，云：『紀事之作頗多，夏嗛父定爲四十二篇，汪荔墻廣文又删去十二篇，去春族弟見而惡之，爲繕清本，慫恿付梓，樣本甫出，見之者謂宜堅一篇，似指古月，勸删去，不知此文乃丁巳毗陵郡齋所作，其時古月年尚垂髫，絶不相涉，然人言如此，因止不印，餘卷亦臂疼不能讎校而罷，今附上一册，茗餘弈罷，作小説觀，僞字尚多，仍乞指示。』函件信息豐富，提到汪曰楨、夏燮爲其删選文章，又及刻本中輟原因。然不詳信中古月何指，竟因其人而使樣本出而不印，或有待以後考證。

現藏國家圖書館。館藏單位原題：安越堂殘稿册三十二。

《陶方琦專集》書志

唐微　撰

陶方琦小傳

陶方琦（1845—1884），字子珍（亦作子縝、紫畛）、漢邈、孝邈，號蘭當、湘麋、湘湄，會稽陶家堰（今浙江紹興市越城區陶堰鎮）人，出生於世代書香官宦之家。陶氏世居陶家堰，先世在文學、吏治上皆有聲名。陶方琦天資聰穎，勤奮善學，又喜博覽群書。清咸豐同治之交，太平軍進軍浙江，陶方琦隨家人避亂山中，終日祇以讀書吟誦爲伴。既冠之年，補諸生。同治六年（1867），鄉試中式第五十八名，與胞兄陶方琯，好友譚獻、諸可寶、朱衍緒等皆爲同榜舉人。

同治十三年，考取景山官學教習。光緒二年（1876），會試中式第一百五十六名，保和殿復試一等三十三名，殿試二甲六十九名，朝考一等十二名，欽點翰林院庶吉士，授翰林院編修。

光緒五年，奉命提督湖南學政。七年八月，因母親樊氏去世，離任，奔喪歸里。葬事完畢後，受湖北巡撫彭祖賢聘請，擔任《湖北通志》總纂之職，遂至武昌。八年，客居武昌，纂修通志，與諸可寶分修《圖經》，同時以『藝文志』卷屬姚振宗代撰。并且在這期間開始整理自己手稿，但都没有完成，祇有詩詞駢儷文等約略寫定。光緒十年，丁憂結束，北上供職，然在逡巡中染上疾病，纏綿病榻數月，薦直南齋已不能赴。是年十二月二十四日卒於京邸，年甫四十。

陶方琦生性静穆，待人交物，不苟言笑，獨嗜學問，與同道交流起經學，引經據典，興致高昂，以至踰晷忘疲，『討古辨疑，斷斷不自知』。其爲學勤勉刻苦，爲人又極其謙遜，從善如流，善於聽取好建議，以致學問日益精進。

陶方琦師事同鄉越縵堂李慈銘。由《越縵堂日記》所述，兩人亦師亦友，學問切磋，詩賦唱和，交情篤厚。李慈銘在《越縵堂日記》（同治十一年五月十四日）中曾對陶方琦學識及爲人有過如此評價：『子珍力追漢魏，孟晉追群，海内少年未見其比，吾邑古學，其在兹矣。』《續修四庫全書總目提要》亦云：『方琦從學於同邑李慈銘，慈銘稱爲畏友，其詞章雅雋，允爲越縵堂嗣音』，又稱其文章『博贍精密，慈銘亦當讓山之顛也』。

陶方琦交游亦廣闊。同治初年，嘗與同年知己好友孫垓、秦樹敏、曹壽銘、蔡以瑺、王詒壽、馬賡良，從兄弟在銘、祖培、濬宣等十餘人，倡『皋社』詩社於郡城東鄉之小皋埠，四方俊彦，聞風慕名，時相過訪，魚雁傳遞，成當時佳話。光緒五年，任湖南學政期間，則視學實事求是，道德文章均能服人。當地學士皆慕其賢，得士如衡山李子茂、衡陽夏時濟、長沙胡元儀、武陵陳鋭等，所造就者皆能窮經。又如桂陽陳兆葵、黔陽黄忠浩（一作長沙蕭榮爵），則文章蔚然。

陶方琦素與族堂兄弟親厚，胞兄陶方瑄，從弟陶濬宣、陶在新等皆與之往來甚密。兄弟之間談經論史，彼此怡怡，壎篪迭和，各爲雋才。而與堂弟陶濬宣最爲知己。兩人同爲越縵弟子。同聲同氣，文章切磋，商量邃密。陶方琦仙逝之後，陶濬宣爲其整理遺稿，統名爲《漢孳室遺書》，共計一百零九篇二百二十四卷。陶方琦現存手稿中，多經陶濬宣一再校勘，或圈點，或評點，或批注，校勘精審，朱黄遍書頭册尾，情誼深厚，可窺一斑。與陶方琦生前交往密切，在其殁後又參與文獻整理至爲盡力者，除陶濬宣外，另有二人：

一爲譚獻。陶方琦辭世後，譚獻曾爲之作《翰林院編修湖南學政陶君子珍傳》，該傳入收於《陶氏族譜》中。并爲其搜羅詩文，加以刊刻。今方琦之詩文稿得以流傳，譚獻之功不可没。陶氏存世稿本中，亦多見譚獻校注。

二爲諸可寶。諸可寶與陶方琦亦爲同年舉人。陶方琦致力《説文》，著《許君疑年表》，可寶商榷之力居多。後二人皆應湖北志局聘，同修《圖經》，於修書之暇，相互切磋，故諸可寶爲之撰《倉頡輯本校勘記》《字林考逸補本書後》，并爲《淮南許注異同詁補遺》稿題署書名。在方琦歿後，可寶不負故人之約，將陶方琦所留《倉頡補本》手稿，窮五晝夜力，親爲編録。在他的努力下，五六年後，《倉頡補本》與《字林補本》二書終於合刊問世，成二人未竟之志。

三爲姚振宗。姚振宗深諳版本目録學，有《漢書藝文志拾補》等專著存世，與陶方琦交厚。光緒八年，陶方琦客居武昌，受聘纂修《湖北通志》時，曾以『藝文志』屬姚振宗代撰。兩人非但爲同里，更是姻親，方琦之長子詞光，娶姚振宗之次女爲妻。陶方琦督學湖南時，曾將所著書目一册寄與姚振宗。陶方琦去世噩耗傳來，哀痛之下，姚氏根據所著書目，按圖索驥，收集遺作。光緒十三年，姚振宗又根據詞光自遺篋中所得目録，將陶氏手稿中可以聚録成編者，一一整理繕抄，凡二十餘種，且每種後皆附姚氏整理跋。現陶氏存世手稿中，多賴姚氏整理而被保存。後會稽徐維則又據姚氏整理本繕抄若干種。

陶方琦嘗言：讀萬卷書不如著一寸書。故其一生鋭於著作。二十歲前好詞章，現存世詞章多爲詩社時所作。繼又爲考證之學，僻嗜陽湖孫氏（孫星衍）、高郵王氏（王念孫、王引之父子），左海陳氏（陳壽祺）之學，畢生致力於《淮南》之學，頗有述作。惜天不假年，中年遽逝，未竟之業，良可嘆息。

清光緒二十年，同邑徐友蘭在刊刻《紹興先正遺書》之《漢孳室文鈔》一書時，曾對陶方琦著述有過搜羅考證，并附有書目，從中可知陶氏著述大致可分如下幾類：

（一）治鄭玄之學。爲《周易鄭注疏證》十種，即：《鄭易爻辰説》二卷、《鄭易互體説》一卷、《鄭易京氏學》一卷、《鄭易馬氏學》一卷、《鄭君諸家通誼述》一卷、《鄭君王氏通誼述》一卷、《鄭易禮説》□卷、《鄭易緯義》

□卷、《鄭易小學》四卷、《鄭易源流考》□卷。此十種，因稿未殺青，大多散佚。陶氏卒後，光緒十三年，姚振宗檢其未訂稿本補輯整理，輯成三種，《鄭易小學》《鄭易京氏學》《鄭易馬氏學》各一卷，後友蘭之子徐維則又據姚氏整理稿本謄録，是爲徐氏鑄學齋抄本《漢孳室遺著》七種，今藏上海圖書館。鄭學稿本僅見《鄭易小學》一種，現藏浙江圖書館，皆收入此集中。

（二）治許慎之學。徐友蘭在《〈漢孳室文鈔〉跋》中，論及陶方琦著《淮南許注異同詁》一書之由，云：『生平好許叔重書，以類治《説文》，爲《通釋十二篇》《漢孳室讀説文》，記與嚴鐵橋相出入。又因《説文》而推知許君《淮南閒詁》多爚亂於涿郡，援蘇魏公（蘇頌）言，左以《説文》及群籍所采剖泮而疏通之，定《閒詁》二十一卷，爲《許注異同詁》四卷《補遺》一卷《續補》一卷、《説文補詁》八卷《存疑》四卷。』前人對於許、高二家之異同，每不能確指，亦無由厘別。待陶方琦《淮南許注異同詁》出，是能辨許、高二注之異。故近代治《淮南》學者，多稱有清一代，陶氏方琦用力最勤。今有光緒七年至十年湘南使院刻本《淮南許注異同詁》存世。同時有陶氏《淮南異同考》稿本兩種，分藏上海圖書館和浙江圖書館。二書朱墨雙色勾乙塗改遍布，可見在成稿後各經校勘及流傳。又《許君年表稿》一卷、《附淮南參正殘草》一卷、《説文古讀考》一卷又一卷稿本，存浙江圖書館。又《淮南許注異同詁補》一卷續補一卷，係《補》卷成刊後增補稿本，即《續補》卷最初草稿本，亦存浙江圖書館，上述四種稿本，皆收入此專輯。

（三）小學類。《〈漢孳室文鈔〉跋》云：『許、鄭之餘，覃心小學。』諸如《爾雅漢學證義》《商周金文斠》《秦漢石文斠》《一切經音義》《華嚴經音義》《輔行記校勘記》《玉篇校本》《汗簡校正》《吕覽古讀考》《公羊異文考》等，皆入此列。今有《汗簡》刻本存世。又《爾雅漢學證義》二卷，有姚振宗整理稿本存世，現藏上海圖書館，已收入此專輯。

（四）六經著述。《〈漢孳室文鈔〉跋》云：『演贊六藝』之書，《魯詩故訓纂》十九種、《公羊春秋集釋》、《大戴禮補詁》、《今文尚書集説》、《韓詩遺説補》皆入此類。《韓詩遺説補》一卷，清抄本，現存上圖，收入此專輯。

（五）輯佚類。諸如《倉頡篇》《埤倉》《廣倉》《字林》《字學》《聲類》《桂苑珠藂》《賈逵國語注》《謚法劉熙注》《古易義》《西漢易義》《後漢晉魏易義》《侯果何妥崔憬三家易》《徐邈周易音》《蕭廣濟孝子傳》，入此類。跋稱『繙帑所至，摭取古馨，以振先師之遺者也』。現有《倉頡篇》《埤倉》《廣倉》刻本存世。另有《埤倉輯本》二卷，民國二十八年（1939）武林葉氏抄本，存上海圖書館。《字林補逸》和《蕭廣濟孝子傳》二種，入清抄本《漢孳室遺著》七種中，皆收入此專輯。

（六）隨筆、駢文、詩詞類。則有《讀子札記》《讀史札記》《湘輶筆録》《湦廬駢文》《湘麋閣集》《蘭當詞》。《湘麋閣遺詩》四卷附《蘭當詞》二卷，有清光緒十六年鄂局刻本存世。另有子部類《雜抄》《六朝剽華》、集部類《陶湘麋學使詩文遺稿》《湘麋館遺墨粹存》《湦廬初稿》《琳青書館詩槀》（二種）、《琳清仙館詞藁》等稿抄本存世，收入此專輯。

平步青《霞外攟屑》卷六所收《漢孳室所著書目》，收録陶方琦書目近八十種，今存之十不及一。究其原因，書目後姚振宗有跋，或可解釋一二，云：『孝邈視學湖南時，嘗寄示著書目一册，詳略與此帙頗不同。乙酉春，訃音至，乃與其昆季聚哭。予曰「孝邈已矣，其畢生心力所瘁，不可與之俱盡，是後死者之責」。因出前册付其家，俾按圖索驥，易於收集。今屢索之不獲。此帙乃孝邈將次入都時續纂，其孤嗣光得之遺篋中，今附録於文鈔之後。其中有可以裒録成編者，皆一一繕寫福裝并文鈔凡二十餘種，其他如《淮南參正》，昔年見其手稿一巨册，今不知在何處，徐邈《周易音》《謚法劉熙注》諸種，則皆略有所輯，而未成編。其於魯詩也，致力與鄭易、許淮南等所作《故訓纂》十九種，亦但有序例，未及成書，惜哉。光緒丁亥歲夏五月。』

現存陶方琦著述出版的有：清光緒七年至十年湘南使院刻本《淮南許注異同詁》四卷補遺一卷續補一卷；清光緒刻本《欽旌孝婦孝女二傳》不分卷；清光緒十六年江蘇書局刻本《倉頡篇輯》三卷續一卷補二卷；清光緒十六年江蘇書局刻本《字林考逸》八卷附録一卷；清光緒十六年鄂局刻本《湘麋閣遺詩》四卷附《蘭當詞》二卷；清光緒十八年徐氏鑄學齋刻《紹興先正遺書》本《漢孳室文鈔》四卷補遺一卷；清光緒二十三年成都龔氏刻民國二十三年補刻本《倉頡篇》三卷。

除稿抄本之外，陶方琦稿存世散札較多，惜分散各處，歸攏不易。此輯末所收《咸同名人詩箋》稿本一册，現藏國家圖書館，收録李慈銘、樊增祥、徹凡等人詩作四十五首，其中方琦相關四首，由原函粘貼而成。此稿雖非陶氏一人墨迹，然相關人物多爲陶氏師友輩，與其淵源頗深，借此可考人物行狀，故入收此輯。

漢孳室遺著七種七卷 （清）陶方琦撰 （清）姚振宗整理 清光緒會稽徐氏鑄學齋抄本

一册。每半葉十行，行二十四字，單黑魚尾，左右雙邊。毛裝。烏絲欄稿紙，版心下題『會稽徐氏鑄學齋藏本』。書簽題『漢孳室經學』，下題『七卷』，有『全』字，鈐『述史廔』朱文方印。首葉書耳題『會稽徐氏初學堂羣書輯録』，鈐『述史樓』朱文長印、『粹芬閣』白文方印。前有陶方琦自序，鈐『維則所得善本』朱文長印，『卷盦六十六以後所收書』白文長印，并『武林葉氏藏書記』朱文長印。各卷首爲『維則所得善本』朱文長印，末有『會稽徐氏鑄學齋藏書印』朱文方印。

是書係陶方琦經學研究的彙編，由姚振宗整理而成。收録陶氏經學、小學類著述凡七種七卷，每種各爲一卷，依次爲《鄭易小學》《鄭易馬氏學》《鄭易京氏學》《韓詩遺説補》《爾雅古注斠補》《字林補逸》《蕭廣濟孝子傳》。其中第一至三種，爲鄭易訓詁考注，卷端題爲『漢孳室經學』，首有撰者自叙，述成稿始末。《鄭易小學》輯録鄭注百餘條，輯補歸安丁傑和武進張惠言《周易鄭注》之未備。《鄭易馬氏學》從馬融易注中，輯録鄭注若干，因『鄭易爲大成，而馬氏乃其先河也』。《鄭易京氏學》則因『鄭易前從京房受易今文之學』，故從京房易注中，輯録鄭注若干，以補臧庸之未備。此鄭注三種皆經姚振宗整理，末有清光緒丁亥（十三年，1887）姚氏跋。《韓詩遺説補》卷端亦題『漢孳室經學』，陶氏自《大藏音義》《續音義》《玉篇零部》及《玉燭寶典》諸書中，補輯韓詩一百五十餘條。《爾雅古注斠補》和《字林補逸》二種，係小學輯佚類著述，卷端題『漢孳室小學』。前者收録《爾雅》古注七十餘條，以補充葉蕙心所作《爾雅古注斠》；後者從諸書中輯録字釋一百零七條，補任大椿《字林考逸》之未備。《蕭廣濟孝子傳》卷端題『漢孳室襍著』，陶氏檢諸書徵引，輯得蕭廣濟《孝子傳》佚文若干，共數十人事迹。此四種末無姚氏整理跋。

陶方琦爲學本於漢儒師説，博通經史，尤深研康成鄭氏（鄭玄）、叔重許氏（許慎），一生經學著述數稿，僅爲鄭易疏證著作，即有十種，然多半未竟，又因其英年早逝，其著述大多散佚，考是稿可知其治學大概。據《鄭易小學》末姚振宗跋，『子珍學使自撰《漢孳室著書目》，首爲《周易鄭注疏證》，凡十種，通十餘卷。其言曰：舊輯鄭注，較丁、張本畧備，書雖未成，已分十類，捃集大義，分目列下……未竟而卒，今就其初稿補完之』，又姚氏《鄭易京氏學》跋云：『特惜其書未殺青，僅有此三種。』可知是書所收『鄭易三種』，係陶氏所著《周易鄭注疏證》中僅存之三種。陶氏卒後，由姚氏於清光緒十三年（1887）據其未訂稿本補輯整理而成，而後會稽徐維則又據姚氏整理本抄録成書，即成是本。書眉有校字。

現藏上海圖書館。

鄭易小學一卷　（清）陶方琦撰　稿本

一册。金鑲玉裝，封面無題。版框高二十二點七厘米，寬十四點五厘米。開本高二十八點三厘米，寬十九點二厘米。每半葉十四行，行字不等，單黑魚尾，四周雙邊。緑格稿紙，版心下印『巽綉齋藏本』。封面無題。正文卷端題『鄭易小學』，下題『巽綉齋鄭易弟十一類』，下題『會稽陶方琦』。鈐『巽綉齋主人』朱方長印、『方琦』白文方印、『漢廬著書印』白文方印。前無序，後無跋。

是稿係陶方琦對《周易》鄭玄注文二百二十八條的釋讀訓注，按鄭注文本次序，取裁於《説文》《爾雅》《尚書》《禮記》等經史而成，以『琦按』區別鄭注原文。陶氏自述『讀易有年，頗耆鄭説』（《漢孶室文鈔·鄭易小學序》），此爲陶氏鄭易疏證諸稿之一，以校訂、考證、辨析爲主，間有闡发。《周易》訓詁，漢代以來以鄭玄、王弼兩家注爲盛。隋及以後王注盛行，鄭注逐漸式微，至兩宋之際，鄭注之書散佚。宋人王應麟旁摭諸書，輯成一卷；清人惠棟補輯而成三卷。

據陶氏《漢孶室文鈔·鄭易小學序》述：『己巳之歲，爲鄭易補遺二卷。嗣得丁、張補正，最凡相似，又爲鄭易疏證，既知非纍載積學不能……辛未之秋，復發篋讀之，分別部居求解鄭義，最玆十類，殊涂同歸，一以貫之，廼得會通其十類，曰《鄭氏爻辰説》《鄭氏互體説》《鄭易京氏學》《鄭易馬氏學》《鄭易諸家通誼》《鄭易王氏同義述》《鄭易禮説》《鄭易緯義》《鄭易小學》《鄭易源流攷》，總其大凡，折衷一是。』可知此稿成於清同治八至十年（1869—1871）間，卷端小題『弟十一類』，與前文所稱似有出入，蓋因未竟稿緣故。此稿經多次校勘修改，朱、墨及藍三色筆勾乙校改，有多處浮簽，書眉亦多涂改。卷末朱筆題『壬申夏月孝邈勘一過』，又朱筆大字補題『甲戌病起，心如廢井，意興卒卒，復覽此一過。漢邈』。兩處均係陶方琦手筆，可知此書成稿後，至少於同治十一年、十三年方琦進行過二次校勘。又，是書卷端有朱筆題『癸卯春日校一過』，又『癸卯二月校』，癸卯，即光緒二十九年（1903），可知是稿自陶方琦歿後又經後人校勘，然校勘者名姓未詳。

光緒十三年，姚振宗曾對此稿進行補輯整理，後收入會稽徐氏鑄學齋抄本《漢孶室經學》七種七卷本的其中一種一卷，然抄本内容條目與此稿相比，均有減少。

按：書前護葉有篆題『鄭易小學』，又題『巽繻齋底稾，乙丑九月所得』，鈐『天庚日利』白文方印。此稿民國十四年（1925）前後曾爲紹興袁天庚所藏。袁天庚，字夢白，號無耳尊者，清末民初會稽人，曾爲南社理事，工書畫。

現藏浙江圖書館。入選第五批國家珍貴古籍名録，名録編號一一四八六。

韓詩遺説補一卷 （清）陶方琦撰 清抄本

一册。毛裝。每半葉九行二十字，四周雙邊。封面無題。卷端題『韓詩遺説補』，下題『會稽陶方琦述』。首無序，卷末有陶方琦跋。卷端鈐『合衆圖書館藏書印』『樸學齋藏書印』朱文方印。

是書爲陶方琦增補臧庸韓詩考證之作。清乾嘉考據學家臧庸於漢儒諸經中輯録燕人韓嬰所授《詩經》之佚注，成《韓詩遺説》二卷，陶方琦上承乾嘉學脉，繼而輯佚考證。

正文先列詩經篇名，次爲詩句，再爲釋義，末雙行小字標引出處。

是書亦有姚振宗整理、清光緒會稽徐氏鑄學齋抄本，收入《漢孳室遺著》，徐氏抄本録有方琦序，稱其從所見唐釋慧琳《大藏音義》、遼僧希麟《續一切經音義》、隋杜臺卿《玉燭寶典》及日本刻《唐本玉篇》諸書中，次第補輯韓詩一百五十餘條，其義多臧氏未采至。與徐氏抄本比對，此抄本并無方琦序，然有徐氏抄本所無之跋。跋文先就所引各書之不同釋義者互相表著，末嘆曰：『如此之類，不可臚舉，倘獲暇日，麄爲發明，章闡今文，斶資撢討，關諸畜德，共志師承。夫讀書至老，不能偏古人，不及見今人，每念此言，輒用皇然。』就正文内容而言，徐氏抄本更爲完整，此本僅存一百四十六條，止於《小雅·甫田·攘其左右》，後缺四十四條，爲徐氏抄本所有。徐氏抄本天頭處有修改信息，此本并無任何塗抹之處，兩者内容相同之處之抄録行款并不相同，所據稿本并非同一。

按：陶方琦廣洽古今文之學，相關著述中，舊有《魯詩故訓纂》十九種，皆未刊稿，後零落散佚，今僅《韓詩遺説補》一卷存世。

現藏上海圖書館。

爾雅漢學證義二卷　（清）陶方琦撰　（清）姚振宗輯　稿本　清陶濬宣校　孫同康簽校

二册。毛裝。半葉九行二十字，單黑魚尾，四周雙邊。封面『爾雅漢學證義』爲陶濬宣所題，鈐『陶氏文冲』白文方印。卷前有陶方琦自序，卷末有姚振宗跋。卷端上題『爾雅漢學證義』，下題『會稽陶方琦學』。版心題『爾雅漢學證義』，下題『湘麋館遺書』。

是稿爲陶方琦注疏《爾雅》漢學古注之書。自序曰：『余肄習雅訓，尤耆古注，遺文佚義，散見羣籍，洵如片珩斷珪，愈足崇貴。我朝右文敦學，通儒間出。余氏蕭客《古經解》中採《爾雅》古注凡三卷，然未大備，問經之編，缺漏亦多。臧氏《漢注》，亦未睹其書。余畛域囿方隅，自慙憒瀕，願學未能，中心如噎。因約攈漢人《雅》説自孫氏止，較前賢採香古注，發揮郭解者例有異同，復以漏見，畧爲疏證，命之曰《爾雅漢學證義》。』舊輯《爾雅》注疏以犍爲舍人、李巡、樊光三家爲漢學，其中舍人爲漢人治《爾雅》最古，孫炎雖三國魏時代人，但其注成於漢季，故仍被視爲漢注。陶方琦好雅訓，尤耆漢學，致力於《爾雅》漢學古注，輯佚之餘，發揮舍人、樊光、李巡、孫炎四人之解，詮釋四家所注舊證，從而成就此書。

是稿二卷，分裝兩册，一册一卷，卷一『釋故』、卷二『釋言』。『釋故』係將若干詞類聚一起，作爲被訓釋詞，用一詞來解釋，此卷共列詞條一百六十餘條；『釋言』則以字爲解釋對象，被訓釋詞大多一二個，此卷共列詞條三百餘條。體例按《爾雅》原書順序編排，先列詞條，次爲漢注，以『某某曰』表示，再作『證曰』，即陶氏之疏證。其疏證，所引《詩》《易》《荀子注》《釋名》諸書，材料豐富，明晰易解。

陶氏原稿已佚，此爲清光緒十三年（1887）姚振宗整理稿本。卷末姚振宗跋，述此稿始末：『子珍學使自譔《漢孳室著書目》，有《爾雅漢注述》八卷……今檢手稿，僅有《釋故》《釋言》二篇，題曰《爾雅漢學證誼》，與著書目標題不同，蓋亦未審訂且未卒業也，今分爲二卷。著書目又有附《湘麋館補蘭如女史爾雅古注斠》一卷，并録於是帙之末。』跋中所提及『《湘麋館補蘭如女史爾雅古注斠》一卷』，是稿未見，然收録於清光緒會稽徐氏鑄學齋抄本《漢孳室經學》之中。

是本書眉有『濬宣案』『同康案』等批注，係陶濬宣、孫同康二人之批注。陶濬宣爲方琦同族兄弟，素與陶方琦親厚，在其兄過世之後，親爲整理文獻并批注遺稿，此即其中一種。孫同康，江蘇昭文（今常熟）人。光緒二十年進士。在其宣統元年（1909）整理輯刻之《道咸同光四朝詩史》卷五中，收録陶方琦詩作四首。陶孫二人批注從形式到内容有頗多差異。陶批多爲眉注，内容係字、詞或文句之校改，如卷一葉八書眉題『方言上脱「而并用之也」五字』。孫批皆爲簽條，内容係對陶注的補充和修訂，如卷一葉二有浮簽一，補『舍人曰輅車之大也』及『舍人曰冢封之大也』兩條，末注『同康謹擬補二條，候高明酌正』。

是書序首葉鈐『卷盦六十六以後所收書』白文長印，卷末鈐『杭州葉氏藏書』朱文長印，蓋知是稿原係葉景葵先生收藏稿抄本之一，後入藏上海圖書館。

現藏上海圖書館。

埤倉輯本二卷考異一卷（三國魏）張揖撰（清）陶方琦輯　附廣倉輯文一卷考異一卷

（南朝梁）樊恭撰　（清）陶方琦輯　民國二十八年（1939）武林葉氏抄本

一册。毛裝。半葉十一行二十二字，小字雙行同，黑單魚尾，四周雙邊。緑格稿紙，版心下印『武林葉氏』。封面題『埤蒼輯本附廣倉』，下題『廿八年十月據徐氏鑄學齋鈔本傳録』。書首有總目，各卷首列部目，末附叙録和姚振宗、蔡元培跋。

此爲陶方琦輯佚經部小學類著作《埤倉》《廣倉》之書。《埤倉輯本》二卷，卷端上題『埤倉』，下題『陶方琦學』。分計上、下卷。上卷列四十八部，二百八十三條，下卷列五十三部，三百二十四條。後附《考異》一卷，含任氏（大椿）《小學鉤沈》輯本考異，凡七十九條；《經籍纂詁》引任輯本考異，凡二十六條；馬氏（國翰）《玉函山房輯本》考異，凡九十四條；附記五條。

《廣倉輯文》一卷，卷端上題『廣倉輯文』，下題『陶方琦學』。凡四十七條，又《考異》一卷，即任、馬二家輯本考異，凡十二條。

按：《埤倉》《廣倉》，皆爲中國古代文字學著作。《埤倉》三國魏張揖撰，《廣倉》南朝梁樊恭撰，二書大約散佚於宋代，佚文散見於各古書。清任大椿、馬國翰曾爲二書輯佚，任氏所輯入《小學鉤沈》及《經籍籑詁》內，馬氏所輯見《玉函山房》，雖可略存原書面貌，然誤輯、缺漏之處不少，非能稱善。陶方琦復以任、馬二人所輯爲基礎，整理、補輯，彙補所未見者，以還《埤》《廣》二書原意，合任、馬二本爲一書也。

卷末有清光緒十三年（1887）姚振宗跋、光緒十四年蔡元培跋。由是該稿之傳徙流轉，清晰可見。蔡跋曰：『著雍困敦之歲，以愻叚草藳于姚君海槎，屬丁君漢章鈔之，而培爲之讎校，匆匆對讀，未遑檢書，暫見所及，不無刺謬……姑識大較，俟他日訂之。』以愻，即徐維則，徐友蘭之子，古越藏書樓創始人徐樹蘭之侄。光緒十五年與蔡元培爲同科舉人。家富藏書，書樓名『鑄學齋』『述史樓』『初學堂』等。此書封葉所題『徐氏鑄學齋鈔本』，可知此爲徐維則抄本。陶方琦過世後，原稿歸藏姚振宗處，姚曾有整理遺稿之舉，於光緒十三年完成，并爲之作跋。光緒十四年，徐維則向姚借抄，由丁漢章抄録，遂成徐氏鑄學齋抄本。而據本書封葉題字『廿八年十月據徐氏鑄學齋鈔本傳録』，書首總目鈐『合衆圖書館藏書印』印，版心下印『武林葉氏』，可知民國二十八年（1939），葉景葵又借徐氏鑄學齋抄本傳録，考其字迹，似爲書胥所録。整個傳抄過程清晰明瞭，原稿在姚手上，徐氏從姚借抄，葉氏又從徐本傳録，最後葉氏抄本又歸爲上海合衆圖書館，即今之上海圖書館。

按：《中國古籍總目》中將此書版本著録爲『清會稽徐氏孟晉齋抄本』，有誤。

現藏上海圖書館。

許君年表藁一卷附淮南參正殘草一卷說文古讀攷一卷又一卷　（清）陶方琦撰

（清）姚振宗校補　稿本

一册。金鑲玉裝。每半葉行字數不等。是册爲陶方琦關於許慎考證著述三種之合訂：《許君年表藁》《淮南參正殘草》及《說文古讀攷》之前後兩稿。

《許君年表藁》爲陶方琦所作的許慎年表。《後漢書・儒林列傳》載有許慎事迹僅百餘字，且無生卒年。陶氏『生平好許叔重書』，乃作此稿，詳列許氏生平，并考證其生卒，以補史實之缺。卷端無題，首爲許慎生卒年考證一篇，迹其平生行事，考定其生於漢明帝初年，卒於漢順帝中年。正文按『紀年』『系事』『著書』，列以表格，『紀年』始自漢明帝永平元年至七年（58—64），後逐年羅列，終桓帝永康元年（167）。依據年代順序排列人物事件及著書情況。

《淮南參正殘草》係方琦參以《禮記·月令》《吕氏春秋》等書，對《淮南子注》進行箋釋并辨析許慎、高誘二注而成。此稿所存内容主要是『時則訓』，兼有少量『原道訓』『俶真訓』『天文訓』等。卷端題『淮南鴻烈解卷第二』。

《説文古讀攷》兩種係前後兩稿，緑格『巽緖齋臧本』稿紙繕寫者爲前稿，卷端上題『説文古讀攷』，下題『陶方琦述』，并鈐『陶子縝』『湘麋手書』白文方印；另一種無格稿紙者爲後稿，卷端上題『説文古讀攷第一卷』，下題『越州陶方琦學』。前稿取《説文解字》十五部共七十五字，後稿存八部三十三字。著者所考内容，一是辨訓讀之法，一是訓注字義。裝訂次序，前稿在後，後稿在前。如前稿中『琟』字，原列『玉部』末，有眉批作『玨部』，後稿改增『玨部』。又如對比前後稿中『婿』字的訓注，後稿曰：『婿，夫也。從士，胥聲。詩曰女也不爽，士貳其行。士者夫也。讀與細同。案此聲引之譌詩，釋文婿音細，字書作壻，蓋婿細雙聲，婿讀若「緰」，當是漢時方俗音，今越俗尚讀如是。女謂其夫曰婿如「緰」音，故夫謂女或亦由細君。』從塗改及修訂痕迹，可考知前後稿。

前後兩稿成書時間不詳，數次修訂，浮簽遍布，有墨朱藍三色勾乙塗改，辨識不易。《説文古讀攷》前稿空白處墨題『以上三書須暇日重録，太模糊也』；書尾末行題『振宗謹按，以上經初鈔本謄寫』，可知此稿曾經姚振宗整理。

是書原封葉有袁天庚題寫書名及題識：『許君年表藁，附淮南參正殘藁、説文古讀攷藁，皆湀廬手寫藁本』，《許君年表藁》首葉又題『此藁乙丑所得』，鈐有『袁天庚』白文方印。乙丑當爲民國十四年（1925），可知此稿民國時歸藏紹興袁天庚，後入藏浙江圖書館。

現藏浙江圖書館。

淮南許高注二家異同考二卷 （清）陶方琦撰 （清）譚獻等校勘 稿本

一册。毛裝。每半葉行字數不等。内封題『淮南許高二注異同攷』。前有兩序，一爲譚獻纂言，一爲清同治十年（1871）陶方琦譔言。

是書爲陶方琦辨析《淮南子》許慎、高誘二注之異同而作。漢儒注《淮南》者凡四家，曰許慎、曰馬融、曰延篤、曰高誘，而今所傳者，唯許、高二本。然自宋代以來，許高二注相參，不復可辨，其書内容，更加混淆。後人不知兩家異義，每滋疑惑，不能確指，亦無由厘別。直至宋蘇頌在《校淮南子題序》中指出二家之異同後，纔有迹可尋。《淮南》一書，係方琦畢業精力所注之著也。觀其《漢孳室文鈔》中所存其論《淮南》許注之文，每每提及《異同詁》一書，知是書爲其輯許注大成之作，并以此書爲基石，旁搜博引，而有他書之作。

是書二卷，卷一内容爲『原道訓』，收録釋目六十三條，天頭補八條，箋補一條；卷二内容爲『精神訓』『本經訓』『主術訓』『要略訓』諸篇，收録釋目五十六條，天頭補十二條，箋補三條。首列《淮南》引文，再『許注』，次『高注』，末爲『琦按』，即陶方琦辨析考證之内容。其將許注及高注相對照，以辨異同，别爲剖判，使許高二注之區分信而有徵。

是書初稿於同治十年，頗多塗改勾乙，多簽改，并朱墨藍三色多處校改增補。其中朱筆係同治十三年陶方琦自勘。卷二卷端朱筆題『孝邈又朱志一竟』，鈐『陶孝邈』印。書末朱筆自志：『甲戌嘉平望後，病起勘一過，三月廢書，今始覽此。忽忽若隔世事也。校書如落葉，愈掃愈有，信然。孝藐志。京中初勘半卷孝藐録過』，鈐『孝邈校過』白文印。甲戌，同治十三年。是稿曾經數人多次增補校勘，墨迹殊難辨識，可以查考者爲三人：

一爲同治十一年譚獻校勘。卷一卷端墨題『壬申秋日仁和譚獻卒業暇當副墨』。譚獻與陶方琦係同治六年同榜舉人，兩人交情甚篤。

一爲光緒二十三年（1897）儀稺校勘。卷一卷端藍筆題『癸卯夏初儀稺讐』，鈐『儀稺』印，卷二卷端藍筆題『儀稺讐過』，卷末又藍筆題『癸卯夏日又讐一次』。儀稺名諱待考。内封葉後有譚獻纂言，序末有儀稺題『中儀在都中作叙，置諸篋中，□□□□，出諸記憶語，微有□□』，鈐『儀稺』印。考其内容，應爲後之所增。

一爲黄以周校勘。無落款。墨題『藏金石室曰漢孳室，著經籍室曰巽緇齋，文詩集曰潩廬，畫曰蘭當庖、□□館。秋櫰黄月盦』。其中所提及陶氏書齋名號，皆爲第一手資料，極珍貴。

按：封面墨題『此□□□《鄭易小學》底稿同時所得。□記』。《鄭易小學》稿本現藏浙江圖書館，書前護葉題『巽緇齋底稿。乙丑九月所得』，鈐『天庚日利』陰文方印，墨迹與此本封葉所題一致，是稿亦題『乙丑九月□□。初校藁本』，皆爲一人墨迹，可知該書曾於民國十四年（1925）九月爲袁天庚收藏。封面鈐『潩廬著書印』白文方印。

現藏上海圖書館。

淮南許高二注異同攷二卷　（清）陶方琦撰　稿本　存一卷（卷上）

一册。毛裝。每半葉十行，行字不等。無版框。開本高二十六厘米，寬十六點五厘米。封葉題簽作『巽緇齋著書弟六種」，鈐有「巽繻齋主」「潠廬著作」印。内封有手摹牌記「漢孳室藏本辛未寫定」。卷端題「淮南許高二注異同攷」，下題「陶方琦述」，鈐「漢逧」「方琦」朱文方印。

前有譚獻序，鈐「巽繻著書印」朱文方印；又清同治十年（1871）陶氏自叙，叙末鈐「瀟湘使者」朱文方印、「漢逧」朱文橢圓印。

是書爲陶方琦所著《淮南異同考》的另一稿本，内容係考證辨析許、高二注，成稿背景可參照前文。書凡二卷，僅存上册，内容含《淮南》之「原道訓」「俶真訓」「覽冥訓」諸篇。正文收録釋目九十五條，天頭補釋目三十五條。首列《淮南》引文，再「許注」，次「高注」，末爲「琦按」，即陶方琦辨析考證之内容。其將許注及高注相對照，以辨異同，別爲剖判，使許高二注之區分信而有徵。

將此稿與上海圖書館藏《淮南許高注二家異同考》稿本相比照，上海圖書館藏本成稿在前，此稿在後。兩稿序文及正文内容多經修訂，此稿雖對上海圖書館藏本修改内容多有吸收，然并不盡同，且「俶真訓」「覽冥訓」諸篇，上海圖書館藏稿未見。此稿朱墨雙色勾乙塗改遍布，曾經陶氏多次校勘。如卷端有朱筆題「甲戌夏日又校删一過」，鈐「覃思稽撰」白文方印。卷末朱筆題「乙亥校於巽繻齋」。序末亦有朱筆題「乙亥仲春再讎一周，當繕書清本」，可知此稿係同治十年寫定後，至少於同治十三年（甲戌）及光緒元年（乙亥，1875）兩次經陶氏校删。而上海圖書館藏稿有同治十一年譚獻、同治十三年陶方琦、黄以周、光緒二十三年儀稺校勘。可見兩稿成後，皆有各自獨立修訂，彌足珍貴。

前人對於許高二家之異同，每不能確指，亦無由厘別。待陶方琦《淮南許注異同詁》出，是能辨許、高二注之異。近代治《淮南》學者，多稱有清一代，陶氏方琦用力最勤。李慈銘在《越縵堂日記》（同治十一年五月十四日）中曾對此書有過如此評價：「得陶子珍三月廿八日書并所撰《淮南許注叙》，考訂甚密，文亦爾雅，書翰古奥尤絶。子珍力追漢魏，孟晉迨群，海内少年未見其比，吾邑古學，其在兹矣。』現存陶氏二稿，校勘增刪修改補注遍佈全書，概知其爲之積年，敏學之勉，可見一斑。現將二稿同列，可俾將來研究者互爲參考使用。

現藏浙江圖書館。

淮南許注異同詁補遺一卷續補一卷　（清）陶方琦撰　稿本

一册。毛裝。每半葉九行，行二十字，白口，單黑魚尾，四周雙邊。

是書係陶方琦於《淮南許注異同詁補遺》一卷刻本之天頭，手録續補《淮南子》許慎所注三十八條。故是書題名爲『淮南許注異同詁補遺一卷續補一卷』，則天頭補抄部分即爲《續補》。刻本卷端題『淮南許注異同詁補遺』，下題『會稽陶方琦述』。牌記題『光緒八年壬午十有一月既望諸可寶署』。是書天頭處又有『再考』等注語。卷末陶方琦有墨筆跋語，述及是稿始末，跋云：『鄂中刻《補遺》一卷後，旋又獲觀東洋近出大書數種，如唐人卷子本《玉篇》零部□□、杜臺卿《玉燭寶典》，後重得「淮南許詁」數十條，始知異書迭出，嚮學靡止，再有續聞，必勤斠録。又聞東洋有希麟《續一切經音義》，如此未遂搜□，均感□□。前閲畢氏《關中金石記》，云：「有唐人史崇道藏《一切經音義》，引據古書，亦稱博雅尚書，殁後迄未刊行世，無□書知者亦尟。倘獲以籀讀之餘，匡拾遺殘，使之力續古義，完歸本書，庶幾并世宜有同好。」』據此可知陶方琦在光緒八年（1882）刻《補遺》卷後，繼續搜集各種古本，悉心輯録增補許注數十條，始成刊後增補稿本，即此《續補》一卷。

是書當爲《續補》卷之最初草稿本，成稿於光緒八年至十年間。現《續補》一卷有光緒十年湘南使院刻本存世，刻本内容、序跋等皆與是稿略異，知是稿之後又經著者校勘增補，而後纔刊刻行世。清徐友蘭在《漢孳室文鈔〉跋》中，論及陶方琦著《許注異同詁》四卷《補遺》一卷《續補》一卷來由，可資參考，云：『（方琦）生平好許叔重書，以類治《説文》，爲《通釋十二篇》《漢孳室讀説文》，記與嚴鐵橋相出入。又因《説文》而推知許君《淮南閒詁》多爚亂於涿郡，援蘇魏公言，左以《説文》及群籍所采剖泮而疏通之，定《閒詁》二十一卷，爲《許注異同詁》四卷《補遺》一卷《續補》一卷，《説文補詁》八卷《存疑》四卷。』

現藏浙江圖書館。

雜抄一卷 （清）陶方琦撰 稿本

一册。金鑲玉裝。開本高二十四點四厘米，寬十七點二厘米。每半葉行字數不等，無界格。

封葉、卷端皆無題，無署名，無前序及後跋。現題名係編目者據内容擬。是書體例難辨，經部類《爾雅》，以釋名物爲主旨；又子部類雜纂，包羅頗廣，然無清晰類目。全書共列詞條三百餘條，先列詞目，次援引古籍爲之注釋，再爲『琦按』，部分天頭處亦加按『琦按』，此『琦按』即爲陶氏自注。所收詞條多冷僻詞，如『塊阜』『陶臣』『成荆』諸條。注釋引徵材料廣泛，多見《詩》《易》《左傳》《離騷》諸書，亦有《論衡》《説文》《淮南》《山海經》，旁及歷代碑刻，多爲釋言，亦收人物及典故，且多參以己意。然門類頗雜，莫衷一是。

是書成稿年代不詳。書中有夾紙一張，鈐『湘麋文字』朱文方印。全書頗多增添、塗改、勾乙處。

現藏浙江圖書館。

六朝剽華二卷 （清）陶方琦撰 稿本 陶馨遠題記 存一卷（卷上）

一册。金鑲玉裝。單魚尾，四周單邊。朱絲欄稿紙，版心下印『老益泰』。封葉簽題『六朝剽華』，下題『同治己巳焦月初旬，子珍』。鈐『子珍』白文圓印。内封題『六朝剽華』，下題『己巳夏日題簽』『褋類』『紫畛小禁』。鈐『□□心遺餘羣』『紫畛□□』等印。

首有陶氏小志，叙是稿緣由：『余適自虎林回，拳痾五旬，强起無事，因略區類，擇漢魏名家集雅馴者，柬而摘之，聊爲消遣云。同治己巳焦月初旬子珍小志于鐙右。』據此可知是稿成書於清同治八年（1869），時值陶方琦自杭州回家鄉紹興養病期間。

是稿係陶氏親手綴輯的一部小型類書，从漢魏名家諸集中輯録典故、詩、賦等，以類編排，蓋供創作詩文時漁獵詞菏，獺祭掌故之用。卷端無題，以版心所題類别爲區分。先列辭句，後注出處。采擷廣博，體例井然。共十七類，計文學、學業、詩歌、字學、交際遇會、記憶、柬寄、雜務、景仰、贊美、感恩附薦行干謁、淹漢不遂、感枕、通顯閥閲附、官職、歡樂、品藻等類不一。所輯辭條皆有所本，書凡上、下二卷。首列上卷目録，後列『手摘書姓目』，即是稿所引人物及文獻，署『孝邈』。分二欄，上欄爲人物姓名，下欄簡述人物生平及著述，共收人物十六人，如梁簡文王、王僧儒、沈約、顔延之、謝靈運、江淹、鮑照、陸機、崔駰、張衡、蕭統、陶弘景、邱遲、任昉、阮瑀、劉楨等，除梁簡文帝、王僧儒、沈約三人略詳外，餘概極簡。雖取名『六朝』，實則時間上限起自兩漢，下迄魏晉南北朝，其中崔駰、張衡、劉楨係東漢人，阮瑀爲三國魏人，陸機則爲西晉人。是稿從十六人正文彙輯辭句近千條。首序旁題，『如遇天文、歲時等可另編入摘錦』，可知此稿未臻完備，隨收隨編隨録也。方琦早年工詞賦，後轉研經學，此爲其早年摘録抄本，平步青《霞外攟屑》卷六所收《漢孳室所著書目》

中未見載，其他文獻書目亦未見載。僅存上卷，下卷佚失。

卷首序末有一九九七年陶馨遠識：『此本確係先祖子縝公陶方琦真迹。陶馨遠識。一九九七年八月時年八十四。』鈐『陶氏馨遠』白文方印。此稿原藏陶方琦玄孫陶馨遠處，後散落民間，自二十世紀九十年代爲紹興收藏家王德軒先生所收藏。

現藏王德軒（紹興市）。

陶湘麋學使詩文遺稿不分卷　（清）陶方琦撰　清同治十年（1871）稿本　陳慶均題記

一册。蝴蝶裝。每半葉九行，行字不等，白口，單魚尾，左右雙邊。緑格稿紙，版心下印『潩盧』。封面題『陶湘麋學使詩文遺稿』，下署『乙亥仲夏梛梅閣裝存』，鈐『梛梅閣』朱文方印。内封題『陶湘麋學使詩文遺墨』，署『民國二十八年歲次屠維單閼。媚後學陳慶均謹題』，鈐『艮軒六十以後作』印。

是稿爲同治十年（1871）前後陶方琦所作詩文稿。卷端上題『辛未潩盧雜箸草藁』，下署『陶孝逸』。無序跋及目録，無統一編排。全稿收録詩二十四首，詞五首、賦二篇、記三篇、書四篇、文二篇，諸體夾雜，并無分類。如首葉，先列詞一首《慶清朝·送少篔五哥北上》，次爲詩一首《壽儀四物銘》，後爲信札一篇《畣彦清書》。陶方琦嘗與同年知友孫垓、秦樹敏、馬賡良，從兄弟在銘、祖培、濬宣等十餘人，結社賦詩，互相唱和，名爲『皋社』，成一時之盛。該稿内容龐雜，詩詞多寫皋社詩友唱和情形。如《次韻彦清都門》《春興感晽心雲芑田》《巳日書興三十二均寄呈勉師》《春莫寄懷彦清彝哥》等，所涉人物有陶濬宣、陶在新、秦樹敏、孫德祖等，皆係『皋社』成員兼陶氏族堂兄弟。亦有歌咏越地風物者，如記三篇，《稷山草堂記》《春日游南鎮記》《登快閣記》，狀物寫情，文辭綺麗，可供賞讀，亦可補文史之闕。

文中多有圈點、修訂、塗改、批校，多係墨筆，間有朱、藍筆。《書落葉詩後》篇末後署時爲『辛未元春二十又六日潠公書』。

卷首有陳慶均題署書名，并題詩二首，其一：『窮年兀兀證儒修，筆底華生尺楮留。漫道奇才偏促祚（先生歸道山年纔四十），名山早定有千秋。』其二：『星軺猶溯指三湘，多士頻煩玉尺量。珍重遺編宜宅相，碧紗籠護費平章。』末署『永江媚大兄以舅氏陶湘麋先生遺墨裝製成册屬題，率紀俚詞，幸希粲政。陳慶均初稿』，鈐『艮仙書畫』印。陳慶均，字艮仙，民國期間紹興縣修志委員會六常委之一，是稿曾爲其所藏，後入藏浙江圖書館。

現藏浙江圖書館。

湘麋館遺墨粹存一卷 （清）陶方琦撰 稿本 清樊增祥點評

一册。每半葉九行，行二十字，白口，四周雙邊。緑格稿紙，版心下印『翕園』。封面題『湘麋館遺墨粹存』，下題『乙亥仲夏，椰梅閣珍藏』，鈐『椰梅閣』朱方印。内封亦題『湘麋館遺墨粹存』『祝犂單閼仲吕後學陳慶均署』，鈐『艮軒六十以後作』朱文長印。

是書無目録，卷端無署名。全書收録共計文十五篇，所含序七篇：《古皇臆攷序》《春日同人團飲龍樹寺序》《梁端卿師遺草序》《韓湘南先生遺文序》《嚴懷白師誄并序》《秦勉公畫蘭册子序》《送同年孫彦清偕彝哥北上序》；記四篇：《春日游南鎮記》《夏夜步月記》《登快閣記》《九日游曹山記》；文一篇：《責病鬼文》；書三篇：《復淵哥書》《上孫省齋方伯書》《上嚴懷白師書》；賦一篇：《娱園賦并序》。與浙江圖書館藏《陶湘麇學使詩文遺稿》稿本相比較，是稿僅收文章，未收詩詞，文章篇目略有增加，亦有一些文章兩稿皆有收録，如《春日游南鎮記》篇等，據校改痕迹，是稿應置於後。

是稿内容不乏友朋贈序，狀物寫景，借古寄懷之作。全書圈點塗改批點遍布，多數篇末經樊增祥點評，增祥與方琦皆好詞，又皆師事越縵堂李慈銘，故兩人交情篤厚，時有詩文唱和，賞析點評。是稿即經樊氏點評，多四字語，文辭簡潔。如《春日游南鎮記》詩末後題四字『氣息厚緻』；《夏夜步月記》後題『措詞獨堅，會心不遠』；《登快閣記》後題『繪狀處不是俗手』；《娱園賦并序》後題『氣體高華，獨有逸趣』。其點評語中，也有將方琦作品與慈銘相比較者，如在《九日游曹山記》後作『越老此作極堅緻，此方琦雋』等評語。

是稿與《陶湘麇學使詩文遺稿》手稿本一起，民國期間曾爲紹興陳慶均先生所藏，後入藏浙江圖書館。現藏浙江圖書館。入選第二批《浙江省珍貴古籍名録》，名録編號〇〇三九六。

溦廬初稿四卷 （清）陶方琦撰 稿本 清陶在新等題記

一册。半葉九行，行二十四字，白口，單魚尾，四周單邊。朱絲欄稿紙。封面題『溦廬初稿』，落款署『庚午九月二十三日年小兄孫德祖題於武林旅次』。卷端題『溦廬初稿』，下署『會稽陶方琦紫畛』。鈐『方琦詩章』朱文方印。每卷首葉均注明選詩數目。

是稿收録陶方琦清同治六年至九年（1867—1870）詩作八十餘首，以時間爲别，一年一卷。卷一上端題『四卷共抄選八十首』，旁題『此卷選廿首』。卷二卷端題『戊辰』，係同治七年詩作，旁題『此卷選十五首』。卷三卷端題『己巳』，係同治八年詩作，旁題『此卷選十三首，又芑田補選兩首』。卷四卷端題『庚午』，係同治九年詩作，旁題『此卷選卅首』。

《初稿》所收詩作，大多是『皋社』時期所創作，考其内容，大意約四類：描寫家鄉風物，如《皇墩山》《家過曹山》《出郭》《過梅山》；記録宦游之苦，如《北行別憶》《滬游》《津江客次》《海舶遼東》《抱痾滬上》《舟次南湖》；回憶朋輩酬和，如《夏五訪秦伊世丈樹銛偕陳午亭年伯章錫孫彦清同年德祖夜雨飲荷舫》《娱園》《偕馬幼眉賡良登蕺山樓》《次韻答樊雲門同年》《紫鞠次秋樹均》《娱園夜飲即席賦呈主人并李愛伯先生》；而感懷陶氏族堂兄弟間真摯情誼者，佔其中大半，如《初夏回里喜晤諸兄弟》《題心雲八弟祖望斗室》《初夏田里喜晤諸兄弟》《晝坐懷家兄仲淵在銘》《冬日懷仲彝揚州道中》《消夏示雲弟族侄薌勲》《雪夜懷雲弟》等，皆入此類。全書勾乙塗改遍布，多浮簽，多圈點批注。

是書經皋社詩社同人如孫德祖、馬賡良、陶在銘、陶在新、秦樹敏等多人觀款。首有同治九年馬賡良識，内葉題『同治庚午五日小弟馬賡良幼眉拜讀并識』，鈐『馬賡良』朱文方印。同治八年孫德祖識，内葉題『己巳秋中年愚小兄孫德祖浮白讀三過，月之十有三夕鐙右識』，鈐『峴卿讀過』印。卷内有『勉鉏讀過』白文方印，係秦樹敏鈐印。又有陶在銘、陶在新兄弟題識，卷一卷端題『兄在銘瀏覽二次』，又『弟在新藏』，每卷卷端所題『芑田補選』者，即陶在新。在新，字芑田，方琦從弟，著有《翕園詩存》。

現藏浙江圖書館。入選第二批《浙江省珍貴古籍名録》，名録編號〇〇三九七。

琳青書館詩藁二卷 （清）陶方琦撰　稿本　清陶濬宣題識

一册。每半葉九行，行二十一至二十二字，單魚尾，四周單邊。藍格稿本。版心下印『新隆泰製』。封面無題簽。

是書首葉有陶濬宣題辭：『横掃騷壇若土灰，浣花真不愧天材。鬼神定嚮空中泣，錦繡都從筆下堆。語不驚人猶俗骨，詩能佳句總仙胎。鯨跳鶴立今誰敵，讀罷須傾三百杯。戊辰夏月心雲弟望謹讀書。首時避暑於吼山煙羅洞。』鈐『臣祖望印』『豐華堂藏閲書』『緑樹埜屋』『方琦詩章』『茶熟香温且自看』諸印。是稿曾經多人展讀，卷首有題『世愚弟心雲拜。世愚弟傅□□、傅□□執讀於春明旅邸。姪薌谷執讀。弟書巢山人讀一周』。首有目録，係後人所録，題『瑾子録於雨牕』，鈐『□□自娱』朱文方印。

是書爲陶方琦早期詩稿，録詩一百零二首。共二卷。卷一卷端題『琳青書館詩藁』，小題『爨中吟』，下題『子鑫陶方琦』，收詩九十七首。卷二卷端題『琳青仙館詩藁』，小題『萍唱集』，下題『戊辰子珍陶方琦』，收詩十五首。卷一末有清光緒三年（1877）書巢山人識：『琳青仙館舊稿計詩乙佰廿九首，弟嚮慕有年，今而得之。』又補題『他日又收得舊稿廿首，楚楚可觀，輒合爲一集』。識中所題數字與實際所收略有出入。卷末又附二首新樂府詩，《無訟行》及《催科行》，憂國抨時弊，頗類白樂天。旁有批語『子珍偶作，以爲世箴。語語痛切，令人酸鼻』。

是稿通篇經朱墨雙色勾乙塗改，字迹潦草幾不可辨。卷端有朱筆批『己巳五月又削一遍』，可知詩稿於同治八年（1869）經修訂。鈐『琳青書館』白文方印，『紫畛戲墨』朱文方印。是書天頭處有陶濬宣批識，或點評，或擊賞，或感悟。末署『弟望識』，鈐『心雲讀』朱文方印。如《讀詩放歌行》天頭有識：『信筆疾書，豪氣咄咄逼人，讀罷當浮一大白。弟望識。』

現藏上海圖書館。

琳青書館詩藁二卷附道咸同光四朝詩一卷 （清）陶方琦撰 民國抄本

一册。每半葉十行，行二十二字，白口，單魚尾。緑絲欄稿紙，楷書工整謄抄，首録陶濬宣題辭。

是書内容與上海圖書館所藏同名稿本同。全書録詩一百零五首。

是書凡二卷，爲民國抄本，卷一爲『虁中吟』，録詩九十七首。卷二爲『萍唱集』，收詩十八首。與上海圖書館藏稿本比對，稿本卷末所附《無訟行》《催科行》二篇，已收入該抄本『萍唱集』中。抄本新增卷末補《曉征》一首，爲稿本并所無。稿本塗改增删處，該抄本均已訂正，且缺漏字處，亦以小字標注。稿本天頭處陶濬宣批語，包括『删』字樣之標注，均一一過録於抄本。該抄本應據稿本謄抄無疑。

是書卷末有附録，輯收陶方琦詩作四首。附録卷端首行題『道咸同光四朝詩』，次行寫『卷五』，意謂該詩曾收入《道咸同光四朝詩史》卷五。《道咸同光四朝詩史》爲孫同康（孫雄）所輯之道光、咸豐、同治、光緒四朝文人之詩歌選集，刻於清宣統二年（1910），意在保全道咸以來詩史源流，重視史料輯録，以詩存史，故以『詩史』名之。結合《詩史》一書的出版時間，故此抄本年限應爲民國初年。

現藏浙江圖書館。

琳清仙館詞藁二卷　（清）陶方琦撰　稿本　清孫德祖題簽　清秦樹敏等題識

一册。每半葉九行，行十九至二十一字不等，左右雙邊。緑格稿紙，版心下鎸『潠廬』。封葉有孫德祖題簽『玲青館詞』。有著者校改鈎乙墨迹。是書經秦樹敏、陶在新等觀款，卷端葉墨題『秦勉公讀一過』，鈐『勉鉏讀過』白文方印，并『在新訖過』『翕園所藏』等印。

前有陶方琦砯筆自序，無落款，序曰：『余髫年愛偷涉，有《倚桐樓詞》一卷，頗墮綺業，然詞之面目非清，麗逸，即綺靡非細熨，即豪放，白石稼軒去人不遠，然幼存十之一二，蓋不欲以脆骨柔聲启淫艳濫潔之聽耳』，於是『概以雕蟲屏棄也』。

詞稿共二卷。卷一卷端題『琳清仙館詞藁』，小題又作《初箏夢絮聲》，引曰：『觿辰覘吟兼逮偷減幼存一卷，蓼芰者十之八，瘳雲碎絮，彈指華年矣。而香喁豁怨，壯夫不爲，少時鴻爪，亦晾爲鏡花衿酒痕也。書其麋曰《初箏夢絮聲》。』此卷所録係撰者早年詞作，收詞三十五首。其中長調十四，中小調二十一。

卷二卷端題『玲清仙館詞藁』，小題作《浣塵水調》，引曰：『春明片夢，人海藏身，燭夕鈴宵，羈絲小疊，迨京華偃翅，緇塵灑然矣。况稻蝌蓴鱸，又飫水鄉之味呼。鶩光息景之歌，都爲一帙，名之曰《浣塵水調》云爾。』此卷多爲宦海客旅，及與友人唱和之作，抒懷古思鄉之情。收詞四十五首。其中長調二十五首，半調二十首。

按：是稿封題爲方琦好友孫德祖所題『玲青館詞』，正文卷一卷端題『琳清仙館詞藁』，卷二卷端題『玲清仙館詞藁』，三者名稱皆有所不同，今題名從正文卷一卷端。

現藏杭州圖書館。

咸同間名人詩箋不分卷　（清）李慈銘　樊增祥　陶方琦等撰　稿本

一册。全書由原函粘貼而成，散紙，未裝成册，涉及人物衆多，用箋不一。封面題『咸同間名人詩箋』，下題『畏壘庋藏』。

是書收録清人詩箋共計四十五首。題爲『咸同間名人』，實則著者時代跨度自清咸豐至民國四朝。撰者不一，内容據致信者，大體可分二類：一爲李慈銘與其朋輩間之唱和詩作，唱和者多爲居京官員；二爲釋徹凡與詩友酬和之作，唱和者係皋社詩友。

第一類與李慈銘相關詩箋中，收録李慈銘詩作七首，樊增祥十五首，陶方琦三首，另有袁昶、徐琪、王先謙、王仁堪、黄體芳、陸廷黻等人致越縵堂詩作若干，樊增祥致李承侯詩作數首亦入此列。依次爲：光緒十六年（1890）十一月六日李慈銘撰《寒花夢歸蕺山二首》、李慈銘撰《僧喜南歸就婚作詩送之三首》、王先謙致李慈銘詩《夜訪治秋子佛菴論詩奉贈》、張之洞詩《禊南下洼和董前輩之作》、王仁堪致李慈銘詩《越縵先生疊均合詒堪與雲門再疊敬奮》，光緒十三年臘日袁昶致李慈銘詩《越縵先生初度敬呈》，光緒十三年十月初吉袁昶致李慈銘詩《越縵先生病新起戲呈一首》，光緒十一年徐琪致李慈銘詩《上巳日奉陪越縵師霞鶤小集謹次客歲東坡生日元均以詩申謝》，光緒十一年徐琪致李慈銘詩《乙酉臘月十九日同人以東坡生辰携酒爲先生大人壽，席間出示甲戌年舊作謹用元均率成二律，録請誨政以當紫衷吹笛之一聲也》，光緒十二年元月初七李慈銘和徐琪詩，光緒十一年董文焕致李慈銘詩《上巳日同人游龍樹寺作》、黄體芳致李慈銘詩《元旦大雪喜賦二律》、陸廷黻致李慈銘詩《示贈雲門四詩意猶未盡昨得子玖别雲門詩倣韻重有此作》、陸廷黻致李慈銘詩《奉和仲春七日雪後擁□元韻》、樊增祥致李慈銘詩《奉懷越縵夫子主講津門并速歸櫂》二首、樊增祥致李慈銘詩《依韻奉和夫子大人感事之作》、樊增祥致李慈銘詩《徵招代内答張夫人招游南灤意有所避不果偕往》、樊增祥致李慈銘詞《滿庭芳》、樊增祥致李慈銘詩《恭祝會稽夫子大人六旬晉六慶辰敬蘄》四首，光緒十九年樊增祥致李承侯詩《臘月十日行縣至陽郭宿賀氏別業燈下無俚賦此寄》，民國五年（1916）樊增祥致李承侯《承侯世兄至京今以愛伯師遺集屬爲校定，中以癸巳中秋夜鎖闈懷雲門案中之作感愴愴餘敬次原韻》，民國五年十月樊增祥致李承侯詩《疊韻題越縵堂集》《再疊前韻示承侯》、樊增祥致李承侯詩二首、陶方琦致李慈銘詞《清平樂・秋夕聞雨》、陶方琦致李慈銘詞《絳都春・都門人日》，光緒六年陶方琦致李慈銘七言詩一首。

第二類與釋徹凡相關詩箋，依次爲：子璋致鈍棲居士兼寄公大師詩，咸豐五年（1855）李慈銘詩《乙卯九日寄懷寄雲上人》、王星諴致釋徹凡詩《高遷道中》、王星諴致釋徹凡詩《二月朔日冒雨走訪興福教院寄雲上人書此奉贈即乞證可》、周星詒致釋徹凡詩《乙卯元旦同社兄韻示寄公禪兄即乞喝正》、咸豐四年甲寅芳子遵致釋徹凡曲《甲寅初夏寄雲聞士招飲小雲棲歸譜北越調柳營曲一闋以博拈花一粲》，道光十年庚寅（1830）鄔鶴徵致釋徹凡詩《盆山一首爲卐上人賦并正》。

兩類之外，另有陶方琦致陶方瑄詩《杏村示近出建寧漢磚以詩報之》、同治三年甲子（1864）葉道芬致嵋仙詩《臨榆縣署西院玩松樹丁香各係一絶癸亥二月大雪初晴後作》，此二通詩箋夾雜上述兩類之間。

是册收録陶方琦所著詩箋共四通，其中致李慈銘共三通，詞二，詩一，皆未刊；致其兄陶方瑄七言詩一通，收入《湘麋閣遺詩》卷四。

詞一曰：《清平樂・秋夕聞雨》。『茗甌香冷，小幔秋陰暝。昔日箏絲今倦聽，祇是離愁偏省。客心已是無聊，夜簾疏雨蕭蕭。何況鐙昏夢醒，窗前還有芭蕉。』落款『夫子大人鈞政。方琦初學』。

詞二曰：《絳都春・都門人日》。『燕臺還俊。隔艷塵一寸，雪玉新寒。十里禁城，鈿年香騎未須閒。明簾似水□猶懶。玉爐香透雙彎。客裏心情，花前消息，縵寫紅蘭。記得梅粧試罷，正搜春、金勝熨唾幾痕。曲曲畫樓，金尊紅燭醉黄昏。年年祇恨題詩遠。别愁空付青鶊。昨宵眉目深深，照過絳欄。』落款『敬呈越縵夫子大人詞正。方琦』。

詩一曰《庚辰夏首書於京陵使輳》：『思隨杖履集都門，花外琴書闕語温。卜宅湖塘分柘柳，採風瀟水長蘭蓀。千秋中壘傳經業，一曲霞川數醉痕。見説春城桃李艷，薰風何處不開尊。』落款『敬呈越縵夫子大人誨莞。方琦』。

陶方琦致其兄陶方瑄七言詩一首，題爲《杏村示近出建寧漢磚以詩報之》，詩曰：『航鄔靈峰發古磚，炎劉迢隔千年。南天金石何曾陋，東浙溪巖本足傳。土鏽殘文徵馬衛（磚旁有「馬衛將作」四字），漢京舊歷溯龍躔。永元一鏡無從見（聞尚有永元二年一鏡），千載何人考墓田。耆仲二哥同年詩家教之。方琦。』此詩亦收録於《湘麋閣遺詩》卷四，然題名及正文内容略有差異。

現藏國家圖書館。

《陶濬宣專集》書志

方俞明　陳開勇　童聖江　周聿丹　撰

陶濬宣小傳

陶濬宣（1846—1912），原名祖望，字文冲，號心雲，别號稷山、稷山民、稷山樓主，晚號東湖居士。室名稷山讀書樓、修初堂、省盦，浙江會稽（今紹興）人。濬宣詩心篤雅，學行閎碩。清同治六年（1867）中浙江鄉試副貢。清光緒二年（1876）成浙江鄉試舉人。光緒三年至京應官學教習試，取爲覺羅學漢教習，議叙知縣用。光緒六年應定海廳同知顔鍾僑之邀，游幕浙東海島。光緒十二年赴京會試，挑取方略館謄録，叙用直隸州知州。光緒十三年，侍座師江蘇學政王先謙襄理文牘。光緒十四年，又應座師兩廣總督張之洞之招南游於粤，任廣雅書局校勘，於書局刻書多有助益。光緒十七年，應廣東惠潮嘉道曾紀渠之聘，主潮州金山書院講席。光緒十八年，金山書院擴爲潮州通藝堂，濬宣復主講席。光緒三年至十八年，濬宣七上禮闈，而不獲一第，自此絶意仕進。光緒二十年，歸自嶺南，返鄉里居。濬宣久慕乃祖桃源之隱，自光緒二十一年夏始，籌資於郡城東門外水石宕，營建東湖園林。又援潮州通藝堂例，興辦東湖書院通藝堂（光緒二十七年改名東湖通藝學堂），推廣新式教育，以開啓民智，造福鄉梓。

濬宣善書，筆力峻厚，常熟翁同龢稱其『善六朝書，能詩』，德清俞曲園展視其所贈手書楹聯，驚曰『此非近人手筆也』，新會梁任公尤高評曰『其書龍跳虎卧，意態横絶』。濬宣晚年多有書法創作，是書論撰述的書法名家，平生求其書者，幾於户限爲穿，其晚年艱辛辦學，亦多賴潤筆之金以爲補助。濬宣能詩，其詩閎博深秀，會稽李越縵譽其『詩既高警』，長沙王先謙贊其『子才誠未易，詩格一何高』。濬宣一生雖抑塞多病，然稽古力學，著述宏富。其生前僅刊刻著述兩種：有《通藝堂詩録》六卷附《紹興東湖書院通藝堂記》，清光緒二十七年刻本；《春闈雜詠》一卷，清光緒十八年排印本。另有多種稿抄本未刊，散藏各圖書館，所見書目有：《稷山文存》二卷，稿本二册；《稷山詩存》一卷，稿本一册；《修初堂詩草》存卷下，稿本一册；《稷山雜文》一卷，稿本一册；《稷山論書詩》不分卷，稿本一册；《稷山劄記》一卷，稿本一册；《稷山居士客定海廳幕箋啓》一卷，稿本一册；《稷山所見金石目》不分卷，稿本一册；《金石隨筆》一卷，稿本一册；《稷山讀書樓日記》存二卷，稿本二册；《稷山日記》不分卷，稿本一册；《省盦養疴日記》不分卷，稿本一册，以上皆藏上海圖書館。《稷山論書詩》一卷，稿本一册；《稷山論書詩》一卷，稿本一册，以上藏國家圖書館。《國朝紹興詩録》四卷，稿本四册；《稷山樓詩文稿》不分卷，稿本三册；《稷山樓文稿》不分卷，稿本一册；《東湖記》一卷，稿本一册；《續稷山論書詩》不分卷，稿本一册；《國朝史學叢書目》不分卷，稿本一册；《通藝堂勸學卮言》不分卷，稿本一册；《稷山楹語》不分卷，稿本三册；《官階古稱考》不分卷，稿本一册，以上藏浙江圖書館。《稷山論書詩》不分卷，稿本一册，藏紹興魯迅紀念館；《入剡日記》不分卷，稿本一册，藏浙江省博物館。《入剡記初稿》三卷（《入剡日記》《剡中草》《入剡小記》各一卷），稿本一册，藏中國社會科學院文學研究所。濬宣於辭章、史學、書論皆有造詣，尤以《稷山論書詩》一書最爲自珍，雖傾二十年心血猶未定稿，然論有新意，言有新見，數易其稿，用力最深。（方俞明撰）

通鑑長編紀事本末補佚十卷　（清）陶濬宣輯補　稿本　存八卷（卷一至二、五至十）

四册。多種稿紙裝成。然主要有兩種：其一爲刻葉，每半葉十一行，行二十四字，小字雙行同，下黑口，單魚尾，四周單邊；朱絲欄，上書口鎸『通鑑長編紀事本末』八字，書口中間鎸卷次及葉碼，下書口鎸『廣雅書局栞』五字；書耳中鎸字數。其二爲廣雅書局專用抄稿紙，每半葉十一行，行二十四字，小字雙行同，雙黑口，單魚尾，四周單邊；緑絲欄，書口中間或題葉碼，或題標題；下書口鎸『廣雅書局校抄本』；書耳中或題字數，或不題其他或素紙抄寫，或格紙抄寫，不一。天頭、行間多朱、墨筆校訂。多黏簽。

陶氏此稿乃補楊仲良《續資治通鑑長編紀事本末》之作。南宋時李燾撰《續資治通鑑長編》九百八十卷，是爲編年體史書。楊仲良據之編成《續資治通鑑長編紀事本末》一百五十卷，改編年體爲紀事本末體。其名不一，或作《宋九朝紀事本末》《皇朝通鑑紀事本末》《長編紀事本末》《皇朝通鑑長編紀事本末》《皇宋通鑑長編紀事本末》。揆諸名實，當以《續資治通鑑長編紀事本末》爲是。楊氏是作，至清時所見已極稀少，故有抄、刻之冀以傳於世者。清光緒十九年癸巳（1893）廣雅書局翻刻，其本之卷首有歐陽守道序、阮元『皇宋通鑑長編紀事本末一百五十卷提要（《揅經室外集》）』『通鑑長編紀事本末目録』『年號』。大題曰『通鑑長編紀事本末』。倘據内容判斷，此刊本所據『影宋本』與阮元抄本所據一致，皆屬於徐琥校刻本一系，然二者所據并非同一本，且題名亦不同，廣雅書局所據影宋本名《皇朝通鑑長編紀事本末》（見廣雅書局《通鑑長編紀事本末》末廖廷相《跋》），阮元所據抄本名《皇宋通鑑長編紀事本末》。諸本皆有殘缺，所缺内容包括：卷五太祖《親征河東（太宗朝附）》僅殘存前半自『建隆元年』迄『二月乙未，北』，下半則缺。卷六太祖《聖德》《聖學》《親信趙普》全缺。卷七太祖《罷節度使權》《優禮節度使》《駕馭將帥》《政迹》全缺。卷八太宗《受位》全缺；《秦王事迹》前一小部分缺，僅殘存後面自『益毀之，鬱鬱不得志』迄『詔擇汝、鄧閒地改葬秦悼王』一大部分。卷一百十四哲宗《修實録》《修國史》《修玉牒》《定新曆（徽朝附）》《渾天儀象》《玉璽（改元附）》全缺。卷一百十五哲宗《獲鬼章》全缺。卷一百十六哲宗《取棄湟鄯州》全缺。卷一百十七徽宗《受位（皇太后同聽政附）》《御製》《御筆》《聖德》《政迹》全缺。卷一百十八徽宗《復孟后（元符后附）》全缺。卷一百十九徽宗《用元祐舊臣》全缺。陶氏此稿即補楊書所缺者，而其直接所補之對象即廣雅書局刻本及其所據『影宋本』。

陶氏此稿稱名不一。或曰《通鑑長編紀事本末》，即承廣雅書局所刻楊仲良《通鑑長編紀事本末》之大題名；或曰《通鑑長編紀事本末補佚》《續通鑑長編紀事本末補佚》，即於廣雅書局所刻本之大題名有所增補；或略稱曰《長編紀事補佚》《長編補佚》。按：册一有陶氏所作小序性質文字，云：『局刻楊氏之書，原題《皇朝通鑑長編紀事本末》。見於《玉海》及陳均《九朝編年備要》諸書，或書《長編紀事本末》，蓋省文。今節去「皇朝」二字，單稱《通鑑長編紀事本末》，似未盡合；若易「皇朝」爲「宋」字，則又未合。蓋《通鑑》者，司馬温公之書，非李氏之書也……按李文簡原書，題《續資治通鑑長編》……楊氏既本李編以成書，則其名似宜仍依李氏……今刻書垂成，擬於每卷首一行「通鑑」上加一「續」字，以仍李文簡及各家卷目原題。板成不便削改』，據陶氏意見，則諸名之中，《續資治通鑑長編紀事本末補佚》最切於名實；倘簡稱之，以《續通鑑長編紀事本末補佚》爲當。

是稿各册封葉皆題各册内容目録并册號。

册一實爲前、後兩本裝成一册。前本封葉題『長編紀事補佚（卷一、卷二）弟一册』，并鈐『濬宣長壽』『陶［花押］』印兩方。其次分行題：『原卷五（原缺。以下太祖皇帝）』『卷一・親征河東』；『原卷六（原缺）』『卷二・聖德、聖學、親信趙普』。其意即原楊仲良《續資治通鑑長編紀事本末》卷五編作《續通鑑長編紀事本末補佚》卷一，原楊仲良《續資治通鑑長編紀事本末》卷六編作《續通鑑長編紀事本末補佚》卷二。其次題曰『七月十三發寫』。封葉背題『太祖』二字，『祖』字殘缺；有紅色黏簽，上書「樂平。王全斌攻樂平。」兩「樂平」須考』，此簽誤黏於此，實當黏於本册前本版心題有『七』即第七葉之上半葉第五、六行天頭上。

前本卷前首爲北宋年號，依次列太祖、太宗、真宗、仁宗、英宗、神宗、哲宗、徽宗、欽宗，其下各列年號，并於『神宗』『徽宗』『欽宗』注明『佚』。考《宛委别藏》抄本《皇宋通鑑長編紀事本末》卷首所列《皇宋年號》、廣雅書局刻本《通鑑長編紀事本末》卷首所列《年號》，皆與此陶氏稿本有異。不僅前二者列北宋太祖至南宋理宗年號，陶氏則僅列北宋太祖至欽宗，且各帝王下年號紀時亦有異。蓋此北宋年號乃陶氏自爲之，非抄自楊仲良《續資治通鑑長編紀事本末》，且其於『神宗』旁注明『佚』有誤，當注於『哲宗』旁。『佚』字之意，乃指明其所見楊仲良《續資治通鑑長編紀事本末》於『哲宗』『徽宗』『欽宗』内容有脱佚也。

前本卷前次爲陶氏補佚凡例，曰『序例（校刊續通鑑長編紀事本末并輯補佚卷跋）』。正文第一部分爲『親征河東（太宗朝附）』，可分爲前後兩節。前節：卷端鎸『通鑑長編紀事本末卷第五』，墨筆改作『通鑑長編紀事本末補佚卷弟一』；書口所鎸『通鑑長編紀事本末卷五』亦墨筆改作『長編紀事本末補佚卷一』。次三、四行分别鎸『太祖皇帝』『親征河東（太宗朝附）』。自『建隆元年。先是，北漢誘代北諸部侵掠河西之地』迄『二月乙未，北（下缺）』，此即楊仲良《續資治通鑑長編紀事本末》卷五《親征河東（太宗朝附）》所殘存之上半部分，陶氏直接采用廣雅書局所刻楊仲良《通鑑長編紀事本末》原紅印葉充之。後節：首接於『二月乙未，北（下缺）』

之下，『下缺』二字被墨筆抹去，并接以墨筆所書『漢耀州團練使周審玉等四人來降』，迄『七月乙巳，車駕至自范陽』，卷末題『通鑑長編紀事本末補佚卷第一』，此即陶氏新補宋太祖『親征河東（太宗朝附）』所佚之内容，書於『廣雅書局校抄本』緑格稿紙上。合原存與新補，屬楊仲良《續資治通鑑長編紀事本末》卷五，陶氏以爲《續通鑑長編紀事本末補佚》卷一。

正文第二部分爲陶氏所補《聖德》《聖學》《親信趙普》。卷端題『通鑑長編紀事本末卷六』，墨筆改作『通鑑長編紀事本末補佚卷第二』，次三、四行分别題『太祖皇帝』『聖德』。自『建隆二年二月壬申，命給事中范陽劉載往定陶督曹，單丁夫三萬浚五丈渠』迄『普行狀乃乾德五年春事，今附此』。卷末題『通鑑長編紀事本末補佚卷弟二』。此即陶氏新補宋太祖『聖德』『聖學』『親信趙普』之内容。屬楊仲良《續資治通鑑長編紀事本末》卷六，陶氏以爲《續通鑑長編紀事本末補佚》卷二，皆書於『廣雅書局校抄本』緑格稿紙上。尤需注意者，此卷中有黏簽，首行題有『政迹』二字，其次即書『一』至『四十二』諸數字，數字下注明葉碼，此當屬陶氏對楊仲良《續資治通鑑長編紀事本末》卷七所補内容之目録。又，此卷末葉之下半葉題有凡例一條，曰：『一、原文作大字。凡有攷證，分行小注，加「按」字以别之。』然卷前『序例（校刊續通鑑長編紀事本末并輯補佚卷跋）』不載此條。

後本封葉題『長編缺卷（卷五至八）』，并鈐『陶［花押］』印。正文第一部分爲廣雅書局刻楊仲良《續資治通鑑長編紀事本末》卷六、卷七、卷八原紅印葉。首爲卷六，卷端鐫大題卷數『通鑑長編紀事本末卷第六』，次三行鐫小題『太祖皇帝』，次四至六行分别鐫標題目録『聖德』『聖學』『親信趙普』，次七行鐫小注『影宋本全缺』，意謂廣雅書局翻刻時所據影宋本有目無文，實際内容全佚。次爲卷七，卷題、小題、標題目録、小注體式同卷六。次卷八，鐫大題卷數、小題、標題目録；尤需注意者，雖卷八原紅印葉卷端大題卷數、小題、標題目録在此，然其『秦王事迹』所殘存内容自『（上缺）益毁之』迄『秦悼王』原紅印葉則倒裝置於此册之末。

正文第二部分爲陶氏所抄《續資治通鑑長編紀事本末》卷五、卷六、卷七殘文之校稿。此三卷并無新補内容，皆用『廣雅書局校抄本』緑格稿紙抄成。需注意者，卷端之大題皆改作『皇朝通鑑長編紀事本末』，其中『皇朝』二字均用朱筆符號『「」』特予標明。

正文第三部分乃陶氏所補『罷節度使權』『優禮節度使』。卷端題『通鑑長編紀事本末卷第七（原缺）』，次三、四行題『太祖皇帝』『罷節度使權』。自『建隆三年十二月癸巳，詔中書門下，每縣復置縣尉一員』迄『未還鎮也』。此即陶氏新補宋太祖『罷節度使權』『優禮節度使』所佚之内容，屬楊仲良《續資治通鑑長編紀事本末》卷七。然楊仲良《續資治通鑑長編紀事本末》卷七所缺『駕馭將帥』内容仍缺，『政迹』則見於此册前本正文第二部分陶氏所補『親信趙普』部分内之黏簽，然黏簽上僅書當抄内容之目録及次序。

正文第四部分爲陶氏所抄校《皇朝通鑑長編紀事本末》卷八之殘文，性質一同此前後本正文第二部分。正文第五部分爲凡例。首有小序性質文字，次即凡例數條。正文第六部分爲廣雅書局影宋本《通鑑長編紀事本末》卷八殘存正文之原紅印葉，自『（上缺）益毁之』迄『秦悼王』。末題『通鑑長編紀事本末卷第八』。此部分當移於此册後本正文第一部分卷八標題之後，合爲一體。

總言之，標作『第一册』者，實爲前、後二本。前本曾定稿發寫，後本恐係謄稿。内容包括：北宋年號（發寫稿）。補佚凡例：前本卷首（發寫稿）、前本卷末（發寫稿）、後本卷中。正文：廣雅書局影宋本《通鑑長編紀事本末》卷五（發寫稿）、卷六、卷七、卷八原紅印葉；陶氏《皇朝通鑑長編紀事本末》卷五、卷六、卷七、卷八之抄校葉；陶氏新補卷五『親征河東（太宗朝附）』所缺部分（發寫稿），新補卷六『聖德』『聖學』『親信趙普』即整卷（發寫稿），新補卷七『罷節度使權』『優禮節度使』，『政迹』則僅有補佚目録。實乃廣雅書局原紅印葉、陶氏抄校葉、陶氏新補葉三類不同性質之本子混裝於一體。

册三亦爲兩本裝成一册。前本封葉題『長編補佚（弟三册）』，并鈐『陶「花押」』印。其次分行題：『原卷一百十四』『卷五・脩實録、脩國史、脩玉牒、定新曆、渾天儀象、玉璽（改元坿）』；『原卷一百十五』『卷六・獲鬼章』。其意即原楊仲良《續資治通鑑長編紀事本末》卷一百十四編作《續通鑑長編紀事本末補佚》卷五，原楊仲良《續資治通鑑長編紀事本末》卷一百十五編作《續通鑑長編紀事本末補佚》卷六。又有題曰『發寫（七月十二日）』。前本封葉背有黏簽。首行朱筆題『修實録』，次墨筆題：『紹聖元月夏四月戊辰，同修國史蔡卞請重修《神宗實録》。五月己酉，修國史曾布請以王安石《日録》載之《神宗實録》。三年十一月丁未，章惇上《神宗實録》。庚戌，宴修實録官。校《宋史・哲宗本紀》補卷末。』此段文字抄自《宋史・哲宗本紀》，『紹聖元月』當作『紹聖元年』。此簽實當黏於此册前本正文第一部分之末，以其内容接綴於『以備邇英閣進讀。從之』之後方妥。前本正文第一部分爲陶氏所補『修實録』。卷端原題『通鑑長編紀事本末卷一百一十四』，墨筆改作『續通鑑長編紀事本末補佚卷弟五』。次三、四行分别題『哲宗皇帝』『修實録』。自『元祐元年二月乙丑，命宰臣蔡確提舉修神宗皇帝實録』迄『以備邇英閣進讀。從之』。前本正文第二部分爲陶氏所補『獲鬼章』。卷端題『續通鑑長編紀事本末補佚卷弟六』；題下有小注『原一百十五』，然又將之删去。次三、四行分别題『哲宗皇帝』『獲鬼章（按，《長編》「鬼章」作「果莊」）』。自『元祐元年六月丁未，兵部言』迄『仍令育諭送還之意』。卷末題『續通鑑長編紀事本末補佚卷弟六』。

後本封葉題『長編補佚賸稿』，并鈐『陶（花押）』印。後本正文第一部分爲陶氏所補『獲鬼章』。卷端題『通鑑長編紀事本末卷一百十五』，次三、四行分别題『哲宗皇帝』『獲鬼章（《長編》作「果莊」）』。自『神宗皇帝熙寧七年二月甲申，知河州景思立、走馬承受李元凱戰死於踏白城』迄『八年春三月戊戌，上崩，哲宗即皇帝位』。

正文第二部分爲陶氏所補『取棄湟鄯州』廢稿。首自『元符三年二月辛丑，進隆贊位轄正上』迄『詔瞎征居鄧州。未幾，卒』，摘抄自黄以周等輯注《續資治通鑑長編拾補》，其天頭處有墨筆書『╳』，因其内容實關乎『取棄湟鄯州』，且此一内容亦存於册四『取棄湟鄯州』内，不當列於此，故此處删除之。次摘抄《宋史·徽宗本紀》，題名下小注『湟鄯州』，天頭墨筆題『不用』二字。次摘抄《宋史·王厚傳》，天頭墨筆題『不用』二字。次摘抄《宋史·吐蕃瞎征傳》，天頭墨筆題『不用』二字。此一部分皆關乎『取棄湟鄯州』者，實皆爲廢棄之稿。正文第三部分爲陶氏所補『修玉牒』謄稿。卷端題標題『修玉牒』。自『十月己酉，尚書省言』迄『然則御批違官制也』。正文第四部分摘抄《宋史·徽宗本紀》，僅抄録『以西蕃王隴擺爲河西』，即此册後本第二部分摘抄關乎『取棄湟鄯州』《宋史·徽宗本紀》之重複，廢稿。

總言之，標作『弟三册』者，實爲前、後二本，前本曾定稿發寫，而後本乃謄稿廢稿。内容包括：補楊仲良《續資治通鑑長編紀事本末》卷一百一十四哲宗『修實録』之發寫稿，編爲《續通鑑長編紀事本末補佚》卷五。補楊仲良《續資治通鑑長編紀事本末》卷一百一十四哲宗『修玉牒』之謄稿，當屬《續通鑑長編紀事本末補佚》卷五。補楊仲良《續資治通鑑長編紀事本末》卷一百一十五哲宗『獲鬼章』之發寫稿、謄稿，編爲《續通鑑長編紀事本末補佚》卷六。補楊仲良《續資治通鑑長編紀事本末》卷一百一十六哲宗『取棄湟鄯州』之廢稿，當屬《續通鑑長編紀事本末補佚》卷七。

册四，封葉題『長編補佚（第四册）』，并鈐『陶（花押）』印。其次分行題『卷七』『取棄湟鄯州（原一百十六）』。卷端題『通鑑長編紀事本末卷一百十六』，次三、四行分别題『哲宗皇帝』『取棄湟鄯州』。自『元符二年。初，嘉勒斯賚兄扎實庸嚨爲河南諸部所立』迄卷末『詔瞎征居鄧州。未幾，卒』。乃陶氏補楊仲良《續資治通鑑長編紀事本末》卷一百一十六哲宗『取棄湟鄯州』之稿，編爲《續通鑑長編紀事本末補佚》卷七。

册五，封葉題『長編紀事補佚（弟五册）』，并鈐『陶［花押］』印。其次分行題：『卷七・取棄湟鄯州（原一百十六）』『卷八（徽宗）受位（皇太后同臨政附）御製、御筆、聖德、政迹（原一百十七）』『卷九・復孟后（原一百十八）』『卷十・用元祐舊臣（原一百十九）』。此『卷七・取棄湟鄯州（原一百十六）』衍，因是册之中并無此一内容，而具於第四册中，故其於『卷』字、『取』字、『原』字右上角標有『〇』符號；又，『受位（皇太后同臨政附）』之『臨』乃『聽』之誤。是册内容實有三部分。第一部分爲陶氏所補『受位』『御製』。卷端題『通鑑長編紀事本末卷一百十七』。次三行題小題『徽宗皇帝』。次四行題標題『受位（皇太后同聽政附）』，自『元符三年春正月己卯，上崩於福甯殿』迄『此止用仙游夫人弟任澤除供奉官例爾。上乃許』，爲『受位（皇太后同聽政附）』之内容。次題標題『御製』，自『崇甯四年三月戊午，宰臣蔡京言九鼎告成』迄『政和七年八月丙辰日可攷』，爲『御製』之内容。此二者皆屬楊仲良《續資治通鑑長編紀事本末》卷一百一十七，陶氏以爲《續通鑑長編紀事本末補佚》卷八。第二部分爲陶氏所補『復孟后（元符后附）』。卷端題『通鑑長編紀事本末卷一百十八』，次三、四、五行分别題『徽宗皇帝』『復孟后』『元符后附』。自『元符三年四月庚戌，上問蔣之奇元符廢后事』迄『百官陪位』。屬楊仲良《續資治通鑑長編紀事本末》卷一百十八，陶氏以爲《續通鑑長編紀事本末補佚》卷九。第三部分爲陶氏所補『用元祐舊臣』。卷端題『通鑑長編紀事本末卷百十九』，次三、四行分别題『徽宗皇帝』『用元祐舊臣』。自『元符三年正月丙戌，上批付三省』迄本册末『其言甚切』。屬楊仲良《續資治通鑑長編紀事本末》卷一百一十九，陶氏以爲《續通鑑長編紀事本末補佚》卷十。

按：楊仲良《續資治通鑑長編紀事本末》所殘缺者十卷二十五事目，陶氏先後所補太宗皇帝《親征河東（太宗朝附）》《聖德》《聖學》《親信趙普》《罷節度使權》《優禮節度使》，哲宗皇帝《修實録》《修玉牒》《獲鬼章》《取棄湟鄯州》，徽宗皇帝《受位》《御製》《復孟后》《用元祐舊臣》凡十四事，太祖皇帝《政迹》一事有標題而缺正文。

太祖皇帝《駕馭將帥》《受位》《秦王事迹》，哲宗皇帝《修國史》《定新曆》《渾天儀象》《玉璽（改元附）》，徽宗皇帝《御筆》《聖德》《政迹》仍或殘或缺。然據現存稿本封葉所題册數及内容推斷，是稿原本當有五册，今僅存册一、册三、册四、册五，而脱去册二，所殘所缺而未見補者實當存於册二中。

陶氏將所補分爲十卷裝成五册。册一爲卷一、卷二，各自對應楊仲良《續資治通鑑長編紀事本末》卷五、卷六。册二或爲卷三、卷四，對應楊仲良《續資治通鑑長編紀事本末》卷七、卷八。册三爲卷五、卷六，各自對應楊仲良《續資治通鑑長編紀事本末》卷一百一十四、卷一百一十五。册四爲卷七，對應楊仲良《續資治通鑑長編紀事本末》卷一百一十六。册五爲卷八、卷九、卷十，各自對應楊仲良《續資治通鑑長編紀事本末》卷一百一十七、卷一百一十八、卷一百一十九。

陶氏補佚之時間。考諸史料，楊仲良《續資治通鑑長編紀事本末》最早是張之洞委託繆荃孫校訂成册的，時間在光緒十四年，其過程見《藝風老人日記》；光緒十五年至光緒十八年六月間，稿本又經過校勘，且曾上板試印，故此次校勘，不僅校稿，亦校板，廣雅書局刻《通鑑長編紀事本末》各卷末皆刻有初校、覆校、再覆校者姓名，書末廖廷相《跋》尾題『光緒十八年壬辰六月南海廖廷相識於廣雅書局之東校書』，其所謂校當包括校稿、校板。光緒十九年正式刊印，即卷前牌記『光緒十九季秋七月廣雅書局栞』所示。陶氏於光緒十四年至十七年間任廣雅書局校勘，此稿本中有陶氏搜集廣雅書局所刻《通鑑長編紀事本末》原紅印葉，故其有意補佚，或始於此間。

就史學而言，楊仲良據李燾《續資治通鑑長編》編《續資治通鑑長編紀事本末》，不獨體例之改編，亦於史料保存有功。清光緒間，黄以周、馮一梅等人即以楊書所載爲主，據之以補其時李燾《續資治通鑑長編》内容之脱，成《續資治通鑑長編拾補》六十卷。然其時楊仲良《續資治通鑑長編紀事本末》亦有脱，陶濬宣則以李肅《續資治通鑑長編》、黄以周等《續資治通鑑長編拾補》爲主而輯補楊書，使之成一完帙。張金吾《愛日精廬藏書志》卷十《皇朝通鑑長編紀事本末一百五十卷（抄本）》云：『是書以李氏《長編》分類編次，每類中仍以編年紀事，原欽備具，繁簡得中，洵可與《長編》相輔而行。且《長編》徽、欽兩朝皆已闕佚，藉此得考見崖畧，尤可寶貴。』趙鐵寒於一九六七年《資治通鑑長編紀事本末》影印本卷首《續資治通鑑長編紀事本末題端》中云：『若按題由《長編》中輯補内容……那真是史學的盛事了。』皆可由此察知陶氏補佚之意義。然頗可惜是稿册二竟不得獲見，憾甚！

然此稿之價值，不獨在其補佚，亦在其對特殊文獻之保存。在此稿本册一中，保存有廣雅書局刻《通鑑長編紀事本末》卷五、卷六、卷七、卷八之原紅印葉；又册一、册三均注明『發寫』，稿本天頭處亦多抄寫格式之提示。故此稿不僅保存了豐富獨特的晚清書籍刊刻過程史料，而且對瞭解廣雅書局《通鑑長編紀事本末》刻本有不可替代之價值，洵可寶也。

現藏浙江圖書館。（陳開勇撰）

官階古稱攷不分卷　（清）陶濬宣輯　稿本

一册。金鑲玉襯裝。書用『修初堂』專用箋紙抄録。每半葉九行，行字數不等，小字雙行同，緑絲欄，白口，單魚尾，四周雙邊。此書卷端題『官階古稱攷』，下署『會稽陶濬宣鈔撮』，鈐『濬宣』白文長方形小印。書衣題名作『古今官名異同攷』，署『丙子秋九心雲自題』，鈐『陶氏心雲』朱文方印。蓋同書異名也。

是書收録清朝官階目四十七條，包括中央官職如宗正、宰相、中書、翰林、詹事、吏部、户部、禮部、兵部、刑部、工部、御史等，地方官職如總督、巡撫、布政使以至縣丞、典史、巡檢等，每條皆羅列古稱於其下，部分注明出處。如此搜討，實得之於平時讀書鈎沉、輯録之舉，雖不以撰述言，然亦日積月纍之功，或非謂隨手抄撮可成也。

按：書做金鑲玉襯裝時，舊書衣外新添書衣和護葉，護葉有隸書題跋曰：『《官階古稱攷》，又名《古今官名異同攷》，一卷，陶濬宣手寫本。略簡殊甚，蓋一時興致，隨手鈔撮而成，備書翰之用，原非以言撰述也。以墨迹故，珍之。後五十七年癸酉重九長興王修。』舊書衣和卷端各鈐『長興王氏詒莊樓藏』白文方印。則濬宣輯録此書，完稿於清光緒二年（1876）丙子九月，後爲王修所得。王修題跋在五十七年後之民國二十二年（1933）癸酉重九，金鑲玉襯裝當亦成於王修之手。王修，浙江長興人。先後師事丁紹猷、鄭文焯。喜金石，好蓄書。家有詒莊樓，藏書甚富。

現藏浙江圖書館。（方俞明撰）

國朝紹興詩録小傳不分卷　（清）陶濬宣輯　稿本

一册。書用素竹紙抄録，無邊欄。每半葉八行，行字數不等。書皮以陶氏碑體題『國朝紹興詩録小傳，辛卯夏五濬宣署』，鈐『陶（花押）』朱文長方花押印。前有序。

此書爲陶濬宣《國朝紹興詩録》編纂過程中之詩人作者小傳草稿。

全書所收録詩人的地域範圍爲紹興府舊屬山陰、會稽、上虞、餘姚、諸暨、蕭山、嵊縣、新昌八縣。自卷端乾隆時期吳廷樂始，至卷末史澄止，共收人物列傳一百五十二人次，其中陳于前、陶慶颺、陶慶怡、陶春、金烺五人之小傳，皆前後重出，故實際列傳人物爲一百四十七人。是稿尚屬初創，所選人物非按生卒年排序，亦非按各縣屬歸類，有近三分之一人物爲簡傳無事迹，對讀小傳文字，部分人物傳記則徑直迻録於《上虞詩集》，然一些詩家的詩篇和傳略，亦由此得以幸存。與之同時代的交往詩友，如陶方琦、趙祖歡等，濬宣更不吝筆墨，盡呈史實，小傳篇幅竟長至五六百言，成爲這些詩人傳記的最可靠版本，彌足珍貴。所列人物之時代跨度，從順治到同治各有選取，但内中人物，排列無序，文字塗乙，揩改滿篇，確爲草創之稿。

書前有序一篇，爲民國三十二年（1943）三月紹興朱澗南手迹，朱氏詳述與濬宣之交誼和撰序之緣起，曰：『嗚呼！此吾友東湖居士遺著也。居士工魏草，博學殫恰。與余交在清光宣間，時居士辦理東湖法政專門學校，學子數百人，余以末學承居士敦促，濫竽教鞭，公餘討論作詩寫字之法，娓娓忘倦。』『歲癸未，余承乏鄉邦司理忽忽三載，案牘勞形，韻事寂寥。忽友人傳君介其曾孫來見，手持居士稿本見示，讀之恍對故人，想見其當年發潛德闡幽光之苦心。慨自商質園太史著《越風》後凡二百年，賡續之舉尚有待焉。居士就所見聞著爲小傳，簡而明，文而遠，雖爲初創之稿，排列論次有賴後人，然其草創之勤奮，可謂苦心孤詣，有功先哲矣！』朱澗南（1882—？），字幼溪，會稽（今浙江紹興）人。光宣間，承濬宣之聘，曾爲東湖法政專門學校教員。清宣統三年（1911），任紹興府中學堂法制經濟教員，此期與魯迅先生爲同事。入民國，任紹興軍政分府學務科科員。後短期任職紹興縣立圖書館館長。朱氏序文也闡明了陶濬宣《國朝紹興詩録》是繼商盤《越風》後的又一部地方詩選總集，觀《小傳》所列詩人名録，正符合其對《越風》的補充和賡續。

現藏浙江圖書館。（方俞明撰）

入剡日記不分卷（清光緒元年二月五日至二十九日）（清）陶濬宣撰　稿本　清陶方琦題簽

清秦樹敏　馬賡良　陶方琦　孫德祖跋　余紹宋題跋

一册。書用『稷山讀書樓』專用仿薛濤箋抄録。每半葉九行，行字數不等，小字雙行同，緑絲欄，白口，單魚尾，四周雙邊。

濬宣《入剡日記》起自清光緒元年（1875）二月初五，迄於同月二十九日，前後歷時二十五日，日日有記。原書曾遭蟲蝕，雖經修補，然自日記正文第十一葉始，書葉内文近書腦下角處，皆因蟲蝕有字數不等缺失。卷首有小序略述其緣起：『光緒改元，龍集乙亥，二月初五日得署嵊縣陳大令友詩書，招予入剡，爲分校童子試卷。予雅愛剡中山水久矣，卒未一至，聞招欣欣，遂許其往。大令字湘門，臨湘人，乙卯孝廉。』濬宣此次入剡，往返舟行，岸景如畫，寓剡之日，除校卷與試士外，更多記録了暇時從城内到城外『孤訪名山，窮搜墜迹，偶有所獲輒記以詩』的紀游歷程，實爲校卷閑暇之剡中游記。二十餘日，游歷嶀浦、謝靈運垂釣處、剡山、桃源觀、剡坑、明心寺、星子峰、艇湖山、鐵佛寺、它山祠、東鎮廟、惠安寺、應天塔、城隍廟、二戴書院、了溪、禹祠、清風嶺等，次第尋訪，間有考據，語境高逸，詩筆古雅，通篇堪稱美文。

前書皮有陶方琦題簽曰『入剡日記，漢邈署檢』，鈐『漢邈』朱文橢圓印，右下方鈐濬宣自用印『稷山樓主』朱文方印。卷前爲題辭，首爲秦樹敏五言二首，款落『入剡日記題奉心雲同社詞壇希是正之益弟秦樹敏呈稿』，下鈐『更名樹敏』白文方印，此葉欄外下側近書腦處另有二藏書印，余紹宋『余越園讀書記』朱文長方印、『浙江省文物管理委員會藏』朱文長方印；次爲馬賡良七絶二首，款落『文冲仁兄見示入剡日記，叙次精雅，山水增妍，振觸舊游，爰題二絶句以博一笑，乙亥秋杪社小弟賡良拜稾』，鈐『幼眉詩印』白文方印。書末亦有題辭，一爲陶方琦七律古體一首，款落『乙亥始夏，閒覽心雲八弟入剡日記，摛辭狀景，并溱古澤，枉帆舊山，歷歷在目，因書一律於後，神思洄（沿）。兄方琦識於潠廬』。一爲孫德祖七言一首，因蟲蝕過甚，難以識讀。書末護葉復有余紹宋短跋一則，題曰：『此書浙江通志已爲存録，卅五年四月記。』鈐『余紹宋』白文方印、『蘭臺餘緒』朱文方印。

日記卷端首行題『入剡日記，陶濬宣文冲』。卷端鈐印纍纍，計有：『文冲著作』朱文長方印、『濬』朱文小圓印、『陶（花押）』朱文長方花押印，以上三印爲陶濬宣用印；『孝邈誦過』白文方印，此爲陶方琦用印；『勉鉏欣賞』白文小方印，此爲秦樹敏用印；『培心收藏』朱文方印，此爲賀揚靈藏書印。由前後藏書印可知，濬宣身後此書散出，曾輾轉爲賀揚靈、余紹宋遞藏，在余氏手上，更爲當時采編《浙江通志稿》所利用，後書歸浙江省文物管理委員會，并入藏浙江省博物館。

此册《入剡日記》，眉端有三家批注，循落款而可辨其人筆迹者二：一爲李慈銘，八日日記評曰『淡遠』，九日日記評曰『石湖高致』；一爲馬賡良，八日日記評曰『好句若聯珠而氣格蒼老』，二十日日記評曰『奇警幻，統體亦高古，不愧大家』，可謂好評如潮。李慈銘、陶方琦、馬賡良、秦樹敏、孫德祖，數人皆爲濬宣社中師友，陶方琦、馬賡良傳閱日記後之題辭，分屬落款爲乙亥夏、秋，距日記紀事僅數月之遥，可見《日記》脱稿，即樂於在社友間傳誦、欣賞、校讀，濬宣此舉，似仿越縵，一以日記爲詩文日課，願得社友批評，當亦不無美文自耀之意。

是稿與上海圖書館藏陶濬宣《稷山日記》一册稿本，所用箋紙相同。上圖所藏日記自光緒元年乙亥正月初一，迄於同年七月十五日。中間所缺二月初七至二十九日，恰爲是稿，可見是稿爲濬宣從日記整體中抽出，單行而爲。又，中國社會科學院文學研究所現藏《入剡記初稿》，收有濬宣所撰《剡中草》《入剡小記》《入剡日記》，此處《入刻日記》，應爲社友傳誦、欣賞、批校後，作者另稿録出後與他稿合編而成。

現藏浙江省博物館。（方俞明撰）

海州病中日記一卷（清光緒十三年四月二十六日至七月二十七日）（清）陶濬宣輯　稿本

一册。金鑲玉裝。是書用素竹紙謄寫，無邊欄。每半葉十二行，行字數不等。書名題簽曰『海州病中日記』，亦爲後人手筆。

是稿爲陶濬宣清光緒十三年（丁亥，1887）所記江蘇海州經歷。卷端題名曰『丁亥夏四月海州病中日記』，後爲濬宣小序，序曰：『予近得心疾，不能構思，并不能觀書，幸眠食尚無大害。欲獲搘持，因思心疾非藥餌可治，非垂簾塞兑、寂坐養心不爲功也。其法宜多静坐，少思慮，寡言語，省披覽，節飲食，慎藥物，防寒暖，專心壹志以養元神，定限一月，自今日始，每日注程課於下，以核存放之功。四月二十六日湝盦居士記。』

綜覽是稿，實分前後兩部分：日記前部分，起自四月二十六日，迄於閏四月十八日，所記爲襄助江蘇學政王先謙赴海州院試事宜。文字多塗乙增删，日記體例規範，每日有記，既録行迹，又述病情，正符合『每日注程課於下』之初衷。部分文句更添墨圈或墨綫，以示自警，與濬宣卷端眉注所言『凡静坐有所悟者，用墨圍記之；傷身之事以墨抹之』亦合。日記内文多提及『長沙師』『王祭酒師』『益吾師』『益師』，所指即長沙王先謙。王先謙光緒二年任職浙江鄉試副考官，是科濬宣鄉試中式，故王、陶有師生之誼。光緒十三年，時任江蘇學政的王先謙赴海州舉行院試，濬宣一同隨行，所記日記閏四月初五日前多有『閲卷』記載。清代江蘇院試慣例，考畢海州，至淮安清江浦，乘船沿運河回學政衙署所在地江陰，日記所述，與之甚合。日記詳述每日行迹及各段旅程，是研究清代江蘇學政院試行程的第一手科舉行迹材料。

日記後部分，起自丁亥六月初三日，迄於同年七月二十七日，非逐日記，亦不遵日記規範體例，隨意記録病情及養病用藥之所思所想，或一日數記，或數日不記，如六月初三日記：『調劑之藥，煎成以後，置之左右，先嗅其氣，更飲少許試之，覺於口鼻甚合，易下喉吻者，此藥服之必投也。若望氣生畏，及强飲之，而苦其多者，必於臟腑不宜，可即不服……予久誤於藥，近始漸漸試之，屢試必驗，然必静心候之，亦服藥之要訣也。』可窺濬宣養病之苦心。七月十四日記：『予之初病，皆因勞極陽升，僵卧三日，無不瘉者，三日不卧，帶病勉支，訖於今日，已五閲月矣，悔何及哉！』此後因病日重，而天氣漸凉，濬宣急擬歸家調養，遂於七月二十二日自江陰起舟南歸，『二十七日桐鄉道中記』曰：『予年來致病之由，總因過勞、多食、誤藥三者，今自爲偶語，銘之座側，冀永守之：不動心，不生氣，不服藥，不落夜；少勞力，少説話，少吃食，少看書。』因病而至痛輒反思如此！

細觀日記書葉保存狀况，日記後部分各葉蟲蝕嚴重，曾經修補，而日記前部分各葉保存完好，故可以認定原前後兩部分并非合册。更從日記所止日期和所記内容推測，前後兩部分日記，均非完璧，尾處或各有内容缺失。

現藏浙江圖書館。（方俞明撰）

東湖記一卷 （清）陶濬宣輯　稿本

一册。每半葉九行，行二十四字，小字雙行同，朱絲欄，白口，單魚尾，四周雙邊。書用『稷山雜纂』專用箋紙抄録。原稿以精雅館閣體謄録，在濬宣傳世書體中較爲少見，其上間有塗乙改竄、文句移位，則以别體書之、標之。

是《記》所述，爲清光緒二十一年（1895）濬宣籌資於郡城東門外鳥門山之水石宕，仿桃源意境，營建東湖園林之事。全篇一千三百餘字，卷端首行落『東湖記』篇名，篇末署『大清光緒二十有四年太歲戊戌夏五月東湖居士陶濬宣撰記并書』。

《記》文述陶氏取殘山剩水榛莽蕪壅之鳥門山水石宕營造東湖園林之經過，如：截堤鞭石、筑橋建亭、疊石修洞、構樓藏書、種桃栽柳、蒔花畜魚，以及開放游觀諸事，無不一一道及，爲紹興東湖園林始建最詳實的珍貴史料，文獻價值，不言而喻。其最可貴處有三：

（一）記録東湖營建起始之時間爲光緒二十一年夏，可澄清當今紛亂之衆説；

（二）記載舊時東湖勝景之亭、臺、樓、閣，堤、橋、圃、洞，位置清晰，仿佛再現；

（三）記録東湖自營建伊始，即不以自私，士夫村豎，紅男緑女，可隨處衍游，蓋爲紹興公園之始基。

《記》後有濬宣草擬行楷題識一段：『除首尾兩行，文長一千三百廿四字。碑高五尺六寸，廣三尺，每字方一寸，每行（高五尺六寸）除天地頭（各寸半），計五十三格，（廣三尺）計畫二十七行（左右留邊各一寸），除首尾兩行，碑文共二十五行，共得一千三百廿五字（下空一字）。』表明濬宣於《東湖記》實有立碑之想，且已規劃到碑身佈局。然此碑又未見任何著録，抑濬宣始想而終未刻歟？

現藏浙江圖書館。（方俞明撰）

稷山所見金石目一卷 （清）陶濬宣輯 稿本

一册。每半葉九行，有雙行小字，行字不等。緑格，白口，單黑魚尾，四周雙邊。書口下緑印『稷山雜纂』四字。

館藏單位原著録爲『一卷』，實書中有四個卷端大題，皆署書名『稷山所見金石目』，是可爲四卷。以朝代析卷，卷一爲漢代，卷二爲魏、西魏、東魏、北齊、北周、隋代，卷三爲唐、後唐、晉、梁、周、蜀、後蜀、北漢、南詔，卷四爲宋、遼、金三代。每條目録從題名、撰者、書者、書體、碑刻年月、所在地等幾個款項進行著録。文中有校改、添補。

卷一卷端署書名，下注小字『凡見孫氏《寰宇訪碑録》及趙氏《補録》者不載』。其中，『南武陽東闕畫象題字』條注『南闕、西闕孫已録』，『沙南侯獲碑陰建寧殘字』條注『碑見趙補録』。卷二卷端僅題書名，下并無注小字，此卷見孫録、趙補録者各條書目中會注明。卷三卷端則署書名外，又下注小字『凡見孫氏《寰宇訪碑録》者不著』。然事實上，此卷情况比較複雜，有注『孫趙兩録』者，有注『孫録，趙又録』者，亦有注『孫録』者、注『孫録，失額』『孫録，碑額陰側未收』者，有注『碑見孫録』者，有注『趙補録』者，有注『趙補録失編』者。卷四卷端署書名，下注小字『凡見《寰宇訪碑録》及趙補録者皆不録』，文中偶見注『孫録』『趙補録』者，書眉添補條中多有注『孫録』『趙補録』者。

按：此『孫氏』指孫星衍、『趙氏』指趙之謙。孫星衍《寰宇訪碑録》凡十二卷，依時代爲序，起自周止於元末，著録各地石刻碑碣七千餘通。後趙之謙仿孫星衍《寰宇訪碑録》一書體例而作《補寰宇訪碑録》五卷，自秦、漢迄於元代。陶氏此目多有未見於此二目者，對金石研究者等來説不無補益，具有重要的史料價值。

現藏上海圖書館。（曹海花撰）

金石隨筆一卷 （清）陶濬宣輯 稿本

一册。每半葉九行，行字不等。封面題『隨筆坿信稿』字樣，鈐『陶（花押）』朱文長方花押印。卷端題『金石隨筆，東湖居士手稿』，全文字迹潦草，有塗改、勾乙，係著者手迹。

全書爲三部分組成。首選録著名金石碑刻，論述其字體特點及其淵源。所選各碑依次爲褒斜邑石刻、三公山碑、曹全碑、張遷碑、魯王墓前石、楊孟文石門頌、孔廟三碑、東京碑、漢華岳廟碑等。如開篇介紹『漢永平六年開通褒斜邑石刻』，認爲『東漢之書，此爲最先』，又『三公山碑，乃由篆而趨於隸之漸也』，而『張遷碑，字雄厚樸茂』。

次録吾邱衍子行之《學古編》、桂馥未谷之《續三十五舉》，詳論篆刻之術。又作《廣武將軍碑跋》，末題『宣統辛亥跋於姑蘇』。

此後爲其信稿，依次爲《與樊雲門方伯同年》《與安徽按法使吴佩璁同年》《復莊思緘蘊寬》《答鄒景叔》《與葉菊裳同年》《題貝□盦菊圖》《與弢甫同年》《與程黼堂太守》《與程雪樓都督》《與蔡孑民總長》《復周桂笙》《與徐寄廛書》諸信。後有諸信，祇録題名而無全文，如《寄焐仰日本游學》《送蔡孑民游學德意志》等，蓋未完之作也。

現藏上海圖書館。（周聿丹撰）

校讎之學一卷（清）陶濬宣輯　稿本

一册。毛裝。書用『稷山雜纂』專用箋紙抄録。每半葉十一行，行二十一字，小字雙行同，緑絲欄，白口，單魚尾，四周雙邊。卷端題名『校讎之學』。

是書首陳古人言訂僞補脱之法，繼列校讎諸例之大略，曰：字以聲近而誤例；字以形近而誤例；因古字而誤例；字以不習見而誤例；一字誤爲兩字例；衍文例；脱文例；補脱而誤重例；錯簡例。凡九類。又云，凡校讎所據者七：曰異本。曰他書所引。曰他書同辭。曰本書同辭。曰通例。曰偶辭。曰注文。以上七條，每條皆列其例，細審之，則陳垣先生確立之當代校勘學四法——對校、本校、他校、理校，幾包含其中矣。校讎需所正者五：曰誤字、曰脱文、曰衍文、曰錯亂、曰失韻。以上五條，亦各陳種種『誤』『脱』『衍』『錯』『失』之由，『凡古今群書致誤之由，校書得間之迹，大略具矣』。全稿補録章實齋《校讎通義》一節，曰：『夫勤校而慎改，斯爲善矣。若章氏《校讎通義》一書，述劉班之指，部次甲乙，條别出入，將以辨章學術，疏通倫類，而究其異同得失之所在，勒成一家之書。此又藝文著録之學，不可不知也。』以有清一代浙東派史學後繼論，濬宣之於實齋，亦可謂私淑矣。

現藏浙江圖書館。（方俞明撰）

國朝史學叢書目録一卷（清）陶濬宣訂　稿本

一册。每半葉十一行，行二十四格，小字雙行同，黑口，單魚尾，四周單邊。書用『廣雅書局校抄本』專用緑格箋紙抄録。楷書謄抄工整，正文及天頭有多人塗改勾乙。扉葉題名『國朝史學叢書目』，鈐『陶濬宣』白文方印。前無序、無凡例，後無跋。卷首題『辛卯七月既望訂』，是年爲光緒十七年（1891），時爲濬宣司職廣雅書局校勘之末期。卷端題名『國朝史學叢書目録』，鈐『濬宣手校』白文方印、『陶（花押）』朱文長方花押印。

全書分補史類、考史類、通鑑類、别史類，中又有存目，後有附刻目録。『補史類上』附注小字：『凡廣雅書局已刻者，注明已刻字樣。待訪者，注明未見，以備採訪。已刻者所據何本，另刻書目茲不縷列。各類仿此。』『補史類上存目』附注小字：『凡現擬不刻各書，仍存其目於此。』『攷史類上』附注小字：『空論史評之類不録。』『通鑑類』附注小字：『其書博大，故别爲類。』以上四段附注小字，合而可視爲此書編纂凡例之雛形。入目各書，記以書名、卷數、撰者、傳本（或注未見）。

補史類上分三十九種，『補正史志、表、列傳之屬』，如孫星衍《史記天官書補目》一卷、錢大昭《後漢書補表》八卷等；補史類上有存目四種，如杭世駿《晉書傳補贊》一卷等；下十三種『輯補正史、别史、雜史、地志、逸文之屬』，如嚴可均《四録堂輯佚史七種》等。

考史類上一百三十三種，『正史、音訓、校勘、注補、拾遺、攷辯之屬，凡文集、札記、雜志及金石文字序跋，有關攷訂正史成卷者抽刻，散見者别爲叢鈔，用學海堂經解例也』，如錢大昕《廿二史攷異》一百卷、趙翼《廿二史劄記》三十六卷。考史類下二十種，依據正史，别爲表、圖、考釋、韻編、譜録之屬，如齊召南《歷代帝王年表》三卷。另有考史類上存目三種，下存目八種。

通鑑類十二種，如趙紹祖《通鑑注商》十八卷。

别史類二十四種附一種，『原本正史，重爲整比、編纂及撰注、載記、雜史之屬』，如吴任臣之《十國春秋》一百十四卷、洪亮吉之《西夏國志》十六卷。末附明代王惟儉《宋史記》二百五十卷，又存目二種，爲劉應麟《南漢春秋》十三卷、梁廷楠《南漢書》十八卷。另録編年類存目一種，即沈業《晉朝十六國始末》，無卷數。末有附刻目録，補史類四種，考史類十二種，通鑑類三種，紀事本末類十一種，編年類十二種，會要類十五種，禮書類八種，附刻七類共五十九種。又陶濬宣手録補輿地類附記五種。

是書係爲抄工謄清，雖非濬宣親筆，而實可貴者，爲其上有多家筆迹之校補，經辨落款、審内容、對書迹，可確認爲清季五學者之校補手迹：

（一）陶濬宣自校自補，計二十五條，例：『《三國志旁證》三十卷，梁章鉅，已刻』條下，濬宣補批曰：『此程同文著，梁茝林竊之，如郭象之於向子期也。』此説新見，復爲史林辯異一例。

（二）姚振宗校補，計十條，例：『《晉略》六十卷，周濟』條，天頭補『《晉書纂》六十卷，明如皋蘇文韓輯。快閣有本，然其書不知如何，振宗記』。蘇文韓《晉書纂》六十卷爲明萬曆刻本，然其書稀見。

（三）譚獻校補，計五條，例：『《元史新編》□□卷，魏源，稿本存獨山莫氏』條，天頭補注『龔孝拱橙重修《元史》五十册，身後莫善徵刺史得之，聞全稿已送魏撫部光燾付刻，當即魏氏著，龔存寫本耳。獻注』，查魏光燾《元史新編序》，曰『歲丁酉始屬歐陽輔之、鄒改之兩茂才校刊，凡八閲寒暑，徐克蕆事』，丁酉爲清光緒二十三年（1897），則譚獻校補，當在光緒二十三年後，此期濬宣已自嶺南歸越。

（四）黄紹箕校補，計三條，例：『《明史稾》二百八卷，王鴻緒』條，天頭補注『王可莊太守得萬季野《明史稿》，係傳録本，不全。與王書有異同，似即王書之藍本，惜未及詳校。紹箕』。

（五）疑爲葉昌熾校補，計四條，此四條皆無名款可據，而疑爲葉氏者，可從内容和書迹得之，例：『《兩漢書疏證》七十四卷，沈欽韓，江蘇吴氏藏有鈔本，未見』條，天頭補注『原稿在徐花農編修所，馮林一師有抄本』，知校補者爲馮桂芬弟子。馮氏弟子中，唯葉昌熾曾司職廣雅書局分校，與廣雅書局關係最密，且細審筆迹，正同。

《國朝史學叢書目》一書之編纂，緣起於濬宣座師張之洞。讀《通藝堂勸學卮言》『史學』條，略可知其端倪：『南皮張尚書師創開廣雅書局，擬刊《國朝史學叢書》，薈萃乙部，勒爲總編，分補史、攷史、編年、別史四類，先後訪書得二百餘種。其義例未精不擬付刻者，附爲存目於後。』則是書爲廣雅書局擬刊《國朝史學叢書》所纂，經訪書編目而成。此處四類中之『編年類』，至未定稿書目已改爲『通鑑類』，故前後稍異。

日本長澤規矩也《中國版本目録學書籍解題》，載《（國朝）史學叢書目録附史學叢書附刻目録》一條，記爲『琴志樓抄本』，解題曰：『無序跋。分補史類、考史類、通鑑類、別史類，中又有存目。記書名、卷數、撰者、傳本，或注未見傳本等。蓋爲清人之稿本，計劃刊行之際收録預定之書目。其他傳本未見。』琴志樓爲晚清詩人易順鼎齋號，該抄本應即爲是書。可見是書雖未公開刊行，然已受後世學者關注，亦見是書之影響。

現藏浙江圖書館。（方俞明、周聿丹合撰）

稷山草堂碎金不分卷　（清）陶濬宣輯　稿本

兩册。每半葉九行，行字不等。單魚尾。目録葉爲素紙，正文爲緑格花邊稿紙。版心下鎸『心雲輯録』，作者號『心雲』，此係其自製稿紙。毛裝。

册一封葉題『稷山草堂碎金』，『陶文冲手稿』；前有目録，題『稷山草堂碎金，陶文子手録』，鈐『濬宣』白文方印。册二封題『稷山草堂瑣録』。

册二主要内容爲濬宣摘録相關簡短詩文歸屬於某一類目之下，而成類書。書前目録列有『天文』『歲時』『地理』等四十五個類目，然正文中實際成三十餘類。次序與目録不完全對應，亦無葉碼。册一後三葉及册二爲濬宣讀書摘録筆記，即如册二封葉題名所揭，多摘自《世説新語》《漢書》《後漢書》《莊子》等，間有少量摘自韓愈、蘇軾等文。

按：是稿成書時間不詳。册一正文鈐『朱鼎煦印』白文方印。是書係蕭山朱鼎煦舊藏，於一九七九年由其後人遵其遺囑捐獻天一閣博物館。

現藏寧波市天一閣博物館。（童聖江撰）

通藝堂勸學卮言一卷　（清）陶濬宣輯　稿本

一册。毛裝。書用『稷山雜纂』專用箋紙抄録。每半葉十一行，行字數不等，小字雙行同，白口，單魚尾，緑絲欄，四周雙邊。

書衣有濬宣題名『通藝堂勸學卮言』，鈐『陶（花押）』朱文長方花押印；卷端鈐『陶濬宣』白文方印；卷末鈐藏印四枚：『朱幼溪』朱文方印、『朱澗南印』朱文方印、『幼溪之章』朱文方印、『憶楳盦』朱文方印。前三方爲會稽朱澗南藏書印，朱氏生平見《國朝紹興詩録小傳》提要。

是書可視爲濬宣主潮州通藝堂講席期間撰寫的辦學宗旨及學問之道，以示爲學之門徑。開篇即爲引言，落款『光緒十八年太歲在玄黓執徐冬十月會稽陶濬宣書』，引言全文一千三百餘字，詳述通藝堂之緣起及惠潮嘉道湘鄉曾紀渠辦學經過，摘其數語，可知梗概：『今惠潮嘉道湘鄉曾公新奉天子命觀察是邦，喟然曰：今日治潮之亟，孰有甚於振文教培士氣者乎？夫士必通經而後能明理，明理而後能修身、能致用；必博覽史籍載記而後知歷代盛衰之故、當世得失之林；復泛涉於詞章以昌其文、以養其氣，游獵於翰墨以博其藝。而游神於古初，所謂言之有文行之斯遠者也……公前年攝守潮州，即思創實學之課，以受替未及舉行，公之重來，潮士之福也。下車之始，百廢具興，而尤以此爲急……今公即其地（按：即金山之巔）擴之爲書院，曰通藝堂，仿學海堂之例，歲分四季課士，以經史爲主，兼及文賦古近體詩；又月課字學，凡三屬舉貢生監皆得與課……濬宣智茶學短，謬主斯席，深慙譾僿，敢擬前脩。惟傳記首重六學，聖門終於游藝，竊取斯恉，教學相勵，冀共敦勉於經藝之林。』『是所望於承學之士，有講學之效，迸辯言之失，以馴躋夫聖賢之域，庶無負國家育才之意與觀察倦倦設院之盛心。海濱鄒魯，旦莫以觀成，而邦人士先後接見者，往往語言未通，不得不代以文字，爰撰勸學卮言，麤示涂轍，引申觸長，尚資隅反，則此爲嚆矢矣。』時南粵得風氣之先，曾氏創通藝堂於金山之巔，聘陶濬宣任主講之席。濬宣逢伯樂之識，清光緒十八年（1892）十月創是書稿，盡其職也。

引言後列目録十條曰：敦行第一，經學第二，小學第三，史學第四，諸子之學第五，辭學第六，校讎之學第七，金石之學第八，通論讀書第九，字學第十。而正文僅存小學、史學、諸子、辭學、校讎之學五條，餘目録之半數，故此書爲不全之本。正文五條分兩種筆迹，其中小學、辭學字迹與引言同，正書謄抄，概無塗乙，通篇爲濬宣手筆無疑，或可作定稿論。而史學、諸子和校讎之學，似爲抄工謄録之未定稿，其上復經濬宣手筆校補改定，塗乙纍纍，部分校補處鈐『補録』朱戳，『補録』内容爲小字注文者，鈐『小注』朱戳。『諸子』條天頭更有濬宣題記曰：『此條稿本未定，另有改本』，可印證也。

濬宣學行閎碩，故所言殊多精到：如『小學』條之『夫綴比詩文，可用今韻；諷誦經典，必通古音』；『史學』條之『讀史三要，一曰因革，一曰事類，一曰義法』；『諸子』條之『讀子四要，一曰校勘，一曰解詁，一曰辨真僞，一曰明流别』；『辭學』條之『六經之語皆樸，惟詩易獨華』；『校讎』條之『讀書當先校書』『校書不宜輙改』。

按：前述浙江圖書館所藏題名《校讎之學》，蓋爲是書所列目録十條之七——『校讎之學』之又一謄抄校訂之本。兩者比較，《校讎之學》謄抄時間在是書之後，依據爲：一是『校讎之學』一章，原有大量濬宣揩改校補内容，《校讎之學》業經整理，已全部謄清録入；二是《校讎之學》上又增添濬宣新的校補手迹，補録位置和補録内容較前稿更規範，鈐『補録』朱戳，『補録』内容爲雙行小字注文者，同樣鈐蓋『小注』朱戳。

現藏浙江圖書館。（方俞明撰）

稷山讀書札記一卷　（清）陶濬宣輯　稿本

一册。每半葉九行，行字不等，白口，單魚尾，緑絲欄，四周雙邊。版心下鎸『稷山讀書樓』。

封葉題『稷山讀書札記』，下署『濬宣自題』，并鈐『心雲』印。

卷前草稿内容有二：首爲考訂『《漢書·藝文志》：《蒼頡》一篇。上七章，秦丞相李斯作；《爰歷》六章，車府令趙高作；《博學》七章，太史令胡毋敬作』，用『龍孫孝養文苑』花箋紙寫成；次爲雜抄人生感悟，題『省庵』，下注小字『辛巳六月十八日心雲跋，時客定海』，篇中用語如『多一事，不如省一事，多一言，不如省一言』等，用『稷山楪信』稿紙寫成。

正文卷端題『稷山讀書札記』，下題『濬宣初稿』。内容近百條，每條皆首列標題，次則詳細考訂。考其内容，主要考訂經史子，極少涉及集部。

如『説文引經今佚』關乎《易》。『墨子引尚書異文』『引書互異』關乎《尚書》。『説文引經不同』『吴楚無詩』關乎《詩》。『閒民』『醫酒』關乎《周禮》。『昏禮不賀』『闕疑』關乎《禮記》。『介子推』關乎《左傳》。『漢人有中庸説』關乎《中庸》。『論語異讀』『論孟異文』『植置古通』關乎《論語》《孟子》。『玉篇引説文之誤』『説文二徐本可互證』『説文佚句』『説文以或体誤入正文』『真草尤宜作説文』關乎《説文解字》。

又，『太守不始於漢』『史記多後人竄入』『太史公自比春秋』關乎《史記》。『漢書脱注』『富媪』『旁午』『汲古本漢書尚存佚注』關乎《漢書》。『董仲舒字』關乎《史記》《漢書》。『後漢書誤以引書入正文』『張綱』『孔融傳誤』關乎《后漢書》。『李雄』『晉書不盡御撰』關乎《晉書》。『新唐書誤』『新唐書不載詔令』關乎《新唐書》。『通鑑曆日之誤』關乎《資治通鑑》。『綱目不盡朱子作』關乎《資治通鑑綱目》。『王吏』關乎《戰國策》。

又，『二書互異』『劉向新序佚文』關乎《新序》《説苑》。『海王』關乎《管子》。『墨子佚文』『墨子多通叚字』關乎《墨子》。『隨會』『高注之陋』關乎《吕氏春秋》。『契葪』關乎《列子》。『箕子名』關乎《莊子》。

要之，陶氏此稿主要是其平時閲讀古書所得。即使若『垘』條，雖考實際地名，然實乃證古，其云：『洞庭北去五十里地名道士垘。案：垘字最典。《漢書·天文志》：「川塞谿垘。」蘇林曰：「垘音伏。伏流也。」如氏曰：「垘，填塞不通也。」』又有『乾鵲』條，雖言及詩人之用，然實亦不離證古，其云：『詩人以「乾鵲」對「濕螢」，唯王荆公以爲「虔」字音，見於「鵲之彊彊」。《易統卦》曰：「鵲者陽鳥，先物而動，先事而應。」《淮南子》曰：「乾鵲知來。」故僞以鵲能報喜也。』唯『艇』條論杜甫《南鄰》詩，稍顯異趣，其云：『杜詩「野航却受兩三人」，山谷定爲「艇」字，作平聲讀。』

是稿雖考徵經史子典籍，然眼界并不固步自封。若『論語徵』即論日人物茂卿之注，『以見東國之學』。『地藏』條：『《地藏經》者，釋迦弟子地藏女爲佛母迦維衛國王夫人所説，以人名經。自蛆蟲僧乃以唐時暹藏世子金地藏在九華山坐禪者當之，謬矣。』亦稍見别趣。且其中雖多具體考訂，然亦不止於此，若『碑傳有裨史學』『地志』『目録』『字義反訓』『斠勘之學』皆具整體之特色與理論思考之精神，可與其《校讎之學》《通藝堂勸學巵言》

互補。

此稿絶大多數爲陶氏自己所發現，少數則抄自他人，如『通鑑曆日之誤』『元朝疆域最大』『吴楚無詩』『説文以或体誤入正文』『甘苦字當作苷』等皆節録有他人之説。

按：此稿本内容頗雜，同類内容分置前後，且如『真草尤宜作説文』條標題下注『此條宜入《稷山隨筆》』，『説文佚句』條標題下注『與下條合』，『古本可貴』條標題下注『上有宋本《漢書》』二條，亦可附此，可見此稿的是草稿，尚有待簡擇整齊也。

現藏上海圖書館。（陳開勇撰）

稷山漫録二卷（清）陶濬宣輯　稿本　存一卷（卷上）

一册。每半葉十行，行二十五字，小字雙行同，白口，單魚尾，藍絲欄，四周單邊。書口中間題卷次及葉碼。

是書卷前爲同鄉好友孫德祖序言，題爲『稷山漫録孫序』，云：『今年春，心雲以其所著《稷山漫録》二卷索序於余。余受而讀之，淹通該洽，可接武洪景盧之《容齋隨筆》……今出其有本之學，以所閲見心得之精粹筆之於書，嘉惠來學，寧有量耶？』尾署『光緒三十三年歲次丁未孟夏同社友孫德祖彦清謹序』。揆之序言，此稿成於清光緒三十三年丁未（1907），且原稿當有上下二卷，惜今僅存上卷。

是稿爲濬宣讀書雜録，卷端題『稷山漫録卷上』，次行題『會稽陶濬宣心雲撰』。其内容首以『昔人有言吴越之君皆尚勇』開篇，以論越劍，繼而録王晫《西湖考》論杭州之西湖，王十朋《鑑湖説》上下篇論紹興之鑑湖，再録徐天池《代胡宗憲進白鹿表》，又録南潯莊氏案史料、順治之江南奏銷案史料。以下依次録北宋范仲淹《清白堂記》、南宋諸葛興《於越九頌并序》，録嘉定朱鶴、朱纓、朱稚征父子孫三代之竹刻技藝，南昌賈人錢子明受騙事，録《章格菴遺書目録叙》、清人張泓《滇南憶舊録・書鄭所南文集後》，録鎮東閣之名來源及紹興府建置歷史、地方詩社『詩巢』之人員組成等。

按：此稿中最有價值者，乃康熙時南潯莊氏案及順治江南奏銷案史料彙編。所載南潯莊氏案史料，首云『南潯莊氏史案爲吾浙一大事，諸家記載多舛誤，余因綜合之，倘可爲談助焉』，故叙其始末；次則廣彙所見有關史料，云『莊史一案，余就所見各家筆記摘録之以廣異同，他日有薈集之者，亦一重要資料也』，約十六條，考其所采諸書，有陳寅清《榴龕隨筆》、陸莘行《老父雲游始末》。於江南奏銷案史料，首云：『清初順治十八年辛丑之江南奏銷案亦國初一鉅案也。蘇、松、常、鎮四府官紳士子革黜至一萬餘人，并多刑責逮捕，然能詳言其事者殊鮮其人，可見此案之因諱而久湮之矣。朱國治撫吴在順治十六年冬，承鄭延平兵入沿江列郡之後，意所不慊，可以逆案爲名，任情塗毒。當時横暴之舉，不始於奏銷，前此有哭廟之案，殺蘇州士子多人。國治後撫雲南，撤藩之變，爲吴三桂所戕，國史館《國治傳》云：「國治疏言蘇、松、常、鎮四府錢糧抗欠者多，因分別造册，紳士一萬三千五百餘，衙役二百四十人。敕部察議。部議見任官降二級調用，衿士褫革，衙役照贓治罪。」云云。國治爲奏銷案之主動，奏銷之名即由國治所創，惟奏銷既不見於官書，私家記載自亦不敢干犯時忌，致涉怨謗。今就所見者録之，亦披沙而得宝焉。』其所采録諸書，有董含《三岡識略》、宋琬《安雅堂集》、周壽昌《思益堂日札》、姚廷遴《記事編》、邵七蘅《青門簏稿》、韓菼《有懷堂集》、徐乾學《憺園集》、婁東無名氏（今人或云王家禎撰）《研堂見聞雜記》等，論及此案所涉之人之地。

現藏浙江圖書館。（陳開勇撰）

稷山論書詩一卷 （清）陶濬宣輯 稿本

一册。每半葉行數、行字數不等。書用素紙録稿。無邊欄。

是書實有三部分内容組成：

前十七首《稷山論書詩》爲第一部分，從『瓘得張筋靖得肉』一詩開始，該詩列『諸家序跋本』之第七十四首，十七詩及注解共五葉，其眉端或行間題寫有譚獻批注共八條，行款和注解格式，與序跋原稿本正同，故可斷這十七首詩是現存『諸家序跋本』詩稿散葉。以之與序跋原稿本後半部分對讀，堪稱研究此種書版本演變的極佳樣本。

次爲『稷山述書目』，下標十篇名，曰：『北朝書派源流論』『南派始於二王論』『鍾王書法辨僞論』『補永字八法説』『古今筆法辨』『北朝書品』『北朝書家攷』『三唐咸宗北派論』『雙勾上石非古論』『行書刻碑非古論』，想爲濬宣計劃撰寫之書論篇目。此後有大量篇幅爲標有『稷山述書』題名的書法史料雜記，多碑考，也有碑目記録和金石書目版本列單，抄録字體草書隨意，所記未經整理，無邏輯，多重複。中間夾裝繆荃孫致濬宣信札墨迹一紙，内文列南朝各期名碑數種，言乞丐借摹本一讀，署『心雲仁兄同年大人弟制荃孫頓首』，亦爲重要文獻史料。此即第二部分内容。

三爲《稷山論書詩》草稿存六十首，排列無序，隨想隨寫，文字塗乙，揩改滿篇，可尋源其改稿創作過程。部分詩作，上端用朱筆圈記或標注數字，或爲謄録排序所用。其中有十五首詩，文字與序跋原稿本有異，注解文字則差異更大。如書論雲峰山刻石和徐浩書法的一首詩，此本作『梁碑十闕九雄奇，焦麓雲峰等品題。始與風規稍護前，疑是南朝徐會稽』，而序跋原稿本首句已改爲『蕭梁碑闕傳十六』。書論史立勝顯德碑詩，此本作

『冀州訪古逢鬬尹，三魏風流具筆精。渾似温泉雄白水，特留一石殿天平』，序跋原稿本改作『冀州訪古逢鬬尹，孫趙疏僞一旦明。渾似温泉雄白水，特留此石殿天平』，全詩有八字相異。又如書論賀知章書法的一首詩，於此本可見其改稿痕迹，原始稿爲『秘書别祖禪元昇，司馬王家喜得孫。鏡曲年年尋賀老，江南絶學在雲門』，其中第三句改稿爲『鏡水一湖藏賀老』。此本『兩端雄健畫中滿』一詩後，喜見濬宣《稷山論書詩》後跋初稿，亦塗乙滿篇，審讀而録出全文如左：『光緒壬辰夏六月中旬，予第七上春官報罷。將出都，已治裝待發，直霖雨滂沱不止，永定河又漫口，南行阻道。客邸四壁穿漏，床席盡濕，朋蹤闃寂，枯坐無俚，倚裝成此百詠。風雨淒厲，一燈熒然，猶摩挲殘碑，心追手畫，雞聲三四號始就枕，時時見拓跋衣冠迴翔左右也。十日雨霽，詩亦削稿。昔漁洋作《論詩絶句》，自云從子淨名爲作注，人謂不減向秀之注《莊》。予每詩下略附論證，旅篋乏書，鮮資取鏡，背憶所及，舛謬滋多，何處得阿咸爲予作向秀耶？閏六月朔濬宣又記』。文字與後出二稿多有不同。從存稿信息看，此六十首詩及注解、後跋雖釋讀不易，實爲《稷山論書詩》之初稿殘本，此發現對研究陶濬宣《稷山論書詩》之成稿過程和書稿版本演變有重大意義。

現藏上海圖書館。（方俞明撰）

稷山論書詩一卷　（清）陶濬宣輯　稿本　清俞樾　李慈銘　譚獻　袁昶　王繼香　宗源瀚跋

一册。每半葉九行，行二十字，小字雙行同。書用素竹紙抄録。無邊欄。

是書幾經重裝，續添新封面護舊葉，保留有不同時期前封面三種。其中，濬宣以二十年之間隔，先後裝幀并題名於内兩葉前封面，初裝封面三行題名曰：『稷山論書詩光緒壬辰閏六月朔寫稿於都門宣南坊寓廬』，鈐『陶濬宣』白文方印、『稷山文字』白文方印;後裝封面三行題名曰:『稷山論書詩初稿本越二十年辛亥閏六月朔東湖居士濬宣重題』,鈐『陶心雲』白文長方印、『陶濬宣』白文方印。

是書爲賡續包世臣《藝舟雙楫》卷五之『論書十二絶句有序』而作,收録濬宣創作七言論書絶句一百首(實際録詩一百零一首,『過江一帖藏衣帶』一詩前後重出),其中三首以浮簽形式粘於書葉。亦名『稷山論書絶句』。清光緒十八年(1892)濬宣第七次赴京春闈落榜,於夏六月中旬宣南旅邸,憑二三十年臨池讀碑,尋流溯源之深厚積澱,以十日用心之力,奮筆而成此書,書稿甫出,已爲友朋争相傳抄、題詩、賜序。全書之卷端題名曰『稷山論書絶句有序,會稽陶濬宣撰』,鈐『濬宣』白文方印。卷端鈐『復堂平生真賞』朱文方印、『爾穀審定』白文方印,前者爲仁和譚獻,後者爲會稽徐爾穀。譚獻與濬宣爲同年,相交甚契。徐爾穀,徐樹蘭次子,承父遺志,經營并開放古越藏書樓。

是書有濬宣自書一序二跋,序文就阮元《南北書派論》之南北截然兩途説,叙以己見,曰:『第以南北書流截爲兩派,至謂若江河之判,不能相并者。夫書派雖分兩戒,楷法實原一宗,推極末流,則歧於涇渭;溯厥世資,則同此高曾。著其所以分,尤必證其所以合;析其所以異,尤必參其所以同。知其異,則宋明以來謬妄之囈語可删;知其同而漢魏以上之真宗可證。』爲此,濬宣『以見存之北碑與僅存之南刻』爲取證,廣搜晉宋齊梁貞石之精拓,探賾索隱,窮神知化,汲汲於佐證南北書派實源一宗之説。『明此説於天下,則世所分爲南派北派唐派三者,三而二,二而一者也,此予論書之恉也。包安吴有《論書十二絶句》,粗發端倪,未罄奥秘,爲賡續一百章,章各附著論證,溯其源流,究其遷轉,著其離合,别其真僞,參其異同,俾曉南北之無殊,可推篆分之遞變,并附證包説之僞。』序文末署『光緒壬辰夏六月既望書於宣南客邸』。

濬宣後跋曰:『光緒壬辰夏六月中旬,予弟七上春官報罷。將出都,已治裝待發,直霖雨滂沱,連日夜不止,永定河漫口，南行阻道。客邸四壁穿漏，床席盡濡，朋踪閬斷，枯坐無俚，倚裝成此百詠。風雨淒厲，一燈熒然，猶摩挲殘碣，心追手畫，雞聲三四號始就枕，時時見拓跋衣冠迴翔左右也。十日雨霽，詩亦削稿，而都下友人争相傳鈔，并賜序跋。』『予每詩下略附論證，旅篋乏書，鮮資取鏡，背憶所及，舛謬滋多，沈子培比部、袁爽秋同年多所是正，同人亟慫付刊，愧多未安，姑俟異日。閏六月下浣濬宣記。』

書之卷前附裝俞樾、李慈銘、譚獻、袁昶四人手書序跋各一篇。俞樾序文用『曲園製仿唐人行卷式』紅格抄書箋書寫。曲園老人爲晚近東南重望、經學大家，序中稱願以經術南北兩派之互融，質之書家南北兩派之并存，致濬宣新論以勖勉，末署『光緒（原件筆誤爲同治，濬宣眉注訂正）十有九年夏五月，曲園居士書時年七十三』。越縵序文用白紙素箋、大字謄録，贊是書爲『詩既高警，復自爲之注，博攷精稽，名論迭出』，末署『光緒壬辰閏六月，慈銘書於京邸軒翠舫』，鈐『李慈銘字愛伯』白文方印、『湖唐林館山民』朱文方印。譚獻序文用『復堂稾本』紅格抄書箋書寫，字拙而文雅，更以『凡沉浸饜飫二三十載』『吾友作書恒參異己之長，論書絶無騎牆之間』『可以藏之名山，可以懸諸國門』高評之，末署『杭州譚獻撰』。袁昶《跋稷山論書絶句》一文，用『陳郡袁氏漸西邨舍』篆字藍格抄書箋書寫，譽之曰：『先生真勇過賁育哉，抑可謂申阮公之墨守、箴安吳之闕失者矣』，末署『光緒壬辰閏六月二十六日，年愚弟桐廬袁昶』。

書之卷後依次附裝王繼香、宗源瀚、沈曾植、梁啓超、蔡元培、王頌蔚等六人題詩或信札手迹，内容皆涉是書（最末附粘宗海、袁其賡信札和題詩，實與是書無關）。沈曾植、王頌蔚、宗源瀚皆以函劄論碑學。蔡元培、梁啓超各以函劄述校讀之感、諾作序之托。王繼香則以博古花箋題詩，繫以小跋，曰：『稷山年丈方家見示大著論書詩百篇，傾倒無似，率綴絶句十首，藉乞政謬。壬辰歲杪止軒王繼香呈稿。』序跋、題詩、信札墨迹，原件尺幅不一，故後人作金鑲玉襯裝，以求合卷書葉之整飭。

袁昶《跋稷山論書絶句》謂：『心雲同年臨池功深，秃管盈篚，其於書也，乃性得之，根器猛利，洞精筆勢。以安吴包氏《論書絶句》之未備也，别抒心得，而作《稷山論書詩》百首。考石墨之存佚，辨書派於微茫，察之尚精，析之貴核，溯東晉迄國朝有味哉其詳言之矣。而成書乃於逆旅清寂、漏簷燈灺之中，旬日間著數萬言。』此段文字，基本表述了是書之創作緣起、成書經過和主要内容。世人素知濬宣乃晚近書法名家，然是書更顯示其微言奥旨，窮極窔妙之高超書論修養。

是書字裏行間，尚有濬宣此後二十年間之塗乙改稿、措辭加注、詩作移位等修訂標注筆迹，更有友朋數人滿目批注，尤以譚獻批注爲多，共計一百條，有葉昌熾批注十一條，其餘兩手批注字體共七條，不知出何人之手。譚獻之批語用心尤力，固多同聲相應，亦陳異見相質，可謂益者三友矣。

此本因濬宣『越二十年辛亥閏六月朔』重題之書名所惑，世人多以《稷山論書詩》初稿本目之，實此書已爲修改稿。紹興魯迅紀念館亦藏《稷山論書詩》稿本一册，以『稷山雜纂』緑格抄書箋謄録，前書皮留濬宣題名三行，亦曰『稷山論書詩初稿本光緒壬辰冬月寫定濬宣時年四十有六』，鈐『陶（花押）』長方花押印。故濬宣題名不能作爲版本學上的依據。本輯《浙學未刊稿》共收録陶濬宣《稷山論書詩》四種稿本，其中即有初稿本殘卷留存。是書因保存諸家序跋原稿，爲現存最完備的本子，爲與其他各稿次相區分，今以『諸家序跋本』名之。

現藏國家圖書館。（方俞明撰）

稷山論書詩一卷 （清）陶濬宣輯　稿本

一册。每半葉九行，行二十一字，小字雙行同，白口，單魚尾，四周雙邊，書用『寶文齋』緑格箋紙抄録。

全書正文五十五葉，前書皮以行楷題名曰『陶稷山同年濬宣著，稷山論書詩底本』，未署名款，既以同年相稱，題寫者必爲濬宣闈中同門。書之第四十八葉恰有浮簽一紙，粘於第七十四首詩之後，實爲濬宣便箋，曰：『録稿至此，適患腹疾，委頓殊甚。以下每詩下注，止節寫數語，未竟，俟病痊再補録也。濬宣記。』下鈐『濬宣』白文方印，兩相對讀，可知此稿爲濬宣謄録而遞友朋傳閱者。

是書卷端題『稷山論書詩有序，會稽陶濬宣撰』，鈐『陶濬宣』白文方印。全書以館閣體謄寫，工整精雅，似出抄工之手，字體與書中偶有之濬宣剜改補寫筆迹極不相類，可謂謄清稿本。

是書不録『諸家序跋本』及附裝之俞樾、李慈銘、譚獻、袁昶序跋，和王繼香、宗源瀚、沈曾植、梁啓超、蔡元培、王頌蔚題詩或信札文字，然保留濬宣自序和後跋。兩個稿次相比，文字亦略有改易：『諸家序跋本』濬宣自序卷端題名作『稷山論書絶句』，是書已徑作『稷山論書詩』。究其版本演變，是本必在『諸家序跋本』之後，因『諸家序跋本』多處塗乙改稿、插入補注的文字，是本已整體連貫謄録入文。如第十二首詩『六朝厲禁製豐碑，梁石猶能出刼灰。千載南宗留一髮，直疑天地爲胚胎』，『諸家序跋本』注解文字『康王蕭秀西碑及井闌題字』一句下以插入符號補眉注曰『小注：《輿地碑目》《寶刻叢編一》著其目，久無傳本』。是本此段文字已完整出現此處，謄録作小字雙行注。又如第四十五首詩『元公姬氏最完整，近歲更得蘇孝慈。書到開皇風格減，畫眉深淺入時時』，『諸家序跋本』解讀文字有『魏刻遒逸之趣，遜鞏常二志矣』一句，書葉已塗乙改稿爲『魏刻遒逸之趣，開皇大業後不復見矣』，是本改稿處亦已完整謄録入文。

兩個稿次，尚有個別詩句文字上的差異，如第十六首詩，『諸家序跋本』作『大字銘留瘞鶴殘，小字誰與舊館壇。吾家自有真宗在，莫雜尋常野鶩看』，是本作『大字無過瘞鶴殘，小字猶留舊館壇。吾家自有真宗在，莫雜尋常野鶩看』，兩本有四字相異。

是本共録詩九十一首，與『諸家序跋本』對讀，佚以下九首：『少保書名并歐體』『蕭誠筆妙孰能知』『勝朝書學失傳燈』『道園曼碩并馳聲』『王孫下筆若通神』『贋書俗牓塞街衢』『嶺南書派自公開』『千年碑帖混難分』『書法真行别兩途』。部分絶句之注解文字，亦有不同。是本尚有修訂增補痕迹，故依然是修改稿。

現藏國家圖書館。（方俞明撰）

稷山論書詩一卷 （清）陶濬宣輯　稿本

一册。每半葉行數、字數不等。紙捻毛裝。用素竹紙寫稿。無邊欄。

是書封葉有濬宣題名二行，曰：『稷山論書詩弟二册，辛亥閏六月朔濬宣題記』，鈐『陶心雲』白文長方印、『陶濬宣』白文方印、『陶東湖六十以後作』朱文方印。對讀『諸家序跋本』之濬宣三行重題於書皮，曰：『稷山論書詩初稿本，越二十年辛亥閏六月朔，東湖居士濬宣重題』，鈐『陶心雲』白文長方印、『陶濬宣』白文方印。二者恰爲同時所題，書體一致，鈐印亦同。辛亥爲清宣統三年（1911），即濬宣離世前一年，時年濬宣壽六十有六。濬宣二十年心血孜孜於此，足見《稷山論書詩》於其一生之學術分量。

是書收録濬宣七言論書絶句共六十四首，其中二首重出，實得詩六十二首。全書草體揮灑，塗乙揩改，排列無序，間有重出。六十二首詩中，四十九首有注解，但注解又詳略懸殊，十三首無一字注解，可見尚未定稿。然未注解處多留行文空白。勘讀全部六十二首詩，與國家圖書館藏《稷山論書詩》『諸家序跋本』和《稷山論書詩》謄清本之收録，無一重複，與上海圖書館藏初稿殘本《稷山論書詩》之收録僅一首相重，即『寇㸊同時出大明，書分入楷體初行。滇南河北山東地，萬里相看若弟兄』，此詩在上海圖書館藏本列於『稷山述書』之書法史料雜記，存詩而無注，是本則有詩有注，由此，可斷定此書實爲別一種《稷山論書詩》稿本。書有一葉，首行標『續論書絶句』篇名，下列三首七言，可見濬宣確有續作《稷山論書詩》之念想，回想書皮題名曰『稷山論書詩弟二册』，其義頓明。濬宣《稷山論書詩・自序》有『爲賡續一百章，章各附以論證』之語，百章之外，理應視爲再續，故此册稿本，當以《續稷山論書詩》名之。

與前百章比較，此六十二首論書詩更有其特點，即論筆法之作占比更重，排列第十二首詩『終乾始艮矜新悟，漢後隋前自得師。辛苦十年參一解，還從震兑得中之』，注解曰：『安吴述黄小仲言：唐以前書，皆始艮終乾，南宋以後書，皆始巽終坤，盖一筆中自備八方。』其後濬宣闡以己見：『小仲此論，已抉千歲之秘，而未遠一間，吾冥悟十年，獲參奥旨。以此作楷，一筆之間，篆情隸勢，畢備其妙，而書法之秘窔，已洩盡無餘矣。己亥臘月廿六日記。』濬宣於書法一門，灼知之而實蹈之，故能洞精筆勢，體悟其旨，摘抉胚胎，名論迭出，詩佳而論更妙。己亥爲清光緒二十五年（1899），則此書創作之始亦可定矣。

現藏浙江圖書館。（方俞明撰）

書學捷要二卷 （清）朱履貞撰　清同治十一年（1872）陶濬宣抄本　**書學捷要補一卷**　（清）陶濬宣輯　稿本

兩書合訂一册。《書學捷要》每半葉八行，行二十四字，小字雙行同。無行格。正書謄抄。《補》每半葉八行，行二十二至二十四字，小字雙行同。無行格，行書録寫。

是册封葉題『書學捷要附補一弓』，『手抄本』，『壬申夏日文冲書麋』。鈐『稷山居士』『文冲手書』『濬宣印信』

白文方印。内封題『書學捷要，知不足齋叢書本』。鈐『文冲所藏』朱文方印。正文卷端題『書學捷要卷上，秀水朱履貞纂述』，次行署『會稽陶濬宣鑑藏』，鈐『濬宣印信』白文方印。前爲清嘉慶庚申（五年，1800）朱履貞所作『弁言』，鈐『稷子眼福』朱文方印。書末爲趙魏跋語。

《書學捷要》爲浙江秀水朱履貞所撰，全書兩卷，上卷分『用筆』『執筆』『學書攻苦』『學書感會』四篇，摘選前人有關學書言論，并作注釋。下卷爲自撰學書技法，論及撥鐙、擘窠、草書之法、臨摹等書寫技法，并提出『筆方勢圓』書之『六要』等書法理論，學書捷徑等方法，對前人的一些書法評論也提出不同意見。成書於清嘉慶間，首次刊刻於嘉慶十三年，收入鮑廷博父子編集之《知不足齋叢書》（第二十四集）。趙魏跋語云：『秀水朱閑雲以布衣而工書法，嘗纂《書學捷要》一輯……是編删繁就簡，殫思古法，發揮意指，釐正譌誤，而於孫過庭《書譜》尤精研確覈，辨晰微茫，發前賢之祕奧，其有裨書學豈淺鮮哉！』

《書學捷要補》爲陶濬宣所輯，意爲補充《書學捷要》内容。内封題『書學捷要補，陶濬宣輯』。鈐『濬宣印信』白文方印。卷端無題，鈐『文冲手書』白文方印。卷末題『同治辛未三月下浣濬宣録竟』，鈐『心雲』朱文長方印。是書可分兩部分内容，一是繪圖以解《書學捷要》中所述『撥鐙法』『平覆法』『提斗法』『永字八法』等技法，二是補充摘選前人有關書學論述，如不知撰者《書法題三昧》《八法詳説》、蔡襄《論書》、歐陽詢《更書三十六法》、蘇軾《書法要論》、董内直《書訣》、王澍（虚舟）《竹云題跋》等。

按：是册爲兩書合訂，封葉題『書學捷要附補一弓，壬申夏日文冲書麇』。然《書學捷要補》卷末題『同治辛未三月下浣濬宣録竟』，可知濬宣先著成《補》一卷，次年抄録《書學捷要》二卷，兩書合訂一册，於封葉并題兩書之名。《書學捷要》據《知不足齋叢書》本抄録，版式亦異於底本。

現藏浙江圖書館。（童聖江撰）

稷山楹語三卷 （清）陶濬宣輯 稿本

三册。每半葉八行，行字數不等，小字雙行。書用素紙抄録。

原封葉爲濬宣題名『稷山楹語』，左側有語：『光緒丙戌寫於城宣武城南山會邑館，同集者爲順德李仲約閣學也。濬宣記。』鈐『陶濬宣印』白文方印。題名中丙戌爲清光緒十二年（1886），該年濬宣赴京春闈，寓居宣武城南之山會邑館。李仲約閣學即李文田，清代著名學者和書法家。李文田與濬宣既有師生之誼，又有同研書法之好。從封葉題語可知，濬宣此書之成，實得李文田之助。

是書爲集聯之作，集聯源頭有三：一爲唐詩，一爲古文，一爲漢碑。册一以唐詩集聯，卷端題『唐詩摘句圖』，署『會稽陶濬宣手寫』，鈐『陶稷山』白文方印、『陶心雲』白文長方印。部分聯語小字標注了適用對象，如：官齋、園林、宫殿、廟祠、僧寺、行宫、園亭、督相、督撫、翰林、御史、庶常、學政、中書、副憲、曹署、公子等。有標注更貼切用處之集聯，如『翰林能酒』：歸鞍競帶青絲籠（王維）；卧甕閑歌白玉簪（韋莊）。『翰林著述』：中國書流尚皇象（劉禹錫）；漢廷文采有相如（温庭筠）。『廣東試差』：德望舊懸霄漢外（姚鵠）；文星今向斗牛明（劉禹錫）。

册二爲古文集聯，卷端題『集文選句』，署『濬宣手録』，鈐『陶心雲』白文長方印、『陶（花押）』朱文花押印。此册皆從漢魏六朝韻文名篇中摘句，聯句下皆標作者和篇名，如『築室種樹逍遥自得（潘安仁《閑居賦》）；高言妙句音韻天成（沈休文《謝靈運傳論》）』，又如『琴書藝業述作之茂（任彦昇《求立太宰碑表》）；清凉宣温神仙長年（班孟堅《西都》）』。

册三爲漢代名碑集聯，卷端題『漢碑集句』，署『濬宣手録』，鈐『稷山金石文字』白文方印、『東湖學長』

朱文方印。此册聯句下皆標碑名，如『威隆秋霜（樊敏），清越孤竹（劉熊）』。部分轉録聯語，濬宣亦注明出處，如『探賾研幾罔深不入（范式）；窮神知變與聖同符（楊震）』，此聯眉注曰：『下六聯録莫子偲先生集句。』部分聯語亦標注適用對象，有：學政、校官、宗室、御史出爲知府、廟祀等。此册近尾處一聯『開張天岸馬，奇逸人中龍』，後有濬宣長跋，詳述此聯之大字刻本，爲集魏《石門銘》而放大者。跋又曰：『予臨摹《石門》不下百通，形神俱熟，遂一觸而莫能遯矣。宣統元年臘八日濬宣書記。』鈐『陶（花押）』朱文花押印。則濬宣此書，自光緒丙戌後，似尚有不斷之補充。

現藏浙江圖書館。（方俞明撰）

稷山樓分類詩選不分卷　（清）陶濬宣輯　稿本

一册。每半葉十行，行字數不等，小字雙行。書用素紙抄録。

原書并無書名，書經金鑲玉襯裝，磁青書皮爲後人添加，并補題書名《稷山樓分類詩選》。

是册爲陶濬宣對查慎行《敬業堂詩集》的選録。選詩以五古、七古列序，前部分以『五古目』分類，計分紀事、雜詩、詠史、懷古、登眺、游覽、行役、即景、抒情、晤集、投贈、酬答、送别、宦游、寄懷、題詠、題集、感舊、挽悼、古意、雜詠等二十一類，然正文僅録九類，計收録懷古一首、登眺八首、游覽五首、行役五首、抒情一首、晤集一首、投贈一首、送别四首、寄懷一首。後部分爲『七古目』分類，計分紀事、論史、懷古、詠古、雜詩、登眺、游覽、行役、即景、抒情、晤集、投贈、酬答、送别、宦游、寄懷、題集、題咏、感舊、挽悼、古意、雜詠等二十二類，古意下有雙行小注曰：『如歌行，凡論時事者入紀事，論風土者雜詩，詠香屑者古意。』然正文僅録十類，計收録咏古一首、登眺二首、游覽三首、行役一首、抒情一首、晤集一首、投贈二首、送別六首、宦游一首、題咏一首，另外增加『七古目』分類里并未列入之題圖類二首。詩雖出自查慎行《敬業堂詩集》，然部分詩作僅爲節録，部分詩題也有增删。此册分類和選詩都不盡完善，編輯凡例更無一字，或爲陶濬宣計劃『稷山樓今體詩選』編輯之草定樣本，略可窺濬宣選詩分類的個人趣向。

現藏浙江圖書館。（方俞明撰）

稷山樓詩文稿不分卷 （清）陶濬宣撰 稿本

三册。是書實爲陶濬宣詩文集手稿之合稱，原書各册所用箋紙不一，故開本寬、高迥異。後人施以金鑲玉襯裝，補加前後磁青紙書皮，求其裝幀一致、大小一律，并各題書名於前書皮，字出一手。

册一，題『稷山樓詩文稿』，題名下補注小字『會稽陶濬宣手稿未刊本』。前半册爲文稿，共存文六篇，多爲留存底稿，塗乙滿紙：首篇爲《與杜蓮衢侍郎書》，篇名下小字注曰：『壬申三月濬宣代叔父擬稿。』次篇爲《先子事畧》，雖塗乙而猶可見原篇名曰《嘉言懿行》，題下署『濬宣泣血敬志』，《事略》記其父親之事迹甚詳，爲珍貴陶氏研究史料，開篇欄外尚補記陶氏短跋一則：『濬宣七歲而孤，十齡又失恃，昧於先德，誠惶誠恐，粗述梗概，以詔來兹，辛巳五月謹志。』鈐『濬宣』白文小方印，辛巳爲清光緒七年（1881），可知此文大致成稿時間。第三、四兩篇同名《題任伯年墨雪圖》，各爲草稿和定稿，定稿在潤改基礎上更添補年款，曰『丙戌九月四日』，丙戌爲光緒十二年。第五篇爲《録快閣詩跋》，快閣爲越地勝景，濬宣與快閣主人姚振宗爲契友，多長夜剪燭、詩簡迭遞之唱和，彙而録之，『藉紀一時之勝游，并述兩人之永好』，此跋題款爲『光緒十年甲申十月』。

六篇爲《王孝子髮冢銘》，述光緒五、六年間會稽王繼香家族事，此篇書口『稷山文二坿』題名。以上文稿，時序不順，用紙不盡相同，可斷爲散葉合訂。此後爲卷端題名『稷山樓詩稿』，署『會稽陶濬宣文冲』，前五葉用『脩初堂』緑絲欄箋紙謄抄，計二十二題二十五首，後一葉用『心雲輯録』緑格仿薛濤箋紙謄抄，計五題四首，最末《書近况寄諸故人》已爲是葉末行，有題而無詩，由此知《詩稿》殘缺。此册詩稿部分幾無塗乙，與文稿迥然兩貌，疑爲後人隨意合册。

册二，題曰『稷山樓詩稿』，題名下補注小字『會稽陶濬宣手稿本』。全册用『隆泰號製』朱絲欄箋紙謄寫，每半葉十二行。卷前有馬賡良詩跋一段，曰：『親不責善，友道斯著。易規而諛，於義何取。漁洋删詩，斷自丙申。其所焚棄，詎無可存。削膚存液，聲聞斯倍。髯蘇少作，適足爲纍。果然天籟，略見一斑。改之非易，竟不如删。辛未初夏望前三日社小弟賡良僭跋於剡溪旅舍。』辛未爲清同治十年（1871）。賡良與濬宣同爲『皋社』社友。第三葉首行題『補録舊稿』，下注『此自甲子迄己巳，尚未編次』。即後部分所補録者，爲濬宣同治三年甲子至同治八年己巳詩稿舊作。共收録詩作計二十七題四十三首，其中頗多作者塗乙改稿。天頭多馬賡良批注，部分詩作并標注馬氏意見，有『改』『删』『此首擬删』等。

册三，題曰『稷山樓文稿』，題名下補注小字『會稽陶濬宣手稿本』。全册收録二文，皆爲書函存稿，各用『稷山雜纂』青絲欄和緑絲欄箋紙謄録，均爲每半葉十一行。首篇《上張朗齋節帥書》，爲濬宣呈奉張曜信札，札中有『祠聞重膺□□□簡命，移節青齊』『洎禮闈被放，時以王益吾學使師迭函相招』語，考張曜調補山東巡撫在光緒十二年，而是年濬宣赴京會試下第，故此《書》作於光緒十二年無疑。次篇爲《上任布政論積儲書》，以萬言長文，就舊例『積穀備荒一事』直呈己見，力主『易積穀爲積錢之法』，詳言『積穀九弊』『積錢六利』。末有濬宣光緒五年八月後跋，鈐『文冲私印』白文方印，簡述上此《書》之經過曰：『去夏，陽羨任方伯新履浙任……不揣檮昧，剴切上書，陳顯著之利害，具實在之章程。方伯不以書生之言而鄙之，歎爲名論，立見施行。』則『任布政』者，爲光緒四年新任浙江布政使任道鎔。書後有湘陰名宦李桓觀款三行并鈐印，款曰：『指弊處語語洞中竅窽，言利處事事實可施行。是謂通儒之論，不媿經世之文。』可謂的評！

現藏浙江圖書館。（方俞明撰）

稷山樓文稿一卷 （清）陶濬宣撰 稿本

一册。每半葉九行，行字數不等，白口，單魚尾，緑絲欄，四周雙邊。書用『稷山讀書樓』專用仿薛濤箋紙抄録。

此册爲濬宣親筆謄録部分信札存稿，不按時序而排，卷端鈐『稷山樓主』朱文方印。札凡十二通，各擬題名，依次爲：《寄朱味蓮學使書》《上李爵相書代》《上張京兆師書》《上潘侍郎師書》《上楊蓉浦師書》《上張孝達學使師書》《答張朗齋軍門書》《賀張京兆師升副憲啓》《上蓉浦師書》《又》《上林穎叔方伯書》《上孫琴西方伯》。後人施以金鑲玉襯裝，并補題書名曰《稷山樓文稿》。

首札收信人爲餘姚朱逌然，内有『春莫入都，幸留館選』『京華旅食，泛曠三月，每至受經南皮之坐，問字越縵之堂，溯懷崇誼』之句，與清光緒三年（1877）濬宣暮春入都，考取覺羅學漢教習，并侍側張之洞、李慈銘問學，情景相合。可斷作於光緒三年。

第二札《上李爵相書代》係濬宣代筆者，札中自稱『□濫厠講官，備員史館，三長俱乏，寸報塹虛。猥蒙聖恩，復承特簡，湖湘人藪，學使文淵，謬以菲材，承乏其地』。光緒二年八月朱逌然以翰林院侍講提督湖南學政，據濬宣之人際關係，代筆主人應爲首札《寄朱味蓮學使書》之收信人朱逌然，此札亦可考訂爲作於光緒二年。餘數札各呈潘祖蔭、張之洞、楊頤、張曜、林壽圖、孫衣言等師長之輩，皆爲同光名流。以信札内容考之，大致作於清同治十二年（1873）至光緒四年間，如《上孫琴西方伯》書，有『年伯以海内之淵嶽，作楚中之屏藩，勛業經猷，熠照今古。某越邑下才，瀛署後進，儀心仞牆，傾想灝海，願進階前盈尺之地，得慰春風久坐之慕』，『頃者索偶北上，迂道楚游』之語，其時當在光緒三年初。濬宣壯歲行迹多有失載，該册所録，可補史實。

現藏浙江圖書館。（方俞明撰）

稷山今體詩鈔不分卷 （清）陶濬宣輯 稿本

三册。每半葉九行，行字數不等，白口，單魚尾，四周雙邊，緑絲欄（或青絲欄）。書用『稷山讀書樓』專用仿薛濤箋紙抄録。行楷或行草書寫，流麗中尤顯峻拔。是稿實彙集濬宣各書體於一册，至爲難得。三册封葉皆小篆題『稷山今體詩鈔』，唯册三存原裝前書皮，上留濬宣篆書題名『稷山今體詩鈔』，楷書署『癸未人日文冲象面』，鈐『濬宣』朱文長方印、『稷山民』白文方印。

是書爲陶濬宣明清詩作選録，凡三册，前二册皆爲五言，第三册爲七言，雖無標目，但從詩題看，以類選詩。入選詩人總數達一百二十三人，選詩最多者有吴偉業、施閏章、高啓、朱彝尊、查慎行、李夢陽、宋琬、李攀龍等數家，詩作有并録評注者，從移録評注知部分明人詩作選自沈德潛《明詩别裁》，如李夢陽《泰山》詩，題下濬宣注曰：『原題《鄭生至自泰山二首》，此依《别裁》本録出。』眉批更移録沈德潛贊語：『四十字有包絡乾坤之概，可以作泰山詩矣。』選詩中濬宣批注亦復不少，如《自白下至檇李與諸子約游山陰》，眉批『濬按：

此詩載入《曝書亭詩集》作屈大均。「秋風」作「西風」，「河邊」作「湖邊」，餘并同。』亦移録沈德潛贊語：『一氣赴題，有神無邊，在唐人中亦不多見。』明人前後七子中，王九思、康海、宗臣皆未有一詩入選，頗有選詩個性。此外蔣士銓、李慈銘、端木國瑚三家，選詩皆多，然三家中評注於越縵獨多，其李慈銘《聞故園近日消息傷亂憂家雜成五首》眉批曰：『數詩整潔似梅村，老成如迦陵，醇至如愚山，典雅似竹垞，以擬大曆十子，有過無不及矣，學杜至此，庶無膚穢之病。』可謂推崇之至。

現藏浙江圖書館。（方俞明撰）

稷山樓詩選四卷（清）陶濬宣輯　稿本

四册。每半葉十一行，行字數不等，白口，單魚尾，緑絲欄（或青絲欄），四周雙邊。書用『稷山雜纂』專用箋紙抄録。

書凡四册，皆經金鑲玉襯裝，并配磁青書皮，後人新擬書名題簽於其上，曰『稷山樓詩選』，題簽書名下首册標『李獻吉』，册二標『李于鱗』，册三標『錢牧齋』，册四標『吳漢槎，朱竹垞，王壬秋』。綜覽全書，除册二後半部『李于鱗七絶』，第三册全部、第四册附録『梁節庵詩十四首』，借抄工之力楷書謄録，濬宣於其上校讀批注外，餘皆爲濬宣手録。

册一卷端題『稷山今體詩鈔五律，濬宣手録』，鈐『陶濬宣印』白文方印，選録李夢陽五律一百首。後半册再題『稷山今體詩鈔七律，濬宣手録』，鈐『濬宣長壽』白文方印，選録李夢陽七律七十三首。

册二卷端題『稷山今體詩鈔七律，濬宣手録』，鈐『陶濬宣』白文方印，選録李攀龍七律一百一十首。後半冊再題『稷山今體詩鈔七絶』，此部分選詩借抄工之手謄録，故不署『濬宣手録』四字，鈐『濬宣長壽』白文方印，選録李攀龍七絶一百零七首。

冊三卷端題『稷山今體詩鈔七律』，鈐『陶稷山』白文方印，選録錢謙益七律八十首。後半冊再題『稷山今體詩鈔七絶』，鈐『陶稷山』白文方印，選録錢謙益七絶九十五首。全冊選詩借抄工之手謄録，故不署『濬宣手録』四字。在七絶《辛卯春盡歌者王郎北游造別戲題十四絶句》處，濬宣眉批曰：『讀諸詩千回萬轉，我始愁愁矣。癸巳中元夜讀并記時客海南，濬宣。』癸巳爲清光緒十九年（1893），時濬宣講學嶺南，任廣東潮州通藝堂山長，廣東爲舊海南郡故地，故曰『時客海南』。可見濬宣雖客居他鄉，仍不忘攜《詩選》時時展讀。

冊四封葉題簽雖標『吳漢槎，朱竹坨，王壬秋』，然是冊實爲吳兆騫、朱彝尊、王闓運、梁鼎芬四家詩選合冊。卷端題『稷山今體詩鈔五律，濬宣手録』，鈐『陶心雲』白文長方印，選録吳兆騫五律十九首。其後再題『稷山今體詩鈔七律，濬宣手録』，鈐『陶濬宣』白文方印，選録吳兆騫七律二十八首。繼而選録朱彝尊七律二十一首，題『稷山今體詩鈔七律，濬宣手録』，鈐『陶心雲』白文長方印，後附黎士宏詩一首。又繼而以王闓運《夜雪集序》一文開篇，鈐『陶心雲』白文長方印，其後選録王闓運詩四十五首。以上俱濬宣手録。最後部分標『節厂集』，選録梁鼎芬詩十四首，原詩爲抄工謄録，其上多有濬宣批注。後附毛奇齡、尤侗詩各一首，亦爲濬宣手録。朱、吳、梁、王四人横跨二百八十多年，各爲當時詩壇英豪。濬宣各種選詩，亦可謂參稽博綜，自出手眼。

現藏浙江圖書館。（方俞明撰）

稷山樓文選不分卷 （清）陶濬宣輯 稿本

四册。每半葉九行，行字數不等，白口，單魚尾，緑絲欄，四周雙邊。

書用『心雲輯録』專用仿薛濤箋紙抄録。楷書抄録，前朝帝諱『玄』『弘』『顒』『寧』皆缺末筆，避諱嚴格。無前序後跋，無選録凡例。

書凡四册，共選録自西漢迄明季各文體名篇一百七十六篇。册一選録『賦』二十篇，『序』二十五篇。册二選録『啓』八篇，『表』二篇，『書』五十六篇。册三選録『論』『説』『規』『跋』等共二十七篇。册四選録『傳』『銘』『志』『記』等共三十八篇。每一篇都以朱筆圈讀，全書選録篇目中以唐代爲最多，明代選文篇目似獨鍾歸有光，并不拘一格選録了貧民女子馮小青《與楊夫人書》及朱屾然《寄外書》，從中或可見陶濬宣早期之學文志趣。

部分篇後有濬宣朱筆評注，間録族兄陶方琦評語，此類批注以册一『賦』體爲多。如張衡《觀舞賦》後落筆曰：『似垂柳在晚風前。文冲評。』唐太宗《小山賦》後落筆曰：『巧思綺合，好語欲仙，與《小池賦》中「湧菱花於岸腹，劈蓮影於波心。減微涓而已淺，足一滴而還深」，均極雕繢之勝。文冲注。』庾信《鏡賦》後落筆二段曰：『國色朝酣，天香夜染，可以方此娟麗。文冲。』『顧影徘徊，射光綽約。録紫畛評。』紫畛，陶方琦字。

現藏浙江圖書館。（方俞明撰）

稷山樓今體詩鈔四卷 （清）陶濬宣輯 稿本

四册。每半葉九行，行字數不等，白口，單魚尾，緑絲欄（或青絲欄），四周雙邊。書用『稷山讀書樓』專用仿薛濤箋紙抄録。

是書原裝前封葉每册皆有濬宣隸書題名，曰『稷山今體詩鈔』，鈐『陶心雲』白文方印。册一目録葉題名曰『稷山樓今體詩鈔，濬宣手録』，鈐『心雲』朱文方印。目録標『《梅村集》一卷、《敬業堂集》一卷、《忠雅堂集》一卷、《越縵堂稿》一卷』，所選詩人爲吴偉業、查慎行、蔣士銓、李慈銘四人，每人詩選各爲一册，凡四册。全書以行楷謄抄，碑味十足而又婉轉流麗，實顯書法功底。

册一，吴偉業《梅村集》，選録時部分詩以類而分，書口則各標『投贈』『晤集』『送別』『感舊』『挽悼』『香屑』數類，此外爲不標類而選録者。偉業生前以詩名於天下，吴詩宗唐，因易代之變，詩作由『清麗芊眠』而轉爲『激楚蒼凉』，并自成一體。册中間有濬宣批注，如《贈荆州守袁大韞玉（四首）》，眉批曰：『四詩風韻獨絶，惜如靈女門、劉郎浦、使君灘等未免荆州地名用得太多，此亦一病也，不可不知。文冲。』册中《戲題仕女圖》（十二首選其六）詩後跋曰：『梅村尚有《虞兮》《出塞》《墜樓》《奔拂》《驪宫》《蒲東》六首，未録此六首。尤新穎可誦。予謂梅村善題目，長日無俚，因依題和作十二首，皆新出機杼，或問有過之者，幼眉同社亟誦之曰：「莫謂前賢不畏後生也。」同治壬申七月十日文冲録畢遂附記於此。』幼眉爲馬賡良，其時與濬宣等同結皋社於越中，從跋語中可見對濬宣和作評價甚高。壬申爲清同治十一年（1872），此即《稷山樓今體詩鈔》選録之年，是年濬宣二十七歲，詩名已蜚聲浙東。

册二，查慎行《敬業堂集》選詩，書口亦有部分類分標記，計有『題詠』『抒情』『晤集』『送別』『行役』『寄懷』『挽悼』『題詞』數類。查氏爲清初詩壇名流，查詩取法工部、香山、東坡、放翁，祧唐祖宋，爲詩派一大轉關。此卷濬宣批注多於首卷，『行役』詩之《語溪舟中與竹垞別》後題曰：『自富新聯句至此，皆初白先生與朱老游閩南途中詩也。先生游閩南有《賓雲集》《炎天冰雪集》《垂橐集》詩三卷，大半皆二人唱酬之作。其《坐竹簰入九曲聯句》尤佳，予嘗謂游佳山水更得勝侶，是天地間弟一快事。其中着一俗子，不得前輩風流，概可想見。每讀過《賓雲》數集，輒爲神往不能置云。同治壬申九月二十又一日文冲録畢并識。』鈐『心雲』朱文長方小印。由此，更可推算當年濬宣選詩謄録進度，《敬業堂集》選録與首卷時差二月有餘。而濬宣山水之嗜，其時已顯端倪。

册三，蔣士銓《忠雅堂集》一卷選録詩作最少，大致亦以詩類分，粗判以『寄懷』『投贈』『送別』三類爲主。蔣氏曾掌教紹興蕺山書院六年，於越中文教影響甚巨，蔣詩宗唐宋，主性靈，長於抒情，崇尚温柔敦厚，講求言中有物。此册濬宣批注亦少。

册四，李慈銘《越縵堂稿》一卷選録之詩，應源於越縵稿本，其時越縵詩尚無刻本，細讀《越縵堂稿》一卷，尚有後出各版本中未收録之李慈銘詩作，彌足珍貴，如《冬晚泊錢江寄懷宗人爽階時爲諸暨令二首》，詩末附注曰『君由天台移諸暨』。李士垲，同治四年至六年任天台知縣，則越縵該二首詩爲同治六、七年間作。部分詩作與後出刻本字句亦異，故有較高的版本價值。濬宣兄弟皆爲越縵弟子，彼此相交甚契，相知亦深，卷中濬宣批注，正可稱知越縵詩者，《近聞（四首）》眉批曰：『雄渾頓挫之中，何等律切深穩，學杜至此，可謂細入豪芒矣。義山能之而不精，荆公知之而不能也。弟三首更入神詣，即浣花律中亦純乎其純者。』《送友人試令吳中》眉批曰：『學杜起結處最難，此收置之浣花集中，幾不可辨。』《河間二十里鋪題壁二首》眉批曰：『提頓處的是老杜句法，今日之廣陵散也。』《吊金陵向帥》眉批曰：『沉雄跌宕，必傳之文，其用事精工，尤非唐以後人所及。』

濬宣詩心篤雅，弱冠前嘗與從兄陶方琦同校《全唐詩》，以上選詩，亦略可窺濬宣之詩學宗旨。

現藏浙江圖書館。（方俞明撰）

國朝紹興詩録四卷　（清）陶濬宣輯　稿本

四册。毛裝。每半葉十二行，行二十二字，小字雙行同，白口，單魚尾，左右雙邊。每册卷前之目録，則用普通紅格箋紙謄抄，每半葉十四行，行二十五字，小字雙行同，黑口，單魚尾，左右雙邊。正文用『國朝紹興詩録』紅格專用箋紙謄抄。

是書現存四册，每册前封葉皆有濬宣題名『紹興詩録』，并依次題册次，分别爲『弟五册』『弟六册』『弟七册』『弟八册』，皆鈐『陶（花押）』朱文長方花押印。由題名推測，是書應尚有册一至四。書之謄録出抄工之手，細辨字體，係由數人分頭抄録，其上多濬宣校改批注手迹。

是稿爲清代紹興詩人詩選。首册收録順治、康熙、雍正及乾隆（上）紹興一府八邑詩人四十一人（其中山陰金烺目録無、正文有）；册二收録乾隆（下）、嘉慶紹興府詩人四十三人；册三收録道光朝紹興府詩人二十八人；册四收録咸豐、同治、光緒三朝紹興府詩人及清代閨秀詩人、方外詩人共三十二人，合計一百四十四人。同一朝代詩人的分縣順序，依次爲山陰、會稽、蕭山、諸暨、餘姚、上虞、嵊縣、新昌。各詩人前列小傳，後録選詩。詩人小傳後多有濬宣補充詩人事迹内容，叙述更爲詳盡，足補史傳之缺。部分選詩因詩人全稿盡佚，輾轉訪求，存詩一二，實屬不易。讀詩録内容和濬宣後補之眉注，多有『正編』『前録』之指稱，如册五『徐用吉』條，濬宣補小傳曰『君爲明兵部尚書人龍之子，兄咸清，康熙己未舉博學鴻詞，已著前録』。其上更有濬宣眉注四字，曰『正編已録』。册六『趙信』條，濬宣補小傳曰『君與兄昱齊名，同舉鴻博，一時有「二難」之譽。昱字功千，詩已著前録』。此『正編』『前録』所指，疑即是書之册一至四，全稱《國朝紹興詩録・正編》，而現存册五至八，實爲《國朝紹興詩録・補編》。

浙江圖書館另藏陶濬宣手稿《國朝紹興詩録小傳》一册，卷前有紹興朱澗南民國三十二年（1943）所撰小序，闡明陶濬宣《國朝紹興詩録》是繼商盤《越風》後之又一部紹興地方詩選總集，《小傳》所列詩人凡一百五十二名，其中一百三十二人與《國朝紹興詩録》册五至八收録人物相同，對讀文字，此一百三十二人小傳，皆源於《國朝紹興詩録小傳》稿本。觀收録各人各詩，雖選詩眉端尚多『存』『删』朱注，未爲定稿，然總體符合其對商盤《越風》的補充和賡續。《國朝紹興詩録小傳》封面有濬宣題名，曰『國朝紹興詩録小傳，辛卯夏五濬宣署』，鈐『陶（花押）』朱文長方花押印。字體格式，與是書題名相類。辛卯爲光緒十七年（1891），則是書草創，略在其後。

是書各册目録葉題名依次爲『兩浙輶軒續録補編目一』『兩浙輶軒續録補編目二』『兩浙輶軒續録補編目三』『兩浙輶軒續録補編目四』，可見其與《兩浙輶軒續録》之補編關係。以是書收録詩人，比勘《兩浙輶軒續録》，僅倪會宣、周鉞、徐用吉、范嘉業、曹恒吉、倪長駕、陳皓瑜七人相重，而各家選詩，又不盡相同，且數倍於《兩浙輶軒續録》。如《兩浙輶軒續録》卷二，選録山陰周鉞詩，僅《烏》一首，而《國朝紹興詩録》册五，選録周鉞詩，自《粤游鄉思有序》以下凡十四首。《兩浙輶軒續録》卷三，選録上虞徐用吉詩，僅《阻雨》一首，而《國朝紹興詩録》册五，選録徐用吉詩有《東風行》《贈王道人》《虎丘》三首，濬宣輯是書之用心，由此可見一斑。是書雖爲殘帙，尚屬草創，然『其草創之勤奮，可謂苦心孤詣，有功先哲』則明矣。

現藏浙江圖書館。（方俞明撰）

國朝掌故瑣記一卷　（清）陶濬昌輯　稿本

一册。每半葉九行，行約二十四字，小字雙行，行字不等，白口，單魚尾，緑絲欄，四周雙邊。『稷山讀書樓』專用稿紙。天頭間有增補。

封葉簽題『國朝掌故瑣記』。卷端題『國朝掌故瑣記』，下題『濬昌手札』。『濬昌』兩字清晰可辨。疑抄工錯抄『宣』爲『昌』。是書稿紙、行文款式與某些陶濬宣稿本相同，如浙江圖書館所藏題名《稷山樓詩選》，卷端首行則署『濬宣手録』，相比是書題『濬昌手札』，較爲類似，且是書與陶濬宣其他稿抄本一起歸藏浙江圖書館，是故雖不能確定爲濬宣作品，然仍附驥其後，免投塵之失。

是書爲清代掌故之書，多關乎制度，總計約七十四條。如『太祖天命元年之前二載』『凡駐防之兵』『緑營有馬兵』諸條目皆關乎兵制，『國朝財賦』『國朝捐輸助餉』關乎財賦制度，『國初朝儀未定』『順治十五年，改内三院爲内閣』『康熙間，聖祖悼學政廢弛』『國初沿故明制』等諸條目皆關乎官制，『國朝兩舉博士鴻詞科』『考差向用《四書》文二篇』諸條目皆關乎科舉制度，『國初易名之典多缺』等條目關乎易名之制。除此制度大宗，則以人物軼事居多，若『徐兩峰撫軍士林當召對時』『本朝督臣有不迴避本籍者』等條目皆是，計有蔣伊、楊超曾、史貽直、陳弘謀、尹繼善、蔡新、劉權、王杰、莊有恭、朱彝尊、潘耒、李霨、方觀承、馮溥、阮元等人，所記其言語行事，多關乎政治。至於其他，若『蒙古謂大山爲鄂博』『國朝大臣世家命名』等條目，内容稍顯特異，然數量頗爲稀少。

此稿各條，多有其本源。若首條『太祖天命元年之前二載』載：『太祖天命元年之前二載，（明萬曆四十二年。）始立八旗。每三百人編一佐領。五佐領設一參領。五參領設一都統，領七千五百人。每都統設左右副都統。八都統是爲八旗，六萬人。』此條實出自魏源《聖武記・武事餘記・兵制兵餉》第一條：『太祖天命元年之前二載，（明萬曆四十二年。）始立八旗。每三百人編一佐領。（國語牛録章京，猶守備。）五佐領設一參領，領千五百人。（國語甲喇章京，猶參將、游擊。）五參領設一都統，領七千五百人。（國語固山章京，猶總兵官。）每都統設左右副都統。（國語梅勒章京，猶副將。）八都統是爲八旗，六萬人。』比較可知，稿本此條乃據《聖武記》節略而成。第二條『凡駐防之兵』亦節略自《聖武記》第二條『順治元年，定都燕京』，第三條『緑營有馬兵』節略自《聖武記》第三條『緑營有馬兵』，第四條『或謂我朝騎射長於西北』節略自《聖武記》第四條『我朝用兵，異於前代者有二』，第五條『八旗兵餉之制』節略自《聖武記》第五條『八旗兵餉之制』；又如『楊文敏公超曾』條節略自李元度《國朝先正事略·楊文敏公事略》，『徐兩峰撫軍士林當召對時』條節略自李元度《國朝先正事略·徐兩峰撫軍事略》，『乾隆二十九年』條節略自李元度《國朝先正事略·陳文恭公事略》，『舊例庶常散館以知縣用者』條節略自李元度《國朝先正事略·劉文恪公事略》。總言之，雖然諸條來源不一，然其性質則多相類，即多裁製於他書。

此稿於史料編排之凡例不明。然主題則極其鮮明突出，不叢脞枝蔓，乃經意之作。

現藏浙江圖書館。（陳開勇撰）

《王繼香專集》書志

周會會 撰

王繼香小傳

王繼香（1846—1905），字子獻，號止軒，自號醉顛，别號醉龕，晚號憒翁、愁翁，又號越愁老人，會稽（今浙江紹興）人。清光緒十五年（1889）進士，曾任翰林院編修，河南候補知府。王繼香自幼异秉，曾經先後師從王贊元、周光祖、李慈銘、任塍、李品芳、俞樾等鴻儒碩學。十二歲即事吟咏，之後數載隨侍其父王英瀾金華訓導和鄞縣教諭任上。十九歲受知於學政泰興吴存義，入邑庠，補優廪生。同治四年（1865）乙丑鄉試中舉，之後參加會試，五次敗北南歸。壬午（光緒八年）秋銓選武康教諭，旋因老母終堂而作罷，回鄉守孝三年。光緒十二年主講鄞縣鄮山書院和紹興稽山書院，愛才若渴，提拔大量的有才之士，其中包括蔡元培。次年冬天，赴任孝豐縣學訓導。期間應光緒己丑年（光緒十五年）會試，一舉得中，成爲翁同龢、潘祖蔭等朝廷大員的門生，欽點翰林院庶吉士，并於次年即庚寅年（光緒十六年）被授予翰林編修。但在辛卯年（光緒十七年）、癸巳年（光緒十九年）、甲午年（光緒二十年）、丁酉年（光緒二十三年）四次考差均未能取中，僅僅充任光緒十八年壬辰會試磨勘官一次。其中甲午年大考，因助力同試友人之故，而致詩尾漏填三字，列四等編修，罰俸四年，進仕之路可謂曲折不平。光緒二十四年戊戌俸滿，因家纍既多，又債臺高築，謀求改捐外任，秋，援例保送河南知府。九月下旬出京，十月抵達河南開封，方知序補無期，無奈客居開封。次年九月奉檄主権鞏邑，任職煤厘局，管理煤厘事宜。光緒二十六年庚子四月，改移至固始縣往流厘税局，掌管津税，因人騰謗於光緒二十七年辛丑

（1901）五月返回汴梁，閑居經年。光緒二十八年壬寅三月左右得河南開封知府張楷襄助提調讞局，又充任監試。光緒二十九年癸卯二月底檄署河南知府，前往洛陽赴任，後因當地民衆抗糧之故未成，五月再次改派往流掌管厘務，任職首尾三年左右，於光緒三十一年夏五月病卒於往流榷舍。

繼香嗜好詩詞書畫與金石篆刻，造詣頗深，爲時推重，上自縉紳，下至寒素，遠至朝鮮、日本貢使及游士紛至沓來，皆以求取片章隻字爲幸，『甲午以前，朝鮮貢使入都者輒踵門求書及詩以歸，日本使臣及游士之唱和詩篇徵索文字者，尤不勝枚舉』。其書法篆刻甚至頗得皇家青眼，在甲午年皇太后六旬萬壽慶典之際，王繼香與内閣學士馮文蔚一起充任篆印，專爲妃嬪王公中升遷差印者補刻印信，并書撰宫闈楹帖五六十聯。

繼香著作宏富，其文章詞賦，著述等身。早年就蜚聲騷壇，從清同治六七年開始，直至去世，他大半生都筆耕不輟，寫詩填詞，通常是有感而發即興而作，信手拈來，留下了詩文近一千五百首，詞作三百多首。其詩詞文辭清麗，情真意摯，從這些詩詞中，可以看到王繼香的人生軌迹，也可以感受他的喜怒哀樂。王繼香游歷四方，遍覽名山大川，虎嘯龍吟，對酒當歌，酬唱迭和，闡幽懷古之際的吟誦所得，通過借物詠懷，抒發顛沛流離、仕途失意的身世之感，尤其是晚年作品，筆端之下常現感時傷懷和離愁别緒。王繼香常常以詩詞書畫與友人相唱和，所交游往來之人多爲聲名顯赫的文人雅士，如平步青、趙之謙、葉昌熾、沈曾植、繆荃孫、陶濬宣、陶方琦、梁鼎芬、陳漢章、薛福成、鄧濂等。平日著述自編目録爲《拙箸記目》，羅列書目凡數十種之多：《止止軒草草草》十四種、《止止軒録録録》二十種。其後附録墨拓記目《止軒拓本》二種。目録中包含了散文、詩詞、駢文、金石墨拓等作品，有《醉吟草》《止軒集》《醉盦詞》《百悔辭》《醉盦硯銘》《枕湖樓藏硯銘》《王繼香文稿》等，自輯《會稽王氏清芬録》《會稽王氏銀管録》《愍孝録》《越中古刻九種》《硯影》《金蜕》《鏡鏡》《印印》，校勘其師李慈銘《白華絳柎閣詩集》。其著作以詩詞金石硯銘爲主，大部分并未刊刻出版，有些已經散佚不存，令人尤以爲憾。

王繼香亦嗜寫日記，長年不輟。身後留下多册日記手稿，現存的日記分别藏於國家圖書館、浙江圖書館以及紹興圖書館，其中一部分已經影印出版。其可貴之處在於，長年纍月親筆書寫，直到辭世當月，記録日常言行感受，接人待物，市井風情，具有一定的史料價值與文物價值，也是研究王繼香其人的第一手珍貴史料。

王孝子事略一卷 （清）王繼香輯　清抄本

一册。金鑲玉裝。每半葉九行，行二十五字，紅格，白口，單魚尾，四周雙邊。楷書謄抄，間有行書，有墨筆校改。版心下印有『聚箋號製』。無序跋，無目録。

是書爲王繼香爲其弟王繼榖所輯事迹彙編。繼榖於清光緒六年（1880）四月以禱母疾，殞身代母自沉於月湖，繼香哀痛之餘，爲彰其行，廣徵文辭輯録成書。書名應該源自首篇。

首爲同鄉鮑臨、吴講奏請旌表王繼榖事迹的公呈，寧波府據陳勵等人聯名禀請的府詳、寧波知府宗源瀚爲王繼榖請旌禀稿，寧波府府札及朝廷旌表諭旨。此後爲上虞連蘅所述《王孝子事略》，是書書名應源於此篇，繼後是俞樾應王繼香之請所寫《王孝子傳》、寧波知府宗源瀚所撰《王孝子碑銘》、同鄉陶方琦的《王孝子碑》、馬賡良的《王孝子墓志銘》、彭祖賢、譚獻、沈景修分别所作《王孝子哀辭》、楊晉藩、沈寶森各自所著《王孝子誄》、陸詒經的《王孝子説》、宗源瀚、陳鍾英等人的《公祭王孝子文》、馬寶瑛、郭傳璞等人的《公奠王孝子文》，之後爲李慈銘、孟沅等所作哀悼詩賦，這些詩賦之間夾雜録入李慈銘撰寫的《王孝子聽桐廬殘草序》、佚名的《王孝子聽桐廬遺詩序》、沈寶森的《題王孝子聽桐廬殘草十絶句》。

是書附録王繼榖遺作，如遺兄弟書、石柱遺字、禱神疏稿等。是書抄録應不早於光緒七年，因爲王孝子卒於光緒六年四月，且書中收録諭旨、彭祖賢《王孝子哀辭》、李慈銘《王孝子聽桐廬殘草序》末題時間均爲光緒七年。

現藏浙江圖書館。

王繼香日記不分卷（清同治六年九月十九至同治七年底）（清）王繼香撰　稿本

一册。毛裝。每半葉九行，朱絲欄字數不一，白口，單魚尾，四周單邊。版心下印『新隆泰製』字樣。封葉題『日記』『丁卯九月始』『小醉鄉主』，下鈐『世仙』朱印，日記内也鈐有幾枚閒章。

本册日記始於清同治六年（1867）丁卯九月十九日，終於戊辰即同治七年臘月除夕。從戊辰年始，日記天頭上多爲行文中提及的人物注釋或事件解釋，如名號、籍貫、住址及關係等。

是稿主要是記録自己日常生活與交游，曾兩次提到長時間離家外出：一次爲同治六年九月十九日至十月初一，這段時間王繼香跟隨竹泉叔父赴杭州，拜謁師友，游覽西湖名勝，賞菊品茗。至於到杭目的從日記中無從得知。另一次是同治七年一月十八日至四月十五日，王繼香乘舟北上，赴京城參加會試，名落孫山，鎩羽而歸。日記記載多有鄉賢，如魯迅的祖父周福清，文中載『丁卯年十一月初七日，晴，晨起即往弔宗氏（即宗稷辰），與王蓮伯、何紹峰、王子珍三叔，同司禮賓周介孚孝廉福清』；又如李慈銘，文中謂『戊辰年七月二十一日，晴，謁李蒓客丈（李慈銘號蒓客）』等。

是稿記録了朋蹤聚散，游歷見聞，從中也可窺見當時社會一些狀貌，具有一定的史料價值與文物價值，是研究王繼香其人的第一手珍貴史料，也可作爲晚清紹興地區文人士子群體研究的史料補充。

現藏紹興圖書館。

王繼香日記不分卷（清同治九年）（清）王繼香撰　稿本

一册。毛裝。行款不一，無格。全書無序亦無跋。

封葉封底書腦小字分別題『王繼香日記』『同治九年全年』。時間從庚午，即清同治九年（1870）元旦開始，到臘月除夕止。天頭上通常有日記内容補充。

内容主要記述王繼香自己日常生活起居、交游宴樂、詩詞唱和等。日記中一月到七月上旬是隨侍從其父王英瀾在金華府學訓導任上所見所聞，七月中下旬又與父親一道，由金華經蘭溪、富陽至杭州参加鄉試，八月下旬坐船回紹興老家，協助父親處理家族事務。十月初又由紹興經錢清、義橋、富春、蘭溪，最後重回金華府。記録内容比較細緻，周作人曾在散文中提及王繼香日記『不象越縵堂那麽有意思，學問書籍全不講到，衹記每日拜客見客，吃飯吃蓮子，喝酒抽煙』，似對日記記載過於苛細。

按：王繼香日記稿本現存多處，亦有多種已影印出版，浙江圖書館藏清同治八年稿本一册收録於《紹興叢書》第二輯，由中華書局二〇〇七年出版；國家圖書館藏清光緒二年（1876）至三十一年五月稿本六十册，收入《國家圖書館藏抄稿本日記選編》，由國家圖書館出版社二〇一五年出版。

現藏浙江圖書館。

越中古刻九種（清）王繼香輯　清光緒二十二年（1896）石印本

一册。綫裝。行款不一，無格。

題名據封葉題簽。扉葉鈐『苦雨齋藏書』朱文印，爲周作人藏書印。前有目録，序言。目録葉鈐有王繼香『丙午人』白文印。書尾鈐『王堂清課』白文印。

繼香自序爲清光緒二十二年（1896）所撰，指出越中金石在杜春生編録《越中金石記》之後，出現了許多『環刻瑋文』，可惜趙之謙、陶方琦這樣出色的書畫大家身後，後繼無人，那些金石之作恐怕難逃淹没散佚之厄運。因有此之憂懼，王繼香『爰檢舊拓小品，益以新得，付諸石印』，以期『略存古文，甿榷免勞，波磔畢見，用餉同嗜，亮符賞心』，至於踵事增華，以俟博雅之人。

此本是王繼香將自己收録從漢、三國兩晉南北朝、隋唐時期的古磚、地莂、墓志等銘文拓本彙編石印而成。所拓共計九種：『漢黄龍專』『漢建寧買山莂又墓專五』『吴神鳳買冢莂』『吴永安殘專』『晉太康買地莂』『晉王大令保母墓志』『齊永明石佛背銘』『隋大業佛龕專』『唐開元佛龕專』。每種拓本之後都附有王繼香的釋文，或追蹤溯源，或鑒賞品評，或質疑商榷，不一而足，間或加以釋文。

現藏國家圖書館。

文羼不分卷 （清）王繼香編纂 清同治三年（1864）至光緒十年（1884）稿本

一册。毛裝。行款不一，無格。

封面墨筆題『文羼』，其下小字題『癸酉秋仲改題』，鈐『子獻』朱印。旁題『散駢體襍録』，其下小字題『同治甲子始，庚午春重訂，小醉鄉主』，鈐有白文印模糊不清。封葉内面有王繼香題：『《南史》王筠自序云：「余少好抄書，老而彌篤，雖遇見瞥觀，皆即疏記，後重省覽，歡興彌深。」甲申二月十一日，病酒甫起，書於廣寧橋五雲堂卧室。』

前有清光緒二年（1876）王繼香自序，談及成書緣由，云：『僕醉顛也，質鈍而性懶，�於流覽又健忘，開卷茫然，掩卷茫然間，有觸目賞心者，輒手摘一二，以備檢閱，積久成帙。』

此書爲王繼香於讀書之時隨手摘抄的文章彙編，内容頗爲龐雜，書葉左上側天頭注明所抄類别：説經、解經、周易、春秋、禮、三禮注疏姓氏、經解書目、論史、無稽之談、從祀許氏奏疏、論朱子、漢魏叢書序、論印、銘贊、銘、論文、文翰、駢語、畫、評文、試帖序箋注序、秋雨庵隨筆序、尺牘序、募義祠啓、杜工部、詩序、詞序、徵刻詩集啓、閨閣詩序、柳如是集序、綺語、風流、銘疏、閨情詩序、梨園録序、戒色賦、書論試帖、書札、論交、感悟、禪悦、行旅、渡海、隱逸、隱逸居、壽序、夫婦游覽、寫景、游山、制誥詞、武將好文、軍營邊徼、從軍、戰功、武功、兵劫、殉難、遭難、神仙、仕宦、商賈、才幹、政事、叙别、墓誌、科第、教士、校文、文學、孝悌、家風、潛險、力善、節壽、母範、女戒夫婦、格言、宗譜序等。内有浮簽，多爲王繼香隨手所寫之批注，字迹潦草。

現藏浙江圖書館。

聯襟録不分卷　（清）王繼香輯　清同治六年（1867）至光緒三年（1877）稿本　王繼穀題記

一册。毛裝。行款不一，無格。書中有批校。

封葉題『聯襟録』，下題小字因破損而衹留『小醉』二字。前有清同治七年（戊辰）（1868）王繼香自序，鈐『王繼香印』白文印、『小醉鄉主』朱文印、『子獻』白文印。序末旁小字題『丁丑冬假任意子（即任官燮）廣文本摘入數聯』。卷端題『楹聯摘存』，下題『小醉鄉主手録』。

是書爲王繼香所作楹聯雜録。其序云：『從繆君雲舫案頭見楹聯稿本，頗有可採，皆《叢話》中□□載者，爰擕歸借録，更分類若干門。』文中兩字因紙破損而殘缺，從上下文推測應爲『皆未』之意。序言交代了是書楹聯來源，大部分抄録自其友人繆雲舫所藏楹聯稿本，繼香將内容分門別類，分爲：應制、廟祀、書院、宗祠、官癖、仕宦、集句、會館、雜伎、店鋪、店肆、戲臺、禪林、寺觀、道院、吉祥、通用、壽聯、喜聯、房聯、科第、舉雄、喬遷、集古碑帖字（蘭亭、史晨碑、曹全碑、西嶽華山廟碑等）。其中『吉祥』類分七言、八言；『通用』類分七言、八言、四言、五言、六言、九言、十言、十一言；『壽聯』類分雙、男、女。

『喬遷』類之後有王繼香六弟王繼穀乙亥題記：『以下集古碑帖字，從甬上陳紉齋名允升本録出，時乙亥秋九，子詒手抄拜識。』示意『集古碑帖字』類内容爲王繼穀幫忙從友人陳紉齋處抄録而成。

現藏浙江圖書館。

醉盦硯詺一卷枕湖樓藏硯銘一卷 （清）王繼香撰 清光緒五年至二十五年（1879—1899）稿本

徐樹銘題簽

一册。毛裝。每半葉十二行，行二十五字，朱絲欄，白口，四周單邊。版心下印有『止軒初稾』，皆楷書謄抄。

是書爲王繼香爲硯臺所作之銘贊之文，由三部分組成：《醉盦硯詺》、《枕湖樓藏硯銘》、《醉盦硯詺》補作。封葉墨筆題『醉盦硯詺合草』，書名葉爲徐樹銘題簽『醉盦硯詺』，署『澂園』，鈐『敬齋』朱文印。次爲金廷榮壬辰所臨描作者小像一幅，旁王繼香題記曰：『壬辰閏六月二十二日，金笙陔兄廷榮爲臨照影，於此時得客都門并識，止道人。』續爲楷書謄抄光緒五年（1879）己卯俞樾序、光緒四年戊寅沈寶森序；光緒戊寅李慈銘、王蜆題評以及郭傳璞、□驤、任官燮、楊文瑩題跋；光緒三年王繼香自序。

《醉盦硯銘》著録十九則硯銘。从沈寶森之序中知，是硯爲先世家藏及自身購集，俞樾對硯銘評價極高，其序稱讚『命意雋永，用筆峬峭，可與東坡諸銘并傳矣』。卷末有光緒五年葛元煦清跋文，記述王繼香『隨侍四明，偶與座客品硯，醉後援筆，撰硯銘若干首，一夕而成』，且被『詰旦好事者傳抄殆遍』，葛元煦在王繼香弟子潘筌甫處見到了《醉盦硯銘》的副本，愛不釋手，遂將此稿刊刻，以成嘯園叢書本。跋文另提到題名中『銘』字，因避諱乃祖名諱而改作『詺』字。

《枕湖樓藏硯銘》，前有枕湖樓主人連蘅序，後有王繼香光緒二十五年己亥後序。由前序後序知此書是王繼香應上虞連擷薌請求，爲其枕湖樓所藏之硯撰寫的硯銘稿，正文收録共計十八則硯銘。《枕湖樓藏硯銘》另有光緒刻本刊行，兩書相較，刻本卷端題『醉盦居士初稿』，『會稽王繼香醉盦著』。刻本前有俞樾題簽，然并無是書王氏後序。

《醉盦硯詺》補作，抄録於《枕湖樓藏硯銘》之後，所載硯銘多達一百八十二則。正文之後附録硯辭五篇：光緒三年丁丑元樸子贊、光緒十七年辛卯酬硯辭、光緒三十年甲午詰硯辭、光緒二十四年戊戌盟硯詞與納硯辭。所以稿本内容遠遠多於光緒五年刻本。而《醉盦硯詺》刻本中有曲園題簽及附録舊作，稿本中均無。刻本卷端題會稽王繼香子獻，稿本卷端題會稽王繼香醉盦著。刻本卷末題『弟子潘金鏞校』，牌記『嘯園藏板』。刻本中郭傳璞、驤、任官燮、楊文瑩四人的題跋均在卷末，而不是列於正文之前。

現藏浙江圖書館。入選第一批《浙江省珍貴古籍名録》，名録編號〇〇一三七。

止軒集不分卷 （清）王繼香撰　稿本

十一册。金鑲玉裝。行款不一，無格。文中塗改勾乙頗多。天頭有朱筆校注，内有浮簽。

是書收録王繼香於清同治末年至光緒三十年（1904）間所作詩文詞賦、序言題跋、奏疏評論、碑銘傳記等，不一而足。篇章以詩詞爲多，或爲佳節慶典、游覽山川之時即興而作之詞句，或爲見贈師友、與人酬唱之際信手拈來之佳篇。

册一原封葉題『醉吟艸』，下小字題『乙亥年初稿』，鈐『子獻』朱文印；

册二無原封葉題，無鈐印；

册三原封葉題『歌以當哭』，下小字題『始庚辰春中，終甲申冬盡，乙巳春莫，飭小奚趙祺録之，四月抄寫竟，約費兩月餘工夫，中有疊韻詩多未録登，或他日别編亦可。是月小盡夜雨窗，愁翁題記』。後葉題『憂心如醉』，邊有小字題『癸未九月二十四夕，將重游四明，檢居憂以後各詩草訂成帙并題四字於端，以志痛之』；

册四原封葉朱筆題『醉盦詞』，下小字題『甲戌以後，自《吟艸》後摘出，飭小史録之，惜未遑删改爲慊耳，愁老志時，甲辰陽月望前一夕坐又集於蓼齋漫書』，鈐『子獻詞章』白文印，書中鈐有『子獻』『醉庵』朱文印，『子獻醉墨』『醉遂三十以後作』白文印；

册五原封葉題『陸湛草』，下小字題『光緒癸巳』，鈐『金門大隱』朱文印，正文鈐『止軒心畫』白文印；

册六原封葉墨筆題『止軒集』；

册七原封葉墨筆題『五噫艸』，下小字題『丁丑北征初稾』，鈐『醉遂三十以後作』白文印、卷端鈐『醉庵』朱文印，正文前有沈景修題記及鈐印。正文分『五噫草』詩和幾首『醉盦詞』兩部分；

冊八原封葉墨筆題『醉盦詞』，下小字題『己卯至丁酉，皆從詩稿後抽出者彙成一帙。甲辰夏初飭戴鈞謄真

此稿，尚有一二遺珠斷璧，俟暇時覆閲始付焚如，愁老記』，鈐『止軒居士』白文印、『會稽王繼香子獻甫印』朱文印；

冊九無原封葉題，無鈐印；

冊十原封葉墨筆題『林棲草』，下小字題『光緒乙未，憒翁初稿』，鈐『憒翁翰墨』白文印；

冊十一原封葉墨筆題『天童游艸』，下小字題『丁丑仲秋下澣醉盦初稾』，鈐『子獻』朱文印，内容爲『天童游草』和『百悔辭』兩部分。書中有墨筆、朱筆批校、删改、勾乙處較多。

將《止軒集》與《醉吟草》相對照，發現《止軒集》中詩文係《醉吟草》同名詩文的初稿，故可與其所著《醉吟草》互相參看。

現藏浙江圖書館。入選第二批《浙江省珍貴古籍名録》，名録編號〇〇三九八。

醉吟草二十五種三十五卷 （清）王繼香撰 稿本

九册。毛裝。每半葉十二行，行二十五字，朱絲欄，白口，四周單邊。版心下印有『止軒初稾』。前有鄧濂、沈寶森、陶方琦三人撰序。

是書爲王繼香詩集。内容囊括了作者南北游歷，『軀吟龍嘯，倚杯豪唱』『蹇裳聯襼，更唱迭和』，闡幽懷古氣韻沉鬱之詩作。此詩集浙江圖书館分藏兩地，分别獨立編號。一部藏善本書庫，六册，二十八卷；一部藏普本書庫，三册，七卷。兩部共計九册，收録詩文一千五百首左右。兩部藏本的裝幀、所用稿紙、詩文整體構成

形式等皆比較一致；普本藏三册所收録詩，恰好爲善本藏六册所没有的幾種詩。由此看，普本三册藏本與善本六册藏本原來應爲一部完整詩集，可能在遞藏過程中散亂。

今按照詩集内容先後順序，將各册詳列如下。爲有所區分，所藏善本書庫六册簡稱善本，普藏三册簡稱普本。

善本册一收録：《三北草》一卷、《再西草》二卷、《四拍草》二卷、《五噫草》一卷、《鶴觴草》一卷；

善本册二收録：《天童游草》一卷；《鮚埼草》二卷；《百罹草》一卷；

善本册三收録：《一枝草》一卷、《六退草》一卷、《九嶷草》一卷；

善本册四收録：《七發草》一卷、《清芸草》二卷、《卷葹草》一卷、《陸湛草》一卷、《倒綳草》一卷；

善本册五收録：《林棲草》三卷；

善本册六收録：《朝隱草》二卷、《游梁草》二卷、《陟翬草》一卷；

普本册一收録：《百罹草壬午年詩葉》、《三徵草》二卷；

普本册二收録：《踰淮草》一卷、《息汲草》二卷；

普本册三收録：《入洛草》一卷、《集蓼草》一卷。

善本册一前有陶方琦題簽及鈐印；書末有附葉，爲勘誤表。善本册三前有粘簽，上題『囊括諸家，落紙自異，朗吟一過，應碎多少唾壺。丙戌白露前二日寶拜注』。後附録經元智詩作二首及鈐『鳳君』朱文印，其意在請王繼香斧正詩文。善本册四『清芸草下』末尾題『粵東戴維鈞敬録』。善本册五前有陳璚題簽及鈐印。善本册六前有翁同龢題簽及鈐印。書尾葉題『東粵戴海洲敬録』。普本册一書末題『大興趙琪謹録』（與《止軒集》册三抄録者爲同一人）。普本册三其中的入洛草小引之前，有王繼香所著入洛草小引草稿。

詩卷按照成詩年月先後順序編排，多數詩中出現干支紀年，最早從清同治十三年（1874）始，止於光緒三十一年（1905）。《醉吟草》一小部分詩稿及序，曾經被紹興本地《越鐸日報》於民國六年（1917）刊行。

按：文中有粘簽，有黄、朱、墨筆批、校改，如有校改説明文字『重録删』『誤録於此』（『百罹草』之『南大路展殯追悼子詒』）。是書應爲王繼香請戴維鈞、戴海洲、趙琪抄録後校點、修改之稿本。

又：全國古籍普查平臺中浙江圖書館著録善本六册藏本爲二十五卷，漏録『五噫草』一卷、『陸湛草』一卷；『林棲草』爲三卷，而非二卷。《中國古籍善本書目》中著録不分卷；《浙江圖書館古籍善本書目》著録爲十五卷。浙江大學圖書館著録一卷，所收録詩文爲二十五種四百三十五首。但浙江圖書館藏本收録詩文遠遠多於浙江大學圖書館藏本。

現藏浙江圖書館。館藏單位原題：醉吟草二十種二十八卷，六册；醉吟草五種七卷，三册。

醉吟草二十五種二十五卷止軒序跋一卷（清）王繼香撰　清光緒稿本

三册。每半葉十二行，行二十五字，朱絲欄，白口，四周單邊。版心下印有『止軒初稾』。

《醉吟草》二册，毛裝；《止軒序跋》單成一册，綫裝。

《醉吟草》序前有附葉，其上詳細羅列了二册所收詩作，共計二十五種四百三十五首，每種下均題明詩體與首數。正文前有鄧濂、沈寶森、陶方琦三人撰序。正文下分别題『會稽王繼香子獻』『會稽王繼香醉盦』『會稽王繼香醉遂』『會稽王繼香止軒』『會稽王繼香百悔生』『會稽王繼香憒翁』『會稽王繼香越愗』。

現將收録詩文詳列於下，方便與其他稿次比對：

册一收録：《三北草》，古今體詩，五首；《再西草》，古今體詩，九首；《四拍草》，古今體詩，七首；《五噫草》，一首；《鶴觴草》，古體詩，六首；《天童游草》，古今體詩，十五首；《鲒埼草》，古今體詩，二十首；《百罹草》，古今體詩，十二首；《三徵草》，古今體詩，四十七首；《一枝草》，古今體詩，二十三首；《六退草》，古體詩，二首；《九嶷草》，古今體詩，六首；《七發草》，今體詩，三十首；《清芸草》，古今體詩，十八首；《卷葹草》，古今體詩，十九首；《陸湛草》，古今體詩，四首；《倒綳草》，古今體詩，六首。共計十七種，二百三十首。

册二收録：《林棲草》，古今體詩，五十四首；《朝隱草》，古今體詩，十九首；《游梁草》，古今體詩，十六首；《陟鞏草》，古今體詩，二十七首；《踰淮草》，古今體詩，九首；《息汲草》，古今體詩，四十首；《入洛草》，古今體詩，九首；《集蓼草》，古今體詩，三十一首。共計八種，二百零五首。册二後附録《拙箸紀目》并光緒二十五年（1899）己亥自跋（與《王繼香文稿》後附相同），鈐『樂天讀過』朱文印。

此藏本幾乎所有詩文下無寫成年月，衹有正文前陶方琦序跋後署明『甲申夏』。對比浙江圖書館三册藏本，浙大藏本收録的詩最遲寫成年份爲清光緒三十年（1904）。有批校、勾乙之處。有題簽。

按：浙江圖書館和浙江大學圖書館兩家收藏單位的此種藏本所收録詩文種數相同，均爲二十五種，但每種之下包含的詩文數，浙江大學圖書館藏本不如浙江圖書館藏本多，浙江圖書館藏本收録一千五百首左右，而浙江大學圖書館藏本衹有四百三十五首。《中國古籍善本書目》《中國古籍總目》均著録爲不分卷。王繼香整理的《拙箸紀目》中，《醉吟草》條目下注『翁同龢題檢』，而浙江大學圖書館藏本無此『題檢』，據此推斷，浙江圖書館藏本抄録應早於浙江大學圖書館藏本。

《止軒序跋》是王繼香爲他人作品所作序跋集，有跋、書後、序等共計二十五篇，篇末所署時間從同治六年（1867）至光緒二十九年。書尾鈐『聖寶』『太平天國』朱文印。有墨筆校改。

現藏浙江大學圖書館。館藏單位原題：醉吟草一卷止軒序跋一卷。

百悔辭不分卷（清）王繼香撰　清光緒稿本

一册。毛裝。有兩種紙張混裝一册：一部分無格紙，每半葉十二行，版心下寫『止軒初稾』；一部分朱絲欄，每半葉十二行，行二十五字，白口，四周單邊。版心下印有『止軒初稾』。書中鈐有『老不曉事』『愁老話枋』『止軒』朱文印，有墨筆批校。前無序、後無跋。

是稿爲王繼香雜文集，文體多樣。卷端上題『百悔辭』，下署小字『光緒乙未里居稿，戊戌十月初旬衛河舟中録』，文中論及自身『與世無争，潔身自愛』，却『無故得謗，求全來毁』際遇，反思再三，更號爲百悔，臚叙生平，梗概其辭。故開篇即爲告誡之文，論及使人後悔之源在於怠、野、鄙、猥、悖、蔽、醉、曖、睡、昧、隘、憒等。然書名雖取自卷端題名『百悔辭』，内容遠逾於此。文中又有發願文、述恨文、書箋、圖像贊、銘文、文謡、奏疏、祝辭、悼文、哀詞等，多數篇名下均題寫年月，時間從清同治五年（1866）到光緒三十年（1904）。

現藏浙江圖書館。

止軒文習初草四卷文蜕初草一卷（清）王繼香撰　稿本　清鮑臨　沈景修　陶濬宣　陳璚題簽

五册。毛裝。每半葉十二行，行二十五字，朱絲欄，白口，四周單邊。版心下印『止軒初稾』，墨筆校改，有浮簽、夾條、附葉。

是書爲王繼香雜文集。題名據目録。册一至四爲《止軒文習初草》，其中册一爲卷一，論議、碑志類目；册二爲卷二，傳略類目；册三爲卷三，序記類目，浙江大學圖書館所藏《止軒序跋》一卷之全部篇章，是卷均有收録，相比而言，稿次也晚。册四爲卷四，爲題跋、書啓、祭誄類目。册五爲《文蜕初草》一卷。是書多數篇文卷端都題寫有年份，時間集中於清同治至光緒三十年（1904）即王繼香去世的前一年。

册一封葉墨筆題『止軒文習』，下署『鲍臨題楣』，所鈐印章模糊不清。扉葉爲沈景修題簽及鈐印，有粘簽。『止軒文習』目録葉題『止軒文習初草』，下題『止止軒草草種之一』，次行下題『會稽王繼香子獻箸』。册二至四封面墨筆題『止軒文習初草』。册二書名葉爲陶濬宣題簽『止軒文習』，鈐『陶心雲』朱文印，正文内鈐『王繼香印』白文印、『止軒五十以後作』朱文印。册三書名葉爲陳璚題簽『止軒文習』，鈐『六笙一字鹿生』印。正文内鈐『醉庵』『止軒五十以後作』朱文印、『止軒心畫』『王繼香印』白文印。册四并無書名葉，内鈐『子獻』朱文印，『繼香』白文印，卷末附王繼香撰《拙箸記目》并光緒二十五年己亥跋記，《醉吟草序》（陶方琦、沈寶森、鄧濂撰），《醉龕詞序》，《王子獻詩文總集序》（路朝霖撰）。

册五封葉墨筆題『止軒文蜕』，鈐『止軒心畫』白文印。扉葉前另附葉，題『止軒文蜕初草』，詳列其目，分賦、説、序、贊、詺等類，書名葉爲陳璚題寫題簽『止軒文蜕』，鈐『六笙』朱文印。正文内鈐『憖老詁枋』『止軒』『老不曉事』朱文印，『其爲人也真』白文印。

現藏浙江圖書館。入選第二批《浙江省珍貴古籍名録》，名録編號〇〇三九九。

止軒文習外編不分卷　（清）王繼香撰　清光緒稿本

一册。毛裝。紙張混用，一部分紅格，每半葉十二行，行二十五字，白口，單魚尾，左右雙邊。版心下印『止軒菆稾』；一部分朱絲欄，每半葉十二行，行二十五字，白口，四周單邊，版心下印『止軒初稾』。楷書謄録，有墨筆校改。

封葉墨筆題『止軒文習外編』，下題小字『甲申春暮，從弟達卿爲余録於鄞館，遂集而存之，以俟就政於有道，止軒居士識』，鈐『子獻』朱文印。旁另題『介麋草』，小字題『上弖散體，下弖駢體，稿存儷語中，俟暇補録入此，癸卯歲抄，愁老志』。無序跋。

此書主要收録了作者爲親朋故舊所作或替他人代筆的壽序、壽言、壽文，共計二十九篇，篇目基本按照成文時間排次，衹有後面幾篇順序稍有顛倒。首篇撰於清同治十二年（1873），其他各篇成於光緒年間的作品，最晚一篇寫就於光緒二十五年（1899）。

從封葉題記可知，本書爲從弟王繼和（字達卿）於清光緒十年抄録王繼香所著之文，之後又不斷輯録而成。

現藏浙江圖書館。

止軒題跋一卷　（清）王繼香撰　稿本

一册。每半葉十二行，行字不等，黄絲欄，白口，四周單邊。版心下印『止軒初稾』。無序跋。無目録。楷書謄抄，墨筆批校，内有浮簽。

封葉左側墨筆題簽『止軒題跋』，下小字題『會稽王繼香撰，附書啓五篇』。封葉右側先圓珠筆題『本書原登記書名爲』，另起一行墨筆題『王繼香文輯，清抄稿本』。

是書爲王繼香所撰寫的題跋彙編，共收録十七篇題跋，多數係爲友朋所藏碑帖拓本、詩畫墨迹圖册等所作之詞，後附五篇書啓誄文。部分題跋後注明撰寫時間，如『光緒丁酉夏六月十日』『癸未八月下浣』等，餘則無落款年月，但一般不會超出清同治至光緒年間，如《爲陸竺齋比部學源跋漢韓勅禮器碑》篇，見録於《止軒文習初草》卷四中，其題名下題癸巳三月十八，即光緒十九年（1893）三月十八日。

此書之題跋均源自浙江圖書館所藏《止軒文習初草》卷四題跋之中，而《止軒文習初草》卷四中題跋墨筆校改之處，此書均加吸收，書寫工整清晰，除去個别手寫筆誤處外，無改動痕迹，由此推斷，《止軒題跋》成書於《止軒文習初草》之後。

現藏浙江圖書館。

止軒散體文鈔一卷 （清）王繼香撰　清抄本

一册。每半葉十二行，行二十五字。無格。楷書謄抄。無序跋，有目録葉。卷端上題『止軒散體文鈔』，下書『會稽王繼香子獻類稿』。天頭偶有正文抄録錯誤的修改文字。

是書爲王繼香所著傳記類文章彙編，共三十四篇，以傳記爲主，另有四篇像贊。文章所著年代始於清同治五年（1866），止於光緒三十年（1904）。題名據目録題。是書内容與《止軒文習初草》卷二類同，將兩書比對，是書已經完全吸收《止軒文習初草》卷二之批注内容。

現藏中國科學院文獻情報中心。

駢文類組五卷（清）王繼香編　清光緒十一年（1885）稿本

五册。各種紙張混裝，多種刻本部分内容裁剪黏貼，行款不一。

是書選取王詒壽《縵雅堂駢體文》、吴存義《榴實山莊文稿》、郭傳璞《金峨山館甲乙編》諸刻本部分内容及近人雜稿，分類組合，編次成集。吴存義爲王繼香師長，王詒壽、郭傳璞爲其詩友。

每册封葉均有王繼香書寫題名及該册所含類别，所裁剪刻葉天頭墨筆題寫分類。册一扉葉王繼香題跋云：「余性善忘，開卷瞭然，掩卷茫然，又懶抄録，偶憶名作，猝覓不得，常以爲恨。暑夕不寐，爰取案頭零星駢文，類聚部分排比成集。」點明編排此書原因。又云編次順序「以《縵雅堂》及《榴實山房》爲經，以《金峨山館甲乙編》及近人襍稿爲緯，合訂五卷」，末署「乙酉六月廿三日晝寢起漫書」，鈐「子獻」朱文印。

其中首册《縵雅堂駢體文》書名葉牌記「光緒六年庚辰十月開録」，《榴實山莊文稿》目録首葉鈐「會稽王氏五雲堂珍藏」朱文印。有浮簽，有圈點、批注。册二所收《縵雅堂駢體文》卷四《乞巧文》末，有王繼香題記：「大信孫可之風格，乙酉十月五夕醉後讀一過。」

現藏紹興圖書館。

王繼香文稿一卷 （清）王繼香撰 清光緒稿本

一册。毛裝。每半葉十二行，行二十五字。無格，前無序，後無跋，無目録。

封葉題『王氏文稾雜録』。開篇即爲王繼香小傳，記述了王繼香生平行止。次録他人爲王繼香著作所撰寫的序言：《王子獻詩文總集序》（路朝霖撰）、《醉吟草序》（沈寶森撰）、《醉吟草序》（陶方琦撰）、《醉吟草序》（鄧濂撰）、《醉盦詞序》（郭傳璞撰）；再録王繼香自著文章：《越俗五砭（五篇）》《越俗續砭》《書諸暨包生》《羊山石壁銘并跋》《六弟婦沈孺人家傳》《補題王廉州霜哺圖卷爲節孝沈母陳太恭人作》《祭猶子季讓文》《止軒金石墨本自序》《拙著止軒類稿目録書後》；最後爲王繼香整理的自著目録《拙箸記目》，及王繼香光緒己亥跋。

現藏中國科學院文獻情報中心。

先賢王繼香先生遺稿不分卷 （清）王繼香撰 稿本

一册。綫裝。多種紙張混用，一部分紅格紙，每半葉九行，行二十五字，單魚尾，四周雙邊，版心下印『億錦軒製』，一部分無格紙，一部分刻本。字體筆迹不一。文中鈐『王繼香印』白文印、『小醉鄉主』朱文印。有墨筆校改。

封葉有後人墨筆題『先賢王繼香先生遺稿』，原封葉題記云：『先賢王繼香先生遺稿，其中掌故或可作志乘考證，故特奉贈，子餘老叔台鑒，世侄炳奉上。』書名概源於此。

是書雖稱『先賢王繼香先生遺稿』，然大多爲他人所作，其内容主要是王繼香爲旌表其先嫂王烈婦孫宜人貞潔烈行所徵之詩文，亦包括其所撰之《哀嫂氏》詩。文體頗爲龐雜，有詩、詩餘、跋、徵啓、小傳、傳後、傳贊、墓表等，部分版心或天頭標注其類，大半爲手抄稿，後附刊刻成書之書葉若干。王氏爲王繼香兄長王繼本（字根仙）之原配，痛夫之死，誓以身殉。王繼香申領父命，彰烈婦所爲，徵求文辭於友朋，彙集成册，書中所選録王繼香所撰《爲先嫂欽旌孝烈孫宜人徵求詩文啓》可爲證。

王繼香兄長繼本卒於清咸豐十一年（1861），王烈婦於王繼本卒後二十七日絶粒而亡，王繼香即於咸豐十一年開始徵求詩文。書中還收入李慈銘撰《王秀才暨妻孫烈婦墓表》，末題同治八年（1869）；孫道乾清同治九年跋文；謝元洪光緒□五年所寫關於興化文正書院記文。

此外還録入王繼香撰寫的《王貞女傳》《姚節婦王孺人傳》《陳節婦徐五姑傳》。另録王繼香撰《小醉鄉記》一文。其後有粘簽，上云：『右係辛酉年所徵詩，尚有張梅鄰師、張厚厽丈、傅臚仙丈等詩艸，經亂散佚，末由補録爲憾，以後隨徵隨刊，不復序次先後耳，繼香識。』

現藏紹興圖書館。

醉盦詞不分卷　（清）王繼香撰　清光緒三十年（1904）稿本　清潘祖蔭　陳璚題簽

五册。毛裝。每半葉十二行，行二十五字，朱絲欄，白口，四周單邊。版心下印有『止軒初稾』。楷書謄抄，有墨筆、朱筆、黃筆批校。前有郭傳璞序，後無跋，無目録。封葉墨筆題『醉盦詞幸草』，其下小字題『光緒甲辰春莫補録於淮壖人蓼軒』，鈐『止軒』朱文印。封葉葉後爲潘祖蔭書名題簽『醉盦詞』，落款『潘祖蔭』。次爲郭傳璞序，又次爲王繼香題記，言潘祖蔭爲是書題簽事。該書另一題簽爲陳璚所題『醉盦詞』，落款『鹿生氏』，鈐『陳璚』朱文方印，置於是書後半部。書中鈐有『其爲人也真』『一官辛苦讀書來』白文印。

是書爲王繼香詞集。卷端題『醉盦詞』。詞作按照年代先後編次，從清同治七年（1868）至光緒三十年（1904）止，共計收録約二百八十多首詞，内容涵蓋作者『洊丁離亂，漂泊胡海，風木之悲，荊樹之慼』，與『覽古傷今、寫艷詠物之篇』，而『難堪之境、難達之情、難顯之景、乾端坤倪、軒豁呈露』。詞作借物詠懷，抒發傷春悲秋之意，筆端之下常見感時傷懷和離愁别緒。郭傳璞序中云王繼香『出其所箸《醉盦詞》四卷，屬爲序』。可見初稿原分爲四卷，然是書則必有所增加，已不可知其原貌。

按：是書所録甲戌年詞作《菩薩蠻·題屠笑珩鴛湖夜泛圖》《秋千索·題費曉樓丹旭夏閨四影册子》《行香子·閨情限度量字》《前調前題限象形字》於民國六年（1917）以《醉吟館遺著》之名登載於《越鐸日報》刊行。又，《中國古籍善本書目》《中國古籍總目》與《浙江圖書館善本目録》均著録是書爲《醉盦詞辛草》不分卷。

現藏浙江圖書館。

醉盦詞别集二卷 （清）王繼香撰　稿本　清陳璚　沈景修題簽　清李慈銘　沈景修　陸詒經　伊立勳　陶方琦　文悌　馬賡良　孫德祖　譚獻　桂坫題記　清馬寶瑛題款　清應寶時批并題記

一册。毛裝。每半葉十二行，行二十五字，朱絲欄，白口，四周單邊。版心下印有『止軒初稾』。

封葉題『醉盦詞别集』，下方墨筆小字『丙子以前稾』，鈐『丙午人』白文印、『仲儀讀』朱文印。扉葉爲陳璚題簽『醉盦詞别集』，落款『鬱平陳璚題』，鈐『陳璚印章』白文印。卷前有李慈銘、馬寶瑛、沈景修、陸詒經、伊立勳、陶方琦、文悌、應寶時、馬賡良、孫德祖、譚獻題跋，并大多鈐各自印章。上下兩卷之間有沈景修題簽『醉盦詞别集』，落款『寒柯生景修書眉』，鈐『夢粟』朱文印。書末有桂坫跋。

詞集分上下兩卷，上卷收三十一首詞，下卷二十二首詞，共計五十三首詞作。上卷卷端題名下注『集白石道人詞句』，次行下題『會稽王繼香子獻』，鈐『復堂平生真賞』『醉菴』朱文印、『王繼香印』白文印。此卷爲繼香選用姜夔詞之詞牌及詞句，將自己的新詞句連綴於後，重新組合成各首詞作，别出新意。卷中選用詞牌有《鷓鴣天》《菩薩蠻》《春風裊娜》《卜算子》《攤破浣溪沙》《暗香》《如夢令》《百字令》《虞美人》《惜分飛》《百尺樓》《齊天樂》《沁園春》《永遇樂》《柳梢青》《摸魚兒》《洞仙歌》《滿江紅》《東風第一枝》《減蘭》。下卷前有沈景修所題寫的題簽及其鈐『夢粟』朱文印。

下卷卷端題名下注『集詞牌名』，次行下題『會稽王繼香止軒』，鈐『子獻』朱文印、『繼香』白文印。此爲著者用多種詞牌創作的新詞，所選詞牌有《上西樓》《臨江仙》《菩薩蠻》《少年游》《一葉落》《梅花引》《金縷曲》《更漏子》《南歌子》《虞美人》《唐多令》《三字令》《長相思》。

時人對繼香詞作贊譽有加。卷前諸題跋中，李慈銘稱『止軒以集白石句及詞之調名，獨出新意，如天衣無縫，可謂善變而不離宗者矣』。譚獻感嘆詞作是『此曲衹應天上有』。陸詒經更是將此詞集視作與黄之雋《香屑集》、朱彝尊《蕃錦集》足可鼎足。桂坫跋語云：『子獻前輩雅耆聲律，集白石句及詞之調名，爲《醉盦集》，純任自然，真有縫月裁雲之妙。』

現藏浙江圖書館。入選第二批《浙江省珍貴古籍名録》，名録編號〇〇四一九。